KB066786

맛있는 중국어 HSK 1-3급 단어장

양영호·박현정 저
JRC 중국어연구소 기획

맛있는 books

초판 1쇄 발행 2019년 7월 30일
초판 5쇄 발행 2024년 5월 15일

저자 양영호 | 박현정
발행인 김효정
발행처 맛있는books
등록번호 제2006-000273호

주소 서울시 서초구 명달로 54 JRC빌딩 7층
전화 구입문의 02·567·3861 | 02·567·3837
내용문의 02·567·3860
팩스 02·567·2471
홈페이지 www.booksJRC.com

ISBN 979-11-6148-032-9 14720
979-11-6148-031-2 (세트)
정가 14,000원

잘못된 책은 구입처에서 바꿔 드립니다.

머리말

중국어 공부의 첫 시작은 한자의 압박으로 인한 두려움이었습니다. 단어를 읽고 문장을 해석하면서, 중국어 공부는 깨달음과 즐거움의 과정이었습니다. 학생들을 가르치면서 중국어 공부의 시삭인 단어를 어떻게 하면 효과적으로 학습시킬 수 있을까 늘 고민했습니다.

'yā'라는 발음을 듣고 단번에 단어의 의미를 알아채기란 힘든 일입니다. 중국어 실력과 더불어 상대방의 마음을 간파하는 독심술까지 필요할지도 모릅니다. 그래서 주제가 필요합니다. 음식에 대한 이야기에서 'yā(鸭)'는 '오리'라는 의미이고, 공부나 일에 대한 이야기에서 'yā(压)'는 '스트레스'라는 의미입니다. 이렇듯 중국어 단어를 학습할 때는 이야기의 주제도 매우 중요합니다.

『**맛있는 중국어 HSK 1-4급 단어장**』은 학습 난이도에 맞게 공부할 수 있도록 HSK 1~3급 단어(600개)와 HSK 4급 단어(600개)를 분리하여 구성하고, 단어를 주제별로 분류했습니다. 급수별 핵심 단어와 단어 TIP, 한자 TIP 등을 정리해 단어를 체계적으로 학습할 수 있습니다. 더 나아가 전반적인 중국어 실력 향상과 HSK 합격이라는 궁극적인 목표를 달성할 수 있도록 HSK 출제 포인트와 HSK 실전 문제로 구성한 미니 테스트가 수록되어 있습니다. 도서와 함께 제공되는 무료 동영상 강의까지 꼼꼼하게 학습하면 많은 도움이 될 것입니다.

중국어 공부를 먼저 한 선배의 입장에서 후배들에게 『**맛있는 중국어 HSK 1-4급 단어장**』을 통해 중국어를 쉽고 재미있게 알려주고 싶습니다. 모든 학습자가 재미있게 공부해서 뿌듯한 점수로 성취감과 즐거움을 맛보게 되길 바랍니다.

마지막으로 이 책이 나오기까시 여러 도움을 주신 출핀시 관계자 분과 항상 응원을 아끼지 않는 학생들, 그리고 앞으로 이 책을 학습할 모든 분께 감사의 말씀을 전합니다.

양영호, 박현정

차례

이 책의 특징

1 HSK 1~4급 1200단어 30일 완성 플랜

HSK 첫걸음부터 4급까지 필수 단어 1200개를 30일 만에 학습할 수 있도록 구성했습니다. 1~3급과 4급을 분권하여 학습자의 수준에 따라 학습이 가능하며, 단어장의 무게도 확 낮췄습니다. 이제 얇고 가벼운 단어장으로 공부하세요.

2 급수별 & 주제별 단어 분류로 연상 학습 가능

HSK 1~2급, 3급, 4급 필수 단어를 급수별로 분류하고, 동일한 급수 내에서 주제별로 단어를 묶어서 제시하여 연상 암기가 가능합니다. 또한, 재미있는 삽화가 함께 수록되어 있어 학습 부담이 적습니다.

3 '단어 학습 → 문제 적용 → 복습'의 체계적인 구성

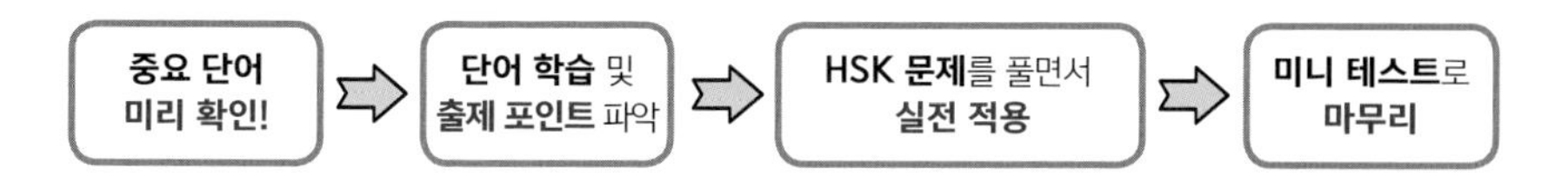

4 HSK 출제 포인트를 짚어주는 무료 동영상 강의 제공

HSK 전문가인 저자의 핵심을 꿰뚫는 강의로 중요 단어를 총정리하고 HSK 문제를 풀어보며 실제 시험에는 어떻게 출제되는지 학습할 수 있습니다.

이 책의 구성

워밍업

중요 단어를 미리 파악합니다.

단어 학습

HSK 필수 단어를 학습합니다.

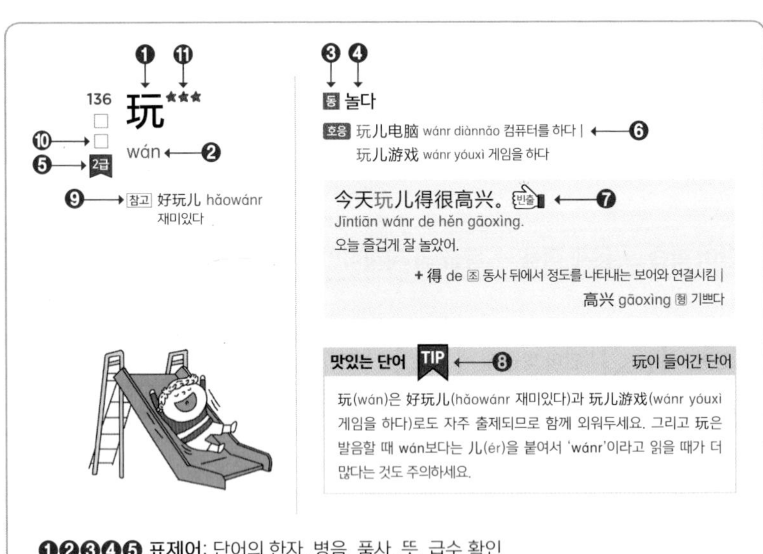

❶❷❸❹❺ **표제어**: 단어의 한자, 병음, 품사, 뜻, 급수 확인

❻ **호응 표현**: 단어와 자주 호응하는 표현 제시

❼ **예문**: 기출 예문으로 난이도에 맞게 구성(빈출 표시에 주목!)

❽ **TIP**: HSK 출제 포인트, 단어 TIP, 한자 TIP 제시

❾ **관련 단어**: 동의어, 유의어, 반의어, 참고 단어 제시

❿ **체크박스**: 잘 외워지지 않는 단어는 체크박스에 표시

⓫ **중요도**: ★표로 중요도 표시

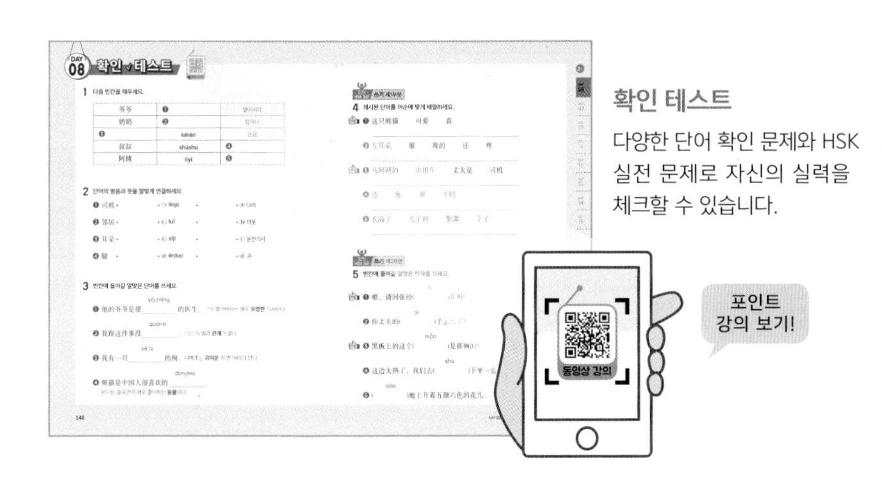

확인 테스트

다양한 단어 확인 문제와 HSK 실전 문제로 자신의 실력을 체크할 수 있습니다.

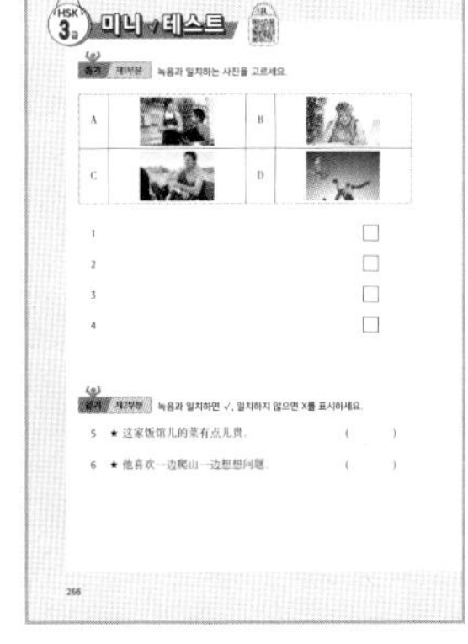

꼭 알아야 할 HSK 빈출 단어&구문

HSK에 자주 출제되는 단어와 구문을 별도로 정리했습니다.

미니 테스트

HSK 문제를 풀면서 학습한 단어를 실전에 적용해 볼 수 있습니다.

정답 및 해석

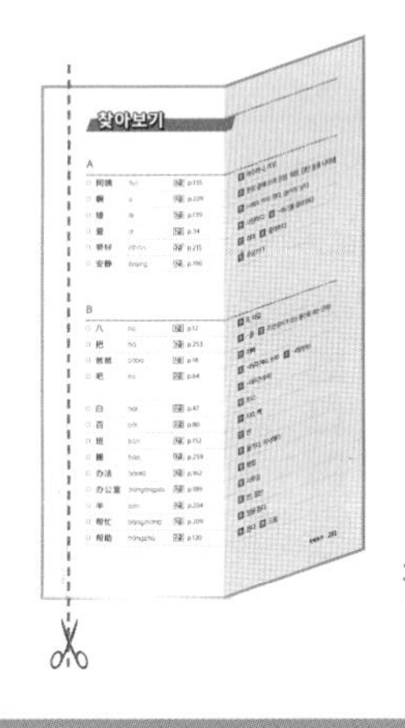

찾아보기

15일 600단어 학습 플랜

DAY	학습일	복습
DAY01 숫자와 인물	/	① ② ③
DAY02 음식과 건강	/	① ② ③
DAY03 성질과 상태	/	① ② ③
DAY04 행위와 동작	/	① ② ③
DAY05 쇼핑과 장소	/	① ② ③
+ 빈출 단어&구문	/	① ② ③
DAY06 시간과 생활	/	① ② ③
DAY07 학교와 회사	/	① ② ③
+ 미니 테스트	/	① ② ③
DAY08 사람과 생물	/	① ② ③
DAY09 학교와 회사	/	① ② ③
DAY10 음식과 건강	/	① ② ③
+ 빈출 단어&구문	/	① ② ③
DAY11 장소와 교통	/	① ② ③
DAY12 시간과 변화	/	① ② ③
DAY13 감정과 태도	/	① ② ③
DAY14 여가와 일상	/	① ② ③
DAY15 쇼핑과 행위	/	① ② ③
+ 빈출 단어&구문	/	① ② ③
+ 미니 테스트	/	① ② ③

❖일러두기/ 품사 약어표

품사	약어	품사	약어	품사	약어
명사	명	양사	양	조동사	조동
동사	동	개사	개	접속사	접
형용사	형	고유명사	고유	감탄사	감탄
부사	부	대명사	대		
수사	수	조사	조		

HSK 1~2급

300단어

START!

누구냐 넌?
_숫자와 인물

HSK 1·2급에 이 단어가 나온다!

HSK 1, 2급에서 숫자와 인물과 관련된 문제는 1~3개 정도 꾸준히 출제되고 있습니다. 특히 가족 관계를 나타내는 爸爸(bàba 아빠), 妈妈(māma 엄마), 哥哥(gēge 형, 오빠), 妹妹(mèimei 여동생), 弟弟(dìdi 남동생)와 나이와 관련된 표현인 几岁(jǐ suì 몇 살)가 자주 출제됩니다.

한눈에 파악하는 단어

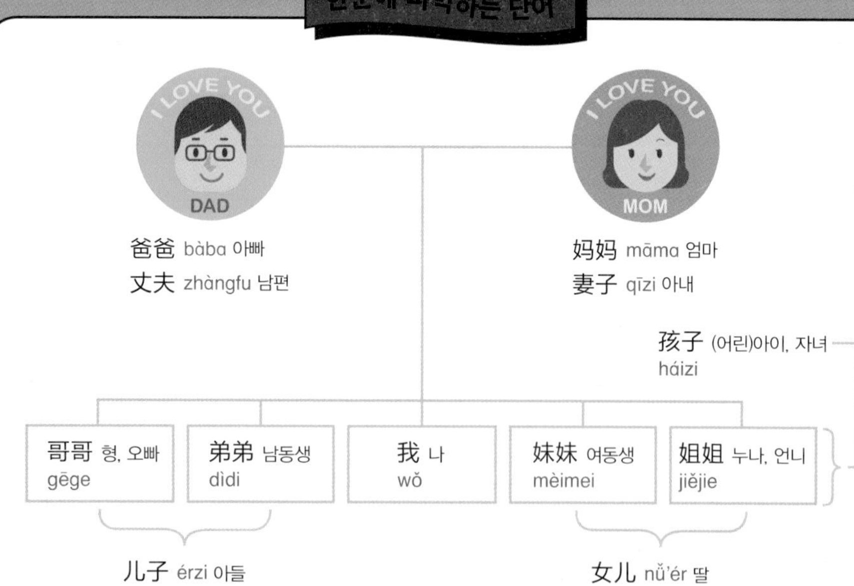

001 **一** yī
1급

수 1, 하나

我只有一个哥哥。
Wǒ zhǐ yǒu yí ge gēge.
나는 오빠(형) 한 명만 있다.

+ 我 wǒ 대 나 | 只 zhǐ 부 단지 | 有 yǒu 동 있다, 가지고 있다

002 **二** èr
1급

수 2, 둘

三零二教室在哪儿?
Sān líng èr jiàoshì zài nǎr?
302호 교실은 어디에 있지?

+ 零 líng 수 0, 영 | 教室 jiàoshì 명 교실 |
在 zài 동 ~에 있다 | 哪儿 nǎr 대 어디

003 **三** sān
1급

수 3, 셋

教室里有三个学生。
Jiàoshì li yǒu sān ge xuésheng.
교실 안에는 세 명의 학생이 있다.

+ 里 lǐ 명 안(쪽) | 学生 xuésheng 명 학생

004 **四** sì
1급

수 4, 넷

明天是星期四。
Míngtiān shì xīngqīsì.
내일은 목요일이다.

+ 明天 míngtiān 명 내일 | 是 shì 동 ~이다 |
星期 xīngqī 명 요일, 주(周)

005 **五** wǔ
1급

수 5, 다섯

我儿子五岁了。
Wǒ érzi wǔ suì le.
내 아들은 다섯 살이 되었다.

+ 儿子 érzi 명 아들 | 岁 suì 양 세, 살[나이를 세는 단위]

006 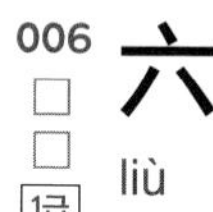

六

liù

수 6, 여섯

明天是星期六，你想做什么？ 빈출
Míngtiān shì xīngqīliù, nǐ xiǎng zuò shénme?
내일 토요일인데, 넌 뭘 하고 싶어?

+ 明天 míngtiān 명 내일 | 是 shì 동 ~이다 | 想 xiǎng 조동 ~하고 싶다 | 做 zuò 동 하다 | 什么 shénme 대 무엇

007 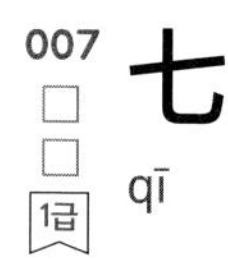

七

qī

수 7, 일곱

我六月没时间，但是七月能来。
Wǒ liù yuè méi shíjiān, dànshì qī yuè néng lái.
나는 6월에는 시간이 없지만 7월에는 올 수 있다.

+ 月 yuè 명 월 | 没 méi 동 없다 | 时间 shíjiān 명 시간 | 但是 dànshì 접 그러나 | 能 néng 조동 ~할 수 있다

HSK 1·2급 출제 포인트

HSK 1급 듣기 제4부분 대화형 문제에서, 녹음에서는 一点(yī diǎn 1시)으로 말했는데, 보기에 제시된 七点(qī diǎn 7시)을 정답으로 선택하는 경우가 있습니다. 발음이 비슷하기 때문인데요, 혼동하지 않도록 yī와 qī의 발음을 정확하게 구분하세요.

008 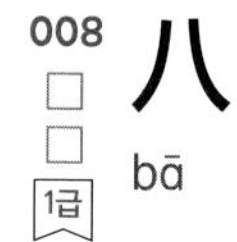

八

bā

수 8, 여덟

他每天工作八个小时。 빈출
Tā měitiān gōngzuò bā ge xiǎoshí.
그는 매일 8시간 일을 한다.

+ 每天 měitiān 명 매일 | 工作 gōngzuò 동 일하다 | 小时 xiǎoshí 명 시간

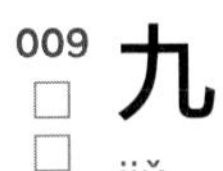

009 **九** jiǔ

1급

수 9, 아홉

现在已经九点了。 빈출
Xiànzài yǐjīng jiǔ diǎn le.
지금 벌써 9시야.

+ 现在 xiànzài 명 지금, 현재 | 已经 yǐjīng 부 이미 | 点 diǎn 명 시, 시간

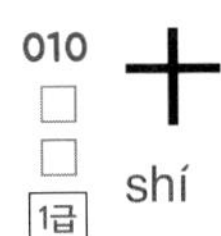

010 **十** shí

1급

수 10, 열

我再过十分钟就睡觉。
Wǒ zài guò shí fēnzhōng jiù shuìjiào.
나는 10분 뒤에 바로 잠을 잔다.

+ 就 jiù 부 곧, 바로 | 睡觉 shuìjiào 동 잠을 자다

HSK 1·2급 출제 포인트

HSK 1급 듣기 제4부분 대화형 문제에 녹음에서는 十个(shí ge 10개)로 말하고 보기에는 四个(sì ge 4개)로 제시해서 혼동을 주는 경우가 있습니다. 10은 권설음 shí이고, 4는 설치음 sì로 발음합니다. 또한, 10은 2성으로 성조가 올라가고, 4는 4성으로 성조가 아래로 떨어진다는 점을 기억하세요.

011 **几**★★★ jǐ

1급

수 몇(주로 10 이하의 확실치 않은 수를 물을 때 쓰임)

你儿子几岁了?
Nǐ érzi jǐ suì le?
자네 아들이 몇 살이지?

+ 儿子 érzi 명 아들 | 岁 suì 양 세, 살[나이를 세는 단위] | 了 le 조 ~하게 되었다(문장 끝에 쓰여 상태의 변화를 나타냄)

012 岁★★★
□
□
1급
suì

양 살, 세[나이를 세는 단위]

我儿子七岁了。 빈출
Wǒ érzi qī suì le.
내 아들은 7살이 되었어.

013 是★★★
□
□
1급
shì

동 ~이다

他是我爸爸。
Tā shì wǒ bàba.
그는 나의 아빠야.

+ 他 tā 대 그 | 爸爸 bàba 명 아빠

맛있는 단어 TIP 是자문

是(shì)자문은 위의 예문처럼 주로 [A是…B]의 형태로 쓰여 'A는 ~한 B이다'로 해석합니다. 아래 是자문의 특징에 주의하세요.

① 부정문은 是 앞에 不를 쓴다.
我不是中国人。 나는 중국인이 아니다.
Wǒ bú shì Zhōngguórén.

② 의문문은 끝에 의문 어기조사 吗를 쓴다.
你是中国人吗? 당신은 중국인입니까?
Nǐ shì Zhōngguórén ma?

③ 是不是로 정반의문문을 만들 수 있다.
你是不是中国人? 당신은 중국인입니까 아닙니까?
Nǐ shì bu shì Zhōngguórén?

④ 일반적으로 형용사 앞에는 是를 쓰지 않는다.
我是很忙。(X) → 我很忙。(O) 나는 매우 바쁘다.
Wǒ hěn máng.

014 的★★★
□
□
1급
de

조 ~의, ~하는

前面穿着黑色衣服的人就是我爸爸。
Qiánmian chuānzhe hēisè yīfu de rén jiù shì wǒ bàba.
앞쪽에 검은색 옷을 입고 있는 사람이 바로 나의 아빠다.

+ 前面 qiánmian 명 앞 | 穿 chuān 동 입다 | 着 zhe 조 ~한 채로 있다 | 黑色 hēisè 명 검은색 | 就 jiù 부 바로

조 ~것

这个东西不是我的。 빈출
Zhège dōngxi bú shì wǒ de.
이 물건은 저의 것이 아닙니다.

+ 东西 dōngxi 명 물건

맛있는 단어 TIP 구조조사 的

구조조사 的(de)는 '~의, ~하는'이라는 뜻과 '~것'이라는 뜻이 있습니다.

① ~의, ~하는 : 관형어 뒤에 쓰여 관형어와 중심어 사이가 수식 관계임을 나타냅니다.
- 漂亮的衣服 piàoliang de yīfu 예쁜 옷

② ~것 : 동사, 형용사, 명사, 대명사 뒤에 붙어서 的자구를 이뤄 명사로 만듭니다.
- 我的 wǒ de 나의 것
- 红的 hóng de 빨간 것

015 **这**★★★
zhè
1급

대 이, 이것

你来回答一下这个问题。
Nǐ lái huídá yíxià zhège wèntí.
이 문제에 대해서 대답을 좀 해봐.

+ 回答 huídá 동 대답하다 | 问题 wèntí 명 문제

대 이때, 지금

我这就过去。
Wǒ zhè jiù guòqu.
내가 지금 바로 갈게.

016 **那**★★★
☐
☐
1급
nà

대 저(것), 그(것)

那个人是谁？
Nàge rén shì shéi?
저 사람은 누구야?

+ 谁 shéi 대 누구

접 그러면, 그럼

明天下雨？那我不去了。
Míngtiān xiàyǔ? Nà wǒ bú qù le.
내일 비가 온다고? 그럼 나는 안 갈래.

+ 明天 míngtiān 명 내일 | 下雨 xiàyǔ 동 비가 오다 |
去 qù 동 가다

017 **人**
☐
☐
1급
rén

명 사람

那个人是我哥哥。
Nàge rén shì wǒ gēge.
그 사람은 나의 형(오빠)이야.

+ 哥哥 gēge 명 형, 오빠

018 **谁**
☐
☐
1급
shéi

대 누구

谁是你弟弟？
Shéi shì nǐ dìdi?
누가 네 남동생이야?

+ 弟弟 dìdi 명 남동생

019 **我**★
☐
☐
1급
wǒ

대 나, 저

我也不知道他的名字。
Wǒ yě bù zhīdào tā de míngzi.
나도 그의 이름을 몰라.

+ 也 yě 부 역시, ~도 | 知道 zhīdào 동 알다 |
名字 míngzi 명 이름

020 **我们** wǒmen
1급

대 우리(들)

我们都是学生。
Wǒmen dōu shì xuésheng.
우리는 모두 학생입니다.

+ 都 dōu 부 모두, 다 | 学生 xuésheng 명 학생

맛있는 단어 TIP 복수형을 만드는 们

们(men)은 일종의 접미사로, 사람이나 사물을 복수로 만들어 '~들'이라고 해석합니다. '그들'이라고 하면 他们(tāmen), '너희들'이라고 하면 你们(nǐmen)이 됩니다.

021 **你*** nǐ
1급

대 너, 당신

你也想去游泳吗?
Nǐ yě xiǎng qù yóuyǒng ma?
너도 수영하러 가고 싶어?

+ 想 xiǎng 조동 ~하고 싶다 | 游泳 yóuyǒng 동 수영하다

022 **您** nín
2급

대 당신, 선생님, 귀하(你의 존칭)

您是王先生吗?
Nín shì Wáng xiānsheng ma?
당신은 왕 선생님이십니까?

+ 王 Wáng 고유 왕(성씨) |
先生 xiānsheng 명 선생님, 씨(성인 남성에 대한 경칭) |
吗 ma 조 ~입니까?

맛있는 단어 TIP 你와 您의 비교

친구나 편한 사이에는 상대방을 你(nǐ)라고 지칭하지만, 어른이나 노인 혹은 잘 모르는 사이면서 상대방을 존중해줄 때는 您(nín)을 쓰는 것이 좋습니다.

023 □ □ 1급

他*

tā

참고 她 tā 그녀
1급 ···› p.18

대 그

他是我儿子。
Tā shì wǒ érzi.
그는 나의 아들입니다.

+ 儿子 érzi 명 아들

024 □ □ 1급

她*

tā

참고 他 tā 그
1급 ···› p.18

대 그녀

她是我女儿。
Tā shì wǒ nǚ'ér.
그녀는 나의 딸입니다.

+ 女儿 nǚ'ér 명 딸

025 □ □ 2급

它

tā

대 그, 저, 그것(동물이나 사물을 가리킴)

它是我的狗。
Tā shì wǒ de gǒu.
그것은 내 개야.

+ 狗 gǒu 명 개

026 □ □ 1급

爸爸*

bàba

참고 妈妈 māma 엄마
1급 ···› p.18

명 아빠

我爸爸是医生。
Wǒ bàba shì yīshēng.
나의 아빠는 의사다.

+ 医生 yīshēng 명 의사

027 □ □ 1급

妈妈*

māma

참고 爸爸 bàba 아빠
1급 ···› p.18

명 엄마

我妈妈是老师。
Wǒ māma shì lǎoshī.
나의 엄마는 선생님이다.

+ 老师 lǎoshī 명 선생님

028 □□ 1급

儿子★★★

érzi

참고 女儿 nǚ'ér 딸
1급 ··· p.19

명 아들

他们只有一个儿子。
Tāmen zhǐ yǒu yí ge érzi.
그들은 아들 하나만 있다.

+他们 tāmen 대 그들 | 只 zhǐ 부 단지

029 □□ 1급

女儿

nǚ'ér

참고 儿子 érzi 아들
1급 ··· p.19

명 딸

你女儿真漂亮！
Nǐ nǚ'ér zhēn piàoliang!
네 딸은 정말 예쁘구나!

+真 zhēn 부 정말, 진짜 | 漂亮 piàoliang 형 아름답다, 예쁘다

030 □□ 2급

哥哥★

gēge

참고 弟弟 dìdi 남동생
2급 ··· p.19

명 형, 오빠

哥哥喜欢吃西瓜。
Gēge xǐhuan chī xīguā.
형(오빠)은 수박 먹는 것을 좋아한다.

+喜欢 xǐhuan 동 좋아하다 | 吃 chī 동 먹다 | 西瓜 xīguā 명 수박

031 □□ 2급

弟弟★

dìdi

참고 哥哥 gēge 형, 오빠
2급 ··· p.19

명 남동생

弟弟喜欢吃苹果。 빈출
Dìdi xǐhuan chī píngguǒ.
남동생은 사과 먹는 것을 좋아한다.

+喜欢 xǐhuan 동 좋아하다 | 苹果 píngguǒ 명 사과

032 □□

姐姐★

jiějie

참고 妹妹 mèimei 여동생
2급 ··· p.20

명 누나, 언니

姐姐爱喝咖啡。
Jiějie ài hē kāfēi.
누나(언니)는 커피를 즐겨 마신다.

+爱 ài 동 좋아하다 | 喝 hē 동 마시다 | 咖啡 kāfēi 명 커피

033 □ □ 2급
妹妹*
mèimei

참고 姐姐 jiějie 누나, 언니
2급 ⋯ p.19

명 여동생

妹妹不喜欢喝茶。
Mèimei bù xǐhuan hē chá.
여동생은 차 마시는 것을 좋아하지 않는다.

+ 不 bù 부 ~않다, 아니다 | 喝 hē 동 마시다 | 茶 chá 명 차(음료)

034 □ □ 2급
孩子***
háizi

명 (어린)아이, 자녀

孩子都喜欢玩儿。
Háizi dōu xǐhuan wánr.
아이들은 모두 놀기를 좋아한다.

+ 都 dōu 부 모두, 다 | 玩(儿) wán(r) 동 놀다

035 □ □ 1급
朋友***
péngyou

명 친구, 벗

哥哥有很多朋友。
Gēge yǒu hěn duō péngyou.
형(오빠)은 많은 친구들이 있다.

+ 很 hěn 부 매우 | 多 duō 형 많다

036 □ □ 1급
名字*
míngzi

명 이름

你叫什么名字? 빈출
Nǐ jiào shénme míngzi?
당신의 이름은 무엇입니까?

+ 叫 jiào 동 ~라고 부르다 | 什么 shénme 대 무엇, 무슨

037 □ □ 1급
认识***
rènshi

유의 知道 zhīdào 알다
2급 ⋯ p.127

동 알다, 인식하다, 깨닫다

호응 认识路 rènshi lù 길을 알다 | 认识字 rènshi zì 글자를 알다 | 认识人 rènshi rén 사람을 알다

认识您很高兴。 빈출
Rènshi nín hěn gāoxìng.
당신을 알게 되어서 기쁩니다.

+ 高兴 gāoxìng 형 기쁘다

명 인식

我们对自己要有清楚的认识。
Wǒmen duì zìjǐ yào yǒu qīngchu de rènshi.
우리는 자신에 대해서 뚜렷한 인식이 있어야 한다.

+对 duì 개 ~에 대하여 | 自己 zìjǐ 대 자기 | 清楚 qīngchu 형 뚜렷하다, 분명하다

맛있는 단어  认识와 知道 비교

대상이 아는 사람일 경우에는 认识(rènshi)를 쓰지만, 어떤 사람의 존재나 그와 관련된 정보만 알고 있을 때는 知道(zhīdào)를 써야 하니 주의하세요.

- 我知道小李。 나는 샤오리를 안다. (존재나 관련 정보만 아는 경우)
  Wǒ zhīdào Xiǎo Lǐ.
- 我认识小李。 나는 샤오리를 안다. (아는 사람일 경우)
  Wǒ rènshi Xiǎo Lǐ.

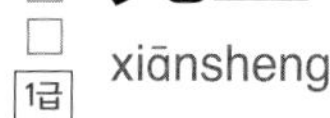

038 先生 xiānsheng

1급

명 선생님, 씨, 미스터(성인 남성에 대한 경칭)

先生，您要买什么？
Xiānsheng, nín yào mǎi shénme?
선생님, 무엇을 사려고 하십니까?

+要 yào 조동 ~하려 하다 | 买 mǎi 동 사다 | 什么 shénme 대 무슨, 무엇

명 남편

她先生是医生。
Tā xiānsheng shì yīshēng.
그녀의 남편은 의사다.

+医生 yīshēng 명 의사

맛있는 단어  老师와 先生 비교

'학교 선생님'을 가리킬 때는 老师(lǎoshī)라고 합니다. 위의 예문처럼 先生(xiānsheng)은 성인 남성에 대한 경칭입니다. '학교 선생님'을 先生이라고 부르지 않도록 주의하세요.

039 **小姐** ★★
xiǎojiě
1급

명 아가씨, 젊은 여자, 미스

小姐，请坐这里吧。
Xiǎojiě, qǐng zuò zhèli ba.
아가씨, 여기에 앉으세요.

+ 请 qǐng 동 ~하세요 | 坐 zuò 동 앉다 | 这里 zhèli 대 여기, 이곳 | 吧 ba 조 ~하자

040 **大家** ★★★
dàjiā
2급

대 모두, 다들

大家都喜欢他。
Dàjiā dōu xǐhuan tā.
모두가 그를 좋아한다.

+ 喜欢 xǐhuan 동 좋아하다

041 **男**
nán
2급

반의 女 nǚ 여자, 여성의
2급 ··· p.22

명 남자 형 남성의

那个男人是谁?
Nàge nánrén shì shéi?
그 남자는 누구입니까?

+ 谁 shéi 대 누구

042 **女**
nǚ
2급

반의 男 nán 남자, 남성의
2급 ··· p.22

명 여자 형 여성의

那个女人是我的老师。
Nàge nǚrén shì wǒ de lǎoshī.
그 여자는 나의 선생님이다.

+ 老师 lǎoshī 명 선생님

043 **丈夫** ★★
zhàngfu
2급

참고 妻子 qīzi 아내
2급 ··· p.23

명 남편

我丈夫认识他。
Wǒ zhàngfu rènshi tā.
내 남편은 그를 안다.

+ 认识 rènshi 동 알다, 인식하다

044 **妻子****

qīzi

참고 丈夫 zhàngfu 남편
2급 ··· p.22

명 아내, 처

他妻子是个医生。 빈출
Tā qīzi shì ge yīshēng.
그의 아내는 의사다.

+ 医生 yīshēng 명 의사

맛있는 한자 TIP 女(여자녀)가 들어간 한자

女(여자녀)는 한 여자가 양손을 가슴 앞에 놓고 무릎을 꿇은 형상을 본따 만든 글자입니다. 그래서 女가 들어가는 글자는 모두 여자와 관련있는 뜻이 됩니다.

- 她 tā 그녀
- 妈妈 māma 엄마
- 姐姐 jiějie 누나, 언니
- 妻子 qīzi 아내

045 **姓**

2급

xìng

명 성, 성씨

我不知道她的姓是什么。
Wǒ bù zhīdào tā de xìng shì shénme.
나는 그녀의 성씨가 무엇인지 몰라.

+ 知道 zhīdào 동 알다

동 성이 ~이다

我姓金。
Wǒ xìng Jīn.
저는 김씨입니다.

+ 金 Jīn 고유 김(성씨)

맛있는 단어 TIP 동사 姓

姓(xìng)은 명사이면서 동시에 동사이기도 합니다. 따라서 '我姓金。(Wǒ xìng Jīn. 저는 김씨입니다.)'처럼 是(shì) 없이도 쓸 수 있습니다.

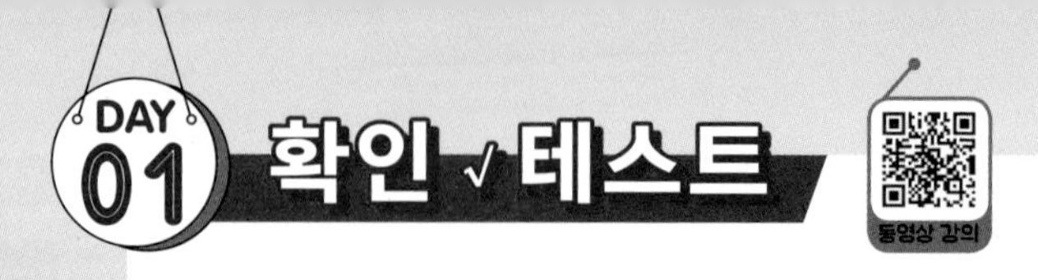

1 빈칸을 채우세요.

❶	jǐ	몇
是	shì	❷
谁	❸	누구
❹	bàba	아빠
小姐	❺	아가씨

2 단어의 병음과 뜻을 알맞게 연결하세요.

❶ 认识 • • ㉠ qīzi • • ⓐ 그것

❷ 妻子 • • ㉡ tā • • ⓑ 알다, 인식하다

❸ 姓 • • ㉢ rènshi • • ⓒ 아내

❹ 它 • • ㉣ xìng • • ⓓ 성씨, 성이 ~이다

3 빈칸에 들어갈 알맞은 단어를 고르세요.

(Wǒ / Nǐ) yě bù zhīdào tā de míngzi .
❶ (我 / 你) 也 不 知道 他 的 名字 。 나도 그의 이름을 몰라.

(Dìdi / Gēge) xǐhuan chī xīguā .
❷ (弟弟 / 哥哥) 喜欢 吃 西瓜 。 형(오빠)은 수박 먹는 것을 좋아한다.

Nǐ jiào shénme (míngzi / suì) ?
❸ 你 叫 什么 (名字 / 岁) ? 당신의 이름은 무엇입니까?

Nǐ (nǚ'ér / jiějie) zhēn piàoliang !
❹ 你 (女儿 / 姐姐) 真 漂亮 ！ 네 딸은 정말 예쁘구나!

4 녹음을 듣고 사진과 일치하면 √, 일치하지 않으면 X를 표시하세요.

1	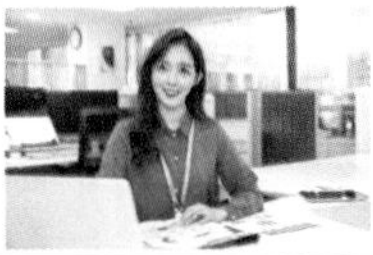	
2	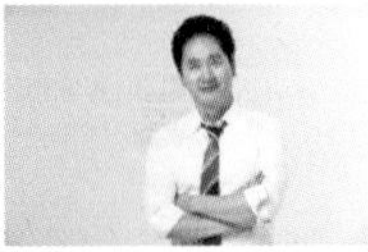	
3	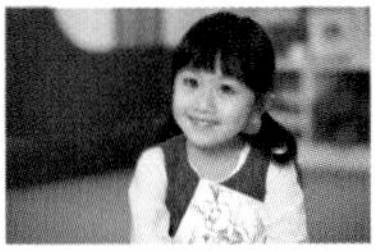	

5 빈칸에 들어갈 알맞은 단어를 고르세요.(모두 한 번씩만 사용됩니다.)

háizi	dìdi	jiějie	tā
A 孩子	B 弟弟	C 姐姐	D 它

빈출 ❶ Hěn duō (　　　) dōu xǐhuan wán, bù xǐhuan xuéxí.
很 多 (　　　) 都 喜欢 玩，不 喜欢 学习。

❷ Tā bú shì wǒ (　　　) shì wǒ gēge.
他 不 是 我 (　　　)，是 我 哥哥。

❸ Tā shì wǒ (　　　) bú shì mèimei.
她 是 我 (　　　)，不 是 妹妹。

❹ (　　　) shì shéi de gǒu?
(　　　) 是 谁 的 狗？

맛있게 먹으면 0칼로리
_음식과 건강

HSK 1·2급에 이 단어가 나온다!

음식 관련 어휘 중에서 매회 출제되는 단어들이 있습니다. 吃(chī 먹다), 喝(hē 마시다), 菜(cài 요리), 鸡蛋(jīdàn 계란), 鱼(yú 생선), 羊肉(yángròu 양고기)는 꼭 기억해야 합니다. 특히, 喝茶(hē chá 차를 마시다)와 吃羊肉(chī yángròu 양고기를 먹다)의 호응구는 자주 출제되며, 做鱼(zuò yú)는 '생선 요리를 하다'로 해석해야 함을 주의하세요.

한눈에 파악하는 단어

吃 chī 먹다

- 米饭 mǐfàn (쌀)밥
- 面条 miàntiáo 국수, 면
- 水果 shuǐguǒ 과일
- 苹果 píngguǒ 사과
- 西瓜 xīguā 수박
- 鱼 yú 생선

喝 hē 마시다

- 牛奶 niúnǎi 우유
- 咖啡 kāfēi 커피
- 茶 chá 차(음료)

菜 cài 요리

- 好吃 hǎochī 맛있다
- 饭店 fàndiàn 식당, 호텔
- 服务员 fúwùyuán 종업원

046 **吃**★
chī
1급

참고 喝 hē 마시다
1급 ··· p.30

동 먹다

호응 吃饭 chīfàn 밥을 먹다 | 吃药 chī yào 약을 먹다 | 吃羊肉 chī yángròu 양고기를 먹다

姐姐很喜欢吃水果。
Jiějie hěn xǐhuan chī shuǐguǒ.
누나(언니)는 과일 먹는 것을 매우 좋아한다.

+ 喜欢 xǐhuan 동 좋아하다 | 水果 shuǐguǒ 명 과일

HSK 1급 독해 제4부분 빈칸 채우기 문제에서 빈칸 뒤에 음식이 나온다면 吃(chī)를 넣을 수 있어야 합니다.

我女儿昨天回来了，她爱吃面条(음식)。
Wǒ nǚ'ér zuótiān huílai le, tā ài chī miàntiáo.
내 딸이 어제 돌아왔는데, 딸은 국수 먹는 것을 매우 좋아해.

047 **菜**★★★
cài
1급

명 요리, 음식, 채소

这个菜很好吃。
Zhège cài hěn hǎochī.
이 요리는 매우 맛있다.

+ 好吃 hǎochī 형 맛있다

048 **好吃**★★
hǎochī

2급

형 맛있다

那个菜不好吃，你别吃。 빈출
Nàge cài bù hǎochī, nǐ bié chī.
그 요리는 맛이 없어. 먹지 마.

+ 别 bié 부 ~하지 마라

맛있는 단어 TIP [好+동사] 형식

[好+동사] 형식은 '~하기 좋다'라는 뜻입니다. 好看(hǎokàn)은 '보기 좋다, 예쁘다', 好玩(hǎowán)은 '놀기가 좋다, 재미있다', 好听(hǎotīng)은 '듣기 좋다'라는 뜻이 됩니다.

049 **个** gè
1급

양 개[개개의 사람이나 사물을 세는 단위]

호응 一个人 yí ge rén 한 사람 | 一个苹果 yí ge píngguǒ 한 개의 사과

那个菜不好吃。
Nàge cài bù hǎochī.
그 요리는 맛이 없다.

+ 不 bù 부 아니다, ~않다

050 **些** xiē
1급

양 약간, 조금

这些菜都是妈妈做的。
Zhèxiē cài dōu shì māma zuò de.
이 요리들은 모두 엄마가 만드신 것이다.

+ 做 zuò 동 만들다

맛있는 단어 TIP 些의 두 가지 의미

양을 나타내는 些(xiē 약간)는 명사 앞에 쓰여 확정되지 않은 적은 수량을 나타내거나, 형용사 뒤에서 비교의 의미를 나타냅니다. 앞에 一(yī)를 붙여도 되고 생략해도 됩니다.

① [一些+명사] : 약간의 ~
- 一些水 yìxiē shuǐ 약간의 물
- 一些苹果 yìxiē píngguǒ 약간의 사과

② [형용사+一些] : 좀 더 ~하다
- 近(一)些 jìn (yì)xiē 좀 더 가깝다
- 高(一)些 gāo (yì)xiē 좀 더 높다

051 **洗** xǐ
2급

동 씻다

吃饭前要洗手。
Chīfàn qián yào xǐ shǒu.
밥 먹기 전에는 손을 씻어야 한다.

+ 吃饭 chīfàn 동 밥을 먹다 | 手 shǒu 명 손

052 **有**★★★

□ □ 1급

yǒu

동 있다, 가지고 있다

这里有很多菜。 빈출

Zhèli yǒu hěn duō cài.

여기에 많은 음식이 있다.

+ 这里 zhèli 대 여기, 이곳

맛있는 단어 TIP 有의 부정

有(yǒu)의 부정은 不(bù)를 쓰지 않고 没(méi)를 씁니다. 따라서 不有(bù yǒu)라는 표현은 존재하지 않습니다.

那天我不有时间。(X)

→ 那天我没(有)时间。(O) 그날 나는 시간이 없어.
Nà tiān wǒ méi(yǒu) shíjiān.

053 **什么**★★★

□ □ 1급

shénme

대 무슨, 무엇, 어떤

호응 什么时候 shénme shíhou 언제 | 什么问题 shénme wèntí 무슨 문제 | 什么水果 shénme shuǐguǒ 무슨 과일

你喜欢什么菜?

Nǐ xǐhuan shénme cài?

너는 어떤 요리를 좋아하니?

054 **怎么样**★★

□ □ 1급

zěnmeyàng

대 어떠하다(주로 의문문에 쓰임)

这个菜怎么样?

Zhège cài zěnmeyàng?

이 요리는 어때?

055 饭店*

□ □ 1급

fàndiàn

유의 宾馆 bīnguǎn 호텔 2급 ···› p.85
餐厅 cāntīng 식당 4급
酒店 jiǔdiàn 호텔

명 식당, 호텔

这个饭店的菜都很好吃。
Zhège fàndiàn de cài dōu hěn hǎochī.
이 식당의 음식은 모두 매우 맛있다.

맛있는 한자 TIP 饣(밥식)이 들어간 한자

饣은 食(밥식)의 간체자로, 이 부수가 들어가면 음식이나 먹는 것과 관련된 뜻이 됩니다.

- 饭店 fàndiàn 식당
- 米饭 mǐfàn 밥
- 饱 bǎo 배부르다
- 饿 è 배고프다

056 服务员***

□ □ 

fúwùyuán

명 종업원

那个服务员的态度很好。
Nàge fúwùyuán de tàidu hěn hǎo.
그 종업원의 태도는 매우 좋다.

+ 态度 tàidu 명 태도

057 杯子

□ □ 

bēizi

명 잔, 컵

这个杯子很漂亮。
Zhège bēizi hěn piàoliang.
이 컵은 아주 예쁘다.

+ 漂亮 piàoliang 형 예쁘다, 아름답다

058 喝***

□ □ 

hē

동 마시다

호응 喝茶 hē chá 차를 마시다 | 喝咖啡 hē kāfēi 커피를 마시다 | 喝牛奶 hē niúnǎi 우유를 마시다 | 喝酒 hē jiǔ 술을 마시다

在水、牛奶和咖啡中，你想喝什么？
Zài shuǐ、niúnǎi hé kāfēi zhōng, nǐ xiǎng hē shénme?
물, 우유와 커피 중에서, 너는 무엇을 마시고 싶어?

+ 牛奶 niúnǎi 명 우유 | 想 xiǎng 조동 ~하고 싶다

059 水★
shuǐ
1급

명 물

多喝水对身体好。 빈출
Duō hē shuǐ duì shēntǐ hǎo.
물을 많이 마시는 것은 몸에 좋다.

+ 对 duì 개 ~에 대하여 | 身体 shēntǐ 명 신체, 몸

060 茶★★★
chá
1급

명 차(음료)

这个茶很好喝，在哪儿买的？
Zhège chá hěn hǎohē, zài nǎr mǎi de?
이 차는 매우 맛이 좋은데, 어디서 샀어?

061 咖啡
kāfēi
2급

참고 咖啡厅 kāfēitīng 커피숍

명 커피

咖啡喝多了，晚上睡不着觉。
Kāfēi hē duō le, wǎnshang shuì bu zháo jiào.
커피는 많이 마시면 밤에 잠을 못 잔다.

062 米饭
mǐfàn
1급

명 (쌀)밥

丈夫喜欢吃米饭，妻子喜欢吃面条。 빈출
Zhàngfu xǐhuan chī mǐfàn, qīzi xǐhuan chī miàntiáo.
남편은 밥을 좋아하고, 아내는 면을 좋아한다.

+ 丈夫 zhàngfu 명 남편 | 妻子 qīzi 명 아내 | 面条 miàntiáo 명 국수, 면

063 面条★★★
miàntiáo
2급

명 국수, 면

中国人过生日要吃面条。
Zhōngguórén guò shēngrì yào chī miàntiáo.
중국인은 생일을 보낼 때 면을 먹는다.

+ 过 guò 동 (시간을) 보내다 | 生日 shēngrì 명 생일

064 和 ★

☐ ☐ 1급

hé

접 ~와, ~과

米饭和面条我都喜欢。
Mǐfàn hé miàntiáo wǒ dōu xǐhuan.
밥과 면을 나는 모두 좋아해.

개 ~와, ~과

哥，你能和我玩儿吗？
Gē, nǐ néng hé wǒ wánr ma?
형(오빠), 나랑 놀아줄 수 있어?

+ 哥 gē 명 형, 오빠 | 能 néng 조동 ~할 수 있다 | 玩(儿) wán(r) 동 놀다

065 水果 ★★

☐ ☐ 1급

shuǐguǒ

명 과일

你喜欢什么水果？
Nǐ xǐhuan shénme shuǐguǒ?
너는 어떤 과일을 좋아하니?

+ 什么 shénme 대 무엇, 무슨

066 苹果 ★

☐ ☐ 1급

píngguǒ

명 사과

我最喜欢吃苹果。
Wǒ zuì xǐhuan chī píngguǒ.
나는 사과 먹는 것을 가장 좋아한다.

+ 最 zuì 부 가장, 최고로

067 西瓜 ★

☐ ☐ 2급

xīguā

명 수박

妈妈买了一个很大的西瓜。
Māma mǎile yí ge hěn dà de xīguā.
엄마는 큰 수박 하나를 샀다.

+ 买 mǎi 동 사다 | 很 hěn 부 매우 | 大 dà 형 크다

맛있는 단어 TIP 西瓜와 苹果

西瓜(xīguā 수박)는 발음 때문에 뜻을 '사과'라고 오해하는 경우가 있습니다. 西瓜(xīguā)는 '수박(西瓜 xīguā)은 중국의 서쪽(西 xī)에서 많이 난다'라고 기억하고, '사과'는 苹果(píngguǒ)라는 것을 기억하세요.

068 鸡蛋 ★★★
jīdàn
2급

명 계란

鸡蛋一斤多少钱? 빈출
Jīdàn yì jīn duōshao qián?
계란은 한 근에 얼마예요?

+ 斤 jīn 양 근[무게 단위] | 多少 duōshao 대 얼마

069 牛奶 ★★
niúnǎi
2급

참고 面包 miànbāo 빵
3급 ··· p.168

명 우유

来，喝一杯牛奶吧。 빈출
Lái, hē yì bēi niúnǎi ba.
자, 우유 한 잔 마셔.

+ 杯 bēi 양 잔 | 吧 ba 조 ~해, ~하자

070 鱼 ★★
yú
2급

명 물고기, 생선

妈妈做的鱼非常好吃。 빈출
Māma zuò de yú fēicháng hǎochī.
엄마가 만든 생선 요리는 매우 맛있다.

+ 做 zuò 동 하다, 만들다 | 非常 fēicháng 부 매우

071 羊肉 ★
yángròu
2급

명 양고기

你喜欢吃羊肉吗?
Nǐ xǐhuan chī yángròu ma?
너는 양고기 먹는 것을 좋아하니?

072 **喜欢**★★★
xǐhuan
1급

동 좋아하다

儿子喜欢吃西瓜。
Érzi xǐhuan chī xīguā.
아들은 수박 먹는 것을 좋아한다.

073 **爱**
ài
1급

동 사랑하다

我爱你。
Wǒ ài nǐ.
나는 너를 사랑해.

동 ~하기를 좋아하다

我最爱吃鱼。
Wǒ zuì ài chī yú.
나는 생선 먹는 것을 제일 좋아한다.

+ 最 zuì 부 가장

074 **对**★★★
duì
2급

참고 对 duì 옳다, 맞다
2급 ···› p.123

개 ~에 대하여

호응 对…好 duì…hǎo ~에 좋다

睡觉前吃东西对身体不好。
Shuìjiào qián chī dōngxi duì shēntǐ bù hǎo.
잠자기 전에 음식을 먹는 것은 몸에 좋지 않다.

+ 睡觉 shuìjiào 동 잠을 자다 | 东西 dōngxi 명 물건, 것 | 身体 shēntǐ 명 신체, 몸

075 **身体**
shēntǐ
2급

명 신체, 몸

호응 身体健康 shēntǐ jiànkāng 몸이 건강하다 |
锻炼身体 duànliàn shēntǐ 몸을 단련하다

你爸爸妈妈都身体好吗?
Nǐ bàba māma dōu shēntǐ hǎo ma?
네 아빠와 엄마는 모두 몸이 건강하셔?

076 眼睛
□
□
2급
yǎnjing

명 눈

多吃这种水果对眼睛好。
Duō chī zhè zhǒng shuǐguǒ duì yǎnjing hǎo.
이런 과일을 많이 먹으면 눈에 좋다.

+ 种 zhǒng 양 종류

077 生病
□
□
2급
shēngbìng

동 병이 나다, 아프다

小王生病了，所以没来上课。
Xiǎo Wáng shēngbìng le, suǒyǐ méi lái shàngkè.
샤오왕은 아파서 수업에 오지 않았다.

+ 所以 suǒyǐ 접 그래서 | 上课 shàngkè 동 수업하다

078 药★
□
□
2급
yào

명 약

호응 吃药 chī yào 약을 먹다 | 开药 kāi yào 약을 처방하다

生病了要吃药。
Shēngbìngle yào chī yào.
아프면 약을 먹어야 한다.

+ 生病 shēngbìng 동 병이 나다, 아프다 | 要 yào 조동 ~해야 한다

079 次
□
□
2급
cì

양 번, 회, 차례

这个药一天要吃三次。
Zhège yào yì tiān yào chī sān cì.
이 약은 하루에 세 번 먹어야 한다.

+ 药 yào 명 약

080 医生
□
□
1급
yīshēng

동의 大夫 dàifu 의사
4급

명 의사

她在找张医生。
Tā zài zhǎo Zhāng yīshēng.
그녀는 장 의사 선생님을 찾고 있다.

+ 在 zài 부 ~하고 있다 | 找 zhǎo 동 찾다 |
张 Zhāng 고유 장(성씨)

081 □ □ 1급

医院*

yīyuàn

참고 生病 shēngbìng
병이 나다
2급 ···› p.35
看病 kànbìng
진찰 받다, 진찰하다

명 병원

你还是去医院看看吧。
Nǐ háishi qù yīyuàn kànkan ba.
너는 아무래도 병원에 가보는 게 좋겠어.

+ 还是 háishi 부 아무래도

082 □ □  1급

睡觉***

shuìjiào

참고 起床 qǐchuáng
기상하다
2급 ···› p.36

동 잠을 자다

昨晚我只睡了三个小时觉。
Zuówǎn wǒ zhǐ shuìle sān ge xiǎoshí jiào.
어젯밤에 나는 잠을 3시간밖에 못 잤다.

+ 昨晚 zuówǎn 명 어젯밤 | 只 zhǐ 부 단지 | 小时 xiǎoshí 명 시간

맛있는 단어 TIP 이합사 睡觉

睡觉(shuìjiào)에서 순수한 동사는 睡(shuì 자다)이며 觉(jiào)는 '잠'이라는 뜻의 명사입니다. 이처럼 '동사(睡)+명사(觉)'로 이루어진 동사를 이합동사(혹은 이합사)라고 합니다. 이합사는 위의 예문처럼 분리해서 쓸 수 있는 것이 특징입니다.

083 □ □ 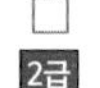 2급

起床

qǐchuáng

참고 睡觉 shuìjiào
잠을 자다
1급 ···› p.36

동 (잠자리에서) 일어나다, 기상하다

今天我6点就起床了。
Jīntiān wǒ liù diǎn jiù qǐchuáng le.
오늘 나는 6시에 바로 일어났다.

+ 今天 jīntiān 명 오늘 | 点 diǎn 명 시 | 就 jiù 부 곧, 바로

084 累★★★
lèi
2급

형 지치다, 피곤하다

星期日也得上班，太累了。
Xīngqīrì yě děi shàngbān, tài lèi le.
일요일도 출근해야 해서, 너무 피곤하다.

+ 星期日 xīngqīrì 명 일요일 | 也 yě 부 역시, ~도 | 得 děi 조동 ~해야 한다 | 上班 shàngbān 동 출근하다 | 太 tài 부 너무

맛있는 한자 TIP 累를 쉽게 암기하는 방법

밭(田)일을 하고 나니 힘들어서 다리가 실(糸)처럼 힘이 풀린 모습을 연상하면 累(lèi)를 쉽게 외울 수 있습니다.

085 一点儿★★★
yìdiǎnr
1급

양 약간, 조금

호응 一点儿也不 yìdiǎnr yě bù 조금도 ~않다

你想吃(一)点儿什么?
Nǐ xiǎng chī (yì)diǎnr shénme?
넌 뭘 좀 먹고 싶어?

맛있는 단어 TIP 一点儿과 有点儿 비교

有点儿(yǒudiǎnr)과 一点儿(yìdiǎnr)은 둘 다 '약간, 조금'이라는 뜻이지만, 형용사를 만날 때는 어순이 달라집니다. [有点儿+형용사]는 불만의 감정이 들어있고, [형용사+一点儿]은 비교의 의미가 들어있습니다.

→ 불만을 나타냄 (有点儿 + 형용사)
→ 지금의 가격과 비교 (형용사 + 一点儿)

这个东西有点儿贵，能不能便宜一点儿?
Zhège dōngxi yǒudiǎnr guì, néng bu néng piányi yìdiǎnr?
이 물건은 좀 비싼데, 좀 더 싸게 해주실 수 있어요?

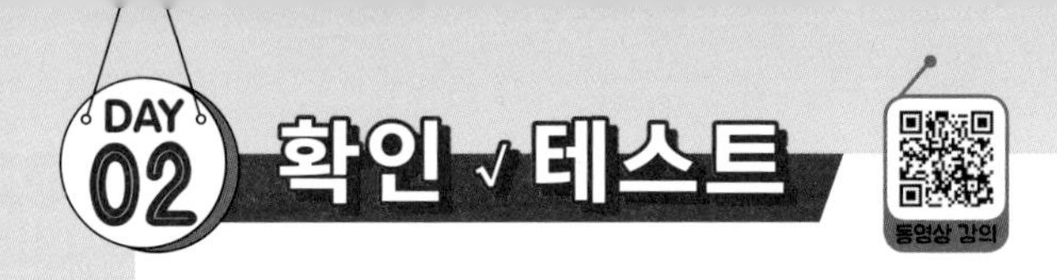

1 빈칸을 채우세요.

喝	❶	마시다
杯子	bēizi	❷
❸	chá	차
服务员	❹	종업원
咖啡	❺	커피

2 단어의 병음과 뜻을 알맞게 연결하세요.

❶ 水果 •	• ㉠ chī •	• ⓐ 식당
❷ 什么 •	• ㉡ shuǐguǒ •	• ⓑ 먹다
❸ 吃 •	• ㉢ fàndiàn •	• ⓒ 무엇
❹ 饭店 •	• ㉣ shénme •	• ⓓ 과일

3 빈칸에 들어갈 알맞은 단어를 고르세요.

Nǐ bàba māma dōu (yǎnjing / shēntǐ) hǎo ma ?
❶ 你 爸爸 妈妈 都 (眼睛 / 身体) 好 吗？
네 아빠와 엄마는 모두 **몸**이 건강하셔?

Māma zuò de (yú / yángròu) fēicháng hǎochī .
❷ 妈妈 做 的 (鱼 / 羊肉) 非常 好吃。
엄마가 만든 **생선** 요리는 매우 맛있다.

Xiǎo Wáng (shēngbìng / shuìjiào) le , suǒyǐ méi lái shàngkè .
❸ 小 王 (生病 / 睡觉) 了，所以 没 来 上课。
샤오왕은 **아파서** 수업에 오지 않았다.

Nǐ háishi qù (yīshēng / yīyuàn) kànkan ba .
❹ 你 还是 去 (医生 / 医院) 看看 吧。
너는 아무래도 **병원**에 가보는 게 좋겠어.

04

도전! HSK 2급 **듣기** 제1부분

4 녹음을 듣고 사진과 일치하면 √, 일치하지 않으면 X를 표시하세요.

1		
2 빈출		
3		

도전! HSK 2급 **독해** 제2부분

5 빈칸에 들어갈 알맞은 단어를 고르세요.(모두 한 번씩만 사용됩니다.)

yǎnjing	kāfēi	xīguā	yào
A 眼睛	B 咖啡	C 西瓜	D 药

Nǐ chī hòu hǎohāor xiūxi ba.
❶ 你 吃 (　　　) 后 好好儿 休息 吧。

Jiějie ài hē
빈출 ❷ 姐姐 爱 喝 (　　　)。

Māma mǎile yí ge hěn dà de
❸ 妈妈 买了 一 个 很 大 的 (　　　)。

Duō chī zhège shuǐguǒ duì hǎo.
빈출 ❹ 多 吃 这个 水果 对 (　　　) 好。

오늘 하루도 맑음
_성질과 상태

HSK 1·2급에 이 단어가 나온다!

성질과 상태의 정도를 나타내는 정도부사 很(hěn 매우), 非常(fēicháng 매우), 最(zuì 가장) 등은 형용사가 들어가는 문장에서 거의 모두 쓰입니다. 감정을 나타내는 高兴(gāoxìng 기쁘다), 快乐(kuàilè 즐겁다)와 날씨와 관련된 冷(lěng 춥다), 热(rè 덥다), 晴(qíng 맑다), 阴(yīn 흐리다)도 자주 출제되고 있습니다.

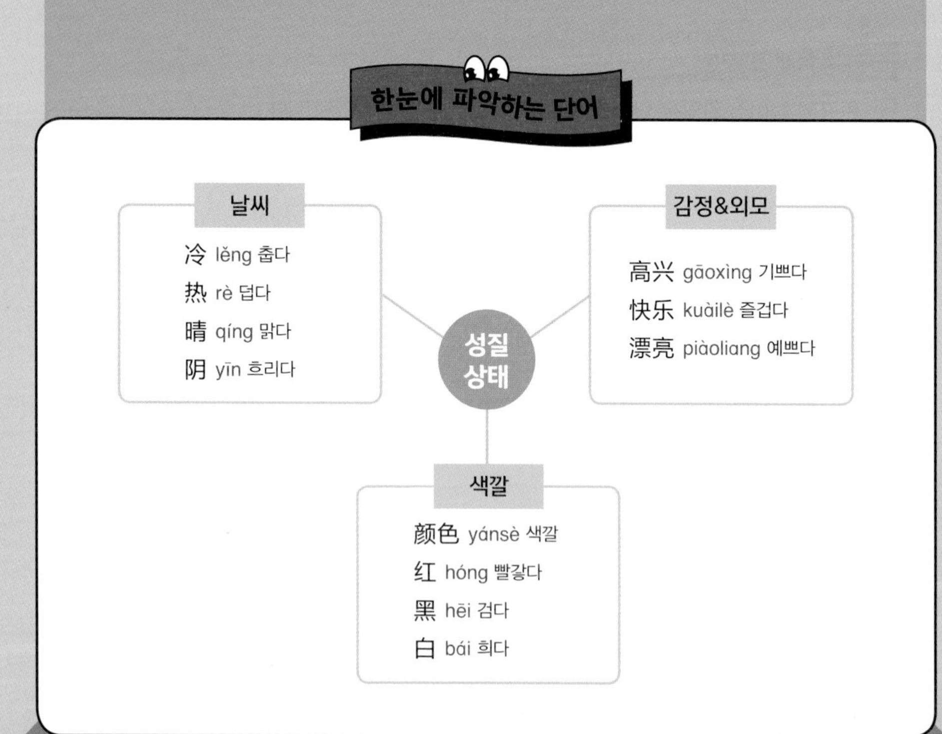

086 很★
□
□
1급
hěn

부 매우

这件衣服很漂亮，但是太贵了。
Zhè jiàn yīfu hěn piàoliang, dànshì tài guì le.
이 옷은 매우 예쁘긴 한데 너무 비싸.

+ 漂亮 piàoliang 형 예쁘다 |
但是 dànshì 접 그러나 |
太 tài 부 너무 | 贵 guì 형 비싸다

맛있는 단어  정도부사 很

정도부사는 '매우'처럼 정도를 나타내는 부사입니다. HSK 1~2급에서는 很(hěn 매우), 最(zuì 가장), 太(tài 너무), 非常(fēicháng 매우) 등의 정도부사가 등장합니다. 정도부사는 주로 형용사를 수식합니다.

087 非常★
□
□

fēicháng

부 매우

今天的天气非常冷，你还是多穿点儿吧。
Jīntiān de tiānqì fēicháng lěng, nǐ háishi duō chuān diǎnr ba.
오늘 날씨는 매우 추워. 너는 (옷을) 좀 많이 입어.

+ 还是 háishi 부 ~하는 편이 좋다

088 最★★
□
□
2급
zuì

부 가장, 최고로

牛奶最好喝。
Niúnǎi zuì hǎohē.
우유가 가장 맛있어.

+ 牛奶 niúnǎi 명 우유 |
好喝 hǎohē 형 맛있다, 마시기 좋다

089 

太 ★★★

tài

1급

부 너무

호응 太…了 tài…le 너무 ~하다 | 不太… bú tài… 그다지 ~않다

天气太热了！ 빈출
Tiānqì tài rè le!
날씨가 너무 더워!

맛있는 단어 TIP [太…了] 형식

[太+형용사+了]는 '너무 ~하다'라는 뜻입니다. 이때 了는 '~했다'의 의미가 아니라 사실을 강조하는 어기조사입니다. 따라서 了는 해석되지 않으며 생략도 가능합니다.

- 太热了 tài rè le 너무 더워
- 太漂亮了 tài piàoliang le 너무 아름다워

090 **真** ★

zhēn

2급

반의 假 jiǎ 거짓의, 가짜의 4급

부 정말, 진짜

外面真热！
Wàimian zhēn rè!
밖은 정말 더워!

+ 外面 wàimian 명 밖

형 진짜이다, 사실이다

这话是真的吗？
Zhè huà shì zhēn de ma?
이 말이 진짜야?

+ 话 huà 명 말

091 **大**

dà

1급

반의 小 xiǎo 작다 1급 ···› p.43

형 크다

这个医院很大。
Zhège yīyuàn hěn dà.
이 병원은 매우 크다.

+ 医院 yīyuàn 명 병원

092 小
xiǎo
1급

반의 大 dà 크다
1급 ⋯ p.42

형 (크기가) 작다

这个西瓜太小了。
Zhège xīguā tài xiǎo le.
이 수박은 너무 작아.

+ 西瓜 xīguā 명 수박

형 (나이가) 어리다

호응 从小(就)⋯ cóng xiǎo (jiù)⋯ 어릴 때부터 ~하다

我从小就喜欢读书。 빈출
Wǒ cóng xiǎo jiù xǐhuan dú shū.
나는 어릴 때부터 책 읽기를 좋아했다.

+ 从 cóng 개 ~부터 | 读 dú 동 읽다 | 书 shū 명 책

093 多
duō
1급

반의 少 shǎo 적다
1급 ⋯ p.43

형 많다

这个医院有很多医生。
Zhège yīyuàn yǒu hěn duō yīshēng.
이 병원에는 많은 의사가 있다.

+ 医院 yīyuàn 명 병원 | 医生 yīshēng 명 의사

094 少
shǎo
1급

반의 多 duō 많다
1급 ⋯ p.43

형 적다

我的面条儿太少了，再给我一点儿。
Wǒ de miàntiáor tài shǎo le, zài gěi wǒ yìdiǎnr.
내 면은 너무 적어. 좀 더 줘.

+ 面条(儿) miàntiáo(r) 명 국수, 면 | 再 zài 부 다시, 또 | 给 gěi 동 ~에게 주다 | 一点儿 yìdiǎnr 양 약간, 조금

095 不★★★

bù

1급

부 ~않다, ~아니다

今天天气不热。
Jīntiān tiānqì bú rè.
오늘은 날씨가 덥지 않다.

+ 今天 jīntiān 명 오늘 | 天气 tiānqì 명 날씨 | 热 rè 형 덥다

맛있는 단어  不와 没有 비교

부정부사 不(bù)와 没有(méiyǒu)는 가장 기본적이지만 꼭 알아두어야 할 내용입니다. 不와 没(有)의 의미와 용법을 꼭 알아두세요.

不 bù ~않다, ~아니다	没(有) méi(yǒu) ~하지 않았다, 없다(有를 부정함)
현재, 미래, 의지를 부정함	과거 사실이나 존재를 부정함
我不去。 Wǒ bú qù. 나는 안 가. 我不知道。 Wǒ bù zhīdào. 나는 알지 못한다.	我没去。 Wǒ méi qù. 나는 안 갔어. 我没(有)时间。 Wǒ méi(yǒu) shíjiān. 나는 시간이 없다.

096 好

hǎo

1급

형 좋다

这个医院非常好。
Zhège yīyuàn fēicháng hǎo.
이 병원은 매우 좋다.

+ 医院 yīyuàn 명 병원 | 非常 fēicháng 부 매우

097 高兴★★
□ □ 1급
gāoxìng

유의 快乐 kuàilè 즐겁다
2급 ⋯→ p.45

형 기쁘다, 즐겁다

今天大家都很高兴。
Jīntiān dàjiā dōu hěn gāoxìng.
오늘 모두가 매우 즐겁다.

098 快乐★★★
□ □ 2급
kuàilè

유의 高兴 gāoxìng 기쁘다
1급 ⋯→ p.45

형 즐겁다

我也很快乐。 빈출
Wǒ yě hěn kuàilè.
나도 매우 즐겁다.

099 漂亮★★
□ □ 1급
piàoliang

유의 好看 hǎokàn
예쁘다, 잘생기다

형 예쁘다, 아름답다

这件衣服真漂亮。
Zhè jiàn yīfu zhēn piàoliang.
이 옷은 참 예쁘다.

\+ 件 jiàn 양 벌[옷을 세는 단위] | 衣服 yīfu 명 옷 | 真 zhēn 부 정말, 진짜

100 得★★★
□ □ 2급
de

조 동사나 형용사 뒤에 쓰여 결과나 정도를 나타내는 보어와 연결시킴

今天玩儿得很快乐。 빈출
Jīntiān wánr de hěn kuàilè.
오늘은 매우 즐겁게 놀았다.

\+ 今天 jīntiān 명 오늘 | 玩(儿) wán(r) 동 놀다

조 동사와 보어 사이에 쓰여 가능을 나타냄
(부정을 할 때는 得를 不로 바꿈)

你能听得懂汉语吗? 빈출
Nǐ néng tīng de dǒng Hànyǔ ma?
당신은 중국어를 들어서 이해할 수 있습니까?

+ 能 néng 조동 ~할 수 있다 | 懂 dǒng 동 이해하다 |
汉语 Hànyǔ 명 중국어

HSK 1·2급 출제 포인트

구조조사 得(de)는 실질적인 뜻 없이 술어와 보어를 연결합니다. HSK 2급 독해 영역과 HSK 3급~5급 쓰기 제1부분 어순 배열 문제에 자주 출제됩니다. [동사/형용사+得+보어]가 일반적인 어순인데, 得 뒤에 '부사+형용사'를 놓는 것이 핵심입니다.

그는 **걷는다.**
他走。

(연결)
+ 得 +

그는 매우 **빠르다.**
他很快。

↓

他走得很快。
Tā zǒu de hěn kuài.
그는 걷는 것이 매우 빠르다. → 그는 매우 빨리 걷는다.

101 □ □ 2급

长★★

cháng

반의 短 duǎn 짧다
3급 ··· p.203

형 길다

她的头发很长。
Tā de tóufa hěn cháng.
그녀의 머리카락은 매우 길다.

+ 头发 tóufa 명 머리카락

102 高
gāo
2급

반의 矮 ǎi (키가) 작다
3급 ···› p.139

형 높다

那山不高，但是很美。
Nà shān bù gāo, dànshì hěn měi.
그 산은 높지는 않지만 매우 아름답다.

형 (키가) 크다

我爸爸很高。
Wǒ bàba hěn gāo.
우리 아빠는 키가 크다.

103 颜色
yánsè
2급

명 색깔

这件衣服还有别的颜色吗？ 빈출
Zhè jiàn yīfu hái yǒu bié de yánsè ma?
이 옷은 다른 색깔이 있어요?

+ 衣服 yīfu 명 옷 | 还 hái 부 또한, 더 | 别 bié 형 다른

104 黑
hēi
2급

반의 白 bái 희다
2급 ···› p.47

형 검다

她的头发又黑又长。 빈출
Tā de tóufa yòu hēi yòu cháng.
그녀의 머리카락은 검고 또 길다.

+ 又 yòu 부 또 | 长 cháng 형 길다

105 白
bái

2급

반의 黑 hēi 검다
2급 ···› p.47

형 희다

奶奶的头发都白了。
Nǎinai de tóufa dōu bái le.
할머니의 머리카락이 모두 하얘졌다.

+ 奶奶 nǎinai 명 할머니 | 了 le 조 ~하게 됐다(문장 끝에 쓰여 변화를 나타냄)

106 **红** hóng 2급

형 붉다, 빨갛다

这里有红的和白的，你要哪个?
Zhèli yǒu hóng de hé bái de, nǐ yào nǎ ge?
여기 빨간 것과 흰 것이 있는데, 너는 어느 것을 원해?

+ 的 de 조 ~하는 것(동사나 형용사 뒤에서 명사화시킴) | 要 yào 동 원하다

107 **觉得★★★** juéde 2급

유의 认为 rènwéi ~라고 여기다 3급 ··· p.222

동 ~라고 느끼다, ~라고 생각하다

我觉得这个医院最好。빈출
Wǒ juéde zhège yīyuàn zuì hǎo.
나는 이 병원이 가장 좋다고 생각해.

108 **希望★** xīwàng 2급

동 희망하다, 바라다

你希望在哪里工作?
Nǐ xīwàng zài nǎli gōngzuò?
너는 어디에서 일하기를 원하니?

+ 在 zài 개 ~에서 | 哪里 nǎli 대 어디 | 工作 gōngzuò 동 일하다

명 희망

这件事没有希望了。
Zhè jiàn shì méiyǒu xīwàng le.
이 일은 희망이 없어졌다.

+ 件 jiàn 양 건, 개[일을 세는 단위] | 事 shì 명 일

109 比★ bǐ

□ □ 2급

개 ~보다

今天比昨天忙。 빈출
Jīntiān bǐ zuótiān máng.
오늘은 어제보다 바쁘다.

+ 今天 jīntiān 명 오늘 | 昨天 zuótiān 명 어제 | 忙 máng 형 바쁘다

동 비교하다

我们比一比谁跑得更快。
Wǒmen bǐ yi bǐ shéi pǎo de gèng kuài.
우리 누가 더 빨리 달리는지 한번 비교해보자.

+ 谁 shéi 대 누구 | 跑 pǎo 동 뛰다, 달리다 | 更 gèng 부 더욱 | 快 kuài 형 빠르다

HSK 1·2급 출제 포인트

HSK 2급 독해 제2부분 빈칸 채우기 문제에서 주어와 비교 대상이 나올 때는 그 사이에 比가 들어가야 함을 기억하세요. 또한 HSK 3급 쓰기 제1부분 어순 배열 문제에서는 비교의 차이를 나타내는 수량사를 형용사 뒤쪽에 위치시키는 것이 핵심입니다.

S+比+비교 대상+형용사/동사+차이(수량사)

哥哥比我大一岁。
Gēge bǐ wǒ dà yí suì.
형은 나보다 한 살이 많다.

110 快★★ kuài

□ □ 2급

반의 慢 màn 느리다
2급 ···› p.50

형 빠르다

他吃得很快，一分钟能吃完一碗。
Tā chī de hěn kuài, yì fēnzhōng néng chīwán yì wǎn.
그는 먹는 게 매우 빨라서 1분 안에 한 그릇을 다 먹을 수 있다.

맛있는 단어 TIP [快…了] 형식

임박을 나타내는 고정 격식인 [快…了]는 '곧 ~하려 하다'라는 뜻으로, 시험에 자주 출제되는 중요한 표현입니다. 주의할 점은 了가 있지만 아직 발생하지 않았다는 것입니다.

베이징에 온 지 1년이 넘지 않았음
我来北京已经快一年了。
Wǒ lái Běijīng yǐjīng kuài yì nián le.
내가 베이징에 온 지 벌써 1년이 다 되어 간다.

111 慢 ★
màn
2급

반의 快 kuài 빠르다
2급 ··· p.49

형 느리다

你走得太慢了，能不能快一点儿？
Nǐ zǒu de tài màn le, néng bu néng kuài yìdiǎnr?
너는 걷는 게 너무 느려, 좀 빨리 걸을 수 없어?

112 忙 ★★★
máng
2급

형 바쁘다

现在太忙了，不能休息。
Xiànzài tài máng le, bù néng xiūxi.
지금 너무 바빠서 쉴 수 없어.

+ 现在 xiànzài 명 지금, 현재 | 休息 xiūxi 동 쉬다

동 서둘러 하다

忙了一天，我想好好儿休息。
Mángle yì tiān, wǒ xiǎng hǎohāor xiūxi.
하루 종일 바쁘게 일했더니, 나는 좀 쉬고 싶어.

+ 好好儿 hǎohāor 부 잘 | 休息 xiūxi 동 쉬다

맛있는 한자 

心(마음심)이 들어간 한자

心(마음심)이 왼쪽에 들어가면 마음심변(忄)이 됩니다. 마음심변(忄)이 있는 忙(máng)은 '바쁘다'라는 뜻입니다. 하지만 마음심(心)이 밑에 있는 忘(wàng)은 '잊다'라는 뜻이니 구별하세요.

113 新★★★
xīn
2급

반의 旧 jiù 오래되다
3급 ···→ p.241

형 새롭다

今天来了一名新同学。 빈출
Jīntiān láile yì míng xīn tóngxué.
오늘은 한 명의 새 학생이 왔다.

+ 名 míng 양 명[사람을 세는 단위] | 同学 tóngxué 명 동학, 급우

114 天气
tiānqì
1급

명 날씨

今天的天气太好了。
Jīntiān de tiānqì tài hǎo le.
오늘 날씨는 너무 좋아.

115 冷★
lěng
1급

반의 热 rè 덥다
1급 ···→ p.51

형 춥다, 차다

今天非常冷，你多穿点儿衣服吧。 빈출
Jīntiān fēicháng lěng, nǐ duō chuān diǎnr yīfu ba.
오늘 매우 추우니까 너는 옷을 좀 많이 입어.

+ 非常 fēicháng 부 매우 | 穿 chuān 동 입다 | 衣服 yīfu 명 옷

116 热★
rè
1급

반의 冷 lěng 춥다
1급 ···→ p.51

형 덥다, 뜨겁다

今天天气太热了，有没有冰水？
Jīntiān tiānqì tài rè le, yǒu méiyǒu bīngshuǐ?
오늘 날씨가 너무 더워, 얼음물이 있니?

+ 冰水 bīngshuǐ 명 얼음물, 차가운 물

맛있는 한자 TIP 灬(불화)가 들어간 한자

火(불화)가 한자 밑부분에 들어가면 '灬' 모양이 됩니다. 부수 灬는 火가 변형된 모양으로, '불'과 관련된 의미를 갖습니다. 불에 타면 검은 재가 되기 때문에 黑(hēi 검다)에도, 불이 뜨겁기 때문에 热(rè 덥다)에도 灬가 들어갑니다.

117 □ □ 2급

晴*

qíng

반의 阴 yīn 흐리다
2급 ··· p.52

형 (날씨가) 맑다

今天是晴天。 빈출
Jīntiān shì qíngtiān.
오늘은 맑은 날씨이다.

118 □ □ 2급

阴*

yīn

반의 晴 qíng 맑다
2급 ··· p.52

형 (날씨가) 흐리다

天阴了，看来要下雨了。 빈출
Tiān yīn le, kànlai yào xiàyǔ le.
날씨가 흐려졌어. 보아하니 비가 오려나 봐.

+ 看来 kànlai 보아하니, 보기에 | 要 yào 조동 ~하려 하다 | 下雨 xiàyǔ 동 비가 오다

119 □ □ 1급

下雨***

xiàyǔ

동 비가 오다

开始下雨了，我们快走吧。 빈출
Kāishǐ xiàyǔ le, wǒmen kuài zǒu ba.
비가 오기 시작했어. 우리 빨리 가자.

+ 开始 kāishǐ 동 시작하다 | 快 kuài 부 빨리 | 走 zǒu 동 가다 | 吧 ba 조 ~하자

120 □ □ 2급

雪

xuě

명 눈

호응 下雪 xiàxuě 눈이 내리다 | 一场雪 yì cháng xuě 한 차례의 눈

昨天晚上下了一场大雪。
Zuótiān wǎnshang xiàle yì cháng dà xuě.
어젯밤에 한차례 많은 눈이 내렸다.

+ 昨天 zuótiān 명 어제 | 晚上 wǎnshang 명 저녁, 밤 | 下 xià 동 내리다 | 场 cháng 양 (자연 현상) 회, 번

121 □ □ 2급

可能**

kěnéng

부 아마도

他今天可能不来了。 빈출
Tā jīntiān kěnéng bù lái le.
그는 오늘 아마도 안 오려나 봐.

형 가능하다

在可能的情况下，我一定帮助你。
Zài kěnéng de qíngkuàng xià, wǒ yídìng bāngzhù nǐ.
가능한 상황에서는 내가 반드시 널 도울게.

+ 情况 qíngkuàng 명 상황 | 一定 yídìng 부 반드시 | 帮助 bāngzhù 동 돕다

명 가능성

明天有可能下雪。
Míngtiān yǒu kěnéng xiàxuě.
내일은 눈이 올 가능성이 있다.

+ 明天 míngtiān 명 내일

122 狗
gǒu
1급

명 개

你的狗真可爱！ 빈출
Nǐ de gǒu zhēn kě'ài!
네 개는 정말 귀여워!

+ 可爱 kě'ài 형 귀엽다, 사랑스럽다

123 猫*
māo
1급

명 고양이

桌子下有一只小猫。 빈출
Zhuōzi xià yǒu yì zhī xiǎomāo.
탁자 아래에 한 마리의 새끼 고양이가 있다.

+ 桌子 zhuōzi 명 탁자, 테이블 | 只 zhī 양 마리[동물을 세는 단위]

124 没有***
méiyǒu
1급

동 없다

家里没有牛奶了。 빈출
Jiāli méiyǒu niúnǎi le.
집에 우유가 다 떨어졌어.

+ 牛奶 niúnǎi 명 우유 | 了 le 조 ~하게 되다(문장 끝에 쓰여 상태의 변화를 나타냄)

부 ~하지 않았다

电影还没有开始。 빈출
Diànyǐng hái méiyǒu kāishǐ.
영화는 아직 시작하지 않았어.

+ 电影 diànyǐng 명 영화 | 还 hái 부 아직, 여전히 | 开始 kāishǐ 동 시작하다

HSK 1·2급 출제 포인트

没有(méiyǒu)는 뒤에 명사가 오면 '없다'라는 뜻이 되고, 뒤에 동사가 오면 '~하지 않았다'라는 뜻이 됩니다. 시험에는 둘 다 출제가 되기 때문에 해석할 때 정확하게 구분해야 합니다. 没有는 没(méi)로만 쓸 수도 있습니다.

125 吗 ma
1급

조 문장 끝에 쓰여 의문의 어기를 나타냄

外面冷吗？出去穿什么衣服好？
Wàimian lěng ma? Chūqu chuān shénme yīfu hǎo?
밖은 추워? 나갈 때 무슨 옷을 입는 게 좋을까?

+ 外面 wàimian 명 밖 | 穿 chuān 동 (옷을) 입다 | 衣服 yīfu 명 옷

맛있는 단어 TIP 의문문 만드는 법

평서문에 吗(ma)를 붙이면 의문문이 되며, 일반적으로 의문대명사(什么 shénme, 怎么 zěnme, 怎么样 zěnmeyàng 등)가 있으면 吗(ma)를 쓰지 않습니다.

평서문	의문문
天气冷。 Tiānqì lěng. 날씨가 춥다.	天气冷吗？ Tiānqì lěng ma? 날씨가 추워?

天气怎么样吗？（X） → 天气怎么样？（O）
Tiānqì zěnmeyàng?
날씨가 어때?

126 □ □ 2급

因为…，所以…★★

yīnwèi…, suǒyǐ…

(왜냐하면) ~이기 때문에 그래서 ~이다

因为路上车太多了，所以我来晚了。
Yīnwèi lùshang chē tài duō le, suǒyǐ wǒ láiwǎn le.
길에 차가 너무 많았기 때문에, 그래서 나는 늦게 왔어.

+ 路 lù 명 길 | 车 chē 명 차, 자동차 |
来晚 láiwǎn 늦게 오다

127 □ □ 2급

虽然…，但是…★★

suīrán…, dànshì…

비록 ~이지만 ~하다

虽然冬天了，但是不冷。빈출
Suīrán dōngtiān le, dànshì bù lěng.
비록 겨울이 되었지만 춥지 않다.

+ 冬天 dōngtiān 명 겨울

HSK 1·2급 출제 포인트

HSK 2급 독해 제3부분에서 [虽然…, 但是…]의 형식이 보인다면, 但是 뒷부분에 더욱 중요한 내용이 나오므로, 이 부분을 활용해 문제를 풀어야 합니다.

중요 내용(힌트) → 그의 집으로 가는 차는 적다
虽然这儿离我家不远，但是到我家的车不太多，…
Suīrán zhèr lí wǒ jiā bù yuǎn, dànshì dào wǒ jiā de chē bú tài duō,…
비록 여기는 우리 집에서 멀지 않지만, 우리 집으로 가는 차는 그다지 많지 않다. …

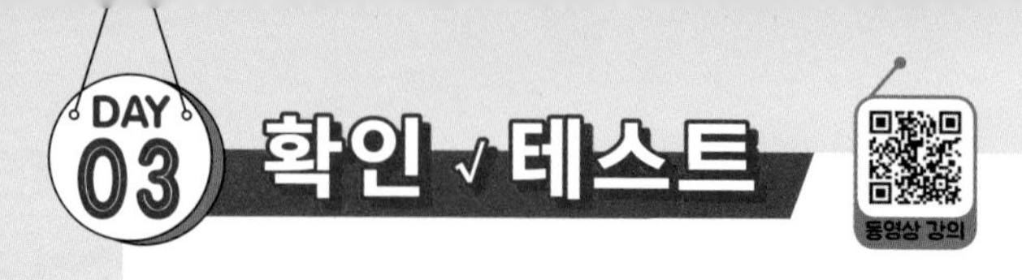

1 빈칸을 채우세요.

❶	hěn	매우
最	zuì	❷
小	❸	작다, 어리다
多	duō	❹
❺	bù	~않다, ~아니다

2 단어의 병음과 뜻을 알맞게 연결하세요.

❶ 可能 • • ㉠ cháng • • ⓐ 색깔

❷ 颜色 • • ㉡ yánsè • • ⓑ 길다

❸ 长 • • ㉢ juéde • • ⓒ 아마도, 가능하다

❹ 觉得 • • ㉣ kěnéng • • ⓓ ~라고 느끼다

3 빈칸에 들어갈 알맞은 단어를 고르세요.

Zhuōzi xià yǒu yì zhī xiǎo (māo / gǒu) .
❶ 桌子 下 有 一只 小 （猫 / 狗）。
탁자 아래에 한 마리의 새끼 **고양이**가 있다.

Jīntiān shì (yīn / qíng) tiān .
❷ 今天 是（阴 / 晴） 天 。오늘은 **맑은** 날씨이다.

Jīntiān dàjiā dōu hěn (gāoxìng / piàoliang) .
❸ 今天 大家 都 很 （高兴 / 漂亮）。오늘 모두가 매우 **즐겁다**.

Xiànzài tài (màn / máng) le , bù néng xiūxi .
❹ 现在 太 （慢 / 忙） 了，不 能 休息 。지금 너무 **바빠서** 쉴 수 없어.

도전! HSK 2급 **듣기** 제1부분

4 녹음을 듣고 사진과 일치하면 √, 일치하지 않으면 X를 표시하세요.

1 빈출		
2 빈출		
3		

도전! HSK 2급 **독해** 제2부분

5 빈칸에 들어갈 알맞은 단어를 고르세요.(모두 한 번씩만 사용됩니다.)

kuàilè A 快乐	xīwàng B 希望	màn C 慢	zhēn D 真

Nǐ ( ) zài nǎli gōngzuò?
❶ 你（　　　）在 哪里 工作？

Tā de zì xiě de ( ) hǎo!
❷ 她 的 字 写 得（　　　）好！

Háizimen zài xuědì li ( ) de wánzhe.
빈출 ❸ 孩子们 在 雪地 里（　　　）地 玩着。

Nǐ zǒu de tài ( ) le, néng bu néng kuài yìdiǎnr?
❹ 你 走 得 太（　　　）了，能 不 能 快 一点儿？

우리 지금 만나
_행위와 동작

HSK 1·2급에 이 단어가 나온다!

来(lái 오다), 去(qù 가다)는 많은 문장에서 쓰이는 기본 동사입니다. 跑步(pǎobù 달리다), 游泳(yóuyǒng 수영하다)이 자주 출제되며, 打篮球(dǎ lánqiú 농구하다)와 踢足球(tī zúqiú 축구하다)는 각각 다른 동사가(打 dǎ, 踢 tī) 사용됨에 주의해야 합니다.

한눈에 파악하는 단어

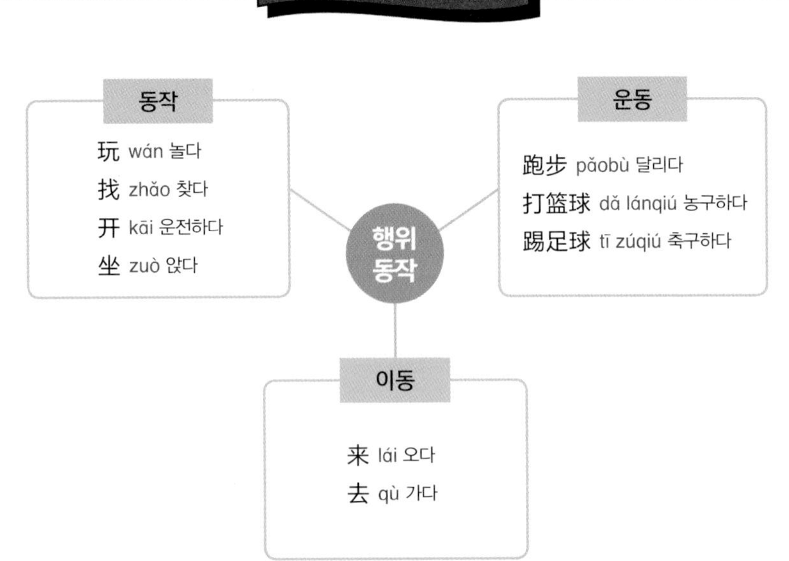

128 **看** kàn

☐ ☐ 1급

참고 听 tīng 듣다
1급 ··· p.59

동 보다

호응 看电影 kàn diànyǐng 영화를 보다 |
看电视 kàn diànshì 텔레비전을 보다

姐姐在看电视。
Jiějie zài kàn diànshì.
누나(언니)는 텔레비전을 보고 있다.

+ 在 zài 부 ~하고 있다 |
电视 diànshì 명 TV, 텔레비전

맛있는 한자 TIP 目(눈목)이 들어간 한자

目(mù 눈), 眼睛(yǎnjing 눈), 看(kàn 보다)에서 공통적인 부분을 찾아보세요. 目(눈목)이 보이죠? 目은 사람의 눈을 보고 만든 상형자로서, 보통은 보는 것과 관련된 동작을 나타냅니다. '앞으로 눈(眼睛)의 눈동자(目)로 자세히 봅시다(看)!'라는 한 문장으로 目이 들어간 한자를 외워보세요.

129 **听** tīng

☐ ☐ 1급

참고 看 kàn 보다
1급 ··· p.59

동 듣다

호응 听音乐 tīng yīnyuè 음악을 듣다 |
听得懂 tīng de dǒng 듣고 이해하다 |
听不懂 tīng bu dǒng 듣고 이해하지 못하다

你听得懂汉语吗? 빈출
Nǐ tīng de dǒng Hànyǔ ma?
너는 중국어를 들어서 이해할 수 있어?

+ 懂 dǒng 동 이해하다 | 汉语 Hànyǔ 명 중국어

130 **来**★★★ lái

☐ ☐ 

반의 去 qù 가다
1급 ··· p.60

동 오다

他还没来。
Tā hái méi lái.
그는 아직 오지 않았다.

+ 还 hái 부 아직, 여전히 | 没 méi 부 ~않았다

131 **去**★★

qù

1급

반의 来 lái 오다
1급 ··· p.59

동 가다

我去超市买一点东西。
Wǒ qù chāoshì mǎi yìdiǎn dōngxi.
나는 물건을 좀 사러 슈퍼에 간다.

+超市 chāoshì 명 슈퍼마켓 | 买 mǎi 동 사다 | 东西 dōngxi 명 물건

132 **走**

zǒu

2급

동 걷다

走路是很好的运动。
Zǒulù shì hěn hǎo de yùndòng.
걷기는 아주 좋은 운동이다.

+运动 yùndòng 명 운동

동 떠나다, 가다

他有事，已经走了。
Tā yǒu shì, yǐjīng zǒu le.
그는 일이 있어서 이미 갔어.

+事 shì 명 일 | 已经 yǐjīng 부 이미, 벌써

맛있는 단어 

去와 走 비교

去(qù)와 走(zǒu) 둘 다 '가다'라는 의미이지만, 구체적인 의미는 다릅니다. 去는 어떤 목적지로 간다는 의미이고, 走는 현재 머물고 있는 장소를 떠난다는 의미입니다. 따라서 走家(zǒu jiā), 走学校(zǒu xuéxiào) 등으로 쓸 수 없다는 것에 주의하세요.

我走学校。(X) → 我去学校。(O) (学校: 장소)
Wǒ qù xuéxiào.
나는 학교에 간다.

133 □ □ 1급

坐

zuò

동 앉다

我们坐在这儿休息一下。
Wǒmen zuòzài zhèr xiūxi yíxià.
우리 여기 앉아서 좀 쉬자.

+ 这儿 zhèr 대 여기, 이곳 | 休息 xiūxi 동 쉬다 |
一下 yíxià 양 한번, 잠깐

동 (교통수단을) 타다

호응 坐飞机 zuò fēijī 비행기를 타다 | 坐地铁 zuò dìtiě 지하철을 타다 |
坐公共汽车 zuò gōnggòng qìchē 버스를 타다

我们坐出租车去吧。 빈출
Wǒmen zuò chūzūchē qù ba.
우리 택시를 타고 가자.

+ 出租车 chūzūchē 명 택시

134 □ □ 1급

叫

jiào

동 부르다

请帮我叫一辆出租车。
Qǐng bāng wǒ jiào yí liàng chūzūchē.
택시 한 대를 좀 불러주세요.

+ 请 qǐng 동 ~하세요 | 帮 bāng 동 돕다 |
辆 liàng 양 대[차량을 세는 단위] |
出租车 chūzūchē 명 택시

135 □ □ 1급

开

kāi

반의 关 guān
닫다, (전기 제품을) 끄다
3급 ··· p.254

동 열다, (전기 제품을) 켜다

호응 开门 kāi mén 문을 열다 | 开机 kāijī 휴대폰을 켜다 |
开电脑 kāi diànnǎo 컴퓨터를 켜다

门开着，电视也开着。
Mén kāizhe, diànshì yě kāizhe.
문이 열려 있고, 텔레비전도 켜져 있다.

+ 着 zhe 조 ~한 채로 있다 | 电视 diànshì 명 텔레비전 |
也 yě 부 역시, 또한

동 운전하다

호응 开车 kāichē 운전하다

我开车送您去那儿吧。 빈출
Wǒ kāichē sòng nín qù nàr ba.
제가 차를 운전해서 당신을 그곳으로 데려다줄게요.

+ 送 sòng 동 배웅하다, 보내다

136 玩★★★
wán
2급

참고 好玩儿 hǎowánr 재미있다

동 놀다

호응 玩儿电脑 wánr diànnǎo 컴퓨터를 하다 | 玩儿游戏 wánr yóuxì 게임을 하다

今天玩儿得很高兴。 빈출
Jīntiān wánr de hěn gāoxìng.
오늘 즐겁게 잘 놀았어.

+ 得 de 조 동사 뒤에서 정도를 나타내는 보어와 연결시킴 | 高兴 gāoxìng 형 기쁘다

맛있는 단어 TIP 玩이 들어간 단어

玩(wán)은 好玩儿(hǎowánr 재미있다)과 玩儿游戏(wánr yóuxì 게임을 하다)로도 자주 출제되므로 함께 외워두세요. 그리고 玩은 발음할 때 wán보다는 儿(ér)을 붙여서 'wánr'이라고 읽을 때가 더 많다는 것도 주의하세요.

137 笑
xiào
2급

반의 哭 kū 울다 3급 ··· p.219

동 웃다

听了他的话后，大家都笑了。
Tīngle tā de huà hòu, dàjiā dōu xiào le.
그의 말을 듣고 모두가 웃었다.

+ 听 tīng 동 듣다 | 话 huà 명 말

138 **穿** chuān 2급

반의 脱 tuō (옷을) 벗다 4급

동 (옷을) 입다

호응 穿衣服 chuān yīfu 옷을 입다

你等我，我还没穿好衣服呢。
Nǐ děng wǒ, wǒ hái méi chuānhǎo yīfu ne.
기다려, 나는 아직 옷을 다 못 입었어.

+ 等 děng 동 기다리다 | 还 hái 부 아직, 여전히 | 衣服 yīfu 명 옷

139 **找**★★★ zhǎo 2급

동 찾다

호응 找工作 zhǎo gōngzuò 직장을 구하다 | 找人 zhǎo rén 사람을 찾다

你去哪儿了？张医生在找你呢。
Nǐ qù nǎr le? Zhāng yīshēng zài zhǎo nǐ ne.
너는 어디 갔었어? 장 의사 선생님이 널 찾고 있어.

+ 在 zài 부 ~하고 있다 | 呢 ne 조 문장 끝에 쓰여 동작이나 상황이 지속을 나타냄

140 **就**★ jiù 2급

참고 才 cái 비로소

부 바로, 곧, 즉시

妈妈，我快看完了，等一下就睡吧。
Māma, wǒ kuài kànwán le, děng yíxià jiù shuì ba.
엄마, 저는 곧 다 봐가요. 조금 이따가 바로 잘게요.

141 **一起**★★ yìqǐ 2급

참고 一块儿 yíkuàir 함께

부 함께

你也可以和我们一起玩儿。 빈출
Nǐ yě kěyǐ hé wǒmen yìqǐ wánr.
너도 우리와 함께 놀 수 있어.

+ 也 yě 부 역시, 또한 | 可以 kěyǐ 조동 ~할 수 있다, ~해도 좋다 | 和 hé 개 ~와, ~과

명 한곳

你跟谁在一起?
Nǐ gēn shéi zài yìqǐ?
너는 누구랑 함께 있어?

+跟 gēn 개 ~와, ~과 | 谁 shéi 대 누구 | 在 zài 동 ~에 있다

142 吧★
ba
2급

조 ~하자(제의, 청유)

我们去看电影吧。
Wǒmen qù kàn diànyǐng ba.
우리 영화를 보러 가자.

+电影 diànyǐng 명 영화

조 ~해(명령)

都12点了，快睡觉吧。
Dōu shí'èr diǎn le, kuài shuìjiào ba.
벌써 12시야, 빨리 자.

+都 dōu 부 이미, 벌써 | 点 diǎn 명 시 |
快 kuài 부 빨리 | 睡觉 shuìjiào 동 잠을 자다

조 ~이지?(추측)

你累了吧? 빈출
Nǐ lèi le ba?
너는 피곤하지?

+累 lèi 형 피곤하다, 지치다

143 可以★★
kěyǐ
2급

조동 ~할 수 있다(가능이나 능력을 나타냄)

你可以给我这个东西吗?
Nǐ kěyǐ gěi wǒ zhège dōngxi ma?
너는 이 물건을 나에게 줄 수 있어?

+给 gěi 동 ~에게 주다 | 东西 dōngxi 명 물건

조동 ~해도 좋다(허가를 나타냄)

妈妈，我可以出去玩儿吗？
Māma, wǒ kěyǐ chūqu wánr ma?
엄마, 저 밖에 나가서 놀아도 돼요?

+ 玩(儿) wán(r) 동 놀다

144 **能**★★
néng
1급

조동 ~할 수 있다(가능이나 능력을 나타냄)

你能帮助我吗？
Nǐ néng bāngzhù wǒ ma?
너는 나를 도와줄 수 있어?

+ 帮助 bāngzhù 동 돕다

조동 ~해도 된다(허가를 나타냄)

这里不能抽烟。
Zhèli bù néng chōuyān.
여기서는 담배를 필 수 없습니다.

+ 抽烟 chōuyān 동 담배를 피다

145 **想**★★
xiǎng
1급

조동 ~하고 싶다
호응 想吃 xiǎng chī 먹고 싶다

我不想起床。
Wǒ bù xiǎng qǐchuáng.
나는 일어나고 싶지 않다.

+ 起床 qǐchuáng 동 기상하다, 일어나다

동 생각하다

我想了很长时间，但是想不起来。
Wǒ xiǎngle hěn cháng shíjiān, dànshì xiǎng bu qǐlai.
나는 오랫동안 생각해봤지만 떠오르지 않는다.

+ 长 cháng 형 길다 | 时间 shíjiān 명 시간 |
想不起来 xiǎng bu qǐlai 생각이 나지 않다, 떠오르지 않다

146 要★★ yào
2급

조동 ~하려 하다(행동의 의지를 나타냄)

我要跟她结婚。
Wǒ yào gēn tā jiéhūn.
나는 그녀와 결혼할 거야.

+ 结婚 jiéhūn 동 결혼하다

조동 ~해야 한다(의무를 나타냄)

你要好好儿学习。
Nǐ yào hǎohāor xuéxí.
너는 공부를 열심히 해야 해.

+ 学习 xuéxí 동 공부하다

동 (어떤 대상을) 원하다

我要一些苹果和西瓜。
Wǒ yào yìxiē píngguǒ hé xīguā.
나는 약간의 사과와 수박을 원한다.

+ 些 xiē 양 약간, 조금 | 苹果 píngguǒ 명 사과 | 西瓜 xīguā 명 수박

HSK 1·2급 출제 포인트

[要…了]는 '곧 ~하려 하다'라는 뜻으로 어떤 일이 곧 발생하려 함을 나타냅니다.

→ 지금 비가 내리는 것은 아님
天阴了，可能要下雨了。你别去跑步。
Tiān yīn le, kěnéng yào xiàyǔ le. Nǐ bié qù pǎobù.
날이 흐려졌어. 아마 비가 올 거야. 달리기하러 나가지 마.

147 会★★ huì
1급

조동 (배워서) ~할 줄 알다(학습 후 능력을 나타냄)

你会游泳吗？
Nǐ huì yóuyǒng ma?
너는 수영할 줄 알아?

+ 游泳 yóuyǒng 동 수영하다

조동 ~할 것이다(가능성을 나타냄)

明天可能会下雨。
Míngtiān kěnéng huì xiàyǔ.
내일은 아마 비가 올 것이다.

+明天 míngtiān 명 내일 | 可能 kěnéng 부 아마도

맛있는 단어 TIP 여러 가지 조동사

可以(kěyǐ), 能(néng), 想(xiǎng), 要(yào), 会(huì) 등은 대표적인 조동사입니다. 뒤에 오는 동사나 형용사를 앞에서 도와준다고 하여 '조(助)동사' 혹은 '능원동사'라고 부릅니다. 조동사는 일반적으로 [조동사+일반 동사/형용사]의 어순을 취하게 됩니다.

- 可以玩 kěyǐ wán 놀 수 있다, 놀아도 된다
- 能帮助 néng bāngzhù 도울 수 있다
- 想回家 xiǎng huíjiā 집에 돌아가고 싶다
- 要上课 yào shàngkè 수업해야 한다
- 会跳舞 huì tiàowǔ 춤을 출 줄 안다

148 **别** bié
2급

부 ~하지 마라

这件事你别告诉别人。
Zhè jiàn shì nǐ bié gàosu biéren.
이 일은 다른 사람에게 말하지 마.

+件 jiàn 양 건, 개[일을 세는 단위] | 事 shì 명 일 | 告诉 gàosu 동 말하다, 알려주다 | 别人 biéren 대 다른 사람

형 다르다

别的同学都走了，只有小高没走。
Bié de tóngxué dōu zǒu le, zhǐyǒu Xiǎo Gāo méi zǒu.
다른 학생들은 모두 가고, 오직 샤오가오만 가지 않았다.

+只有 zhǐyǒu 오직 ~만 있다

149 □ □ 1급

回

huí

유의 次 cì 회, 번
2급 ··· p.35

동 되돌아가다, 되돌아오다

别的同学都回家了。
Bié de tóngxué dōu huíjiā le.
다른 학우는 모두 집으로 돌아갔다.

+ 别 bié 형 다르다 | 同学 tóngxué 명 동학, 급우 | 都 dōu 부 모두

양 회, 번

这回你不要来了。
Zhè huí nǐ bú yào lái le.
이번에 너는 오지 마.

150 □ □ 2급

一下★★

yíxià

양 한번, 잠깐, 좀

호응 看一下 kàn yíxià 좀 (한번) 보다 | 开一下 kāi yíxià 좀 (한번) 열다 | 坐一下 zuò yíxià 좀 (한번) 앉다

你在这儿等一下。

Nǐ zài zhèr děng yíxià.
너는 여기에서 잠깐 기다려.

+ 等 děng 동 기다리다

맛있는 단어 TIP 一下와 동사 중첩

一下(yíxià)는 동사 뒤에서 '좀 ~하다', '잠깐 ~하다'라는 뜻을 나타냅니다. 동사를 두 번 써서 중첩하면 같은 의미를 나타냅니다.

- 等一下 děng yíxià = 等等 děngdeng 좀 기다리다
- 看一下 kàn yíxià = 看看 kànkan 좀 보다
- 休息一下 xiūxi yíxià = 休息休息 xiūxi xiūxi 좀 쉬다

151 □ □ 1급

请

qǐng

동 ~하세요[경어]

大家都正在等你呢，请进！
Dàjiā dōu zhèngzài děng nǐ ne, qǐng jìn!
모두가 당신을 기다리고 있어요, 들어오세요!

+ 正在 zhèngzài 부 지금 ~하고 있다

동 청하다, 초청하다

我们请来了一个医生。
Wǒmen qǐngláile yí ge yīshēng.
우리는 의사 한 명을 초청했다.

152 □ □ 1급

说 shuō

동 말하다

电影开始了，你别说话。
Diànyǐng kāishǐ le, nǐ bié shuōhuà.
영화가 시작했어. 너는 말하지 마.

+ 开始 kāishǐ 동 시작하다

맛있는 한자 TIP 讠(말씀언)이 들어간 한자

부수 讠는 言(말씀언)의 간체자입니다. 한자에 讠이 들어가면 주로 '말'과 관련된 뜻인 경우가 많습니다.

- 讠= 言
- 说(讠+兑) shuō 말하다
- 话(讠+舌) huà 말
- 请(讠+青) qǐng 청하다
- 告诉(讠+斥) gàosu 알리다

153 □ □ 2급

说话 shuōhuà

동 말을 하다

他不爱说话，但喜欢听别人说话。
Tā bú ài shuōhuà, dàn xǐhuan tīng biéren shuōhuà.
그는 말하기를 좋아하지 않지만, 다른 사람이 말하는 걸 듣기 좋아한다.

+ 爱 ài 동 좋아하다 | 但 dàn 접 그러나 | 别人 biéren 대 다른 사람

154 □ □ 1급

了*** le

조 동사 뒤에 쓰여 동작의 완료를 나타냄

今天来了三位客人。
Jīntiān láile sān wèi kèrén.
오늘 세 분의 손님이 왔다.

+ 位 wèi 양 분[사람을 세는 단위] | 客人 kèrén 명 손님

조 문장 끝에 쓰여 상황의 변화나 어떤 상황이 곧 일어날 것임을 나타냄

天阴了，看来要下雨了。
Tiān yīn le, kànlai yào xiàyǔ le.
날이 흐려졌네. 보아하니 비가 오겠어.

+ 阴 yīn 형 흐리다 | 看来 kànlai 보아하니 | 要…了 yào…le 곧 ~하려 하다

맛있는 단어 TIP 조사 了

첫 번째 예문의 了(le)는 동사 뒤에서 동작의 완료를 나타냅니다. 하지만 미래에도 동작의 완료가 있기 때문에 了가 반드시 과거만을 나타내는 것은 아닙니다. 또한, 두 번째 예문처럼 了는 문장 끝에서 변화를 나타낼 수 있습니다. [(快)要…了]의 형식으로 쓰면 '곧 ~하려 하다'의 뜻으로 임박을 나타낸다는 것에 주의하세요.

155 过★★★
guo
2급

참고 过 guò
지나가다, 보내다
3급 ··· p.255

조 ~한 적이 있다(경험을 나타냄)

你去过中国吗？
Nǐ qùguo Zhōngguó ma?
너는 중국에 가본 적 있어?

+ 中国 Zhōngguó 고유 중국

맛있는 단어  동태조사 过

동태조사 过(guo)는 동사 뒤에서 '~한 적이 있다'라는 뜻으로 경험을 나타냅니다. HSK 3급에서 배울 동사 过(guò)는 4성 으로 발음하며, '지나가다'라는 의미인 점에 주의하세요.

① [V+过] : ~한 적이 있다

동태조사
我去过中国。나는 중국에 간 적이 있다.
Wǒ qùguo Zhōngguó.

② [过+명사] : ~를 지나가다

동사
现在不能过马路。지금 길을 건너면 안 돼.
Xiànzài bù néng guò mǎlù.

156 ☐ ☐ 2급

着★★

zhe

조 ~하고 있다
(동사 뒤에서 동작의 진행이나 상태의 지속을 나타냄)

她打着电话呢。
Tā dǎzhe diànhuà ne.
그녀는 전화를 걸고 있다.

+ 打电话 dǎ diànhuà 전화를 걸다

맛있는 단어 TIP 동태조사 了, 着, 过

동태조사 삼총사인 了(le), 着(zhe), 过(guo)는 동사 뒤에서 동작의 상태를 나타냅니다. 완료의 了, 진행과 지속의 着, 경험의 过라고 기억하는 것이 가장 좋습니다.

① [V+了] : 동작의 완료

我看了一部电影。 나는 한 편의 영화를 다 보았다.
Wǒ kànle yí bù diànyǐng.

② [V+着] : 동작의 지속

我看着电影。 나는 영화를 보고 있다.
Wǒ kànzhe diànyǐng.

③ [V+过] : 동작의 경험

我看过这部电影。 나는 이 영화를 본 적이 있다.
Wǒ kànguo zhè bù diànyǐng.

157 ☐ ☐ 2급

给★★★

gěi

동 주다

妈妈给了我一个苹果。
Māma gěile wǒ yí ge píngguǒ.
엄마는 나에게 사과 하나를 주었다.

개 ~에게, ~를 위하여

到家后，马上给我打电话。 빈출
Dào jiā hòu, mǎshàng gěi wǒ dǎ diànhuà.
집에 도착해서 바로 내게 전화해.

+ 到 dào 동 도착하다 | 马上 mǎshàng 부 바로, 곧 | 打电话 dǎ diànhuà 전화를 걸다, 전화를 하다

158 □ □ 2급

让★

ràng

동 ~하게 하다, ~하도록 시키다

这件事让大家很高兴。 빈출
Zhè jiàn shì ràng dàjiā hěn gāoxìng.
이 일은 모두로 하여금 매우 기쁘게 하였다.

+ 高兴 gāoxìng 형 기쁘다

동 양보하다

他马上给老人让座了。 빈출
Tā mǎshàng gěi lǎorén ràngzuò le.
그는 바로 노인에게 자리를 양보했다.

+ 马上 mǎshàng 부 바로 | 老人 lǎorén 명 노인 | 座 zuò 명 자리, 좌석

159 □ □ 2급

为什么★

wèishénme

대 왜, 어째서, 무엇 때문에(원인이나 목적을 묻는 데 쓰임)

你为什么不喜欢我呢?
Nǐ wèishénme bù xǐhuan wǒ ne?
너는 왜 날 좋아하지 않아?

+ 呢 ne 조 의문문 끝에 쓰여 강조를 나타냄

160 □ □ 1급

怎么

zěnme

대 어떻게(방식을 물음)

你们是怎么认识的?
Nǐmen shì zěnme rènshi de?
너희들은 어떻게 알게 됐어?

+ 认识 rènshi 동 (사람을) 알다, 인식하다

대 어째서, 왜(원인을 물음)

他怎么还不来?
Tā zěnme hái bù lái?
그는 어째서 아직도 오지 않는 거지?

+ 还 hái 부 아직

맛있는 단어 TIP 为什么와 怎么 비교

为什么(wèishénme)는 원인을 묻는 데 초점이 있고, 怎么(zěnme)는 이상하다고 느끼면서 원인을 묻는 데 초점이 있습니다. 실제 시험에서 이 둘을 구별하는 문제는 출제되지 않지만, 뉘앙스 차이가 있으므로 알아두세요.

你为什么不来?
Nǐ wèishénme bù lái?
너는 왜 안 와?(오지 않는 이유를 직접적으로 물어봄)

你怎么知道?
Nǐ zěnme zhīdào?
너는 어떻게 알아?(상대방이 아는 것이 이상하다고 느끼면서 물음)

161 **告诉**★★ gàosu 2급

동 말하다, 알리다

别把这件事告诉小王。
Bié bǎ zhè jiàn shì gàosu Xiǎo Wáng.
이 일을 샤오왕에게 말하지 마.

+ 别 bié 부 ~하지 마라 | 把 bǎ 개 ~을

162 **看见**★ kànjiàn 1급

동 보다, 보이다, 눈에 띄다

你看见小张了没有?
Nǐ kànjiàn Xiǎo Zhāng le méiyǒu?
너는 샤오장을 봤어?

163 **哪** nǎ 1급

대 어느, 어떤

你哪天来都可以。
Nǐ nǎ tiān lái dōu kěyǐ.
네가 어느 날에 오든 다 괜찮아.

맛있는 단어  那와 哪 비교

那(nà)와 哪(nǎ)는 발음과 뜻이 유사해서 혼동하기 쉽지만 반드시 구별해서 써야 합니다. 또한, 那儿(nàr)은 4성인데 3성(nǎr)으로 잘못 읽는 실수도 많이 합니다. 儿(ér)이나 里(lǐ)가 붙으면 장소의 의미를 가지게 된다는 점을 기억하면 구별하는 데 도움이 됩니다.

① 那 nà 그(것), 저(것)

那是我的手机。 그것은 나의 휴대폰이야.
Nà shì wǒ de shǒujī.

② 哪 nǎ 어느

哪个手机是你的? 어느 휴대폰이 너의 것이야?
Nǎge shǒujī shì nǐ de?

③ 哪儿/哪里 nǎr/nǎli 어디

我的手机在哪儿/哪里? 내 휴대폰은 어디에 있어?
Wǒ de shǒujī zài nǎr/nǎli?

164 再 zài

□ □ 2급

부 다시, 또

过几天再来买吧。
Guò jǐ tiān zài lái mǎi ba.
며칠 지나고 다시 와서 사자.

+ 过 guò 동 (시간이) 지나다

맛있는 단어 TIP 再의 의미

再(zài)는 같은 동작이나 행위의 중복을 나타내며, 주로 아직 실현되지 않은 동작이나 행위에 쓰입니다. 하지만 만일 뒤에 형용사가 온다면 '아무리'로 해석된다는 점을 주의하세요.

형용사
我再忙也会帮助你的。 내가 아무리 바빠도 널 도와줄 거야.
Wǒ zài máng yě huì bāngzhù nǐ de.

165 运动 yùndòng

□ □  2급

동 운동하다

你喜欢什么运动?
Nǐ xǐhuan shénme yùndòng?
너는 어떤 운동을 좋아하니?

+ 喜欢 xǐhuan 동 좋아하다 | 什么 shénme 대 무슨, 무엇

166 ☐ ☐ 2급

跑步*
pǎobù

동 달리다

他去跑步了。
Tā qù pǎobù le.
그는 달리기하러 갔다.

167 ☐ ☐ 2급

游泳*
yóuyǒng

동 수영하다

我去游泳，你也想去吗？
Wǒ qù yóuyǒng, nǐ yě xiǎng qù ma?
나는 수영하러 가는데, 너도 갈래?

168 ☐ ☐

跳舞**
tiàowǔ

동 춤을 추다

我不会跳舞，你教教我吧。
Wǒ bú huì tiàowǔ, nǐ jiāojiao wǒ ba.
나는 춤을 출 줄 모르니까, 네가 나를 좀 가르쳐줘.

+ 会 huì 동 (배워서) ~할 줄 알다 | 教 jiāo 동 가르치다

169 ☐ ☐

打篮球*
dǎ lánqiú

동 농구하다

他打篮球打得很好。 빈출
Tā dǎ lánqiú dǎ de hěn hǎo.
그는 농구를 매우 잘한다.

170 ☐ ☐

踢足球*
tī zúqiú

동 축구하다

他踢足球踢得不太好。
Tā tī zúqiú tī de bú tài hǎo.
그는 축구를 잘 못한다.

맛있는 한자  足(발족)이 들어간 한자

足(발족)은 무릎에서 발까지의 모양을 본따 만든 글자입니다. 그래서 足이 들어가는 글자는 '발'과 관련된 의미를 가집니다.

- 跳 tiào 뛰어오르다
- 跑 pǎo 뛰다, 달리다
- 踢 tī 차다

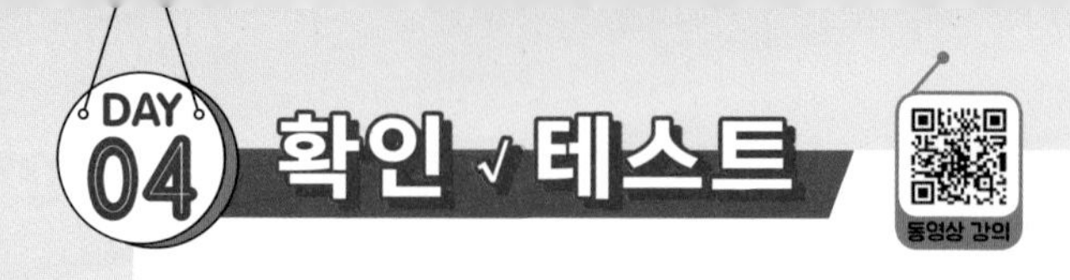

1 빈칸을 채우세요.

看	❶	보다
❷	tīng	듣다
来	lái	❸
❹	qù	가다
走	❺	떠나다, 가다

2 단어의 병음과 뜻을 알맞게 연결하세요.

❶ 踢足球 • • ㉠ dǎ lánqiú • • ⓐ 축구하다

❷ 跳舞 • • ㉡ tī zúqiú • • ⓑ 농구하다

❸ 打篮球 • • ㉢ tiàowǔ • • ⓒ 운동하다

❹ 运动 • • ㉣ yùndòng • • ⓓ 춤을 추다

3 빈칸에 들어갈 알맞은 단어를 고르세요.

Wǒ bú huì (pǎobù / yóuyǒng), nǐ jiāojiao wǒ ba .
❶ 我 不 会 （跑步 / 游泳）， 你 教教 我 吧 。
나는 **수영**을 못 하니까, 네가 나를 좀 가르쳐줘.

Nǐmen shì (zěnme / jiào) rènshi de ?
❷ 你们 是 （怎么 / 叫） 认识 的？ 너희들은 **어떻게** 알게 됐어?

Bié bǎ zhè jiàn shì (gàosu / wán) Xiǎo Wáng .
❸ 别 把 这 件 事 （告诉 / 玩） 小 王 。
이 일을 샤오왕에게 **알리지** 마.

Nǐ (kànjiàn / shuōhuà) Xiǎo Zhāng le méiyǒu ?
❹ 你 （看见 / 说话） 小 张 了 没有？ 너는 샤오장을 **봤어**?

4 녹음을 듣고 사진과 일치하면 √, 일치하지 않으면 X를 표시하세요.

1 빈출		
2		
3 빈출		

5 빈칸에 들어갈 알맞은 단어를 고르세요.(모두 한 번씩만 사용됩니다.)

wèishénme	ba	ràng	tiàowǔ
A 为什么	B 吧	C 让	D 跳舞

Wǒmen qù ( ), nǐ yě yìqǐ qù ba.
❶ 我们 去 (　　　), 你 也 一起 去 吧。

Shíjiān bù zǎo le, kuài qù shuì ( ).
❷ 时间 不 早 了, 快 去 睡 (　　　)。

Nǐ ( ) bù xǐhuan wǒ ne?
❸ 你 (　　　) 不 喜欢 我 呢?

Zhè jiàn shì ( ) dàjiā hěn gāoxìng.
❹ 这 件 事 (　　　) 大家 很 高兴。

힐링에는 역시 쇼핑
_쇼핑과 장소

HSK 1·2급에 이 단어가 나온다!

중국의 화폐 단위인 块(kuài 위안)는 매번 출제되고 있으며 贵(guì 비싸다), 便宜(piányi 싸다)가 함께 출제됩니다. 장소와 관련해서는 离(lí ~로부터), 远(yuǎn 멀다), 近(jìn 가깝다)이 반드시 출제되므로 꼭 기억해 두세요.

쇼핑

买 mǎi 사다
↔ 卖 mài 팔다

钱 qián 돈
— 块 kuài 위안

贵 guì 비싸다
↔ 便宜 piányi 싸다

衣服 yīfu 옷
— 件 jiàn 벌[옷을 세는 단위]

교통&장소

公共汽车 gōnggòng qìchē 버스

火车站 huǒchēzhàn 기차역

机场 jīchǎng 공항

近 jìn 가깝다
↔ 远 yuǎn 멀다

171 □□ 1급

买 mǎi

반의 卖 mài 팔다
2급 ···› p.79

동 사다

我买了一件衣服。
Wǒ mǎile yí jiàn yīfu.
나는 옷 한 벌을 샀다.

+件 jiàn 양 벌[옷을 세는 단위] | 衣服 yīfu 명 옷

172 □□ 2급

卖 mài

반의 买 mǎi 사다
1급 ···› p.79

동 팔다

苹果怎么卖?
Píngguǒ zěnme mài?
사과는 어떻게 팔아요?(가격을 물음)

+怎么 zěnme 대 어떻게

173 □□ 1급

块★★ kuài

동의 元 yuán 위안
3급 ···› p.250

양 위안[중국의 화폐 단위]

这些水果三十块。
Zhèxiē shuǐguǒ sānshí kuài.
이 과일들은 30위안입니다.

+这些 zhèxiē 대 이것들, 이들 | 水果 shuǐguǒ 명 과일

양 덩이[덩이로 된 물건을 세는 단위]

호응 一块手表 yí kuài shǒubiǎo 한 개의 손목시계 |
一块蛋糕 yí kuài dàngāo 한 조각의 케이크

这块手表是爸爸送我的。
Zhè kuài shǒubiǎo shì bàba sòng wǒ de.
이 손목시계는 아빠가 나에게 선물한 것이다.

+手表 shǒubiǎo 명 손목시계 | 送 sòng 동 선물하다

174 □□ 1급

多少★★★ duōshao

대 얼마

鸡蛋一斤多少钱? 빈출
Jīdàn yì jīn duōshao qián?
계란은 한 근에 얼마예요?

+鸡蛋 jīdàn 명 계란 | 斤 jīn 양 근[무게 단위]

175

钱

qián

1급

명 돈

你今天花了多少钱? 빈출

Nǐ jīntiān huāle duōshao qián?

너는 오늘 돈을 얼마나 썼어?

+花 huā 동 (돈을) 쓰다 | 多少 duōshao 대 얼마

맛있는 한자 TIP 金(쇠금)이 들어간 한자

金(쇠금)은 흙 속에 덮여 있는 광석을 본뜬 한자입니다. '钅'은 金이 변형된 것으로 금전과 관련된 의미를 나타냅니다.

- 钱 qián 돈
- 银行 yínháng 은행

176

零

líng

2급

수 0, 영

从零做起。

Cóng líng zuò qǐ.

영에서 시작하다.(백지 상태에서 시작하다.)

+从 cóng 개 ~부터 | 起 qǐ 동 시작하다(동사 뒤에 보어로 와서 어떤 동작을 시작함을 나타냄)

177

百

bǎi

2급

수 100, 백

现在我有一百块。

Xiànzài wǒ yǒu yìbǎi kuài.

지금 나는 100위안이 있어.

+现在 xiànzài 명 지금, 현재 | 块 kuài 양 위안[중국의 화폐 단위]

178

千

qiān

2급

수 1,000, 천

我花了一千五百块。

Wǒ huāle yìqiān wǔbǎi kuài.

나는 1,500위안을 썼다.

+花 huā 동 (돈을) 쓰다

179 □ □ 2급

两

liǎng

수 둘

用两块钱能买什么?
Yòng liǎng kuài qián néng mǎi shénme?
2위안으로 무엇을 살 수 있어?

+ 用 yòng 동 사용하다, 쓰다

맛있는 단어 TIP 二과 两 비교

① 二(èr)은 서수(순서를 나타내는 수)를 나타낼 수 있지만 两(liǎng)은 할 수 없습니다.

- 两月份 (X) → 二月份 èr yuè fèn 2월달 (O)
- 两楼 (X) → 二楼 èr lóu 2층 (O)

※ 两点(liǎng diǎn 두 시)은 예외적으로 가능함

② 两(liǎng)은 주로 수량을 나타낼 때 씁니다.

我要住两三天。
Wǒ yào zhù liǎng sān tiān.
나는 2, 3일 묵을 것이다.

180 □ □ 1급

商店

shāngdiàn

명 상점, 가게

我去商店买一点东西。
Wǒ qù shāngdiàn mǎi yìdiǎn dōngxi.
나는 상점에 약간의 물건을 사러 간다.

+ 东西 dōngxi 명 물건

181 □ □ 1급

东西**

dōngxi

명 물건, 것

你想买什么东西?
Nǐ xiǎng mǎi shénme dōngxi?
너는 어떤 것을 사고 싶어?

+ 想 xiǎng 조동 ~하고 싶다

맛있는 단어 TIP **东西의 두 가지 발음과 뜻**

东西(dōngxi, dōngxī)는 발음에 따라 뜻이 다릅니다. 西(xi)를 경성으로 읽으면 '물건, 것'이라는 뜻이 되고, 西(xī)를 1성으로 읽으면 '동쪽과 서쪽, 동서'라는 뜻이 됩니다. HSK 1~2급에서는 물건을 뜻하는 东西(dōngxi)가 주로 출제됩니다.

- 东西 dōngxi 물건, 것
- 东西 dōngxī 동쪽과 서쪽, 동서

182 衣服 ★★★

□ □ 1급

yīfu

명 옷

爸爸给姐姐买了几件衣服。 빈출

Bàba gěi jiějie mǎile jǐ jiàn yīfu.

아빠는 누나(언니)에게 옷 몇 벌을 사주셨다.

+ 给 gěi 개 ~에게 | 几 jǐ 수 몇 | 件 jiàn 양 벌[옷을 세는 단위]

183 号 ★

□ □ 1급

hào

동의 日 rì 일

2급 ··· p.102

명 일(날짜)

你的生日是几月几号?

Nǐ de shēngrì shì jǐ yuè jǐ hào?

네 생일은 몇 월 며칠이야?

+ 生日 shēngrì 명 생일 | 月 yuè 명 월

명 사이즈

小姐，您穿多大号的衣服?

Xiǎojiě, nín chuān duō dà hào de yīfu?

아가씨, 당신은 몇 호 사이즈를 입으세요?

+ 小姐 xiǎojiě 명 아가씨 | 穿 chuān 동 입다

명 번호

我是三号。

Wǒ shì sān hào.

나는 3번이야.

184 件★★ jiàn
□ □ 2급

양 벌, 건, 개[옷이나 일을 세는 단위]

호응 一件衣服 yí jiàn yīfu 한 벌의 옷 | 一件事 yí jiàn shì 한 가지 일

这件衣服是昨天买的。 빈출
Zhè jiàn yīfu shì zuótiān mǎi de.
이 옷은 어제 샀다.

+ 昨天 zuótiān 명 어제

HSK 1·2급 출제 포인트

件(jiàn)은 HSK 2급 독해 제2부분에 자주 출제되는 양사입니다. 주로 옷이나 일을 세는 단위로, 빈칸 뒤에 衣服(yīfu 옷), 事(shì 일), 事情(shìqing 일) 등이 나온다면 바로 件을 고를 수 있어야 합니다.

这件衣服最贵一百块钱。
Zhè jiàn yīfu zuì guì yìbǎi kuài qián.
이 옷은 가장 비싸봐야 100위안이다.

听到这件事情，大家都很高兴。
Tīngdào zhè jiàn shìqing, dàjiā dōu hěn gāoxìng.
이 일을 듣고 모두 매우 기뻤다.

185 贵★★ guì
□ □ 2급

반의 便宜 piányi (가격이) 싸다
2급 ···› p.83

형 비싸다

这件衣服有点儿贵，有没有别的？ 빈출
Zhè jiàn yīfu yǒudiǎnr guì, yǒu méiyǒu biéde?
이 옷은 좀 비싼데, 다른 것은 없어요?

+ 有点儿 yǒudiǎnr 부 약간, 조금 | 别的 biéde 다른 것

186 便宜★★ piányi
□ □ 2급

반의 贵 guì 비싸다
2급 ···› p.83

형 (가격이) 싸다

这件衣服便宜些，您看一看。 빈출
Zhè jiàn yīfu piányi xiē, nín kàn yi kàn.
이 옷은 좀 더 싸니까 한번 보세요.

+ 些 xiē 양 약간, 조금

187 □ □ 1급

中国

Zhōngguó

고유 중국

你什么时候去中国?
Nǐ shénme shíhou qù Zhōngguó?
너는 언제 중국에 가?

188 □ □ 1급

北京

Běijīng

고유 베이징, 북경

我明天去北京。
Wǒ míngtiān qù Běijīng.
나는 내일 베이징에 간다.

189 □ □ 2급

路*

lù

명 길

这条路不好走。
Zhè tiáo lù bù hǎo zǒu.
이 길은 걷기 쉽지 않다.(길이 험하다.)

+ 条 tiáo 양 가늘고 긴 것을 셈 | 好 hǎo 형 ~하기 쉽다

190 □ □ 1급

在***

zài

동 ~에 있다

那个商店就在公司旁边。
Nàge shāngdiàn jiù zài gōngsī pángbiān.
그 상점은 바로 회사 옆에 있다.

+ 商店 shāngdiàn 명 상점 |
旁边 pángbiān 명 옆

개 ~에(서)

我在家看电视。
Wǒ zài jiā kàn diànshì.
나는 집에서 TV를 본다.

부 ~하고 있다

我在看电影。
Wǒ zài kàn diànyǐng.
나는 영화를 보고 있다.

191 **哪儿**
nǎr
1급

대 어디, 어느 곳

请问，火车站在哪儿?
Qǐngwèn, huǒchēzhàn zài nǎr?
실례지만, 기차역은 어디에 있나요?

+ 请问 qǐngwèn 말씀 좀 여쭙겠습니다 | 火车站 huǒchēzhàn 명 기차역

192 **住**★★
zhù
1급

동 거주하다

你住在哪儿?
Nǐ zhùzài nǎr?
너는 어디에서 살아?

동 숙박하다

你住在几号房间?
Nǐ zhùzài jǐ hào fángjiān?
몇 호실에 묵고 계세요?

+ 号 hào 명 호, 번호 | 房间 fángjiān 명 방

193 **宾馆**★
bīnguǎn
2급

유의 饭店 fàndiàn 식당, 호텔 1급 ··· p.30
酒店 jiǔdiàn 호텔

명 호텔

那家宾馆在海边。
Nà jiā bīnguǎn zài hǎibiān.
그 호텔은 해변에 있다.

+ 家 jiā 양 집·점포·공장 등을 세는 단위 | 海边 hǎibiān 명 해변

194 **房间**★
fángjiān
2급

명 방

那家宾馆已经没有房间了。
Nà jiā bīnguǎn yǐjīng méiyǒu fángjiān le.
그 호텔은 이미 (남은) 방이 없다.

+ 宾馆 bīnguǎn 명 호텔 | 已经 yǐjīng 부 이미 | 了 le 조 ~하게 되었다(문장 끝에 쓰여 상태의 변화를 나타냄)

195 離★★★

□ □ 2급

lí

개 ~로부터

호응 A离B近 A lí B jìn A는 B에서 가깝다 | A离B远 A lí B yuǎn A는 B에서 멀다

我家离学校有一千米。
Wǒ jiā lí xuéxiào yǒu yìqiān mǐ.
우리 집은 학교로부터 1000미터 떨어져 있다.

+ 米 mǐ 양 미터(m)

HSK 1·2급 출제 포인트

떨어진 거리를 나타낼 때 쓰는 개사 离(lí)는 HSK 2급 독해 제2부분 빈칸 채우기 문제에 자주 출제됩니다. 그리고 HSK 3, 4급 쓰기 제1부분 어순 배열 문제에 [A+离+B+远/近/구체적인 거리](A는 B로부터 멀다/가깝다/~거리이다) 형태로 자주 출제됩니다.

你家离学校远吗?
Nǐ jiā lí xuéxiào yuǎn ma?
너의 집은 학교에서 멀어?

196 近★★★

□ □ 2급

jìn

반의 远 yuǎn 멀다
2급 ··· p.86

형 가깝다

学校离我家很近。
Xuéxiào lí wǒ jiā hěn jìn.
학교는 우리 집에서 아주 가까워.

+ 学校 xuéxiào 명 학교 | 离 lí 개 ~로부터

197 远★★★

□ □ 

yuǎn

반의 近 jìn 가깝다
2급 ··· p.86

형 멀다

那个宾馆离这儿远不远?
Nàge bīnguǎn lí zhèr yuǎn bu yuǎn?
그 호텔은 여기서 멀어 안 멀어?

198 往 wǎng 2급

개 ~을 향하여

往前走10分钟就到那儿了。
Wǎng qián zǒu shí fēnzhōng jiù dào nàr le.
앞쪽으로 10분 걸어가면 그곳에 도착합니다.

+ 分钟 fēnzhōng 명 분 | 到 dào 동 도착하다 | 那儿 nàr 대 그곳

맛있는 한자 TIP 往과 住 비교

往(wǎng)을 住(zhù 거주하다)와 혼동하지 않도록 주의하세요. 往은 彳(두인변)이 들어가고, 住는 亻(사람인변)이 들어갑니다.

199 公共汽车* gōnggòng qìchē 2급

동의 公交车 gōngjiāochē 버스

명 버스

坐公共汽车很快就到。
Zuò gōnggòng qìchē hěn kuài jiù dào.
버스를 타면 금방 도착해.

+ 到 dào 동 도착하다

200 出租车* chūzūchē 1급

동의 出租汽车 chūzū qìchē 택시

명 택시

호응 叫出租车 jiào chūzūchē 택시를 부르다, 택시를 잡다

我们坐出租车去吧。
Wǒmen zuò chūzūchē qù ba.
우리 택시를 타고 가자.

+ 吧 ba 조 문장 끝에 쓰여 청유, 추측, 명령 등을 나타냄

201 飞机* fēijī 1급

참고 机场 jīchǎng 공항 2급 ···› p.88

명 비행기

你下了飞机就给我打电话。 빈출
Nǐ xiàle fēijī jiù gěi wǒ dǎ diànhuà.
너는 비행기에서 내리면 바로 내게 전화해.

+ 下 xià 동 내려가다 | 给 gěi 개 ~에게 | 打电话 dǎ diànhuà 전화를 걸다

202 机场*

□ □ 2급

jīchǎng

참고 飞机 fēijī 비행기
1급 ··· p.87

명 공항

机场离这儿很远。 빈출
Jīchǎng lí zhèr hěn yuǎn.
공항은 여기에서 매우 멀다.

+ 远 yuǎn 형 멀다

203 火车站**

□ □ 2급

huǒchēzhàn

명 기차역

我开车送你去火车站。
Wǒ kāichē sòng nǐ qù huǒchēzhàn.
내가 차로 너를 기차역까지 태워줄게.

+ 送 sòng 동 배웅하다, 데려다주다

204 上

□ □ 1급

shàng

반의 下 xià 아래
1급 ··· p.89

명 위

桌子上有一本书。
Zhuōzishang yǒu yì běn shū.
탁자 위에 책 한 권이 있다.

+ 桌子 zhuōzi 명 탁자, 테이블 |
本 běn 양 권[책을 세는 단위]

동 오르다, 타다

车到了，大家快上车吧。
Chē dào le, dàjiā kuài shàngchē ba.
차가 왔어요. 모두 빨리 차에 타세요.

동 가다

学生每天上学，多累啊。
Xuésheng měitiān shàngxué, duō lèi a.
학생은 매일 학교에 가니 얼마나 힘들어.

+ 学生 xuésheng 명 학생 | 多 duō 부 얼마나 |
累 lèi 형 피곤하다, 힘들다

205
下
xià
1급

반의 上 shàng 위
1급 ··· p.88

명 아래, 밑

他们坐在树下休息。
Tāmen zuòzài shù xià xiūxi.
그들은 나무 아래에 앉아서 쉰다.

+ 坐 zuò 동 앉다 | 树 shù 명 나무 |
休息 xiūxi 동 쉬다

동 떨어지다, 내리다

外面在下大雪，你有伞吗？
Wàimian zài xià dà xuě, nǐ yǒu sǎn ma?
밖에 눈이 많이 와. 너는 우산 있어?

+ 外面 wàimian 명 밖 | 在 zài 부 ~하고 있다 |
雪 xuě 명 눈 | 伞 sǎn 명 우산

동 (높은 곳에서 낮은 곳으로) 내려가다

太阳快要下山了，我们也下山吧。
Tàiyáng kuàiyào xià shān le, wǒmen yě xià shān ba.
해가 곧 지려고 해, 우리도 산을 내려가자.

+ 太阳 tàiyáng 명 태양 |
快要…了 kuàiyào…le 곧 ~하려 하다

206
后面
hòumian
1급

반의 前面 qiánmian
앞(쪽), 앞부분
1급 ··· p.90

명 뒤(쪽), 뒷부분

机场后面有一个宾馆。
Jīchǎng hòumian yǒu yí ge bīnguǎn.
공항 뒤쪽에는 호텔이 하나 있다.

+ 机场 jīchǎng 명 공항 | 宾馆 bīnguǎn 명 호텔

207
□
□
1급

前面

qiánmian

반의 后面 hòumian
뒤(쪽), 뒷부분
1급 ··· p.89

명 앞(쪽), 앞부분

火车站前面有一家饭店。
Huǒchēzhàn qiánmian yǒu yì jiā fàndiàn.
기차역 앞에 식당이 하나 있다.

+ 火车站 huǒchēzhàn 명 기차역 | 家 jiā 양 집·점포를 세는 단위 | 饭店 fàndiàn 명 식당, 호텔

208
□
□
2급

旁边★★

pángbiān

명 옆(쪽), 옆부분

公司旁边新开了一家面包房。
Gōngsī pángbiān xīn kāile yì jiā miànbāofáng.
회사 옆에 빵집이 새로 생겼다.

+ 公司 gōngsī 명 회사 | 开 kāi 동 열다, 개업하다 | 面包房 miànbāofáng 명 빵집, 베이커리

209
□
□
2급

右边

yòubian

반의 左边 zuǒbian
왼쪽, 좌측
2급 ··· p.90

명 오른쪽, 우측

往右边走。
Wǎng yòubian zǒu.
오른쪽으로 가세요.

+ 往 wǎng 개 ~를 향하여, ~쪽으로 | 走 zǒu 동 가다, 걷다

210
□
□

2급

左边

zuǒbian

반의 右边 yòubian
오른쪽, 우측
2급 ··· p.90

명 왼쪽, 좌측

往左边走。
Wǎng zuǒbian zǒu.
왼쪽으로 가세요.

211 □ □ 1급

里

lǐ

반의 外 wài 밖
2급 ···› p.91

명 속, 안

教室里没有学生。
Jiàoshì li méiyǒu xuésheng.
교실 안에는 학생이 없다.

+ 教室 jiàoshì 명 교실 | 学生 xuésheng 명 학생

맛있는 단어 TIP 여러 가지 방위사

방위사는 방향과 위치를 나타내는데, 上(shàng), 下(xià), 里(lǐ), 内(nèi), 外(wài) 등의 단어가 있습니다. 이들은 장소가 아닌 명사 뒤에 붙어서 장소화시키는 역할을 해 在 뒤에 올 수 있습니다.

비장소 단어+上/下/里/内/外 → 장소

- 书在我的桌子。(X) → 书在我的桌子上。(O)
  Shū zài wǒ de zhuōzi shang.
  책은 내 탁자 위에 있다.

212 □ □ 2급

外

wài

반의 里 lǐ 속, 안
1급 ···› p.91

명 밖

我往外一看，下雪了！
Wǒ wǎng wài yí kàn, xià xuě le!
내가 밖을 한번 봤는데, 눈이 와!

+ 往 wǎng 개 ~을 향하여 | 下 xià 동 떨어지다, 내리다 | 雪 xuě 명 눈

213 **进**

□
□
2급

jìn

반의 出 chū 나오다
2급 ··· p.92

동 들어가다

外面很冷，快进来吧。
Wàimian hěn lěng, kuài jìnlai ba.
밖이 매우 추워, 빨리 들어와.

맛있는 한자 TIP 辶(쉬엄쉬엄갈착)이 들어간 한자

辶의 부수 이름은 '쉬엄쉬엄갈착' 혹은 '책받침변'입니다. 辶은 부수 이름처럼 '가다', '움직이다'라는 의미를 나타냅니다. 그래서 辶이 들어간 글자는 '가다'라는 의미와 관련이 있습니다.

- 近(辶+斤) jìn 가깝다
- 远(辶+元) yuǎn 멀다
- 进(辶+井) jìn 들어가다

214 **出** ★

□
□
2급

chū

반의 进 jìn 들어가다
2급 ··· p.92

동 나오다

她昨天没出门。
Tā zuótiān méi chū mén.
그녀는 어제 외출하지 않았다.

동 발생하다

家里出了点儿问题。
Jiāli chūle diǎnr wèntí.
집에 약간의 문제가 생겼다.

+ 点儿 diǎnr 양 약간, 조금 | 问题 wèntí 명 문제

215 **到**

□
□
2급

dào

동 도착하다

我快到家了。
Wǒ kuài dào jiā le.
나는 곧 집에 도착해.

+ 快…了 kuài…le 곧 ~하려 하다

동 (시간이) 되다, 이르다

夏天快到了，我想去海边玩儿。
Xiàtiān kuài dào le, wǒ xiǎng qù hǎibiān wánr.
곧 여름이야. 나는 해변에 놀러 가고 싶어.

+ 夏天 xiàtiān 명 여름 | 海边 hǎibiān 명 해변 | 玩儿 wánr 동 놀다

1 빈칸을 채우세요.

钱	qián	❶
买	❷	사다, 구매하다
多少	duōshao	❸
商店	❹	상점, 가게
❺	dōngxi	물건

2 단어의 병음과 뜻을 알맞게 연결하세요.

❶ 贵 •	• ㉠ yīfu •	• ⓐ 어디
❷ 哪儿 •	• ㉡ guì •	• ⓑ 비싸다
❸ 衣服 •	• ㉢ nǎr •	• ⓒ 옷
❹ 路 •	• ㉣ lù •	• ⓓ 길

3 빈칸에 들어갈 알맞은 단어를 고르세요.

(Pángbiān / Hòumian) yǒu yí ge shāngdiàn .
❶ （旁边 / 后面） 有 一 个 商店 。**옆쪽**에 상점 하나가 있다.

Wàimian hěn lěng, kuài (jìn / jìn) lái ba .
❷ 外面 很 冷， 快 （近 / 进） 来 吧 。
밖이 매우 추워, 빨리 **들어**와.

Nǐ xiàle (fēijī / jīchǎng) jiù gěi wǒ dǎ diànhuà .
❸ 你 下了 （飞机 / 机场） 就 给 我 打 电话 。
너는 **비행기**에서 내리면 바로 내게 전화해.

Wǒ jiā (lí / wǎng) zhèli hěn jìn .
❹ 我 家 （离 / 往） 这里 很 近 。우리 집은 여기**에서** 아주 가까워.

도전! HSK 2급 **듣기** 제1부분

4 녹음을 듣고 사진과 일치하면 √, 일치하지 않으면 X를 표시하세요.

1 빈출		
2		
3		

도전! HSK 2급 **독해** 제2부분

5 빈칸에 들어갈 알맞은 단어를 고르세요.(모두 한 번씩만 사용됩니다.)

duōshao A 多少	bīnguǎn B 宾馆	huǒchēzhàn C 火车站	guì D 贵

Nà jiā méiyǒu fángjiān le.
❶ 那 家 (　　　　) 没有 房间 了。

Zhè jiàn yīfu yǒudiǎnr　　yǒu méiyǒu piányi diǎnr de?
❷ 这 件 衣服 有点儿 (　　　　), 有 没有 便宜 点儿 的?

Zhè zhǒng yīfu　　qián yí jiàn?
빈출 ❸ 这 种 衣服 (　　　　) 钱 一 件?

Zuò chūzūchē qù　　zuì kuài.
❹ 坐 出租车 去 (　　　　) 最 快。

꼭 알아야 할 HSK 1·2급 빈출 단어

11

1	 吃 chī 먹다	▪ 吃米饭 chī mǐfàn 밥을 먹다 ▪ 吃药 chī yào 약을 먹다 ▪ 吃水果 chī shuǐguǒ 과일을 먹다 ▪ 你最喜欢吃什么水果? Nǐ zuì xǐhuan chī shénme shuǐguǒ? 너는 어떤 과일 먹는 것을 가장 좋아해?
2	 喝 hē 마시다	▪ 喝茶 hē chá 차를 마시다 ▪ 喝水 hē shuǐ 물을 마시다 ▪ 喝咖啡 hē kāfēi 커피를 마시다 ▪ 我们找个咖啡馆喝杯咖啡怎么样? Wǒmen zhǎo ge kāfēiguǎn hē bēi kāfēi zěnmeyàng? 우리 커피숍을 찾아서 커피 한 잔 하는 게 어때?
3	 坐 zuò 타다	▪ 坐出租车 zuò chūzūchē 택시를 타다 ▪ 坐公共汽车 zuò gōnggòng qìchē 버스를 타다 ▪ 坐地铁 zuò dìtiě 지하철을 타다 ▪ 坐地铁去更快。 Zuò dìtiě qù gèng kuài. 지하철을 타고 가는 것이 더 빠르다.
4	 一起 yìqǐ 함께	▪ 一起去 yìqǐ qù 함께 가다 ▪ 一起学习 yìqǐ xuéxí 함께 공부하다 ▪ 一起玩儿 yìqǐ wánr 함께 놀다 ▪ 你也可以和我们一起玩儿。 Nǐ yě kěyǐ hé wǒmen yìqǐ wánr. 너도 우리와 함께 놀아도 돼.

꼭 알아야 할
HSK 1·2급 빈출 구문

1

有点儿 yǒudiǎnr+형용사 좀 ~하다(불만의 어투)

今天有点儿冷，你多穿点儿衣服吧。
Jīntiān yǒudiǎnr lěng, nǐ duō chuān diǎnr yīfu ba.
오늘 좀 추우니까, 너는 옷을 많이 입어.

2

A和B A hé B A와 B

苹果和西瓜我都喜欢吃。
Píngguǒ hé xīguā wǒ dōu xǐhuan chī.
사과와 수박은 내가 다 먹기를 좋아한다.

3

동사+一下(儿) yíxià(r) 좀 (한번) ~하다(가벼운 시도)

请帮我开一下门。
Qǐng bāng wǒ kāi yíxià mén.
문을 좀 열어주세요.

+ 请 qǐng 동 ~하세요 | 帮 bāng 동 돕다 | 开 kāi 동 열다

4

怎么这么 zěnme zhème+형용사 왜 이렇게 ~해?

今天怎么这么热啊？
Jīntiān zěnme zhème rè a?
오늘 왜 이렇게 더워?

5

A离B近/远 A lí B jìn/yuǎn A는 B에서 가깝다/멀다

火车站离这儿不远。
Huǒchēzhàn lí zhèr bù yuǎn.
기차역은 여기에서 멀지 않다.

+ 火车站 huǒchēzhàn 명 기차역

월화수목금금금 _시간과 생활

HSK 1·2급에 이 단어가 나온다!

시간을 나타내는 부사 还(hái 아직), 已经(yǐjing 이미)과 시간의 단위인 小时(xiǎoshí 시간), 分钟(fēnzhōng 분)이 자주 출제되고 있습니다. 그리고 谢谢(xièxie 감사합니다)와 不客气(bú kèqi 별말씀을요), 对不起(duìbuqǐ 미안하다)와 没关系(méi guānxi 괜찮다)는 함께 기억하면 정답을 쉽게 고를 수 있습니다.

한눈에 파악하는 단어

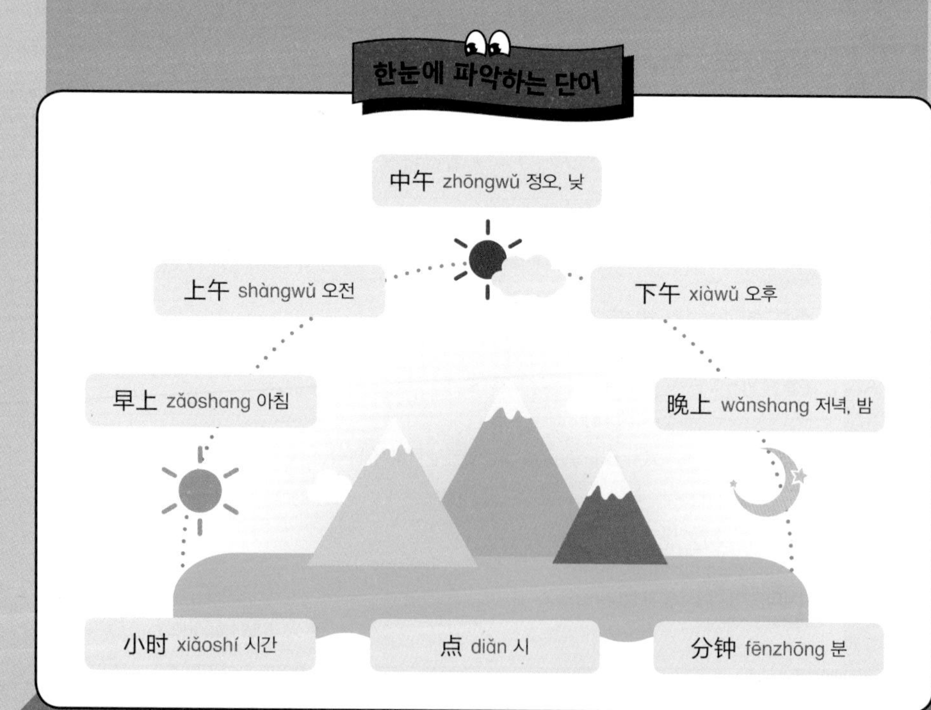

216 时间 shíjiān 2급

명 시간

호응 过时间 guò shíjiān 시간을 보내다 | 花时间 huā shíjiān 시간을 쓰다

时间过得真快！ 빈출
Shíjiān guò de zhēn kuài!
시간이 정말 빨리 지나간다!

+ 过 guò 동 지나가다 | 真 zhēn 부 진짜, 정말 | 快 kuài 형 빠르다

217 昨天 zuótiān 1급

명 어제

昨天的事情，我真对不起。
Zuótiān de shìqing, wǒ zhēn duìbuqǐ.
어제의 일은 내가 정말 미안해.

+ 事情 shìqing 명 일 | 真 zhēn 부 정말, 진짜 | 对不起 duìbuqǐ 동 미안합니다

218 今天 jīntiān 1급

참고 今年 jīnnián 올해

명 오늘

今天是星期四。
Jīntiān shì xīngqīsì.
오늘은 목요일이다.

+ 星期 xīngqī 명 요일, 주(周)

219 明天 míngtiān 1급

명 내일

明天才是星期五。
Míngtiān cái shì xīngqīwǔ.
내일이 비로소 금요일이다.

+ 才 cái 부 비로소, 겨우

맛있는 한자 TIP 日(날일)이 들어간 한자

日(날일)은 '해'의 모양을 본뜬 글자입니다. 옛날 사람들은 해가 떠 있는 위치나 지는 정도를 보고 시간을 짐작했습니다. 그래서 日이 들어가면 시간과 관련된 의미인 경우가 많습니다.

- 时间(日＋寸) shíjiān 시간
- 昨天(日＋乍) zuótiān 어제
- 明天(日＋月) míngtiān 내일

220 □ □ 1급

上午
shàngwǔ

반의 下午 xiàwǔ 오후
1급 ···› p.100

명 오전

明天上午我没有时间。
Míngtiān shàngwǔ wǒ méiyǒu shíjiān.
내일 오전에 나는 시간이 없어.

＋时间 shíjiān 명 시간

221 □ □ 1급

下午
xiàwǔ

반의 上午 shàngwǔ 오전
1급 ···› p.100

명 오후

明天下午才有时间。
Míngtiān xiàwǔ cái yǒu shíjiān.
내일 오후에야 비로소 시간이 있어.

＋才 cái 부 비로소

222 □ □ 1급

现在★★
xiànzài

명 현재, 지금

现在几点了？ 빈출
Xiànzài jǐ diǎn le?
지금 몇 시야?

＋几 jǐ 수 몇 | 点 diǎn 명 시

223 □ □ 2급

早上★
zǎoshang

명 아침

他每天早上6点起床去跑步。
Tā měitiān zǎoshang liù diǎn qǐchuáng qù pǎobù.
그는 매일 아침 6시에 일어나서 조깅하러 간다.

224 □ □ 1급

中午

zhōngwǔ

명 정오, 낮

中午我没吃饭。
Zhōngwǔ wǒ méi chīfàn.
낮에 나는 밥을 안 먹었어.

225 □ □ 2급

晚上★★

wǎnshang

명 저녁, 밤

那个商店晚上十点关门。
Nàge shāngdiàn wǎnshang shí diǎn guān mén.
그 상점은 밤 10시에 문을 닫는다.

+商店 shāngdiàn 명 상점 | 关 guān 동 닫다 | 门 mén 명 문

226 □ □ 1급

年

nián

명 년, 해

我们认识十年了。 빈출
Wǒmen rènshi shí nián le.
우리가 알게 된 지 10년이 되었다.

+认识 rènshi 동 알다, 인식하다

227 □ □ 2급

去年

qùnián

참고 今年 jīnnián 올해, 금년

명 작년

去年我还在中国。
Qùnián wǒ hái zài Zhōngguó.
작년까지도 나는 중국에 있었어.

+还 hái 부 아직, 여전히 | 在 zài 동 ~에 있다

228 □ □ 1급

月★

yuè

참고 上个月 shàng ge yuè 지난달
下个月 xià ge yuè 다음 달

명 월, 달

下个月我去北京。
Xià ge yuè wǒ qù Běijīng.
다음 달에 나는 베이징에 간다.

+北京 Běijīng 고유 베이징

229 星期★★★

□ □ 1급

xīngqī

동의 礼拜 lǐbài 요일, 주
周 zhōu 요일, 주

명 요일, 주

今天星期几?
Jīntiān xīngqī jǐ?
오늘은 무슨 요일이야?

HSK 1·2급 출제 포인트

HSK 1, 2급 듣기 문제에서 星期日(xīngqīrì 일요일), 星期天(xīngqītiān 일요일)이 나올 경우, 다른 요일과 헷갈리지 않도록 주의하세요. 또한, 질문에서 昨天是星期几? (Zuótiān shì xīngqī jǐ? 어제는 무슨 요일이었습니까?)처럼 어제(昨天 zuótiān), 오늘(今天 jīntiān), 내일(明天 míngtiān)을 활용하여 요일을 묻는 문제도 헷갈리지 않도록 주의하세요.

230 日

□ □

rì

동의 号 hào 일
1급 ··· p.82

명 날, 일

今年的春节是2月5日。
Jīnnián de Chūnjié shì èr yuè wǔ rì.
올해 춘절은 2월 5일이다.

+ 今年 jīnnián 명 올해 | 春节 Chūnjié 명 음력설, 춘절

231 生日★★

□ □

shēngrì

명 생일

호응 过生日 guò shēngrì 생일을 보내다 |
生日快乐 shēngrì kuàilè 생일 축하해!

祝你生日快乐!
Zhù nǐ shēngrì kuàilè!
생일 축하해!

+ 祝 zhù 동 바라다, 축하하다

HSK 1·2급 출제 포인트

HSK 2급 듣기 제1, 2부분에서 선물을 들고 있는 사진이나 케이크가 제시되어 있는 사진이 출제됩니다. 이때 생일(生日 shēngrì)이라는 단어가 나올 것을 예상하고 들으면 정답을 쉽게 찾을 수 있습니다.

232 □ □ 2급

小时***

xiǎoshí

명 시간

我每天睡六个小时就可以了。
Wǒ měitiān shuì liù ge xiǎoshí jiù kěyǐ le.
나는 매일 6시간을 자면 된다.

+ 可以 kěyǐ 형 괜찮다, 좋다

233 □ □ 1급

点*

diǎn

명 시(時)

我每天早上七点起床。 빈출
Wǒ měitiān zǎoshang qī diǎn qǐchuáng.
나는 매일 아침 7시에 일어난다.

+ 起床 qǐchuáng 동 기상하다, 일어나다

양 조금, 약간

我有点儿累，想早点儿睡觉。
Wǒ yǒudiǎnr lèi, xiǎng zǎo diǎnr shuìjiào.
나는 좀 피곤해서 일찍 자고 싶어.

+ 累 lèi 형 피곤하다 | 睡觉 shuìjiào 동 잠을 자다

동 (음식 등을) 주문하다

我们点的菜太少，再点两个菜吧。 
Wǒmen diǎn de cài tài shǎo, zài diǎn liǎng ge cài ba.
우리가 주문한 요리가 너무 적어. 두어 개 더 주문하자.

+ 菜 cài 명 요리, 음식 | 再 zài 부 더 | 吧 ba 조 ~하자

맛있는 단어 TIP 小时와 点 비교

小时(xiǎoshí)는 三个小时(sān ge xiǎoshí 3시간), 十个小时(shí ge xiǎoshí 10시간)처럼 시간의 길이를 나타내지만, 点(diǎn)은 三点(sān diǎn 3시), 十点(shí diǎn 10시)처럼 시점을 나타냅니다.

234 分钟★★★

fēnzhōng

1급

명 분

你等我5分钟，我很快就回来。
Nǐ děng wǒ wǔ fēnzhōng, wǒ hěn kuài jiù huílai.
나 5분만 기다려줘. 내가 금방 돌아올게.

+ 等 děng 동 기다리다 | 就 jiù 부 곧, 바로 | 回来 huílai 동 돌아오다

235 从

cóng

2급

참고 离 lí ~로부터
2급 ··· p.86

개 ~부터, ~로부터

호응 从A到B cóng A dào B A에서 B까지

从你家到商店有多远?
Cóng nǐ jiā dào shāngdiàn yǒu duō yuǎn?
너희 집에서 상점까지 얼마나 멀어?

+ 到 dào 개 ~까지 | 商店 shāngdiàn 명 상점 | 多 duō 부 얼마나 | 远 yuǎn 형 멀다

236 时候★★★

shíhou

1급

명 때, 동안

你是从什么时候开始学习汉语的?
Nǐ shì cóng shénme shíhou kāishǐ xuéxí Hànyǔ de?
넌 언제부터 중국어를 공부하기 시작했어?

+ 开始 kāishǐ 동 시작하다 | 学习 xuéxí 동 공부하다, 배우다 | 汉语 Hànyǔ 명 중국어

237 开始★★★

kāishǐ

2급

반의 结束 jiéshù 끝나다
3급 ··· p.162

동 시작하다

我是从去年开始学习汉语的。
Wǒ shì cóng qùnián kāishǐ xuéxí Hànyǔ de.
나는 작년부터 중국어를 배우기 시작했어.

+ 去年 qùnián 명 작년

맛있는 단어 TIP [从…开始…] 형식

[从…开始…]는 '(시점)부터'라는 뜻으로 자주 활용되는 표현입니다. 从昨天开始(cóng zuótiān kāishǐ)는 '어제부터'라는 뜻이고, 从今天开始(cóng jīntiān kāishǐ)는 '오늘부터'라는 뜻입니다.

238 每★★
□
□
2급
měi

대 매, ~마다

호응 每个人 měi ge rén 사람들마다 | 每天 měitiān 매일

她每天早上跑30分钟。
Tā měitiān zǎoshang pǎo sānshí fēnzhōng.
그녀는 매일 아침마다 30분씩 달린다.

239 手表
□
□
2급
shǒubiǎo

명 손목시계

这块儿手表坏了，不走。빈출
Zhè kuàir shǒubiǎo huài le, bù zǒu.
이 손목시계는 고장 나서 안 움직여.

+ 块 kuài 양 시계를 세는 단위 | 坏 huài 동 고장 나다 | 走 zǒu 동 (시계가) 가다, 이동하다

240 还★★★
□
□
2급
hái

부 아직, 여전히

电影还没开始。빈출
Diànyǐng hái méi kāishǐ.
영화는 아직 시작하지 않았다.

부 또한, 게다가

你还做了什么菜？빈출
Nǐ hái zuòle shénme cài?
너는 또 어떤 요리를 했어?

241 已经★★★
□
□
2급
yǐjīng

부 이미

호응 已经…了 yǐjīng…le 이미 ~했다

我已经到了，你在哪儿？
Wǒ yǐjīng dào le, nǐ zài nǎr?
나는 이미 도착했는데, 너는 어디에 있어?

+ 到 dào 동 도착하다

242 正在★★

zhèngzài

2급

부 지금(마침) ~하고 있다(진행을 나타냄)

我正在休息。
Wǒ zhèngzài xiūxi.
나는 마침 쉬고 있다.

+ 休息 xiūxi 동 쉬다

HSK 1·2급 출제 포인트

HSK 2급 듣기 제3, 4부분 대화형 문제에서는 보기에 已经(yǐjīng), 正在(zhèngzài) 등의 표현을 사용해 오답을 제시합니다. 시제에 유의해 오답을 고르지 않도록 주의하세요.

녹음

妈，我看会儿电视后再做作业。
Mā, wǒ kàn huìr diànshì hòu zài zuò zuòyè.
엄마, 저 TV를 좀 보고 나서 숙제할게요.

보기

A 作业已经做完 숙제는 이미 다했다 → 오답
zuòyè yǐjīng zuòwán

B 他正在写作业 그는 숙제를 하고 있다 → 오답
tā zhèngzài xiě zuòyè

C 作业还没写完 숙제는 아직 다 안 했다 → 정답
zuòyè hái méi xiěwán

243 呢

ne

1급

조 문장 끝에 쓰여 동작이나 상황이 지속됨을 나타냄

外面下大雪呢。
Wàimian xià dà xuě ne.
밖에는 많은 눈이 내리고 있어.

+ 外面 wàimian 명 밖, 바깥

조 의문문 끝에 쓰여 강조를 나타냄

你怎么不回家呢?
Nǐ zěnme bù huíjiā ne?
너는 왜 집에 안 돌아가?

+ 怎么 zěnme 대 어째서, 왜

244 **等**★ děng 2급

동 기다리다

我在这儿等一个朋友。
Wǒ zài zhèr děng yí ge péngyou.
저는 여기에서 한 친구를 기다리고 있습니다.

+ 在 zài 개 ~에서 | 这儿 zhèr 대 여기 | 朋友 péngyou 명 친구

245 **家** jiā 1급

명 집

时间不早了，快回家吧。
Shíjiān bù zǎo le, kuài huíjiā ba.
시간이 늦었어, 빨리 집으로 돌아가자.

+ 时间 shíjiān 명 시간 | 早 zǎo 형 (때가) 이르다

양 점포나 회사를 세는 단위

那是一家大公司。
Nà shì yì jiā dà gōngsī.
그것은 한 큰 회사이다.

+ 公司 gōngsī 명 회사

246 **谢谢**★★★ xièxie 1급

참고 不客气 bú kèqi 천만에요 1급 ···› p.108

동 감사하다, 고맙다

我在这儿下车，谢谢。
Wǒ zài zhèr xiàchē, xièxie.
저는 여기에서 내릴게요. 감사합니다.

+ 在 zài 개 ~에서 | 下车 xiàchē 동 하차하다

247 **不客气*****

bú kèqi

1급

참고 谢谢 xièxie
감사하다, 고맙다
1급 ··· p.107

사양하지 않다, 천만에요, 별말씀을요

A : 谢谢你的帮助。 빈출
Xièxie nǐ de bāngzhù.
도와줘서 고마워요.

B : 不客气。
Bú kèqi.
별말씀을요.

HSK 1·2급 출제 포인트

HSK 1, 2급 독해 제4부분에서 제시된 문장과 어울리는 대답을 고를 때 谢谢(xièxie)가 보인다면 不客气(bú kèqi)를 정답으로 고르면 됩니다.

248 **对不起*****

duìbuqǐ

1급

참고 没关系 méi guānxi
괜찮다
1급 ··· p.108

동 미안합니다, 죄송합니다

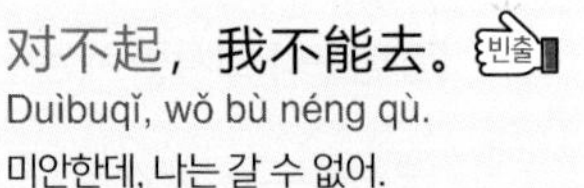

对不起，我不能去。 빈출
Duìbuqǐ, wǒ bù néng qù.
미안한데, 나는 갈 수 없어.

249 **没关系*****

méi guānxi

1급

참고 对不起 duìbuqǐ
미안합니다, 죄송합니다
1급 ··· p.108

괜찮다, 관계없다, 문제없다

A : 对不起。家里有点事，我不能去了。
Duìbuqǐ. Jiāli yǒu diǎn shì, wǒ bù néng qù le.
미안해요. 집에 일이 좀 있어서 나는 갈 수가 없게 됐어요.

B : 没关系。
Méi guānxi.
괜찮아요.

HSK 1·2급 출제 포인트

HSK 1, 2급 독해 제4부분에서 아무리 문장이 길더라도 对不起(duìbuqǐ)가 제시되어 있다면 바로 没关系(méi guānxi)를 정답으로 고르세요.

250 再见
zàijiàn
1급

동 (헤어졌을 때) 안녕, 또 뵙겠습니다

我是来跟你说再见的。
Wǒ shì lái gēn nǐ shuō zàijiàn de.
나는 너에게 작별 인사를 하러 왔어.

+ 跟 gēn 개 ~와, ~과

251 喂
wéi
1급

감탄 (전화상에서) 여보세요

喂，我下飞机了，你在哪儿？
Wéi, wǒ xià fēijī le, nǐ zài nǎr?
여보세요? 나는 비행기에서 내렸어. 넌 어디에 있어?

+ 下 xià 동 내려가다 | 飞机 fēijī 명 비행기

252 打电话★★★
dǎ diànhuà
1급

전화를 걸다

호응 给…打电话 gěi…dǎ diànhuà ~에게 전화를 걸다

你快给他打个电话。빈출
Nǐ kuài gěi tā dǎ ge diànhuà.
너는 빨리 그에게 전화해 봐.

+ 给 gěi 개 ~에게

253 手机★★
shǒujī
2급

명 휴대 전화

我买了一个新手机。
Wǒ mǎile yí ge xīn shǒujī.
나는 새 휴대 전화를 하나 샀다.

+ 买 mǎi 동 사다 | 新 xīn 형 새롭다

254 电视★
diànshì
1급

명 텔레비전, TV

长时间看电视对眼睛不好。빈출
Cháng shíjiān kàn diànshì duì yǎnjing bù hǎo.
장시간 TV를 보면 눈에 좋지 않다.

+ 对 duì 개 ~에 대하여 | 眼睛 yǎnjing 명 눈

255 **电影**

diànyǐng

1급

명 영화

最近有没有好看的电影?
Zuìjìn yǒu méiyǒu hǎokàn de diànyǐng?
최근에 볼 만한 영화가 있니?

+ 最近 zuìjìn 명 최근 | 好看 hǎokàn 형 재미있다, 보기 좋다

256 **票**

piào

2급

명 표, 티켓

호응 一张票 yì zhāng piào 한 장의 표

那个电影的票很难买到。
Nàge diànyǐng de piào hěn nán mǎidào.
그 영화표는 매우 사기 힘들다.

+ 电影 diànyǐng 명 영화 | 难 nán 형 어렵다 | 买 mǎi 동 사다

257 **报纸**

bàozhǐ

2급

명 신문

爸爸在看报纸，妈妈在看电视。
Bàba zài kàn bàozhǐ, māma zài kàn diànshì.
아빠는 신문을 보고 있고, 엄마는 TV를 보고 있다.

+ 在 zài 부 ~하고 있다 | 电视 diànshì 명 텔레비전, TV

258 **唱歌**

chànggē

2급

동 노래를 하다

她唱歌唱得很好。
Tā chànggē chàng de hěn hǎo.
그녀는 노래를 매우 잘한다.

+ 得 de 조 동사 뒤에서 정도를 나타내는 보어와 연결시킴

259 □ □ 2급

旅游

lǚyóu

[동의] 旅行 lǚxíng 여행하다 4급

[동] 여행하다, 관광하다

我的爸妈想去中国旅游。
Wǒ de bà mā xiǎng qù Zhōngguó lǚyóu.
나의 아빠 엄마는 중국으로 여행을 가고 싶어 한다.

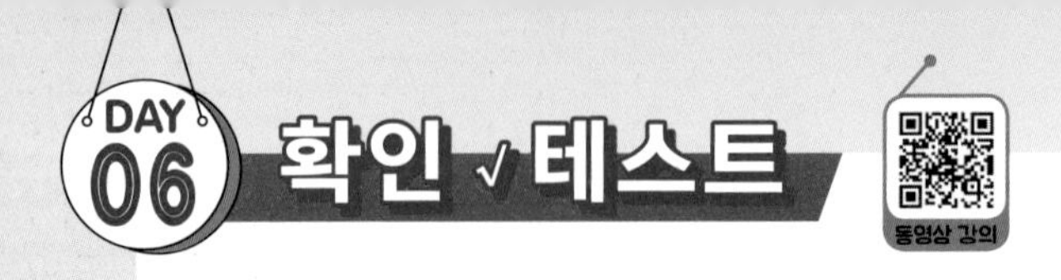

1 빈칸을 채우세요.

时间	❶	시간
上午	shàngwǔ	❷
❸	shēngrì	생일
晚上	wǎnshang	❹
现在	❺	현재, 지금

2 단어의 병음과 뜻을 알맞게 연결하세요.

❶ 手表 • • ㉠ yǐjīng • • ⓐ 손목시계

❷ 从 • • ㉡ shǒubiǎo • • ⓑ 시작하다

❸ 开始 • • ㉢ kāishǐ • • ⓒ 이미

❹ 已经 • • ㉣ cóng • • ⓓ ~에서, ~로부터

3 빈칸에 들어갈 알맞은 단어를 고르세요.

Wǒ mǎile yí ge xīn (shǒubiǎo / shǒujī) .
❶ 我 买了 一 个 新 （手表 / 手机）。나는 새 **휴대 전화**를 하나 샀다.

Cháng shíjiān kàn (diànshì / diànyǐng) duì yǎnjing bù hǎo .
❷ 长 时间 看 （电视 / 电影） 对 眼睛 不 好 。
장시간 TV를 보는 것은 눈에 좋지 않다.

Bàba zài kàn (bàozhǐ / piào) , māma zài kàn diànshì .
❸ 爸爸 在 看 （报纸 / 票）， 妈妈 在 看 电视 。
아빠는 **신문**을 보고 있고, 엄마는 TV를 보고 있다.

Wǒ de bà mā xiǎng qù Zhōngguó (lǚyóu / chànggē) .
❹ 我 的 爸 妈 想 去 中国 （旅游 / 唱歌）。
나의 아빠 엄마는 중국으로 **여행**을 가고 싶어 한다.

14

도전! HSK 2급 **듣기** 제1부분

4 녹음을 듣고 사진과 일치하면 √, 일치하지 않으면 X를 표시하세요.

1		
2 빈출		
3 빈출		

도전! HSK 2급 **독해** 제2부분

5 빈칸에 들어갈 알맞은 단어를 고르세요.(모두 한 번씩만 사용됩니다.)

shǒubiǎo	zhèngzài	děng	měi
A 手表	B 正在	C 等	D 每

빈출 ❶ Nǐ de ( ) shì bu shì huài le? Bù zǒu a.
你的（ ）是不是坏了？不走啊。

❷ Wàimian ( ) xiàyǔ, qǐng nǐ dài bǎ sǎn.
外面（ ）下雨，请你带把伞。

빈출 ❸ Nǐ zài zhèr ( ) yíxià, wǒ hěn kuài jiù huílai.
你在这儿（ ）一下，我很快就回来。

❹ Tā ( ) tiān gōngzuò bā ge xiǎoshí.
她（ ）天工作八个小时。

그래도 가야지
_학교와 회사

HSK 1·2급에 이 단어가 나온다!

학교와 관련해서는 懂(dǒng 이해하다)이 늘 출제되고 있으며 对(duì 맞다), 错(cuò 틀리다)가 비중있게 다뤄집니다. 회사와 관련해서는 上班(shàngbān 출근하다), 工作(gōngzuò 일하다), 电脑(diànnǎo 컴퓨터) 등이 자주 출제되고 있습니다.

学习 xuéxí 공부하다

书 shū 책
读 dú 읽다
懂 dǒng 알다, 이해하다
写 xiě 쓰다
字 zì 글자
铅笔 qiānbǐ 연필

学校 xuéxiào 학교

老师 lǎoshī 선생님
学生 xuésheng 학생
教室 jiàoshì 교실
桌子 zhuōzi 탁자, 책상
椅子 yǐzi 의자

考试 kǎoshì 시험

题 tí 문제
对 duì 맞다
错 cuò 틀리다
第一 dì-yī 첫 (번)째, 1등

260 **读**

dú

1급

동 읽다

我读过这本书。
Wǒ dúguo zhè běn shū.
나는 이 책을 읽은 적이 있다.

\+ 过 guo 조 ~한 적이 있다(경험을 나타냄) | 本 běn 양 권[책을 세는 단위]

맛있는 단어 TIP 读와 卖 비교

读(dú)는 卖(mài 팔다) 앞에 말씀언(言)의 간체자인 '讠'이 들어갑니다. 读와 卖는 전혀 다른 뜻이므로, 이 둘을 혼동하지 않도록 주의하세요.

这本书我读过。
Zhè běn shū wǒ dúguo.
이 책은 내가 읽은 적이 있다.

这里不卖水果。
Zhèli bú mài shuǐguǒ.
이곳에는 과일을 팔지 않는다.

261 **懂**★★★

dǒng

2급

유의 明白 míngbai 이해하다 3급 ···› p.157
理解 lǐjiě 이해하다 4급

동 알다, 이해하다

他听不懂汉语。
Tā tīng bu dǒng Hànyǔ.
그는 중국어를 못 알아듣는다.

\+ 汉语 Hànyǔ 명 중국어

懂(dǒng)은 HSK 2급 듣기 제2부분에 자주 출제됩니다. 녹음에서 懂이 들리면 수업하거나 책을 보고 있는 사진이 정답이 됩니다. 또한, 懂은 보어로 자주 쓰여 听不懂(tīng bu dǒng 들어서 이해할 수 없다), 看不懂(kàn bu dǒng 보고 이해할 수 없다) 등으로 출제됩니다.

262 **汉语**★★★

Hànyǔ

1급

유의 中文 Zhōngwén
중국어
3급 ··· p.159

명 중국어

我想买一本汉语字典。
Wǒ xiǎng mǎi yì běn Hànyǔ zìdiǎn.
나는 중국어 자전 한 권을 사고 싶다.

+ 想 xiǎng 조동 ~하고 싶다 |
字典 zìdiǎn 명 자전

263 **本**

běn

1급

양 권[책을 세는 단위]

这本书很有意思，你也看看吧。
Zhè běn shū hěn yǒu yìsi, nǐ yě kànkan ba.
이 책은 매우 재미있어, 너도 한번 봐봐.

+ 有意思 yǒu yìsi 재미있다 |
也 yě 부 역시, 또한

264 **书**★

shū

1급

명 책

这本书我也买了一本。
Zhè běn shū wǒ yě mǎile yì běn.
이 책은 나도 한 권 샀다.

+ 也 yě 부 역시, 또한 |
买 mǎi 동 사다 |
本 běn 양 권[책을 세는 단위]

265 **老师**

lǎoshī

1급

명 선생님

他是小学老师。
Tā shì xiǎoxué lǎoshī.
그는 초등학교 선생님이다.

+ 小学 xiǎoxué 명 초등학교

266 **学生**
xuésheng
1급

명 학생

他不是我们学校的学生。
Tā bú shì wǒmen xuéxiào de xuésheng.
그는 우리 학교의 학생이 아니다.

+ 学校 xuéxiào 명 학교

267 **同学** ★★★
tóngxué
1급

명 동학, 급우, 동창

同学们都喜欢路老师。 빈출
Tóngxuémen dōu xǐhuan Lù lǎoshī.
급우들은 모두 루 선생님을 좋아한다.

+ 喜欢 xǐhuan 동 좋아하다

268 **学习**
xuéxí
1급

참고 复习 fùxí 복습하다
3급 → p.157
预习 yùxí 예습하다
4급

동 공부하다, 배우다

她从去年开始学习汉语。 빈출
Tā cóng qùnián kāishǐ xuéxí Hànyǔ.
그녀는 작년부터 중국어를 배우기 시작했다.

+ 从 cóng 개 ~부터 | 去年 qùnián 명 작년 | 开始 kāishǐ 동 시작하다

269 **学校**
xuéxiào
1급

명 학교

我们学校的老师都很好。
Wǒmen xuéxiào de lǎoshī dōu hěn hǎo.
우리 학교의 선생님은 모두 좋다.

270 **教室** ★
jiàoshì
2급

명 교실

教室里一个学生也没有。
Jiàoshì li yí ge xuésheng yě méiyǒu.
교실 안에는 한 명의 학생도 없다.

271 桌子 zhuōzi 1급

명 탁자, 테이블

你的书在桌子上。 빈출
Nǐ de shū zài zhuōzishang.
네 책은 탁자 위에 있다.

272 椅子 yǐzi 1급

명 의자

老师坐在椅子上。
Lǎoshī zuòzài yǐzishang.
선생님은 의자에 앉아 있다.

+ 坐在 zuòzài ~에 앉다

273 门 mén 2급

명 문

教室的门开着。
Jiàoshì de mén kāizhe.
교실 문이 열려 있다.

+ 开 kāi 동 열다

274 写* xiě 1급

동 쓰다

这个字我会写了。 빈출
Zhège zì wǒ huì xiě le.
이 글자는 내가 쓸 수 있게 되었다.

+ 字 zì 명 글자 | 会 huì 조동 ~할 줄 알다

275 字* zì 1급

명 글자

你写的字很漂亮。 빈출
Nǐ xiě de zì hěn piàoliang.
네가 쓴 글자는 매우 예쁘다.

+ 漂亮 piàoliang 형 아름답다

276 完★★ wán

□ □ 2급

동 완성하다, 끝내다

我写完作业了。
Wǒ xiěwán zuòyè le.
나는 숙제를 다 했다.

+ 作业 zuòyè 명 숙제

맛있는 단어 TIP 결과보어 完

写完(xiěwán 다 쓰다), 看完(kànwán 다 보다)처럼 完(wán)은 다른 동사 뒤에서 결과보어로 쓰입니다. 이때 完은 '동작이 다 끝났다'라는 의미를 나타냅니다.

- 写完 xiěwán 다 쓰다
- 看完 kànwán 다 보다
- 做完 zuòwán 다 하다
- 听完 tīngwán 다 듣다

277 送 sòng

□ □ 2급

동 배웅하다, 데려다주다

妈妈每天把孩子送到学校。
Māma měitiān bǎ háizi sòngdào xuéxiào.
엄마는 매일 아이를 학교까지 데려다준다.

동 선물하다

他送了我两张电影票。 빈출
Tā sòngle wǒ liǎng zhāng diànyǐng piào.
그는 나에게 두 장의 영화표를 선물했다.

+ 张 zhāng 양 장[종이 등을 세는 단위]

동 배달하다, 보내다

这个商店可以把东西送到家。
Zhège shāngdiàn kěyǐ bǎ dōngxi sòngdào jiā.
이 상점은 물건을 집까지 배달해줄 수 있다.

+ 商店 shāngdiàn 명 상점

278 帮助★★
□
□
2급

bāngzhù

동 돕다

她喜欢帮助别人。 빈출
Tā xǐhuan bāngzhù biéren.
그녀는 다른 사람 돕기를 좋아한다.

+ 别人 biéren 대 다른 사람

명 도움

在老师的帮助下，我爱看书了。
Zài lǎoshī de bāngzhù xià, wǒ ài kàn shū le.
선생님의 도움으로, 나는 책 보는 것을 좋아하게 됐다.

+ 在…下 zài…xià (조건이나 상황) ~에서, ~하에 | 爱 ài 동 좋아하다

279 介绍
□
□

2급

jièshào

동 소개하다

호응 介绍自己 jièshào zìjǐ 자신을 소개하다 |
给…介绍… gěi…jièshào… ~에게 ~를 소개하다

我给你介绍一个中国朋友。
Wǒ gěi nǐ jièshào yí ge Zhōngguó péngyou.
내가 너에게 한 중국 친구를 소개해줄게.

+ 给 gěi 개 ~에게 | 朋友 péngyou 명 친구

280 考试★★
□
□
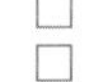
2급

kǎoshì

명 시험

这个考试不太难。
Zhège kǎoshì bú tài nán.
이 시험은 그다지 어렵지 않아.

+ 难 nán 형 어렵다

동 시험 치다

今天不考试了，明天再考试。
Jīntiān bù kǎoshì le, míngtiān zài kǎoshì.
오늘은 시험을 안 치고, 내일 다시 시험을 친다.

281 第一 ☐ ☐ 2급

dì-yī

수 첫 (번)째, 최초, 1등

호응 第一天 dì-yī tiān 첫날 | 第一次 dì-yī cì 첫 번째

这次考试我考了第一。
Zhè cì kǎoshì wǒ kǎole dì-yī.
이번 시험에서 나는 1등을 했다.

+ 次 cì 양 번, 회 | 考 kǎo 동 시험을 보다

282 课 ☐ ☐ 2급

kè

명 수업

我快要上课了。
Wǒ kuàiyào shàngkè le.
나는 곧 수업을 듣는다.

+ 快要…了 kuàiyào…le 곧 ~하려 하다 | 上课 shàngkè 동 수업을 하다, 수업을 듣다

283 铅笔★ ☐ ☐ 2급

qiānbǐ

명 연필

我的铅笔不见了，你没看到吗？
Wǒ de qiānbǐ bú jiàn le, nǐ méi kàndào ma?
내 연필이 없어졌는데, 너는 못 봤어?

+ 见 kànjiàn 동 보다, 보이다 | 看到 kàndào 동 보다, 보이다

284 问★★★ ☐ ☐

wèn

동 묻다

这个题我不会做，你去问问老师吧。
Zhège tí wǒ bú huì zuò, nǐ qù wènwen lǎoshī ba.
이 문제를 나는 못 풀어. 선생님께 한번 물어봐.

+ 题 tí 명 문제 | 做 zuò 동 하다

맛있는 단어  이중 목적어를 취하는 동사

送(sòng), 问(wèn), 给(gěi)는 목적어 두 개를 수반할 수 있는 특수한 동사입니다. 이들 동사 뒤에는 간접 목적어(~에게)와 직접 목적어(~을)가 연달아 올 수 있습니다. '~에게'로 해석된다고 해서 동사 뒤에 给를 따로 쓰지 않도록 주의하세요.

주어+送/问/给+목적어1(간접 목적어)+목적어2(직접 목적어)

他送了我两张电影票。
Tā sòngle wǒ liǎng zhāng diànyǐng piào.
그는 나에게 두 장의 영화표를 선물했다.

他问了我很多问题。
Tā wènle wǒ hěn duō wèntí.
그는 나에게 많은 문제를 물었다.

他给了我一个月的时间。
Tā gěile wǒ yí ge yuè de shíjiān.
그는 나에게 한 달간의 시간을 주었다.

285 问题

wèntí

2급

명 문제

你有什么问题吗?
Nǐ yǒu shénme wèntí ma?
너는 무슨 문제 있어?

+ 什么 shénme 대 무슨, 무엇

286 题

tí

2급

명 문제

这个题你会做吗?
Zhège tí nǐ huì zuò ma?
너는 이 문제를 풀 수 있어?

+ 做 zuò 동 (문제를) 풀다

287 对★★★

□ □ 2급

duì

반의 错 cuò 틀리다
2급 ··· p.123

형 옳다, 맞다

这些题我都做对了。
Zhèxiē tí wǒ dōu zuòduì le.
이 문제들은 나는 모두 맞혔다.

+ 做 zuò 동 (문제를) 풀다

288 错★★

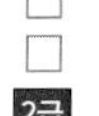

□ □ 2급

cuò

반의 对 duì 맞다
2급 ··· p.123

형 틀리다, 맞지 않다

这次你错了。
Zhè cì nǐ cuò le.
이번에는 네가 틀렸다.

+ 次 cì 양 회, 번

명 착오, 잘못

这不是你的错。 빈출
Zhè bú shì nǐ de cuò.
이것은 네 잘못이 아니다.

맛있는 단어 TIP 결과보어 错

错(cuò)는 단독으로도 쓰이지만, 다른 동사 뒤에서 결과보어로도 많이 쓰입니다.

- 写错了 xiěcuò le 잘못 썼다
- 看错了 kàncuò le 잘못 보았다
- 听错了 tīngcuò le 잘못 들었다
- 走错了 zǒucuò le (길 등을) 잘못 들었다

289 意思★★
yìsi
2급

명 뜻, 의미

这是什么意思？
Zhè shì shénme yìsi?
이것은 무슨 뜻이야?

명 재미

这本书很有意思。
Zhè běn shū hěn yǒu yìsi.
이 책은 매우 재미있다.

290 公司
gōngsī
2급

명 회사

他开了一家公司。
Tā kāile yì jiā gōngsī.
그는 회사를 하나 차렸다.

+ 开 kāi 동 (회사를) 세우다 | 家 jiā 양 점포나 회사 등을 세는 단위

291 事情
shìqing
2급

명 업무

这个公司事情很多。
Zhège gōngsī shìqing hěn duō.
이 회사는 일이 많다.

+ 公司 gōngsī 명 회사

명 일, 사건

你找我有什么事情吗？
Nǐ zhǎo wǒ yǒu shénme shìqing ma?
당신이 날 찾아왔는데, 무슨 일이 있어요?

292 工作*
gōngzuò
1급

동 일하다

他每天工作八个小时。
Tā měitiān gōngzuò bā ge xiǎoshí.
그는 매일 8시간 일한다.

명 일, 업무, 직업

最近好工作很难找。
Zuìjìn hǎo gōngzuò hěn nán zhǎo.
최근에 좋은 일자리는 찾기 어렵다.

+ 最近 zuìjìn 명 최근 | 找 zhǎo 동 찾다

293 上班***
shàngbān
2급

반의 下班 xiàbān 퇴근하다

동 출근하다, 근무하다

我姐姐在医院上班。
Wǒ jiějie zài yīyuàn shàngbān.
나의 언니(누나)는 병원에서 근무한다.

+ 医院 yīyuàn 명 병원

294 做***
zuò
1급

동 (일을) 하다

你是做什么工作的? 빈출
Nǐ shì zuò shénme gōngzuò de?
당신은 어떤 일을 하십니까?

동 (문제를) 풀다

这个题我也做对了。 빈출
Zhège tí wǒ yě zuòduì le.
이 문제는 나도 풀어서 맞혔다.

+ 题 tí 명 문제 | 对 duì 형 맞다, 옳다

295 **电脑**★★★

diànnǎo

명 컴퓨터

호응 玩儿电脑 wánr diànnǎo 컴퓨터를 하다

下班的时候，你应该关好电脑。
Xiàbān de shíhou, nǐ yīnggāi guānhǎo diànnǎo.
퇴근할 때 너는 컴퓨터를 잘 꺼야 해.

+ 下班 xiàbān 동 퇴근하다 | 应该 yīnggāi 조동 마땅히 ~해야 한다 | 关 guān 동 (기기를) 끄다

296 **休息**★★★

xiūxi

2급

동 쉬다, 휴식하다

工作很累吧？你休息一下。
Gōngzuò hěn lèi ba? Nǐ xiūxi yíxià.
일이 많이 힘들지? 잠시 쉬어.

+ 累 lèi 형 힘들다, 피곤하다

맛있는 한자 TIP 나무목(木)이 들어간 한자

나무목(木)은 땅에 뿌리가 박혀 있는 나무의 형상을 본뜬 글자입니다. 休息(xiūxi 쉬다)에서 休(xiū)를 보면 나무(木) 옆에 사람(人)이 기대어 쉬는 모습을 토대로 '쉬다'라는 의미를 알 수 있습니다. 桌子(zhuōzi 탁자), 学校(xuéxiào 학교), 椅子(yǐzi 의자)에도 木이 들어간다는 것을 기억하세요.

- 休息 xiūxi 쉬다
- 桌子 zhuōzi 탁자
- 学校 xuéxiào 학교
- 椅子 yǐzi 의자

297 **准备**

zhǔnbèi

동 준비하다

她很想去那个公司，所以准备了很多。
Tā hěn xiǎng qù nàge gōngsī, suǒyǐ zhǔnbèile hěn duō.
그녀는 그 회사에 매우 가고 싶어서 많이 준비했다.

+ 公司 gōngsī 명 회사 | 所以 suǒyǐ 접 그래서

298 **知道**★
□
□
2급

zhīdào

유의 认识 rènshi 알다
1급 ··· p.20

동 알다

你怎么知道?
Nǐ zěnme zhīdào?
너는 어떻게 알아?

+怎么 zěnme 대 어떻게, 어째서, 왜

299 **都**★★★
□
□
1급

dōu

부 모두

今天的工作都做完了。 빈출
Jīntiān de gōngzuò dōu zuòwán le.
오늘의 일은 모두 끝났다.

+做 zuò 동 (일을) 하다

300 **也**★
□
□
2급

yě

부 역시, 또한

我也不知道。
Wǒ yě bù zhīdào.
나도 모른다.

+知道 zhīdào 동 알다

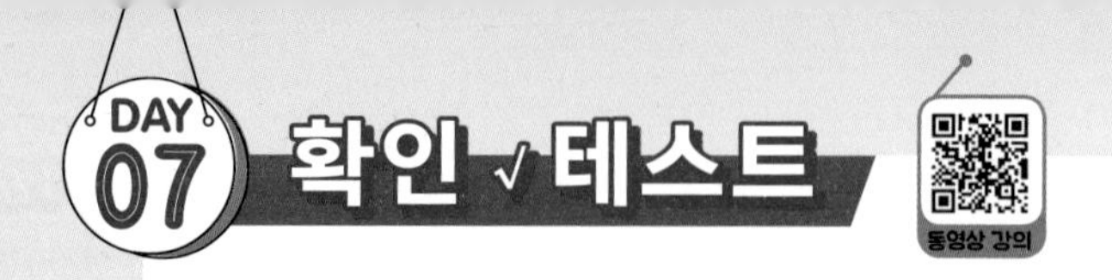

1 빈칸을 채우세요.

❶	dú	읽다
老师	❷	선생님
❸	xuéxí	공부하다
桌子	zhuōzi	❹
懂	❺	알다, 이해하다

2 단어의 병음과 뜻을 알맞게 연결하세요.

❶ 字 • • ㉠ tóngxué • • ⓐ 의자

❷ 同学 • • ㉡ zì • • ⓑ 동학, 급우

❸ 椅子 • • ㉢ wán • • ⓒ 글자

❹ 完 • • ㉣ yǐzi • • ⓓ 완성하다, 끝내다

3 빈칸에 들어갈 알맞은 단어를 고르세요.

Gōngzuò hěn lèi ba? Nǐ (xiūxi / wèn) yíxià.
❶ 工作 很 累 吧？你（休息 / 问）一下。
일이 많이 힘들지? 잠시 **쉬어**.

Tā hěn xiǎng qù nàge gōngsī, suǒyǐ (bāngzhù / zhǔnbèi)le hěn duō.
❷ 她 很 想 去 那个 公司，所以 （帮助 / 准备）了 很 多。
그녀는 그 회사에 매우 가고 싶어서 많이 **준비했다**.

Zhège gōngsī (shìqing / zhīdào) hěn duō.
❸ 这个 公司 （事情 / 知道） 很 多。
이 회사는 **일**이 많다.

Wǒ jiějie zài yīyuàn (shàngbān / zuò).
❹ 我 姐姐 在 医院 （上班 / 做）。 나의 언니(누나)는 병원에서 **근무한다**.

16

4 녹음을 듣고 사진과 일치하면 √, 일치하지 않으면 X를 표시하세요.

1		
2		
3 빈출		

5 빈칸에 들어갈 알맞은 단어를 고르세요.(모두 한 번씩만 사용됩니다.)

zhǔnbèi A 准备	shàngbān B 上班	dǒng C 懂	yìsi D 意思

빈출 ❶ Nǐ ( ) hǎo le ma? Kuài yìdiǎnr, shíjiān bù duō.
你（　　　）好了吗？快一点儿，时间不多。

❷ Zhège tí wǒ bù ( ), nǐ néng bu néng jiāo wǒ?
这个题我不（　　　），你能不能教我？

❸ Wǒ zài ( ), xiàbān zhī hòu zài shuō ba.
我在（　　　），下班之后再说吧。

빈출 ❹ Zhè běn shū hěn yǒu ( ), yǒu shíjiān nǐ yě kànkan ba.
这本书很有（　　　），有时间你也看看吧。

HSK 1급 듣기 제3부분 녹음과 일치하는 사진을 고르세요.

A		B	
C		D	

1 ☐

2 ☐

HSK 1급 독해 제3부분 질문에 대한 적절한 대답을 고르세요.

3	Nǐ xǐhuan chī shénme shuǐguǒ ? 你 喜欢 吃 什么 水果 ?	☐	A	Píngguǒ . 苹果 。
4	Nǐ érzi gōngzuò le ma ? 你 儿子 工作 了 吗 ?	☐	B	Méiyǒu . 没有 。
5	Nǐ míngtiān hé shéi qù mǎi shū ? 你 明天 和 谁 去 买 书 ?	☐	C	Qùle yīyuàn . 去了 医院 。
6	Nǐ zuótiān shàngwǔ zài nǎr ? 你 昨天 上午 在 哪儿 ?	☐	D	Wǒ bàba . 我 爸爸 。

HSK 2급 듣기 제1부분 녹음과 일치하면 √, 일치하지 않으면 X를 표시하세요.

7		
8		

HSK 2급 독해 제2부분 빈칸에 들어갈 알맞은 단어를 고르세요.

jīchǎng	fēicháng	xiūxi	yòubian
A 机场	B 非常	C 休息	D 右边

9 Zhè cì kǎoshì tā kǎo de ( ) hǎo.
这 次 考试 他 考 得 ( ) 好。

10 Wǒ míngtiān zǎoshang yào qù ( ).
我 明天 早上 要 去 ( )。

11 Wǒ de shǒujī zài shūbāo de ( ).
我 的 手机 在 书包 的 ( )。

12 Nǐ zuòzhe ( ) yíxià, wǒ qù xǐ yīfu.
你 坐着 ( ) 一下，我 去 洗 衣服。

맛있는 books
www.booksJRC.com

301 爷爷 yéye

참고 奶奶 nǎinai 할머니
3급 ··· p.135

명 할아버지, 조부

爷爷的头发几乎全白了。
Yéye de tóufa jīhū quán bái le.
할아버지의 머리카락이 거의 모두 하얗게 되었다.

+ 头发 tóufa 명 머리카락 | 几乎 jīhū 부 거의 | 全 quán 부 모두 | 白 bái 형 희다

302 奶奶 nǎinai

참고 爷爷 yéye 할아버지
3급 ··· p.135

명 할머니, 조모

奶奶的身体还是很健康。 빈출
Nǎinai de shēntǐ háishi hěn jiànkāng.
할머니의 몸은 여전히 매우 건강하다.

+ 还是 háishi 부 여전히 | 健康 jiànkāng 형 건강하다

303 客人* kèrén

명 손님

请把客人带到会议室。
Qǐng bǎ kèrén dàidào huìyìshì.
손님을 회의실로 데려오세요.

+ 把 bǎ 개 ~을 | 带 dài 동 (사람을) 데리다 | 会议室 huìyìshì 명 회의실

304 叔叔 shūshu

참고 阿姨 āyí 아주머니
3급 ··· p.135

명 작은아버지, 삼촌, 아저씨

我叔叔是出租车司机。
Wǒ shūshu shì chūzūchē sījī.
나의 삼촌은 택시 기사이다.

+ 出租车 chūzūchē 명 택시 | 司机 sījī 명 기사

305 阿姨 āyí

참고 叔叔 shūshu 작은아버지, 삼촌, 아저씨
3급 ··· p.135

명 아주머니, 이모

李阿姨是我妈妈的朋友。
Lǐ āyí shì wǒ māma de péngyou.
이씨 아주머니는 우리 엄마의 친구이다.

+ 朋友 péngyou 명 친구

306 □□

司机

sījī

참고 出租车司机
chūzūchē sījī
택시 기사

명 기사, 운전기사

我认识了一位司机。
Wǒ rènshile yí wèi sījī.
나는 운전기사 한 분을 알게 되었다.

+ 认识 rènshi 동 알다, 인식하다 | 位 wèi 양 분[사람을 세는 단위]

307 □□

邻居

línjū

명 이웃

楼上搬来了一位新邻居。 빈출
Lóushang bānláile yí wèi xīn línjū.
위층에 이웃 한 분이 새로 이사를 왔다.

+ 搬 bān 동 옮기다, 이사하다

HSK 3급 출제 포인트

HSK 3급 듣기 제3, 4부분에서 세 인물(대상)이 등장하고 녹음에서 언급된 인물(대상)을 고르는 문제가 출제됩니다. 인물(대상) 간의 관계나 행위에 집중해 녹음을 들어야 정답을 쉽게 고를 수 있습니다.

→ 강아지는 이웃(邻居)이 선물해 준 것임
这只小狗是邻居马阿姨送我的。
Zhè zhī xiǎogǒu shì línjū Mǎ āyí sòng wǒ de.
이 강아지는 이웃 마씨 아주머니가 나에게 선물해준 것이다.

308 □□

同事

tóngshì

참고 同学 tóngxué
급우, 학우
1급 ···› p.117

명 동료

同事们都在认真地工作。
Tóngshìmen dōu zài rènzhēn de gōngzuò.
동료들은 모두 열심히 일을 하고 있다.

+ 在 zài 부 ~하고 있다 | 认真 rènzhēn 형 진지하다, 열심히 하다 | 工作 gōngzuò 동 일하다

맛있는 단어 TIP 同事와 同学 비교

同事(tóngshì)는 일을 같이 하는 사람이라는 뜻으로 '동료'를 가리키고, 同学(tóngxué)는 같이 공부하는 사람이라는 뜻으로 '동학', '동급생'을 가리킵니다.

309 □□ **经理** jīnglǐ

명 지배인, 사장, 매니저

她是这家公司的经理。
Tā shì zhè jiā gōngsī de jīnglǐ.
그녀는 이 회사의 사장이다.

+ 公司 gōngsī 명 회사

310 □□ **自己** zìjǐ

참고 别人 biéren 다른 사람
3급 ⋯ p.137

대 자기, 자신, 스스로

这个问题我能自己解决。
Zhège wèntí wǒ néng zìjǐ jiějué.
이 문제는 나 스스로 해결할 수 있다.

+ 问题 wèntí 명 문제 | 解决 jiějué 동 해결하다

311 □□ **别人** biéren

참고 自己 zìjǐ 자기, 자신, 스스로
3급 ⋯ p.137

대 남, 타인, 다른 사람

别人怎么说，他都不听。
Biéren zěnme shuō, tā dōu bù tīng.
다른 사람이 어떻게 말하든 그는 다 듣지 않는다.

+ 怎么 zěnme 대 어떻게

312 □□ **其他** qítā

대 기타, 다른 사람(사물)

호응 其他人 다른 사람 | 其他颜色 다른 색깔

除了你，其他人都到了。
Chúle nǐ, qítā rén dōu dào le.
너 말고 다른 사람은 모두 도착했어.

+ 除了 chúle 개 ~을 제외하고

313 □□ **位** wèi

참고 个 gè 개
1급 ⋯ p.28

양 분[사람을 세는 단위]

家里来了一位客人。
Jiāli láile yí wèi kèrén.
집에 손님이 한 분 오셨다.

+ 客人 kèrén 명 손님

맛있는 단어 TIP **个와 位 비교**

사람을 세는 양사로는 个(gè 명)와 공경을 나타내는 位(wèi 분)가 있습니다. 一个客人(yí ge kèrén 한 명의 손님)도 맞는 표현이지만, 손님 입장에서는 一位客人(yí wèi kèrén 한 분의 손님)으로 표현하면 더욱 대우받는 느낌이겠죠?

314 遇到★★
yùdào

유의 遇见 yùjiàn (우연히) 만나다

동 (우연히) 만나다, 마주치다, 부딪히다

호응 遇到问题 문제에 부딪히다 | 遇到老朋友 옛 친구를 우연히 만나다

今天我在路上遇到了一个老同学。 빈출
Jīntiān wǒ zài lùshang yùdàole yí ge lǎo tóngxué.
오늘 나는 길에서 한 옛 동창을 만났다.

+ 路 lù 명 길 | 老同学 lǎo tóngxué 옛 동창

HSK 3급 출제 포인트

遇到(yùdào) 뒤에는 사람이나 문제 등을 목적어로 쓸 수 있습니다. 遇到는 HSK 3급 독해 지문에 자주 출제되는 단어이기 때문에 그 뜻과 용법을 꼭 정확하게 기억해야 합니다.

주어 술어 목적어
我遇到不认识的词就查一查。
Wǒ yùdào bú rènshi de cí jiù chá yi chá.
나는 모르는 단어를 만나면 바로 찾아본다.

315 个子
gèzi

명 키

호응 个子高 키가 크다 | 个子矮 키가 작다

他的个子比我矮。
Tā de gèzi bǐ wǒ ǎi.
그의 키는 나보다 작다.

+ 比 bǐ 개 ~보다 | 矮 ǎi 형 (키가) 작다

316 **矮**★
□
□
ǎi

반의 高 gāo (키가) 크다
2급 ··· p.47

형 (사람의 키가) 작다, (높이가) 낮다

她的个子并不矮。
Tā de gèzi bìng bù ǎi.
그녀의 키는 결코 작지 않다.

+ 个子 gèzi 명 키 | 并 bìng 부 결코

맛있는 단어 TIP 矮와 小 비교

个子高(gèzi gāo 키가 크다)의 반대말인 个子矮(gèzi ǎi 키가 작다)는 한국인들이 많이 틀리는 표현입니다. '키가 작다'는 小(xiǎo 작다)가 아닌 矮(ǎi)로 표현해야 함을 주의하세요.

他的个子小。(X) → 他的个子矮。(O)
Tā de gèzi ǎi.
그의 키는 작다.

317 **长**★
□
□
zhǎng

참고 长 cháng 길다
2급 ··· p.46

동 자라다

儿子的个子长高了很多。 빈출
Érzi de gèzi zhǎnggāole hěn duō.
아들의 키가 많이 자랐다.

+ 儿子 érzi 명 아들 | 个子 gèzi 명 키

동 생기다

这个女孩儿长得很漂亮。
Zhège nǚháir zhǎng de hěn piàoliang.
이 여자아이는 매우 예쁘게 생겼다.

맛있는 단어 TIP **长의 두 가지 발음**

长은 두 가지 발음이 있는데, cháng으로 읽으면 형용사로 '길다'라는 뜻이 되고, zhǎng으로 읽으면 동사로 '자라다, 생기다'라는 의미가 됩니다.

형용사
他等了很长时间。
Tā děngle hěn cháng shíjiān.
그는 긴 시간을 기다렸다.

동사
你长大了要做什么？
Nǐ zhǎngdàle yào zuò shénme?
너는 커서 무엇을 할 거야?

318 头发★★
tóufa

참고 理发 lǐfà
이발하다, 머리를 깎다
4급

명 머리카락

姐姐的头发很长。
Jiějie de tóufa hěn cháng.
누나(언니)의 머리카락은 매우 길다.

+ 姐姐 jiějie 명 누나, 언니 | 长 cháng 형 길다

319 脸
liǎn

명 얼굴

晚上睡前要刷牙、洗脸。
Wǎnshang shuì qián yào shuāyá、xǐliǎn.
밤에 잠자기 전에는 이를 닦고 세수해야 한다.

+ 要 yào 조동 ~해야 한다 |
刷牙 shuāyá 동 이를 닦다

320 耳朵
ěrduo

명 귀

他左边的耳朵几乎听不见了。
Tā zuǒbian de ěrduo jīhū tīng bu jiàn le.
그의 왼쪽 귀는 거의 안 들린다.

+ 左边 zuǒbian 명 왼쪽 | 几乎 jīhū 부 거의 |
听不见 tīng bu jiàn 들을 수 없다

321 鼻子

☐
☐

bízi

명 코

你鼻子怎么这么红?
Nǐ bízi zěnme zhème hóng?
너는 코가 왜 이렇게 빨개?

+ 怎么这么 zěnme zhème 왜 이렇게 |
红 hóng 형 빨갛다

322 嘴

☐
☐

zuǐ

명 입

医生让我张开嘴。
Yīshēng ràng wǒ zhāngkāi zuǐ.
의사는 나에게 입을 벌리라고 했다.

+ 让 ràng 동 ~하게 하다 |
张开 zhāngkāi 동 벌리다

323 腿

☐
☐

tuǐ

참고 大腿 dàtuǐ 허벅지
小腿 xiǎotuǐ 종아리

명 다리

他的腿上坐着一只小猫。
Tā de tuǐshang zuòzhe yì zhī xiǎomāo.
그의 다리 위에는 한 마리의 새끼 고양이가 앉아있다.

+ 只 zhī 양 마리[동물을 세는 단위] |
猫 māo 명 고양이

맛있는 한자 TIP — 月(육달월)이 들어간 한자

脚(jiǎo 발), 腿(tuǐ 다리), 脸(liǎn 얼굴)의 공통점이 뭘까요? 모두 글자의 왼쪽 부분에 月(육달월)이 들어간다는 것입니다. 이때 月은 '달 월'이 아니라 바로 肉(고기육)이 변형된 형태인 '육달월'입니다. 따라서 月가 들어간 글자는 몸과 관련된 뜻을 나타냅니다.

- 脚 jiǎo 발
- 腿 tuǐ 다리
- 脸 liǎn 얼굴
- 脑 nǎo 뇌, 머리
- 胖 pàng 뚱뚱하다

324 □ □

脚

jiǎo

참고 腿 tuǐ 다리
3급 ··· p.141

명 발

我的脚很干净啊，不用洗。
Wǒ de jiǎo hěn gānjìng a, bú yòng xǐ.
나의 발은 깨끗해서 씻을 필요가 없어요.

+ 干净 gānjìng 형 깨끗하다 | 不用 bú yòng ~할 필요 없다

맛있는 단어  신체 부위

아래 신체 부위와 관련된 단어를 보고 다시 한번 정리해보세요.

- 头 tóu 머리
- 头发 tóufa 머리카락
- 脸 liǎn 얼굴
- 眼睛 yǎnjing 눈
- 鼻子 bízi 코
- 耳朵 ěrduo 귀
- 嘴 zuǐ 입
- 手 shǒu 손
- 腿 tuǐ 다리
- 脚 jiǎo 발

325 □ □

可爱★★★

kě'ài

형 사랑스럽다, 귀엽다

我有一只可爱的狗。 빈출
Wǒ yǒu yì zhī kě'ài de gǒu.
나에게는 귀여운 개 한 마리가 있다.

+ 只 zhī 양 마리[동물을 세는 단위]

맛있는 단어  可+V로 이루어진 단어

[可+V]는 '~할 만하다'라는 뜻입니다. 그래서 可爱(kě'ài)는 '사랑할 만하다, 사랑스럽다'가 되고, 可看(kěkàn)은 '볼 만하다'가 됩니다. 可笑(kěxiào)는 '우습다', 可怜(kělián)은 '불쌍하다'라는 뜻입니다.

326 □□ **年轻**★
niánqīng

반의 老 lǎo 늙다
3급 ··· p.143
참고 年轻人 niánqīngrén 젊은이

형 젊다

他看上去很年轻。
Tā kàn shàngqu hěn niánqīng.
그는 매우 젊어 보인다.

+ 看上去 kàn shàngqu 보기에 ~하게 보이다

327 □□ **老**
lǎo

반의 年轻 niánqīng 젊다
3급 ··· p.143
참고 老人 lǎorén 노인

형 늙다

活到老，学到老。 빈출
Huódào lǎo, xuédào lǎo.
늙을 때까지 살고, 늙을 때까지 배운다.(배움에는 끝이 없다.)

+ 活 huó 동 살다

부 늘

我老忘记带钱包。
Wǒ lǎo wàngjì dài qiánbāo.
나는 늘 지갑 챙기는 것을 잊는다.

+ 忘记 wàngjì 동 잊다 | 带 dài 동 챙기다, 지니다 | 钱包 qiánbāo 명 지갑

328 □□ **有名**★★★
yǒumíng

유의 著名 zhùmíng 저명하다, 유명하다
4급

형 유명하다

他的爷爷是很有名的医生。 빈출
Tā de yéye shì hěn yǒumíng de yīshēng.
그의 할아버지는 매우 유명한 의사이다.

+ 爷爷 yéye 명 할아버지 | 医生 yīshēng 명 의사

329 关系
□
□
guānxi

명 관계

호응 A和/跟B有关系 A는 B와 관계가 있다 | A和/跟B没关系 A는 B와 관계가 없다

我跟这件事没关系。
Wǒ gēn zhè jiàn shì méi guānxi.
나는 이 일과 관계가 없다.

+ 跟 gēn 개 ~와, ~과

동 관계되다

这关系到他们的生死。
Zhè guānxidào tāmen de shēngsǐ.
이것은 그들의 생사와 관계된다.

+ 生死 shēngsǐ 명 생사, 삶과 죽음

330 动物
□
□
dòngwù

참고 植物 zhíwù 식물 4급

명 동물

熊猫是中国人很喜欢的动物。
Xióngmāo shì Zhōngguórén hěn xǐhuan de dòngwù.
판다는 중국인이 매우 좋아하는 동물이다.

+ 熊猫 xióngmāo 명 판다 | 喜欢 xǐhuan 동 좋아하다

맛있는 한자 TIP 犭(큰개견)이 들어간 한자

猫(māo 고양이), 狗(gǒu 개)에서 공통적인 부분이 보이나요? '犭(큰개견)'은 개가 옆으로 서 있는 모습을 본따 만든 글자입니다. 손수(扌)와는 다르게 휘어져 있는 모양의 犭은 동물을 나타낼 때 사용됩니다.

- 狗 gǒu 개
- 猫 māo 고양이
- 狮子 shīzi 사자
- 猴子 hóuzi 원숭이

331 □ □ **熊猫**★★ xióngmāo

명 판다

熊猫这个动物真可爱！ 

Xióngmāo zhège dòngwù zhēn kě'ài!
판다라는 이 동물은 정말 귀여워!

+ 真 zhēn 부 정말, 진짜 | 可爱 kě'ài 형 귀엽다

맛있는 단어 TIP 판다의 주요 특징

熊猫(xióngmāo 판다)는 HSK 2급에서 6급에 이르기까지 가장 자주 출제되는 동물입니다. 판다의 특징을 배경 지식으로 알아두면 문제를 쉽게 풀 수 있습니다.

① 외모가 귀엽다(可爱 kě'ài)
② 중국의 국가 1급 보호 동물
(国家一级保护动物 guójiā yī jí bǎohù dòngwù)
③ 대나무(竹子 zhúzi)가 주식이다.
(처음에는 육식을 했지만 초식으로 진화하였으며 대부분 대나무를 먹는데, 하루에 13kg까지 먹는다.)
④ 온순해 보이지만 화가 나면 위험한(危险 wēixiǎn) 동물이다.
⑤ 주요 서식지는 중국의 쓰촨성(四川省 Sìchuān Shěng), 산시성(陕西省 Shǎnxī Shěng), 간쑤성(甘肃省 Gānsù Shěng)의 산간 지역(山区 shānqū)이다.

332 □ □ **马**★★ mǎ

명 말

你会骑马吗？
Nǐ huì qí mǎ ma?
너는 말을 탈 줄 알아?

+ 会 huì 조동 ~할 줄 알다 | 骑 qí 동 (동물·자전거를) 타다

333 □ □ **鸟** niǎo

명 새

这个鸟的叫声很好听。
Zhège niǎo de jiàoshēng hěn hǎotīng.
이 새의 우는 소리는 매우 듣기 좋다.

+ 叫声 jiàoshēng 우는 소리 | 好听 hǎotīng 형 듣기 좋다

맛있는 한자 TIP 马, 鸟, 骑 암기 방법

马(mǎ 말)에서 점을 두 개 찍으면 鸟(niǎo 새)가 되고, 马에서 발음에 영향을 주는 奇(qí)를 넣으면 骑(qí 타다)가 됩니다. 骑의 경우 '말(马)이 다 커야(大) 비로소 탈 수 있다(可)'라고 이해하면 쉽게 암기할 수 있습니다.

马 mǎ 말 → 鸟 niǎo 새
→ 骑 qí 타다(马+大+可)

334 草 cǎo

명 풀

很多年轻人坐在草地上。
Hěn duō niánqīngrén zuòzài cǎodìshang.
많은 젊은이들이 풀밭에 앉아있다.

+ 年轻人 niánqīngrén 명 젊은이 | 草地 cǎodì 명 풀밭, 잔디밭

335 树 shù

명 나무

多种树，空气会好一点儿。
Duō zhòng shù, kōngqì huì hǎo yìdiǎnr.
나무를 많이 심으면, 공기가 좀 좋아질 것이다.

+ 种 zhòng 동 심다 | 空气 kōngqì 명 공기

맛있는 한자 TIP 树 암기 방법

树(shù 나무)를 자세히 보면 木(나무)와 对(맞다)가 결합되어 있습니다. 따라서 树를 쓸 때 '木(mù 나무)는 나무가 맞다(对 duì)'로 외우면 쉽게 암기할 수 있습니다.

336 花 huā

명 꽃

奶奶种了很多花。
Nǎinai zhòngle hěn duō huā.
할머니는 많은 꽃을 심으셨다.

+ 奶奶 nǎinai 명 할머니 | 种 zhòng 동 심다

337 **种**
□
□
zhǒng, zhòng

양 종류(zhǒng)

在这里，这种花很多。
Zài zhèli, zhè zhǒng huā hěn duō.
여기에는 이런 종류의 꽃이 매우 많다.

+ 花 huā 명 꽃

동 심다(zhòng)

호응 种花 꽃을 심다 | 种树 나무를 심다

多种树对环境好。
Duō zhòng shù duì huánjìng hǎo.
나무를 많이 심는 것은 환경에 좋다.

+ 对 duì 개 ~에 대하여 | 环境 huánjìng 명 환경

338 **只**
□
□
zhī

참고 只 zhǐ 단지, 오로지
3급 ··· p.243

양 마리[동물을 세는 단위]

호응 一只狗 한 마리의 개 | 一只猫 한 마리의 고양이

这只小狗太可爱了，是谁的?
Zhè zhī xiǎogǒu tài kě'ài le, shì shéi de?
이 강아지는 너무 귀엽다. 누구 거야?

+ 可爱 kě'ài 형 귀엽다

양 쪽, 짝[쌍으로 이루어진 물건 중 하나를 세는 단위]

我的这只手很疼。
Wǒ de zhè zhī shǒu hěn téng.
나의 이쪽 손이 매우 아프다.

+ 手 shǒu 명 손 | 疼 téng 형 아프다

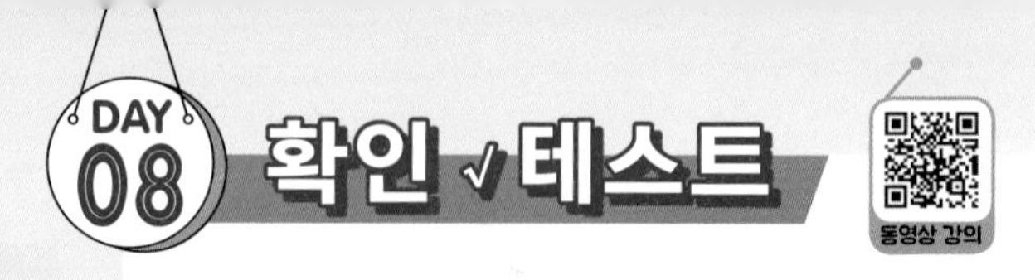

1 다음 빈칸을 채우세요.

爷爷	❶	할아버지
奶奶	❷	할머니
❸	kèrén	손님
叔叔	shūshu	❹
阿姨	āyí	❺

2 단어의 병음과 뜻을 알맞게 연결하세요.

❶ 司机 • • ㉠ línjū • • ⓐ 다리

❷ 邻居 • • ㉡ tuǐ • • ⓑ 이웃

❸ 耳朵 • • ㉢ sījī • • ⓒ 운전기사

❹ 腿 • • ㉣ ěrduo • • ⓓ 귀

3 빈칸에 들어갈 알맞은 단어를 쓰세요.

yǒumíng
❶ 他的爷爷是很＿＿＿＿＿的医生。그의 할아버지는 매우 **유명한** 의사이다.

guānxi
❷ 我跟这件事没＿＿＿＿＿。나는 이 일과 **관계**가 없다.

kě'ài
❸ 我有一只＿＿＿＿＿的狗。나에게는 **귀여운** 개 한 마리가 있다.

dòngwù
❹ 熊猫是中国人很喜欢的＿＿＿＿＿。
판다는 중국인이 매우 좋아하는 **동물**이다.

도전! HSK 3급 **쓰기** 제1부분

4 제시된 단어를 어순에 맞게 배열하세요.

빈출 ❶ 这只熊猫　可爱　真

____

❷ 左耳朵　很　我的　还　疼

____

빈출 ❸ 马阿姨的　出租车　丈夫是　司机

____

❹ 还　你　很　年轻

____

❺ 长高了　儿子的　很多　个子

____

도전! HSK 3급 **쓰기** 제2부분

5 빈칸에 들어갈 알맞은 한자를 쓰세요.

빈출 ❶ 喂，请问张经(lǐ)在吗?

❷ 你丈夫的(bí)子怎么了?

빈출 ❸ 黑板上的这个(niǎo)是谁画的?

❹ 这边太热了，我们去(shù)下坐一会儿吧。

❺ (cǎo)地上开着五颜六色的花儿。

지각은 이제 그만! _학교와 회사

HSK 3급에 이 단어가 나온다!

성적과 관련있는 成绩(chéngjì 성적), 水平(shuǐpíng 수준), 提高(tígāo 향상시키다)와 학업 태도를 나타내는 认真(rènzhēn 착실하다)이 가장 많이 출제됩니다. 회사와 관련해서는 会议(huìyì 회의), 解决(jiějué 해결하다)도 출제율이 매우 높습니다.

한눈에 파악하는 단어

339 **聪明***
cōngming

형 똑똑하다, 총명하다

这个孩子真聪明！ 빈출
Zhège háizi zhēn cōngming!
이 아이는 정말 똑똑해!

+ 孩子 háizi 명 (어린)아이

340 **年级**
niánjí

명 학년

王老师教五年级的学生。
Wáng lǎoshī jiāo wǔ niánjí de xuésheng.
왕 선생님은 5학년 학생을 가르친다.

+ 教 jiāo 동 가르치다

341 **包***
bāo

참고 书包 shūbāo 책가방
钱包 qiánbāo 지갑
手提包 shǒutíbāo 핸드백

명 가방

这个书包在哪儿买的？
Zhège shūbāo zài nǎr mǎi de?
이 책가방은 어디에서 샀어?

+ 买 mǎi 동 사다

동 싸다

请把这些花包起来。
Qǐng bǎ zhèxiē huā bāo qǐlai.
이 꽃들을 싸주세요.

+ 请 qǐng 동 ~하세요 | 把 bǎ 개 ~을, ~를

양 봉지

他给了我一包茶叶。
Tā gěile wǒ yì bāo cháyè.
그는 나에게 찻잎 한 봉지를 주었다.

+ 给 gěi 동 주다 | 茶叶 cháyè 명 찻잎

[是…的] 구문은 이미 발생한 동작의 시간, 장소, 방식 등을 강조합니다. 회화에서는 是를 생략하고 말할 수 있습니다. HSK 3급 쓰기 제1부분 어순 배열 문제에서 的를 문장 끝에 놓을 수 있다는 점을 주의하세요.

S+是(생략 가능)+강조(시간/장소/방식)+V+(O)+的

他是昨天回来的。
Tā shì zuótiān huílai de.
그는 어제 돌아왔다. (시간 강조)

他是从北京来的。
Tā shì cóng Běijīng lái de.
그는 베이징에서 왔다. (장소 강조)

他是坐飞机来的。
Tā shì zuò fēijī lái de.
그는 비행기를 타고 왔다. (방식 강조)

342 **黑板**★★
hēibǎn

명 칠판

黑板上写着一个句子。
Hēibǎnshang xiězhe yí ge jùzi.
칠판에 한 문장이 적혀있다.

+ 句子 jùzi 명 문장

343 **班**
bān

참고 上班 shàngbān 출근하다 2급 ··· p.125
下班 xiàbān 퇴근하다

명 반

我们班的同学都很努力学习。
Wǒmen bān de tóngxué dōu hěn nǔlì xuéxí.
우리 반 학생들은 모두 열심히 공부한다.

+ 同学 tóngxué 명 급우, 학우 | 努力 nǔlì 동 열심히 하다, 노력하다 | 学习 xuéxí 동 공부하다

344 **笔记本**
bǐjìběn

명 노트, 노트북 컴퓨터(笔记本电脑 bǐjìběn diànnǎo)의 약칭

数学课的笔记本可以借我一下吗?
Shùxué kè de bǐjìběn kěyǐ jiè wǒ yíxià ma?
수학 수업 노트를 나에게 좀 빌려줄 수 있어?

+ 数学课 shùxué kè 수학 수업 | 借 jiè 동 빌리다, 빌려주다

345 **作业**★★★
zuòyè

명 숙제

호응 做作业 숙제를 하다 | 写作业 숙제를 하다 | 交作业 숙제를 내다 | 检查作业 숙제를 검사하다

我终于把作业写完了。빈출
Wǒ zhōngyú bǎ zuòyè xiěwán le.
나는 마침내 숙제를 다 했다.

+ 终于 zhōngyú 부 마침내

346 **检查**★
jiǎnchá

동 검사하다

호응 检查身体 신체검사를 하다 | 检查作业 숙제를 검사하다

老师在检查学生的作业。
Lǎoshī zài jiǎnchá xuésheng de zuòyè.
선생님이 학생의 숙제를 검사하고 있다.

347 **数学**
shùxué

명 수학

这个数学题很简单。
Zhège shùxué tí hěn jiǎndān.
이 수학 문제는 매우 간단하다.

+ 题 tí 명 문제 | 简单 jiǎndān 형 간단하다

348 校长★
□
□
xiàozhǎng

명 학교장, 교장, (대학교) 총장

我们的校长对学生很关心。
Wǒmen de xiàozhǎng duì xuésheng hěn guānxīn.
우리 교장 선생님은 학생에게 매우 관심이 많다.

+ 对 duì 개 ~에 대하여 | 关心 guānxīn 동 관심을 갖다

349 图书馆
□
□
túshūguǎn

참고 借书 jièshū
책을 빌리다
还书 huánshū
책을 반납하다

명 도서관

我从图书馆借了一本书。 빈출
Wǒ cóng túshūguǎn jièle yì běn shū.
나는 도서관에서 책 한 권을 빌렸다.

+ 从 cóng 개 ~에서, ~로부터 | 借 jiè 동 빌리다

350 难★★★
□
□
nán

반의 容易 róngyì 쉽다
3급 ···› p.155

형 어렵다

这次考试不太难。 빈출
Zhè cì kǎoshì bú tài nán.
이번 시험은 그다지 어렵지 않다.

+ 次 cì 양 번, 회 | 考试 kǎoshì 명 시험

맛있는 한자 TIP 又가 들어간 단어

又(yòu)는 손을 본따 만든 글자로 손과 관련된 의미를 나타냅니다. 隹(새추)는 하늘을 나는 새를 의미합니다. 그래서 손(又)과 새(隹)가 결합하여 难(nán)이 되는데, '날아가는 새(隹)를 손(又)으로 잡기 어렵다'라고 기억하면 쉽게 외울 수 있습니다.

- 难 nán 어렵다(又+隹)
- 受 shòu 받다(爫+冖+又 위의 손(爫)이 아래 손(又)에게 어떤 물건(冖)을 주니까 받는 모습)
- 朋友 péngyou 친구(친한 친구끼리 손을 맞잡은 모습)

351 **容易** ★★★
róngyì

반의 难 nán 어렵다
3급 ⋯ p.154

형 쉽다

这种事说起来容易，但做起来难。 빈출
Zhè zhǒng shì shuō qǐlai róngyì, dàn zuò qǐlai nán.
이런 일은 말하기는 쉽지만 해보면 어렵다.

+ 种 zhǒng 양 종류 | 起来 qǐlai 다른 동사나 형용사 뒤에 보어로 와서 판단을 나타냄

352 **简单**
jiǎndān

반의 复杂 fùzá 복잡하다
4급

형 간단하다

我有一个很简单的办法。
Wǒ yǒu yí ge hěn jiǎndān de bànfǎ.
나에게 한 가지 아주 간단한 방법이 있어.

+ 办法 bànfǎ 명 방법

353 **教**
jiāo

동 가르치다

王老师教我们汉语。
Wáng lǎoshī jiāo wǒmen Hànyǔ.
왕 선생님은 우리에게 중국어를 가르친다.

+ 汉语 Hànyǔ 명 중국어

HSK 3급 출제 포인트

일반적으로 동사는 뒤에 하나의 목적어를 취하지만, 教(jiāo 가르치다), 问(wèn 묻다), 给(gěi 주다), 回答(huídá 대답하다) 등은 목적어를 두 개 취할 수 있습니다. HSK 3~5급 쓰기 제1부분 어순 배열 문제에 출제되기 때문에 어순의 특징을 알아두세요.

> 教/问/给/回答+A(사람, 간접 목적어)+B(무엇, 직접 목적어)
> → A에게 B를 가르치다/묻다/주다/대답하다

你能教我(간목)这个题(직목)怎么做?
Nǐ néng jiāo wǒ zhège tí zěnme zuò?
너는 나에게 이 문제를 어떻게 푸는지 가르쳐줄 수 있어?

354 努力★★★

nǔlì

참고 认真 rènzhēn
진지하다, 착실하다
3급 ··· p.161

동 노력하다, 힘쓰다

以后大家一定要努力学习。
Yǐhòu dàjiā yídìng yào nǔlì xuéxí.
앞으로 모두들 반드시 열심히 공부해야 합니다.

+ 以后 yǐhòu 명 이후 | 一定 yídìng 부 반드시

355 留学

liúxué

동 유학하다

儿子想去北京留学。
Érzi xiǎng qù Běijīng liúxué.
아들은 베이징으로 유학을 가고 싶어 한다.

+ 儿子 érzi 명 아들 | 想 xiǎng 조동 ~하고 싶다 | 北京 Běijīng 고유 베이징

맛있는 단어  留学와 장소 목적어

留学(liúxué)는 글자 그대로 '남아서 공부하다'라는 의미에서 '유학하다'라는 뜻이 되었습니다. 이합사이기 때문에 뒤에 목적어가 올 수 없어, [去/在+장소+留学]의 어순으로 써야 합니다.

- 去中国留学
  qù Zhōngguó liúxué
  중국으로 유학 가다
- 在中国留学
  zài Zhōngguó liúxué
  중국에서 유학하다
- 在中国留过学
  zài Zhōngguó liúguo xué
  중국에서 유학한 적이 있다
- 在中国留了两年学
  zài Zhōngguó liúle liǎng nián xué
  중국에서 2년 유학했다

356 回答
huídá

반의 问 wèn 묻다
2급 ···› p.121

동 대답하다

这个问题太难，同学都回答不了。 빈출
Zhège wèntí tài nán, tóngxué dōu huídá bu liǎo.
이 문제는 너무 어려워서 급우들이 대답을 못한다.

+ 问题 wèntí 명 문제 | 难 nán 형 어렵다

357 明白
míngbai

유의 懂 dǒng 이해하다
2급 ···› p.115
理解 lǐjiě 이해하다
4급

동 이해하다, 알다, 깨닫다

你能明白这个句子的意思吗？ 빈출
Nǐ néng míngbai zhège jùzi de yìsi ma?
넌 이 문장의 의미를 이해할 수 있어?

+ 句子 jùzi 명 문장 | 意思 yìsi 명 뜻, 의미

358 复习
fùxí

반의 预习 yùxí 예습하다
4급

동 복습하다

他没复习好，所以回答不了问题。
Tā méi fùxíhǎo, suǒyǐ huídá bu liǎo wèntí.
그는 복습을 잘 안 해서 문제에 대답을 못한다.

+ 所以 suǒyǐ 접 그래서 | 问题 wèntí 명 문제

359 成绩*
chéngjì

명 성적

成绩提高了很多。 빈출
Chéngjì tígāole hěn duō.
성적이 많이 올랐다.

+ 提高 tígāo 동 향상시키다

360 提高**
tígāo

동 향상시키다, 높이다

호응 提高成绩 성적을 향상시키다 | 提高水平 실력을 향상시키다

数学成绩提高了不少。
Shùxué chéngjì tígāole bùshǎo.
수학 성적이 적지 않게 향상됐다.

+ 数学 shùxué 명 수학 | 成绩 chéngjì 명 성적

361 **差**★★

□
□

chà

형 좋지 않다, 나쁘다

数学成绩最差。
Shùxué chéngjì zuì chà.
수학 성적이 가장 안 좋다.

+ 数学 shùxué 명 수학 |
成绩 chéngjì 명 성적

동 부족하다, 모자라다

现在7点差一刻。
Xiànzài qī diǎn chà yí kè.
현재 6시 45분이다.

+ 一刻 yí kè 15분

差(chà)가 '부족하다'의 뜻일 때 몇 가지 중요한 빈출 표현이 있습니다. 아래 예문들을 통해서 정확하게 뜻을 이해할 수 있도록 공부해 두세요.

① 差点儿 chàdiǎnr
(약간 차이가 나다) → 하마터면
我差点儿忘了下午有会议。
Wǒ chàdiǎnr wàngle xiàwǔ yǒu huìyì.
나는 하마터면 오후에 회의가 있는 걸 잊을 뻔했다.

② 差得远 chà de yuǎn
(차이가 나는 것이 멀다) → (실력 등이) 아직 멀었다
哪里，我还差得远呢。
Nǎli, wǒ hái chà de yuǎn ne.
아닙니다, 아직 멀었습니다.

③ 差不多 chàbuduō
(차이가 많지 않다) → 비슷하다, 거의
这两种颜色差不多。
Zhè liǎng zhǒng yánsè chàbuduō.
이 두 색깔은 비슷하다.

362 **水平*** shuǐpíng

명 수준, 실력

他的汉语水平提高了很多。 빈출
Tā de Hànyǔ shuǐpíng tígāole hěn duō.
그의 중국어 실력은 많이 향상됐다.

+ 汉语 Hànyǔ 명 중국어 | 提高 tígāo 동 향상시키다

363 **中文** Zhōngwén

유의 汉语 Hànyǔ 중국어
1급 ··· p.116

명 중국어

他的中文说得特别好。 빈출
Tā de Zhōngwén shuō de tèbié hǎo.
그는 중국어를 매우 잘한다.

+ 特别 tèbié 부 매우

맛있는 단어 TIP 汉语와 中文의 비교

汉语(Hànyǔ)와 中文(Zhōngwén) 모두 중국어를 뜻하지만 汉语는 구어적인 색채가 강하고 中文은 문어적인 색채가 더 강합니다. '해리포터 중국어 버전'을 말할 때 中文版(Zhōngwén bǎn)이라는 표현을 쓰는 것도 같은 이유입니다.

364 **句子** jùzi

명 문장

这个句子里有几个词我不懂。
Zhège jùzi li yǒu jǐ ge cí wǒ bù dǒng.
이 문장의 단어 몇 개는 모른다.

+ 词 cí 명 단어

365 **词典** cídiǎn

유의 字典 zìdiǎn
자전(글자 하나하나의 음, 뜻, 용법을 설명한 책)

명 사전

我想借用一下你的词典。
Wǒ xiǎng jièyòng yíxià nǐ de cídiǎn.
나는 네 사전을 좀 빌려 썼으면 한다.

+ 借用 jièyòng 동 빌려 쓰다

366 记得*

□
□

jìde

반의 忘记 wàngjì 잊다
3급 ··· p.160

동 기억하다

你还记得我们的小学校长吗?
Nǐ hái jìde wǒmen de xiǎoxué xiàozhǎng ma?
너는 아직 우리 초등학교 교장 선생님을 기억해?

+ 小学 xiǎoxué 명 초등학교 |
校长 xiàozhǎng 명 교장 선생님

367 忘记**

□
□

wàngjì

반의 记得 jìde 기억하다
3급 ··· p.160

동 잊어버리다, 잊다

我忘记带铅笔了。 

Wǒ wàngjì dài qiānbǐ le.
나는 연필 챙기는 걸 깜빡했어.

+ 带 dài 동 (몸에) 지니다, 휴대하다 |
铅笔 qiānbǐ 명 연필

368 练习**

□
□

liànxí

동 연습하다

你需要多练习。
Nǐ xūyào duō liànxí.
너는 많은 연습이 필요하다.

+ 需要 xūyào 동 필요하다

맛있는 한자 TIP 练习와 锻炼 비교

练习(liànxí)의 练(liàn)과 锻炼(duànliàn 단련하다)의 炼(liàn)은 발음은 같지만 한자에 각각 纟(실사변)과 火(불화)가 들어갑니다. 연습(练习)은 실(纟)처럼 길고 꾸준히 해야 하기 때문에 실사변(纟)이 있는 练을 쓰고, 단련(锻炼)은 불에 지지듯 힘들고 고통스러운 것이기에 불화(火)가 들어가는 炼을 씁니다.

369 **会议★**

huìyì

참고 开会 kāihuì
회의를 열다

명 회의

这个会议不能迟到。 빈출
Zhège huìyì bù néng chídào.
이 회의는 지각하면 안 된다.

+ 迟到 chídào 동 지각하다

370 **重要★★**

zhòngyào

형 중요하다

호응 重要的事情 중요한 일 | 重要的问题 중요한 문제 | 重要的考试 중요한 시험

这次会议很重要。 빈출
Zhè cì huìyì hěn zhòngyào.
이번 회의는 매우 중요하다.

+ 次 cì 양 번, 회 | 会议 huìyì 명 회의

371 **认真★★★**

rènzhēn

참고 努力 nǔlì
노력하다, 힘쓰다
3급 ··· p.156

형 진지하다, 착실하다

호응 认真学习 열심히 공부하다 | 认真工作 열심히 일하다

你还是认真地想想再做决定吧。 빈출
Nǐ háishi rènzhēn de xiǎngxiang zài zuò juédìng ba.
너는 그래도 진지하게 생각해보고 나서 결정해.

+ 还是 háishi 부 아무래도 ~하는 게 낫다 | 决定 juédìng 명 결정

372 解决***

□ □

jiějué

동 해결하다

호응 解决问题 문제를 해결하다 | 解决办法 해결 방법

这些问题都可以解决。
Zhèxiē wèntí dōu kěyǐ jiějué.
이 문제들은 다 해결할 수 있다.

+ 问题 wèntí 명 문제

373 完成**

□ □

wánchéng

유의 做完 zuòwán 다 끝내다

동 완성하다

호응 完成工作 일을 완성하다

今天的工作都完成了。 빈출
Jīntiān de gōngzuò dōu wánchéng le.
오늘 일은 모두 완성됐다.

+ 工作 gōngzuò 명 일, 업무

374 结束***

□ □

jiéshù

반의 开始 kāishǐ 시작하다 2급 ···› p.104

동 끝나다, 마치다

会议已经结束了。 빈출
Huìyì yǐjīng jiéshù le.
회의는 이미 끝났다.

+ 会议 huìyì 명 회의 | 已经 yǐjīng 부 이미, 벌써

375 办法

□ □

bànfǎ

유의 方法 fāngfǎ 방법 4급

명 방법

我突然想出了一个好办法。
Wǒ tūrán xiǎngchūle yí ge hǎo bànfǎ.
나는 갑자기 좋은 방법이 하나 생각났다.

+ 突然 tūrán 부 갑자기

376 **请假** ☐☐
qǐngjià

동 휴가를 신청하다

她病得很重，所以请假休息几天。
Tā bìng de hěn zhòng, suǒyǐ qǐngjià xiūxi jǐ tiān.
그녀는 많이 아파서 휴가를 내고 며칠 쉰다.

+ 病 bìng 동 병나다 | 重 zhòng 형 심하다 |
所以 suǒyǐ 접 그래서 | 休息 xiūxi 동 쉬다

377 **只有…才…** ★★ ☐☐
zhǐyǒu…cái…

오직 ~해야만 비로소 ~하다

只有这样做，问题才能解决。 빈출
Zhǐyǒu zhèyàng zuò, wèntí cái néng jiějué.
오직 이렇게 해야만 문제가 비로소 해결될 수 있다.

+ 做 zuò 동 하다 | 问题 wèntí 명 문제 |
解决 jiějué 동 해결하다

HSK 3급 출제 포인트

접속사 고정 격식을 통해 문장의 뼈대를 파악하면 문장을 빠르고 정확하게 독해할 수 있습니다. 只有…才…(zhǐyǒu…cái…)는 HSK 3~6급까지 자주 출제되는 접속사 고정 격식입니다. 只有가 나오면 才를 찾아 핵심 내용을 파악하세요.

호응 관계
只有平时努力学习才能考好。
Zhǐyǒu píngshí nǔlì xuéxí cái néng kǎohǎo.
평소에 열심히 공부해야만 시험을 잘 칠 수 있다.

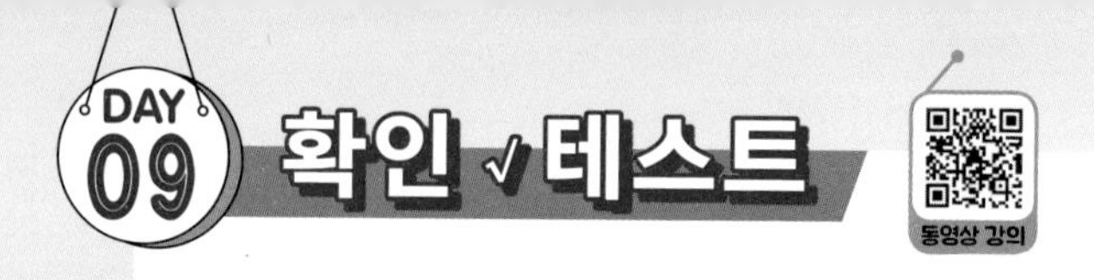

1 빈칸을 채우세요.

❶	bāo	가방
黑板	❷	칠판
笔记本	bǐjìběn	❸
❹	zuòyè	숙제
检查	jiǎnchá	❺

2 단어의 병음과 뜻을 알맞게 연결하세요.

❶ 图书馆 •	• ㉠ shùxué •	• ⓐ 교장
❷ 难 •	• ㉡ xiàozhǎng •	• ⓑ 어렵다
❸ 校长 •	• ㉢ túshūguǎn •	• ⓒ 수학
❹ 数学 •	• ㉣ nán •	• ⓓ 도서관

3 빈칸에 들어갈 알맞은 단어를 쓰세요.

róngyì

❶ 这种事说起来__________，但做起来难。
이런 일은 말하기는 **쉽지**만 해보면 어렵다.

jiǎndān

❷ 我有一个很__________的办法。 나에게 한 가지 아주 **간단한** 방법이 있어.

nǔlì

❸ 以后大家一定要__________学习。
앞으로 모두들 반드시 **열심히** 공부해야 합니다.

liúxué

❹ 儿子想去北京__________。 아들은 베이징으로 **유학**을 가고 싶어 한다.

4 제시된 단어를 어순에 맞게 배열하세요.

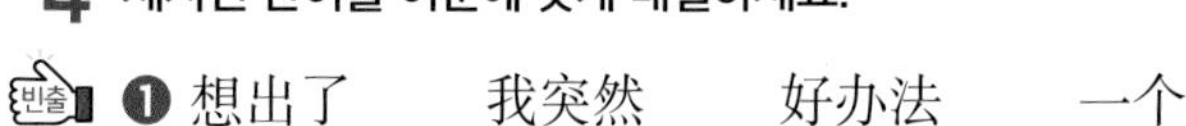

❶ 想出了　　我突然　　好办法　　一个

____

❷ 已经　　了　　会议　　结束

____

❸ 铅笔了　　我　　忘记　　带

____

❹ 借用　　一下你的词典　　能不能

____

빈출 ❺ 说得　　特别　　她的中文　　好

____

5 빈칸에 들어갈 알맞은 한자를 쓰세요.

빈출 ❶ 女朋友的(huí)答让他很高兴。

❷ 你的普通话水平最近有很大提(gāo)。

빈출 ❸ 你的游泳(shuǐ)平提高很快啊。

❹ 你觉得学(Zhōng)文难不难?

❺ 这些练(xí)题我都做对了。

다이어트는 내일부터
_음식과 건강

HSK 3급에 이 단어가 나온다!

음식과 건강 관련 주제에서는 거의 모든 단어들이 골고루 출제되고 있습니다. 그중에서도 특히, 菜单(càidān 메뉴), 蛋糕(dàngāo 케이크), 新鲜(xīnxiān 신선하다), 胖(pàng 뚱뚱하다, 살찌다), 体育(tǐyù 체육)는 반드시 기억해 두세요.

한눈에 파악하는 단어

음식

面包 miànbāo 빵
蛋糕 dàngāo 케이크
– 甜 tián 달다, 달콤하다

香蕉 xiāngjiāo 바나나
饮料 yǐnliào 음료
– 渴 kě 목이 타다, 갈증 나다

啤酒 píjiǔ 맥주
饿 è 배고프다
↔ 饱 bǎo 배부르다

식기

碗 wǎn 그릇
筷子 kuàizi 젓가락
– 双 shuāng 쌍
盘子 pánzi 쟁반
瓶子 píngzi 병

378 **饿***
è

반의 饱 bǎo 배부르다
3급 ··· p.167

형 배고프다

我快要饿死了，有没有吃的？
Wǒ kuàiyào èsǐ le, yǒu méiyǒu chī de?
나는 배고파 죽겠어, 먹을 것 없어?

+ 快要…了 kuàiyào…le 곧 ~하려 하다

379 **饱**
bǎo

반의 饿 è 배고프다
3급 ··· p.167

형 배부르다

我晚饭没吃饱。
Wǒ wǎnfàn méi chībǎo.
나는 저녁밥을 배불리 먹지 못했어.

+ 晚饭 wǎnfàn 명 저녁밥

380 **菜单*****
càidān

참고 饭店 fàndiàn 식당
1급 ··· p.30
点菜 diǎncài 주문하다

명 메뉴, 식단, 차림표

这是我们的菜单，请点菜。 빈출
Zhè shì wǒmen de càidān, qǐng diǎncài.
이것은 우리의 메뉴판입니다. 주문하세요.

+ 点菜 diǎncài 동 주문하다

HSK 3급 출제 포인트

HSK 3급 듣기 제3, 4부분 대화형 문제에 두 사람이 대화를 나누고 있는 장소를 묻는 문제가 출제됩니다. 녹음에서 点菜(diǎncài 주문하다), 菜单(càidān 메뉴) 등의 단어가 들린다면, 바로 饭店(fàndiàn 식당)을 정답으로 고르세요.

381 **超市****
chāoshì

명 슈퍼마켓

我家附近有一个超市。
Wǒ jiā fùjìn yǒu yí ge chāoshì.
우리 집 근처에 슈퍼마켓이 하나 있다.

+ 附近 fùjìn 명 부근, 근처

382 面包*
□
□
miànbāo

참고 牛奶 niúnǎi 우유
2급 ···› p.33

명 빵

家里只有牛奶，面包没有了。 빈출
Jiāli zhǐ yǒu niúnǎi, miànbāo méiyǒu le.
집에 우유만 있고 빵은 다 떨어졌어.

+ 只有 zhǐ yǒu 오직 ~만 있다 | 牛奶 niúnǎi 명 우유

383 蛋糕**
□
□
dàngāo

참고 鸡蛋 jīdàn 계란
2급 ···› p.33

명 케이크

这是妈妈的生日蛋糕。 빈출
Zhè shì māma de shēngrì dàngāo.
이것은 엄마의 생일 케이크야.

+ 生日 shēngrì 명 생일

384 香蕉**
□
□
xiāngjiāo

명 바나나

香蕉不能放进冰箱里啊!
Xiāngjiāo bù néng fàngjìn bīngxiāng li a!
바나나는 냉장고에 넣으면 안 돼!

+ 放 fàng 동 놓다, 두다 | 冰箱 bīngxiāng 명 냉장고

385 饮料*
□
□
yǐnliào

참고 水 shuǐ 물
1급 ···› p.31
茶 chá 차
1급 ···› p.31
牛奶 niúnǎi 우유
2급 ···› p.33
咖啡 kāfēi 커피
2급 ···› p.31

명 음료

这个饮料很好喝。
Zhège yǐnliào hěn hǎohē.
이 음료는 매우 맛있다.

+ 好喝 hǎohē 형 (음료나 국이) 맛있다

386 □ □
啤酒★
píjiǔ

명 맥주

冰箱里没有啤酒了。 빈출
Bīngxiāng li méiyǒu píjiǔ le.
냉장고 안에 맥주가 다 떨어졌어.

+ 冰箱 bīngxiāng 명 냉장고

387 □ □
甜★★
tián

형 달다, 달콤하다

这个香蕉特别甜。
Zhège xiāngjiāo tèbié tián.
이 바나나는 매우 달아.

+ 香蕉 xiāngjiāo 명 바나나 | 特别 tèbié 부 특별히, 매우

388 □ □
筷子★★
kuàizi

참고 勺子 sháozi 숟가락 4급

명 젓가락

这个孩子还不会用筷子。
Zhège háizi hái bú huì yòng kuàizi.
이 아이는 아직 젓가락을 쓸 줄 모른다.

+ 孩子 háizi 명 (어린)아이, 자녀 | 用 yòng 동 사용하다, 쓰다

맛있는 한자 TIP 竹(대나무죽)이 들어가는 한자

竹(zhú 대나무죽)은 '대나무'를 가리킵니다. 그래서 竹이 들어가는 글자는 나무와 관련이 있습니다. 竹이 부수로 쓰일 때는 주로 머리 부분에 들어가는데, 이때는 ⺮ 모양이 됩니다.

- 筷子 kuàizi 젓가락
  '국수는 대나무(竹)로 만든 젓가락으로 먹어야 빨리(快) 먹을 수 있다'라고 암기하세요.
- 行李箱 xínglixiāng 짐가방, 트렁크
  冰箱 bīngxiāng 냉장고
  옛날에 상자를 만들 때는 주로 대나무를 썼기 때문에 상자를 뜻하는 箱(竹+相)에 竹이 들어가고 相(xiāng)은 발음에 영향을 줍니다.

389 

双
□ □
shuāng

양 쌍

호응 一双筷子 젓가락 한 쌍 | 一双鞋子 신발 한 켤레 | 一双袜子 양말 한 켤레

这双筷子很方便。
Zhè shuāng kuàizi hěn fāngbiàn.
이 젓가락은 매우 편리하다.

+ 筷子 kuàizi 명 젓가락 | 方便 fāngbiàn 형 편리하다

양사 双(shuāng)은 독해 제2부분이나 쓰기 제2부분에 자주 출제됩니다. 双은 손을 의미하는 부수인 又를 두 개 쓰면 双이 된다는 점을 이해하면 쉽게 외울 수 있습니다.

服务员，这里还少了一双筷子。
Fúwùyuán, zhèli hái shǎole yì shuāng kuàizi.
종업원, 여기 젓가락 한 쌍이 부족해요.

390

碗
□ □
wǎn

명 그릇, 공기

我的女儿经常帮我洗碗。
Wǒ de nǚ'ér jīngcháng bāng wǒ xǐwǎn.
우리 딸은 자주 나를 도와 설거지를 한다.

+ 经常 jīngcháng 부 자주 | 帮 bāng 동 돕다 | 洗碗 xǐwǎn 동 설거지하다

양 그릇

호응 一碗饭 밥 한 그릇

阿姨，再来一碗米饭。
Āyí, zài lái yì wǎn mǐfàn.
아주머니, 밥 한 그릇 더 주세요.

+ 阿姨 āyí 명 아주머니 | 米饭 mǐfàn 명 쌀밥

391 □ □ **盘子** pánzi

명 쟁반

你帮我洗洗盘子吧。
Nǐ bāng wǒ xǐxi pánzi ba.
너는 나를 도와 접시 좀 씻어줘.

+ 帮 bāng 동 돕다 | 洗 xǐ 동 씻다

392 □ □ **口** kǒu

명 입

病从口入。
Bìng cóng kǒu rù.
병은 입으로 들어온다.(음식을 잘못 먹을 경우 병이 생긴다는 의미)

+ 病 bìng 명 병 | 从 cóng 개 ~로부터 | 入 rù 동 들어오다

양 식구, 사람[사람을 세는 단위]

你家有几口人?
Nǐ jiā yǒu jǐ kǒu rén?
너희 집은 몇 식구야?

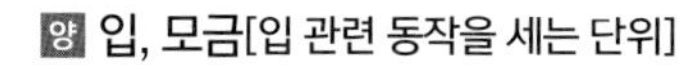
양 입, 모금[입 관련 동작을 세는 단위]

她喝了一口咖啡。
Tā hēle yì kǒu kāfēi.
그녀는 커피 한 모금을 마셨다.

+ 咖啡 kāfēi 명 커피

맛있는 한자 TIP 口가 들어간 한자

口(kǒu 입), 喝(hē 마시다), 叫(jiào 부르다), 吃(chī 먹다)에 공통된 부분은 무엇일까요? 바로 口(입구)입니다. 口는 벌어진 입의 모양을 모방해서 만든 한자로, 먹고, 마시고, 소리를 내는 등의 입과 관련된 동작을 나타낼 때 사용합니다. 입(口 kǒu)으로 친구를 불러서(叫 jiào) 먹고(吃 chī) 마셔(喝 hē) 봅시다.

393 冰箱★★
bīngxiāng

명 냉장고

冰箱里有很多水果。 빈출
Bīngxiāng li yǒu hěn duō shuǐguǒ.
냉장고 안에는 많은 과일이 있다.

\+ 水果 shuǐguǒ 명 과일

394 新鲜★★
xīnxiān

형 신선하다

这里的水果都很新鲜。 빈출
Zhèli de shuǐguǒ dōu hěn xīnxiān.
이곳의 과일은 모두 신선해.

\+ 水果 shuǐguǒ 명 과일

맛있는 한자 

鲜의 의미

鲜(xiān 신선하다)은 물에 사는 물고기(鱼 yú)와 육지에 사는 양(羊 yáng)이 음식으로서 모두 신선하다는 의미에서 만들어진 글자입니다.

鲜(xiān 신선하다) = 鱼(yú 물고기) + 羊(yáng 양)

395 渴★
kě

형 목이 타다, 갈증 나다

我很渴，有没有饮料？ 빈출
Wǒ hěn kě, yǒu méiyǒu yǐnliào?
나는 매우 목말라. 음료 없어?

\+ 饮料 yǐnliào 명 음료

맛있는 한자 

喝와 渴 비교

입구(口)가 있는 喝(hē)는 '마시다'라는 뜻이고, 삼수변(氵)이 있는 渴(kě)는 '갈증 나다'라는 뜻임을 주의하세요.

口渴了吧？喝水。
Kǒu kěle ba? Hē shuǐ.
목마르지? 물 마셔.

3급

DAY 08 | DAY 09 | DAY 10 | DAY 11 | DAY 12 | DAY 13 | DAY 14 | DAY 15

396 □□ **米*** mǐ

명 쌀

再来一碗米饭。
Zài lái yì wǎn mǐfàn.
쌀밥 한 그릇 더 주세요.

+ 碗 wǎn 양 그릇

양 미터(m)

银行离公司只有十米。
Yínháng lí gōngsī zhǐyǒu shí mǐ.
은행은 회사로부터 10미터밖에 안 된다.

+ 银行 yínháng 명 은행 | 离 lí 개 ~로부터 | 公司 gōngsī 명 회사 | 只有 zhǐyǒu 단지 ~에 이르다

397 □□ **几乎** jīhū

부 거의

호응 几乎每天 거의 매일 | 几乎所有人 거의 모든 사람 | 几乎都忘了 거의 다 잊었다

我丈夫几乎每天都要喝一瓶啤酒。
Wǒ zhàngfu jīhū měitiān dōu yào hē yì píng píjiǔ.
나의 남편은 거의 매일 맥주 한 병을 마신다.

+ 丈夫 zhàngfu 명 남편 | 瓶 píng 양 병 | 啤酒 píjiǔ 명 맥주

398 □□ **瓶子*** píngzi

명 병

这个瓶子里还有一些水。
Zhège píngzi li hái yǒu yìxiē shuǐ.
이 병에는 아직 약간의 물이 있다.

399 □ □ **刷牙**★

shuāyá

참고 牙膏 yágāo 치약
4급
牙刷 yáshuā 칫솔

동 이를 닦다

晚上睡觉前别忘了刷牙。 빈출

Wǎnshang shuìjiào qián bié wàngle shuāyá.

밤에 잠자기 전에 양치하는 걸 잊지 마.

+ 别 bié 부 ~하지 마라 | 忘 wàng 동 잊다

400 □ □ **洗澡**

xǐzǎo

동 샤워하다, 목욕하다

今天真热啊，回家要洗澡了。

Jīntiān zhēn rè a, huíjiā yào xǐzǎo le.

오늘 정말 덥네. 집에 돌아가서 샤워를 해야겠어.

+ 热 rè 형 덥다

401 □ □ **健康**★★★

jiànkāng

명 건강

身体健康最重要。

Shēntǐ jiànkāng zuì zhòngyào.

건강이 가장 중요하다.

+ 身体 shēntǐ 명 신체, 몸 | 重要 zhòngyào 형 중요하다

형 건강하다

爷爷还很健康。

Yéye hái hěn jiànkāng.

할아버지는 아직 건강하시다.

+ 爷爷 yéye 명 할아버지 | 还 hái 부 아직

402 □ □ **爬山**★★★

páshān

동 등산하다

爬山对身体健康很有帮助。

Páshān duì shēntǐ jiànkāng hěn yǒu bāngzhù.

등산은 건강에 매우 도움이 된다.

+ 对 duì 개 ~에 대하여 | 帮助 bāngzhù 명 도움

403 □□ **体育*** tǐyù

참고 运动 yùndòng 운동하다 2급 ··· p.74

명 체육

体育馆在哪儿?
Tǐyùguǎn zài nǎr?
체육관은 어디에 있나요?

+ 体育馆 tǐyùguǎn 명 체육관

404 □□ **锻炼*** duànliàn

동 (신체적으로) 단련하다, 운동하다

호응 锻炼身体 신체를 단련하다

爷爷每天都锻炼，所以身体很健康。
Yéye měitiān dōu duànliàn, suǒyǐ shēntǐ hěn jiànkāng.
할아버지는 매일 단련해서 신체가 건강하다.

+ 爷爷 yéye 명 할아버지 | 所以 suǒyǐ 접 그래서 | 健康 jiànkāng 형 건강하다

동 (일의 능력이나 마음을) 단련하다

留学对年轻人来说是一种锻炼。
Liúxué duì niánqīngrén lái shuō shì yì zhǒng duànliàn.
유학은 젊은이에게 있어서는 하나의 단련이다.

+ 留学 liúxué 명 유학 | 对…来说 duì…lái shuō ~에게 있어서는 | 年轻人 niánqīngrén 명 젊은이

405 胖★★

□
□

pàng

반의 瘦 shòu 날씬하다
3급 ··· p.176

참고 减肥 jiǎnféi 다이어트하다
4급

형 뚱뚱하다, 살찌다

我现在比以前胖。 빈출
Wǒ xiànzài bǐ yǐqián pàng.
나는 지금이 전보다 살쪘다.

+ 比 bǐ 개 ~보다 | 以前 yǐqián 명 이전, 과거

맛있는 한자 TIP 胖을 쉽게 외우는 방법

胖(pàng)은 살(月는 고기육(肉)에서 변형된 글자)이 절반(半 bàn)이 더 늘어나서 '살찌다'의 뜻이 되었다고 이해하면 쉽게 외울 수 있습니다.

胖(뚱뚱하다) = 月(살) + 半(절반)

406 瘦★★

□
□

shòu

반의 胖 pàng 뚱뚱하다
3급 ··· p.176

형 날씬하다, (몸이) 마르다

我以前很瘦，但现在很胖。
Wǒ yǐqián hěn shòu, dàn xiànzài hěn pàng.
나는 예전에는 매우 날씬했는데, 지금은 매우 뚱뚱하다.

+ 以前 yǐqián 명 이전, 과거 | 胖 pàng 형 뚱뚱하다, 살찌다

407 公斤★

□
□

gōngjīn

양 킬로그램(kg)

我又胖了一公斤。
Wǒ yòu pàngle yì gōngjīn.
나는 또 1킬로그램이 쪘다.

+ 又 yòu 부 또 | 胖 pàng 형 뚱뚱하다, 살찌다

맛있는 단어 

무게의 단위

중국은 公斤(gōngjīn 킬로그램)보다는 斤(jīn 근)이라는 단위를 더 많이 사용합니다. 중국에서 물건을 살 때 보통 근을 단위로 가격을 말하는 경우가 많습니다.

香蕉一斤多少钱?
Xiāngjiāo yì jīn duōshao qián?
바나나는 한 근에 얼마입니까?

408 **感冒** ★★★
□
□
gǎnmào

명 감기

你的感冒都好了吗？ 빈출
Nǐ de gǎnmào dōu hǎo le ma?
네 감기는 다 나았어?

동 감기에 걸리다

你感冒了，需要吃药。
Nǐ gǎnmào le, xūyào chī yào.
너는 감기에 걸렸으니 약을 먹어야 돼.

409 **发烧**
□
□
fāshāo

동 열이 나다

我感冒了，头疼、发烧。
Wǒ gǎnmào le, tóuténg、fāshāo.
나는 감기에 걸렸어. 머리가 아프고, 열이 나.

+感冒 gǎnmào 동 감기에 걸리다 | 头疼 tóuténg 동 머리가 아프다

410 **疼** ★★
□
□
téng

형 아프다

호응 头疼 머리가 아프다 | 腿疼 다리가 아프다

我的腿还是很疼。
Wǒ de tuǐ háishi hěn téng.
나의 다리는 아직도 아프다.

+腿 tuǐ 명 다리 | 还是 háishi 부 아직도, 여전히

맛있는 한자 TIP 병과 관련된 疒(병들녘)

疒(병들녘)은 '병'과 관련된 글자에 쓰입니다. 病(bìng 병, 병나다), 疼(téng 아프다), 瘦(shòu 마르다) 등에 이 부수가 들어갑니다.

- 病 bìng 병, 병나다
- 疼 téng 아프다
- 瘦 shòu 마르다

411 应该★★★
yīnggāi

조동 ~해야 한다

你感冒了，应该好好儿休息。 빈출
Nǐ gǎnmào le, yīnggāi hǎohāor xiūxi.
너는 감기에 걸려서 푹 쉬어야 해.

+ 感冒 gǎnmào 동 감기에 걸리다 | 好好儿 hǎohāor 부 잘 | 休息 xiūxi 동 쉬다

412 照顾★★★
zhàogù

동 돌보다, 보살피다

호응 照顾孩子 아이를 돌보다 | 照顾老人 노인을 돌보다 | 照顾自己 자신을 돌보다 | 照顾小狗 개를 돌보다

儿子生病了，妈妈在家照顾了他一天。 빈출
Érzi shēngbìng le, māma zài jiā zhàogùle tā yì tiān.
아들이 아파서 엄마는 집에서 그를 하루 종일 보살폈다.

+ 生病 shēngbìng 동 병이 나다, 아프다

413 影响
yǐngxiǎng

명 영향

这本书对我的影响很大。
Zhè běn shū duì wǒ de yǐngxiǎng hěn dà.
이 책은 내게 영향이 매우 크다.

동 영향을 주다

这本书影响了我很多。
Zhè běn shū yǐngxiǎngle wǒ hěn duō.
이 책은 나에게 많은 영향을 끼쳤다.

414 **跟**
□
□
gēn

유의 和 hé ~와
1급 ··· p.32
向 xiàng ~을 향하여
3급 ··· p.195

개 ~와, ~과

明天跟我一起去爬山，怎么样？ 빈출
Míngtiān gēn wǒ yìqǐ qù páshān, zěnmeyàng?
내일 나와 함께 등산 가자, 어때?

+ 爬山 páshān 동 등산하다

접 ~와, ~과

小王跟我都是北京人。
Xiǎo Wáng gēn wǒ dōu shì Běijīng rén.
샤오왕과 나는 모두 베이징 사람이다.

개 ~에게, ~을 향해

我跟他借了一本书。
Wǒ gēn tā jièle yì běn shū.
나는 그에게 책 한 권을 빌렸다.

+ 借 jiè 동 빌리다

동 따라가다

爸爸走得太快，孩子跟不上。
Bàba zǒu de tài kuài, háizi gēn bu shàng.
아빠가 너무 빨리 걸어서, 아이가 따라가지 못한다.

+ 走 zǒu 동 걷다 | 跟不上 gēn bu shàng 따라잡을 수 없다

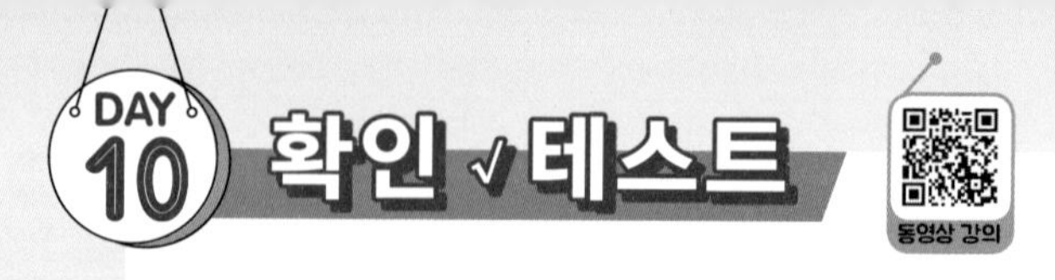

1 빈칸을 채우세요.

饿	❶	배고프다
饱	❷	배부르다
菜单	càidān	❸
❹	chāoshì	슈퍼마켓
筷子	kuàizi	❺

2 단어의 병음과 뜻을 알맞게 연결하세요.

❶ 瓶子 •	• ㉠ píngzi •	• ⓐ 이를 닦다
❷ 健康 •	• ㉡ shuāyá •	• ⓑ 병
❸ 爬山 •	• ㉢ jiànkāng •	• ⓒ 등산하다
❹ 刷牙 •	• ㉣ páshān •	• ⓓ 건강하다

3 빈칸에 들어갈 알맞은 단어를 쓰세요.

duànliàn

❶ 爷爷每天都__________，所以身体很健康。
할아버지는 매일 **단련해서** 신체가 건강하다.

xǐzǎo

❷ 今天真热啊，回家要__________了。
오늘 정말 덥네. 집에 돌아가서 **샤워**를 해야겠어.

pàng

❸ 我现在比以前__________。 나는 지금이 전보다 **살쪘다.**

téng

❹ 我的腿还是很__________。 나의 다리는 아직도 **아프다.**

도전! HSK 3급 **쓰기** 제1부분

4 제시된 단어를 어순에 맞게 배열하세요.

빈출 ❶ 一本书　借了　跟他　我

❷ 一公斤　她　胖了　又

❸ 比　爷爷现在　健康　以前

빈출 ❹ 还不会　这个孩子　筷子　用

❺ 买　你是　在哪儿　香蕉的

도전! HSK 3급 **쓰기** 제2부분

5 빈칸에 들어갈 알맞은 한자를 쓰세요.

❶ 这个香蕉很(tián)，很好吃。

빈출 ❷ 天气冷，你多穿点儿衣服，小心(gǎn)冒。

❸ 今天的水果很新(xiān)，也很甜。

빈출 ❹ 天气太热了，要不要喝一杯啤(jiǔ)?

❺ 我现在不(è)了，不想吃蛋糕。

쓰기 제2부분

꼭 알아야 할 HSK 3급 빈출 단어

1

安静 ānjìng 형 조용하다 | **干净** gānjìng 형 깨끗하다

静, 净은 발음이 모두 같지만 글자가 다릅니다. 가장 쉽게 구별하는 방법은 앞쪽 부수의 차이를 활용하는 것입니다. 安静의 静은 '푸를청(青)'이 들어가고, 干净의 净에는 물을 의미하는 '이수변(冫)'이 들어갑니다.

2

奇怪 qíguài 형 이상하다 | **骑** qí 동 (동물·자전거를) 타다

발음이 같지만 둘은 쉽게 구별해서 쓸 수 있습니다. 奇怪의 奇는 '이상하게 크다(大)'라고 이해하고, 骑는 말, 자전거 등을 타다라는 뜻이기 때문에 앞에 马가 들어간다고 생각하면 쉽습니다.

3

蓝 lán 형 푸르다 | **篮球** lánqiú 명 농구

蓝(푸르다)의 윗부분에는 초목의 새싹이 돋는 모습을 본뜬 풀초(艸)의 변형자인 艹가 들어가지만, 篮은 위에 대나무죽(竹)의 변형자인 ⺮이 들어갑니다.

4

努力 nǔlì 동 노력하다 | **历史** lìshǐ 명 역사

努力의 力는 힘을 의미합니다. 역사는 잘 알고 그 교훈을 잘 기억하는 것이 한 나라의 힘(力)이므로 역사(历史)를 쓸 때도 力가 들어갑니다.

5

跟 gēn 개 ~와, ~과 | **根据** gēnjù 개 ~에 근거하여 명 근거

跟과 根은 발음이 같지만 부수에 각각 발족(足)과 나무목(木)이 들어간다는 점이 다릅니다. 根据의 根은 '뿌리'라는 의미인데, 뿌리는 식물이 생장하는 근원이므로 나무목(木)이 들어간다고 이해하면 쉽습니다.

꼭 알아야 할

쓰기 제1부분

HSK 3급 빈출 구문

	对…感兴趣 duì…gǎn xìngqù ~에 흥미를 느끼다
1	我对中国历史很感兴趣。 Wǒ duì Zhōngguó lìshǐ hěn gǎn xìngqù. 나는 중국 역사에 흥미를 느낀다. + 历史 lìshǐ 명 역사
	一定+要/会… yídìng+yào/huì… 반드시 ~해야 한다/~할 것이다
2	大家回家后一定要好好儿复习。 Dàjiā huíjiā hòu yídìng yào hǎohāor fùxí. 모두 집에 돌아가서 반드시 잘 복습해야 해요. + 好好儿 hǎohāor 부 잘 | 复习 fùxí 동 복습하다
	越来越+担心/着急 yuè lái yuè+dānxīn/zháojí 갈수록 걱정하다/조급해하다
3	她越来越担心了。 Tā yuè lái yuè dānxīn le. 그녀는 갈수록 걱정되었다. + 担心 dānxīn 동 걱정하다
	环境+干净/安静 huánjìng+gānjìng/ānjìng 환경이 깨끗하다/조용하다
4	这里的环境很干净。 Zhèli de huánjìng hěn gānjìng. 이곳의 환경은 매우 깨끗하다. + 环境 huánjìng 명 환경 | 干净 gānjìng 형 깨끗하다
	离开+公司/学校 líkāi+gōngsī/xuéxiào 회사/학교를 떠나다
5	他每天最后一个离开公司。 Tā měitiān zuìhòu yí ge líkāi gōngsī. 그는 매일 마지막으로 회사를 떠난다.

차 막히니까 일찍 출발해 _장소와 교통

HSK 3급에 이 단어가 나온다!

기본적인 방향을 나타내는 东(dōng 동쪽), 西(xī 서쪽), 南(nán 남쪽), 北方(běifāng 북쪽)은 자주 출제되며 公园(gōngyuán 공원), 附近(fùjìn 부근), 地方(dìfang 장소)도 자주 출제됩니다. 교통수단인 自行车(zìxíngchē 자전거), 地铁(dìtiě 지하철) 또한 비중있게 다뤄지며 起飞(qǐfēi 이륙하다)와 骑(qí 동물·자전거를 타다)도 자주 출제됩니다.

한눈에 파악하는 단어

장소 교통

방위, 방향
- 东 dōng 동쪽
- 西 xī 서쪽
- 南 nán 남쪽
- 北方 běifāng 북방
- 附近 fùjìn 부근, 근처

장소
- 公园 gōngyuán 공원
- 银行 yínháng 은행
- 办公室 bàngōngshì 사무실

건물
- 电梯 diàntī 엘리베이터
- 楼 lóu 층
- 层 céng 층

교통
- 地铁 dìtiě 지하철
  - 站 zhàn 역
- 自行车 zìxíngchē 자전거
  - 骑 qí (동물·자전거를) 타다

415 □ □ **世界** shìjiè

참고 国家 guójiā 국가
3급 ··· p.185

명 세계

这个世界真小啊!
Zhège shìjiè zhēn xiǎo a!
이 세상은 참 작아!

416 □ □ **国家** guójiā

명 국가, 나라

世界上有多少个国家?
Shìjièshang yǒu duōshao ge guójiā?
세계에 몇 개의 나라가 있지?

417 □ □ **城市** chéngshì

명 도시

西安是中国西北最大的城市。
Xī'ān shì Zhōngguó xīběi zuì dà de chéngshì.
시안은 중국 서북부의 가장 큰 도시이다.

+ 西安 Xī'ān 고유 시안, 서안[지명]

418 □ □ **地方**★★ dìfang

명 장소

我对这个地方很满意。 빈출
Wǒ duì zhège dìfang hěn mǎnyì.
나는 이곳에 대해서 매우 만족한다.

+ 满意 mǎnyì 형 만족하다

명 (추상적인) 부분, 점

你喜欢他的什么地方?
Nǐ xǐhuan tā de shénme dìfang?
너는 그의 어떤 부분을 좋아하니?

맛있는 단어 TIP **地方의 두 가지 발음과 뜻**

地方(dìfāng, dìfang)은 方(fāng)을 1성으로 읽으면 '지방'이라는 뜻이 되지만, HSK 3급에서는 方(fang)을 경성으로 읽어 '장소, 부분, 점' 등의 뜻으로 출제됩니다.

- 地方 dìfang 장소, 부분, 점
- 地方 dìfāng (중앙에 대하여) 지방

419 □□ **黄河** Huánghé

참고 长江 Chángjiāng 장강 4급

고유 황하

黄河是中国第二长河。
Huánghé shì Zhōngguó dì-èr cháng hé.
황하는 중국에서 두 번째로 긴 강이다.

+ 第二 dì-èr 둘째, 두 번째 | 河 hé 명 강

420 □□ **东**★ dōng

명 동쪽

东边那条路可能好点儿。
Dōngbian nà tiáo lù kěnéng hǎo diǎnr.
동쪽의 그 길이 좀 더 나을 거야.

+ 条 tiáo 양 가늘고 긴 것을 세는 단위 | 可能 kěnéng 부 아마도

421 □□ **西**★ xī

명 서쪽

太阳从西边儿出来了。 빈출
Tàiyáng cóng xībianr chūlai le.
해가 서쪽에서 떴네.(일어나지 않을 일이 발생했을 때)

+ 太阳 tàiyáng 명 태양

422 □□ **南**★ nán

명 남쪽

你往南走，我往北走。
Nǐ wǎng nán zǒu, wǒ wǎng běi zǒu.
너는 남쪽으로 가, 나는 북쪽으로 갈게.

+ 往 wǎng 개 ~을 향하여 | 北 běi 명 북쪽

423 北方★★
bĕifāng

명 북방, 북쪽

北方的冬天很冷。
Běifāng de dōngtiān hěn lěng.
북방의 겨울은 매우 춥다.

+ 冬天 dōngtiān 명 겨울

424 附近★★★
fùjìn

명 부근, 근처

这儿附近有没有银行? 빈출
Zhèr fùjìn yǒu méiyǒu yínháng?
이 근처에 은행이 있나요?

+ 银行 yínháng 명 은행

맛있는 한자 TIP 阜(언덕부)가 들어간 단어

언덕부(阜)는 고대 중국인들이 황토 고원에 만든 동굴 집을 오르내리는 언덕의 모습을 본뜬 부수입니다. 언덕이나 장소, 막혀 있다는 의미를 나타내는 글자에 쓰입니다. 언덕부(阜)가 좌측에 오면 좌부변(阝)이 됩니다.

- 太阳(tàiyáng 태양)
  언덕(阝) 위에 해(日)가 떠있는 모습을 떠올리세요.
- 阴(yīn 어둡다)
  언덕(阝) 위에 떠있는 달(月)은 해보다 어두우니까 '흐리다'입니다.
- 附近(fùjìn 부근, 근처)
  언덕(阝)에 가까이 있는 곳이니까 '근처'입니다.
- 除了(chúle ~을 제외하고)
  통행에 불편한 언덕(阝)을 제거하니까 '제외하고'가 됩니다.

425 中间
zhōngjiān

명 중간

站在中间的人是谁?
Zhànzài zhōngjiān de rén shì shéi?
중간에 서있는 사람은 누구야?

+ 站 zhàn 동 서다

426 **公园**★★★

gōngyuán

명 공원

爷爷在公园锻炼身体。빈출

Yéye zài gōngyuán duànliàn shēntǐ.

할아버지는 공원에서 신체를 단련한다.

+ 锻炼 duànliàn 동 단련하다 | 身体 shēntǐ 명 신체, 몸

427 **街道**★

jiēdào

명 거리

这条街道很干净。

Zhè tiáo jiēdào hěn gānjìng.

이 길은 매우 깨끗하다.

+ 条 tiáo 양 가늘고 긴 것을 세는 단위 | 干净 gānjìng 형 깨끗하다

428 **楼**

lóu

참고 楼梯 lóutī (건물의) 계단

유의 层 céng 층

3급 ··· p.188

명 건물

我在楼下等你。

Wǒ zài lóuxià děng nǐ.

나는 1층에서 널 기다릴게.

+ 等 děng 동 기다리다

양 층

你的办公室在几楼?

Nǐ de bàngōngshì zài jǐ lóu?

너의 사무실은 몇 층에 있어?

+ 办公室 bàngōngshì 명 사무실

429 **层**

céng

유의 楼 lóu 층

3급 ··· p.188

명 층

这座楼的一层没有商店。

Zhè zuò lóu de yī céng méiyǒu shāngdiàn.

이 건물의 1층에는 상점이 없어.

+ 座 zuò 양 고정된 큰 물체를 세는 단위 | 楼 lóu 명 건물 | 商店 shāngdiàn 명 상점

양 층

更上一层楼。
Gèng shàng yì céng lóu.
실력이 한층 향상되다.

+ 更 gèng 부 더욱, 더

430 电梯★★
diàntī

참고 楼梯 lóutī
(건물의) 계단

명 엘리베이터

坐电梯上楼。
Zuò diàntī shànglóu.
엘리베이터를 타고 올라간다.

431 办公室★★
bàngōngshì

참고 公司 gōngsī 회사
2급 ··· p.124

명 사무실

你怎么还在办公室?
Nǐ zěnme hái zài bàngōngshì?
너는 왜 아직 사무실에 있어?

+ 怎么 zěnme 대 어떻게, 어째서 | 还 hái 부 여전히, 또한

432 银行
yínháng

명 은행

这儿附近有没有中国银行?
Zhèr fùjìn yǒu méiyǒu Zhōngguó yínháng?
여기 근처에 중국 은행이 있어요?

+ 附近 fùjìn 명 부근, 근처

433 洗手间★★
xǐshǒujiān

동의 卫生间
wèishēngjiān 화장실
4급
厕所 cèsuǒ 화장실
4급

명 화장실

我去一下洗手间。
Wǒ qù yíxià xǐshǒujiān.
나는 화장실을 좀 다녀올게.

434 环境
□ □
huánjìng

명 환경

호응 工作环境 업무 환경 | 学习环境 학습 환경

那个公司的工作环境很好。
Nàge gōngsī de gōngzuò huánjìng hěn hǎo.
그 회사의 업무 환경은 매우 좋다.

+ 工作 gōngzuò 명 업무

435 安静
□ □
ānjìng

반의 吵 chǎo 시끄럽다

형 조용하다

图书馆里要安静。 빈출
Túshūguǎn li yào ānjìng.
도서관 안에서는 조용히 해야 한다.

+ 图书馆 túshūguǎn 명 도서관 | 要 yào 조동 ~해야 한다

436 干净***
□ □
gānjìng

반의 脏 zāng 더럽다 4급

형 깨끗하다

我把房间打扫干净了。 빈출
Wǒ bǎ fángjiān dǎsǎo gānjìng le.
나는 방을 깨끗이 청소했다.

+ 房间 fángjiān 명 방 | 打扫 dǎsǎo 동 청소하다

437 方便**
□ □
fāngbiàn

형 편리하다

当然坐电梯上楼更方便。
Dāngrán zuò diàntī shànglóu gèng fāngbiàn.
당연히 엘리베이터를 타고 올라가는 게 더 편리하지.

+ 当然 dāngrán 부 당연히, 물론 | 电梯 diàntī 명 엘리베이터

동 편리하게 하다

汽车大大地方便了人们的出行。
Qìchē dàdà de fāngbiànle rénmen de chūxíng.
자동차는 사람들의 외출을 매우 편리하게 해주었다.

+ 出行 chūxíng 동 외출하여 멀리 가다

HSK 3급 출제 포인트

方便(fāngbiàn 편리하다), 便宜(piányi 싸다)에서 便은 같은 글자이지만 발음은 각각 biàn과 pián으로 다릅니다. HSK 3급 쓰기 제2부분에서 方便(fāngbiàn), 便宜(piányi)의 便을 쓰는 문제가 출제됩니다. 이때 제시된 병음을 보고 헷갈리지 않도록 주의하세요.

438 离开
líkāi

반의 留 liú 남다, 남기다 4급

동 떠나다

호응 离开公司 회사를 떠나다 | 离开学校 학교를 떠나다

你为什么要离开这里?
Nǐ wèishénme yào líkāi zhèli?
너는 왜 여기를 떠나려고 해?

+ 为什么 wèishénme 대 왜

HSK 3급 출제 포인트

离不开(lí bu kāi)는 HSK 3급 듣기, 독해 영역 보기에 자주 등장하는 표현입니다. [A离不开B]의 형태로 제시되며 'A는 B를 떠날 수 없다', 'A는 B 없이는 살 수 없다'라는 의미를 나타냅니다.

鱼离不开水。
Yú lí bu kāi shuǐ.
물고기는 물을 떠나서 살 수 없다.

现代人离不开手机。
Xiàndàirén lí bu kāi shǒujī.
현대인은 휴대폰을 떠날 수 없다.

439 经过
jīngguò

동 (장소 등을) 지나다

这路车经过天安门吗?
Zhè lù chē jīngguò Tiān'ānmén ma?
이 버스는 천안문을 지나갑니까?

+ 路 lù 양 노선 | 天安门 Tiān'ānmén 고유 천안문

동 (과정 등을) 거치다

经过一个月的努力，我终于学会了游泳。
Jīngguò yí ge yuè de nǔlì, wǒ zhōngyú xuéhuìle yóuyǒng.
한 달간의 노력을 거쳐, 나는 마침내 수영을 할 수 있게 되었다.

+终于 zhōngyú 부 마침내 | 学会 xuéhuì 동 배워서 할 수 있다

440 地图*
dìtú

명 지도

你可以用手机上网看地图。빈출
Nǐ kěyǐ yòng shǒujī shàngwǎng kàn dìtú.
너는 휴대폰으로 인터넷에 들어가 지도를 볼 수 있어.

+手机 shǒujī 명 휴대폰 | 上网 shàngwǎng 동 인터넷을 하다

441 地铁***
dìtiě

명 지하철

地铁比公共汽车方便。
Dìtiě bǐ gōnggòng qìchē fāngbiàn.
지하철이 버스보다 편리하다.

+比 bǐ 개 ~보다 | 公共汽车 gōnggòng qìchē 명 버스 | 方便 fāngbiàn 형 편리하다

442 船
chuán

명 배

船慢慢向前开去。
Chuán mànmān xiàng qián kāiqù.
배는 천천히 앞을 향해 떠나갔다.

+慢慢 mànmān 부 느릿느릿, 천천히 | 向 xiàng 개 ~을 향하여 | 开去 kāiqù 몰고 가다

443 □□ **自行车**★★
zìxíngchē

명 자전거

你教教我骑自行车吧。
Nǐ jiāojiao wǒ qí zìxíngchē ba.
내게 자전거 타는 법을 좀 가르쳐줘.

+ 教 jiāo 동 가르치다 | 骑 qí 동 (자전거를) 타다

444 □□ **骑**★
qí

동 (동물·자전거를) 타다

호응 骑马 말을 타다 | 骑自行车 자전거를 타다

你会骑自行车吗？
Nǐ huì qí zìxíngchē ma?
너는 자전거를 탈 줄 알아?

+ 会 huì 동 (배워서) 할 줄 알다

맛있는 단어 TIP 坐와 骑의 비교

교통수단 중에 버스, 지하철은 좌석에 앉아서 가기 때문에 坐(zuò)로 '타다'를 표현하지만, 기마 자세로 타는 자전거나 말은 骑(qí)를 사용해서 표현합니다.

- 坐公共汽车 zuò gōnggòng qìchē 버스를 타다
- 坐地铁 zuò dìtiě 지하철을 타다
- 骑自行车 qí zìxíngchē 자전거를 타다
- 骑马 qí mǎ 말을 타다

445 □□ **起飞**★
qǐfēi

반의 降落 jiàngluò 착륙하다 4급
참고 飞机 fēijī 비행기 1급 ··· p.87

동 이륙하다

他坐的飞机已经起飞了。 빈출
Tā zuò de fēijī yǐjīng qǐfēi le.
그가 탄 비행기는 이미 이륙했다.

+ 坐 zuò 동 타다 | 飞机 fēijī 명 비행기 | 已经 yǐjīng 부 이미

446 辆

liàng

양 대[차량이나 자전거를 세는 단위]

호응 一辆车 차 한 대

我买了一辆自行车。
Wǒ mǎile yí liàng zìxíngchē.
나는 자전거 한 대를 샀다.

+ 自行车 zìxíngchē 명 자전거

맛있는 한자  **车가 들어간 한자**

车(chē)는 고대 마차를 본따 만든 한자입니다. 교통수단과 관련된 自行车(zìxíngchē 자전거), 辆(liàng 대) 등에는 모두 车가 들어갑니다.

- 汽车 qìchē 자동차
- 火车 huǒchē 기차
- 自行车 zìxíngchē 자전거
- 辆 liàng 대

447 站★★

zhàn

참고 火车站 huǒchēzhàn 기차역
2급 ··· p.88
地铁站 dìtiězhàn 지하철역
公共汽车站 gōnggòng qìchēzhàn 버스 정류장

동 서다

你站在我前面吧。
Nǐ zhànzài wǒ qiánmian ba.
너는 내 앞에 서.

+ 站在 zhànzài ~에 서다 | 前面 qiánmian 명 앞

명 정거장

再过一站，我们就到了。
Zài guò yí zhàn, wǒmen jiù dào le.
한 정거장만 더 지나면, 우리는 도착해.

+ 过 guò 동 지나다

맛있는 한자  **站을 가장 쉽게 외우는 방법**

站(zhàn)을 유심히 보면 한글의 '팜'과 비슷하게 생기지 않았나요? 피읖(ㅍ) 위에 점(ˎ) 하나만 추가하면 站을 쓸 수 있습니다.

448 **蓝**

lán

참고 蓝天 lántiān 푸른 하늘

형 남색의, 푸르다

这辆蓝车是谁的？很漂亮啊。
Zhè liàng lánchē shì shéi de? Hěn piàoliang a.
이 푸른색 차는 누구 거지? 아주 예쁘다.

+ 辆 liàng 양 대[차량을 세는 단위]

449 **绿**

lǜ

형 녹색의

红灯停，绿灯行。
Hóngdēng tíng, lǜdēng xíng.
빨간불에는 멈추고, 녹색불에는 통행한다.

+ 灯 dēng 명 등 | 停 tíng 동 멈추다 | 行 xíng 동 가다

450 **灯**

dēng

명 등

红绿灯坏了。
Hónglǜdēng huài le.
신호등이 고장 났다.

+ 红绿灯 hónglǜdēng 명 신호등 | 坏 huài 동 고장 나다

451 **向**★★

xiàng

참고 往 wǎng ~을 향하여 2급 ··· p.87

개 ~을 향하여

从这儿向前走，不远就有一个书店。 빈출
Cóng zhèr xiàng qián zǒu, bù yuǎn jiù yǒu yí ge shūdiàn.
여기에서 앞으로 가면, 멀지 않은 곳에 서점 하나가 있습니다.

+ 书店 shūdiàn 명 서점

개 ~에게

我们应该向他学习。
Wǒmen yīnggāi xiàng tā xuéxí.
우리는 마땅히 그에게 배워야 한다.

+ 应该 yīnggāi 조동 마땅히 ~해야 한다

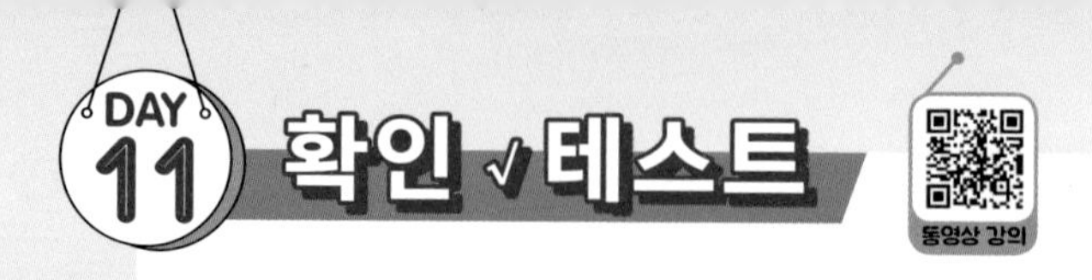

1 빈칸을 채우세요.

街道	❶	거리
楼	lóu	❷
环境	huánjìng	❸
❹	ānjìng	조용하다
❺	dìtú	지도

2 단어의 병음과 뜻을 알맞게 연결하세요.

❶ 世界 •	• ㉠ yínháng •	• ⓐ 떠나다
❷ 银行 •	• ㉡ xǐshǒujiān •	• ⓑ 은행
❸ 洗手间 •	• ㉢ shìjiè •	• ⓒ 화장실
❹ 离开 •	• ㉣ líkāi •	• ⓓ 세계

3 빈칸에 들어갈 알맞은 단어를 쓰세요.

❶ 爷爷在 ________ (gōngyuán) 锻炼身体。 할아버지는 **공원**에서 신체를 단련한다.

❷ 西安是中国西北最大的 ________ (chéngshì)。
시안은 중국 서북부의 가장 큰 **도시**이다.

❸ 他坐的飞机已经 ________ (qǐfēi) 了。 그가 탄 비행기는 이미 **이륙했다**.

❹ 这儿 ________ (fùjìn) 有没有银行? 이 **근처**에 은행이 있나요?

도전/ HSK 3급 **쓰기** 제1부분

4 제시된 단어를 어순에 맞게 배열하세요.

빈출 ❶ 把房间　干净了　姐姐　打扫

____

❷ 看地图　用手机　你可以　上网

____

❸ 这个公园　身体　很多人在　锻炼

____

❹ 马上　飞机　了　就要　起飞

____

❺ 骑　你　吗　会　自行车

____

도전/ HSK 3급 **쓰기** 제2부분

5 빈칸에 들어갈 알맞은 한자를 쓰세요.

빈출 ❶ 医院离这儿很远，我们坐(dì)铁去吧。

❷ 春天到了，山上的树都(lǜ)了。

빈출 ❸ 你终于把房间打扫干(jìng)了，累坏了吧？

❹ 你知道银(háng)几点开门吗？

❺ 我家附(jìn)有一个漂亮的公园。

시간은 금이다
_시간과 변화

HSK 3급에 이 단어가 나온다!

시간과 변화 관련 주제에서는 계절(季节 jìjié)의 변화(春天 chūntiān 봄, 夏天 xiàtiān 여름, 秋天 qiūtiān 가을, 冬天 dōngtiān 겨울)가 자주 등장합니다. 특히, 15분을 나타내는 刻(kè)의 용법을 주의해야 하며, 부사 突然(tūrán 갑자기)과 一直(yìzhí 줄곧)는 꼭 기억하세요.

계절

季节 jìjié 계절
春 chūn 봄
夏 xià 여름
秋 qiū 가을
冬 dōng 겨울

시간

过去 guòqù 과거
(≒以前 yǐqián 이전, 과거)
马上 mǎshàng 바로, 곧
刚才 gāngcái 방금, 막
最后 zuìhòu 최후, 마지막
刻 kè 15분
突然 tūrán 갑자기
总是 zǒngshì 늘, 항상
一直 yìzhí 줄곧, 계속

452 **季节**★★ jìjié

명 계절

我国有春夏秋冬四个季节。
Wǒ guó yǒu chūn xià qiū dōng sì ge jìjié.
우리나라는 춘하추동 사계절이 있다.

+ 春夏秋冬 chūn xià qiū dōng 춘하추동(봄, 여름, 가을, 겨울)

453 **春**★ chūn

명 봄

春天来了，花儿开了，鸟儿叫了。
Chūntiān lái le, huār kāi le, niǎor jiào le.
봄이 오니 꽃이 피고 새가 운다.

+ 开 kāi 동 (꽃이) 피다 | 鸟儿 niǎor 명 새 | 叫 jiào 동 지저귀다, 울다

454 **夏**★ xià

명 여름

今年的夏天特别热。
Jīnnián de xiàtiān tèbié rè.
올해 여름은 특히 덥다.

+ 特别 tèbié 부 매우 | 热 rè 형 덥다

455 **秋**★ qiū

명 가을

秋天是一年中最好的季节。
Qiūtiān shì yì nián zhōng zuì hǎo de jìjié.
가을은 일 년 중 가장 좋은 계절이다.

+ 季节 jìjié 명 계절

456 **冬**★ dōng

명 겨울

中国北方的冬天特别冷。
Zhōngguó běifāng de dōngtiān tèbié lěng.
중국 북방의 겨울은 특히 춥다.

+ 北方 běifāng 명 북쪽 | 特别 tèbié 부 매우 | 冷 lěng 형 춥다

회화체에서는 주로 봄, 여름, 가을, 겨울을 春天(chūntiān), 夏天(xiàtiān), 秋天(qiūtiān), 冬天(dōngtiān)으로 표현하지만, 문어체에서는 주로 季节(jìjié 계절)의 季(jì)를 써서 春季(chūnjì), 夏季(xiàjì), 秋季(qiūjì), 冬季(dōngjì) 등으로 표현합니다. 시험에 자주 출제되므로 季(jì)가 들어간 표현에 주의해야 합니다.

457 以前*
yǐqián

반의 以后 yǐhòu 이후

명 이전, 과거

他比以前更健康了。 빈출
Tā bǐ yǐqián gèng jiànkāng le.
그는 이전보다 더욱 건강해졌다.

+ 更 gèng 부 더욱 | 健康 jiànkāng 형 건강하다

458 过去
guòqù

반의 未来 wèilái 미래

명 과거

别总想过去，重要的是以后。
Bié zǒng xiǎng guòqù, zhòngyào de shì yǐhòu.
늘 과거만 생각하지 마. 중요한 것은 앞으로야.

+ 别 bié 부 ~하지 마라 | 总 zǒng 부 늘 | 重要 zhòngyào 형 중요하다 | 以后 yǐhòu 명 이후

동 지나가다

过去的事就让它过去吧。
Guòqù de shì jiù ràng tā guòqù ba.
지나간 일은 지나가게 해.(과거의 일은 잊어버려)

+ 让 ràng 동 ~하게 하다

459 周末*
zhōumò

명 주말

周末你想做什么？
Zhōumò nǐ xiǎng zuò shénme?
주말에 넌 무엇을 하고 싶어?

HSK 3급 출제 포인트

요일을 나타내는 단어 星期(xīngqī), 周(zhōu) 중에서 周가 더 많이 출제됩니다. 예를 들어 월요일을 星期一(xīngqīyī)보다는 周一(zhōuyī)로, 일요일을 星期天(xīngqītiān)보다는 周日(zhōurì)로 표현합니다.

460 马上★★★

□
□
mǎshàng

부 바로, 곧

比赛马上就要开始了。
Bǐsài mǎshàng jiùyào kāishǐ le.
시합이 곧 시작하려 한다.

+ 比赛 bǐsài 명 시합, 경기 | 就要…了 jiùyào…le 곧 ~하려 하다 | 开始 kāishǐ 동 시작하다

맛있는 단어  **马上과 马路**

马上(mǎshàng)의 뜻을 외울 때, 말(马 mǎ) 위(上 shàng)에 올라타 금방 출발하니까 '곧'이라고 생각하면 쉽게 외울 수 있습니다. 马上을 '말 위'라고 해석하지 않도록 주의하세요. 또한, 옛날에는 말이 자동차의 역할을 했기 때문에 马路(mǎlù)는 '말 길'이 아니라 '도로'임을 주의하세요.

461 刚才★★

□
□
gāngcái

유의 刚 gāng 방금, 막 4급

명 방금, 막

你刚才说什么了?
Nǐ gāngcái shuō shénme le?
너는 방금 뭐라고 말했어?

HSK 3급 출제 포인트

부사인 刚(gāng 방금, 막)과는 달리 刚才(gāngcái 방금, 막)는 부사가 아니라 시간 명사입니다. 시간 명사는 동사를 수식할 뿐만 아니라 명사도 수식할 수 있기 때문에 刚才的事(gāngcái de shì 방금 전의 일)처럼 [刚才的+명사]의 표현이 가능하다는 것을 주의하세요. 독해 제2부분에 출제되므로 꼭 기억해 두세요.

462 **后来**
□
□ hòulái

명 이후, 나중에

他开始努力画画儿，后来成了一名画家。
Tā kāishǐ nǔlì huàhuàr, hòulái chéngle yì míng huàjiā.
그는 열심히 그림을 그리기 시작했고, 나중에 화가가 되었다.

+ 努力 nǔlì 동 노력하다 | 画画儿 huàhuàr 그림을 그리다 | 成 chéng 동 ~이 되다 | 名 míng 양 명[사람을 세는 단위] | 画家 huàjiā 명 화가

463 **最后**★
□
□ zuìhòu

명 최후, 마지막

他最后什么也没有得到。
Tā zuìhòu shénme yě méiyǒu dédào.
그는 마지막에 어떤 것도 얻지 못했다.

+ 得到 dédào 동 얻다

464 **最近**
□
□ zuìjìn

명 최근, 요즘

你最近过得怎么样?
Nǐ zuìjìn guò de zěnmeyàng?
너는 요즘 어떻게 지내?

+ 过 guò 동 지내다, 생활하다

465 **总是**
□
□ zǒngshì

부 늘, 항상

他最近总是迟到。
Tā zuìjìn zǒngshì chídào.
그는 최근에 늘 지각한다.

+ 迟到 chídào 동 지각하다

466 **突然**★★
□
□ tūrán

부 갑자기

他突然生病了。
Tā tūrán shēngbìng le.
그는 갑자기 병이 났다.

+ 生病 shēngbìng 동 병이 나다, 아프다

형 갑작스럽다

他的病太突然了。
Tā de bìng tài tūrán le.
그의 병은 너무 갑작스러웠다.

+ 病 bìng 명 병

467 终于★★★
zhōngyú

부 마침내, 결국

호응 终于做完 마침내 다 끝내다 | 终于见面 마침내 만나다 | 终于成功 마침내 성공하다

考试终于结束了。 빈출
Kǎoshì zhōngyú jiéshù le.
시험이 마침내 끝났다.

+ 考试 kǎoshì 명 시험 | 结束 jiéshù 동 마치다, 끝나다

468 短
duǎn

반의 长 cháng 길다
2급 ···› p.46

형 (길이나 시간이) 짧다

秋天太短了。
Qiūtiān tài duǎn le.
가을은 너무 짧아.

+ 秋天 qiūtiān 명 가을

469 久★★
jiǔ

반의 短 duǎn 짧다
3급 ···› p.203

형 오래되다

好久不见了。
Hǎo jiǔ bú jiàn le.
오랜만이야.

+ 好 hǎo 부 매우, 엄청(감탄의 어기)

470 历史★★★
lìshǐ

명 역사

中国的饮茶有着很长的历史。 빈출
Zhōngguó de yǐn chá yǒuzhe hěn cháng de lìshǐ.
중국의 차 마시는 것은 긴 역사를 가지고 있다.

+ 饮茶 yǐn chá 동 차를 마시다

471 **机会**★
jīhuì

명 기회

호응 等机会 기회를 기다리다 | 找机会 기회를 찾다 |
得到机会 기회를 얻다 | 错过机会 기회를 놓치다

你一定要利用好这次机会，否则要等很长时间。
Nǐ yídìng yào lìyònghǎo zhè cì jīhuì, fǒuzé yào děng hěn cháng shíjiān.
넌 반드시 이번 기회를 잘 활용해야 해. 그렇지 않으면 오랜 시간 기다려야 할 거야.

+一定 yídìng 부 반드시 | 利用 lìyòng 동 이용하다, 활용하다 | 否则 fǒuzé 접 그렇지 않으면

472 **半**
bàn

명 반, 절반

票在半个小时内就卖完了。
Piào zài bàn ge xiǎoshí nèi jiù màiwán le.
표는 30분 안에 다 팔렸다.

+票 piào 명 표 | 内 nèi 명 안 | 卖 mài 동 팔다

473 **刻**★
kè

참고 一刻 yí kè 15분(=十五分)
三刻 sān kè 45분(=四十五分)

양 15분

明天六点一刻叫我起床。 빈출
Míngtiān liù diǎn yí kè jiào wǒ qǐchuáng.
내일 6시 15분에 나를 깨워줘.

+点 diǎn 명 시(時) | 叫 jiào 동 ~하게 하다

刻(kè)는 HSK 3급 듣기 제3부분 대화형 문제에 출제됩니다. 녹음에서 '现在都五点一刻了。(Xiànzài dōu wǔ diǎn yí kè le. 지금 벌써 5시 15분이야.)'라고 제시하고 현재 시간을 물을 경우, 보기에서 '5:01(5시 1분)'이 아니라 '5:15(5시 15분)'을 고를 수 있어야 합니다.

474 ☐ ☐

分

fēn

양 (시간의) 분

现在的时间是三点十五分。
Xiànzài de shíjiān shì sān diǎn shíwǔ fēn.
지금 시간은 3시 15분이다.

명 점수

这次考试我得了一百分。
Zhè cì kǎoshì wǒ déle yìbǎi fēn.
이번 시험에서 나는 100점을 받았다.

+ 得 dé 동 얻다

양 (화폐의) 펀, 푼[1위안(元)의 100분의 1]

我现在一分钱也没有。
Wǒ xiànzài yì fēn qián yě méiyǒu.
난 지금 한 푼의 돈도 없다.

동 나누다

人太多了，分开做吧。
Rén tài duō le, fēnkāi zuò ba.
사람이 너무 많아. 나눠서 하자.

맛있는 단어 TIP 分의 여러 가지 의미

分(fēn)은 뜻이 매우 많은데 아래와 같은 순서로 암기하는 것이 좋습니다.

(시험) 점수		(시간) 분		(화폐의) 푼
一百分	›	一点十五分	›	一分钱也没有
yìbǎi fēn		yī diǎn shíwǔ fēn		yì fēn qián yě méiyǒu
100점		1시 15분		한 푼의 돈도 없다

475 **段**
□
□
duàn

양 단락, 토막, 동안

我在北京住过一段时间。
Wǒ zài Běijīng zhùguo yí duàn shíjiān.
나는 베이징에서 한동안 산 적이 있다.

+住 zhù 동 살다

476 **先**★★
□
□
xiān

부 먼저

호응 先A，然后B 먼저 A 하고 그러고 나서 B 하다

我身体不舒服，就先回来了。 빈출
Wǒ shēntǐ bù shūfu, jiù xiān huílai le.
나는 몸이 안 좋아서 먼저 돌아왔다.

+舒服 shūfu 형 (몸이나 마음이) 편안하다

477 **然后**★
□
□
ránhòu

접 그런 후에

我先想一想，然后再告诉你。 빈출
Wǒ xiān xiǎng yi xiǎng, ránhòu zài gàosu nǐ.
내가 먼저 좀 생각해보고, 그런 후에 네게 알려줄게.

+告诉 gàosu 동 말하다, 알리다

HSK 3급 출제 포인트

[先A, 然后B]는 '먼저 A 하고 그러고 나서 B 하다'라는 뜻으로 연이은 동작의 선후 순서를 나타냅니다. 특히, 듣기 영역에서 先이 들렸다면 뒤에 然后가 나올 것임을 예상하고 문제를 풀고, 독해 영역에서 先이 제시되어 있다면 뒤에 然后를 찾아서 정확하게 해석해야 합니다.

你先认真想想，然后再决定。
Nǐ xiān rènzhēn xiǎngxiang, ránhòu zài juédìng.
너는 먼저 진지하게 생각해보고 나서 결정해.

478 □ □ **还是*** ** háishi

부 여전히

我还是不明白。
Wǒ háishi bù míngbai.
나는 여전히 이해가 안 된다.

+ 明白 míngbai 동 알다, 이해하다

접 또는, 아니면

你上午到还是下午到? 빈출
Nǐ shàngwǔ dào háishi xiàwǔ dào?
너는 오전에 도착해 아니면 오후에 도착해?

부 ~하는 편이 좋다

还是有辆车好哇! 빈출
Háishi yǒu liàng chē hǎo wa!
그래도 차가 한 대 있는 게 좋지!

+ 辆 liàng 양 대[차량을 세는 단위]

HSK 3급 출제 포인트

[还是…吧]는 '아무래도 ~하는 편이 좋다'라는 의미로 상대방이 심사숙고 끝에 내린 결정인 경우가 많습니다. [还是…吧]에 정답의 핵심 내용이 들어있으므로 이 표현에 집중하세요.

你还是去医院看看吧。
Nǐ háishi qù yīyuàn kànkan ba.
너는 그래도 병원에 가보는 것이 좋겠어.

479 □ □ **一直** ** yìzhí

부 줄곧, 계속

这几天一直在下雨。 빈출
Zhè jǐ tiān yìzhí zài xiàyǔ.
요 며칠 줄곧 비가 오고 있다.

480 一会儿 ★★★
yíhuìr

명 잠깐, 잠시, 잠시 후에

等一会儿!
Děng yíhuìr!
잠깐 기다려!

맛있는 단어  一会儿의 의미

一会儿(yíhuìr)은 두 가지 의미로 해석할 수 있습니다. 一会儿이 동사 뒤에 오면 시량보어가 되어 동작을 지속한 시간인 '잠시'라는 뜻이 되지만, 동사 앞에 올 경우에는 '잠시 후에, 이따가'로 해석됨에 주의하세요.

V + 一会儿	一会儿 + V
잠시 ~하다	나중에 ~하다
休息一会儿。 Xiūxi yíhuìr. 잠깐 쉬다.	一会儿再说。 Yíhuìr zài shuō. 나중에 다시 이야기하자.

481 主要
zhǔyào

부 주로

这本书主要介绍了中国节日的变化。
Zhè běn shū zhǔyào jièshàole Zhōngguó jiérì de biànhuà.
이 책은 주로 중국 명절의 변화를 소개했다.

+ 介绍 jièshào 동 소개하다 | 节日 jiérì 명 명절 | 变化 biànhuà 명 변화

형 주요하다

最近几年中国的主要变化是什么?
Zuìjìn jǐ nián Zhōngguó de zhǔyào biànhuà shì shénme?
최근 몇 년간 중국의 주요한 변화는 무엇인가?

+ 最近 zuìjìn 명 최근

482 迟到★★★

chídào

동 지각하다

我只是迟到了一会儿。 빈출
Wǒ zhǐshì chídàole yíhuìr.
나는 단지 조금 지각했을 뿐이야.

+ 只是 zhǐshì 부 단지, 다만

483 结婚★

jiéhūn

반의 离婚 líhūn 이혼하다

동 결혼하다

你们俩打算什么时候结婚?
Nǐmen liǎ dǎsuan shénme shíhou jiéhūn?
너희 둘은 언제 결혼할 계획이야?

+ 俩 liǎ 둘 | 打算 dǎsuan 동 ~할 계획이다

맛있는 단어  이합사 结婚

结婚(jiéhūn)은 이합사로, '~와 결혼하다'는 [跟…结婚]으로 표현합니다.

我想结婚她。(X) → 我想跟她结婚。(O)
Wǒ xiǎng gēn tā jiéhūn.
나는 그녀와 결혼하고 싶다.

484 帮忙★★★

bāngmáng

참고 帮助 bāngzhù 돕다
2급 ··· p.120

동 일을 돕다

周六有时间的话，你帮我一个忙吧。
Zhōuliù yǒu shíjiān de huà, nǐ bāng wǒ yí ge máng ba.
토요일에 시간이 있으면 나를 좀 도와줘.

+ 周六 zhōuliù 명 토요일

맛있는 단어  帮忙과 帮助 비교

帮忙(bāngmáng)과 帮助(bāngzhù)는 모두 '돕다'라는 뜻이지만 용법이 다릅니다. 帮助는 목적어를 가져서 '~을 돕다'로 바로 사용할 수 있지만, 帮忙은 이합사이므로 목적어를 취할 수 없습니다.

- 帮助我 bāngzhù wǒ 나를 돕다 (O)
- 帮忙我 (X) → 帮我的忙 bāng wǒ de máng 나를 돕다 (O)

485 □ □

习惯★★

xíguàn

명 습관

호응 好习惯 좋은 습관 | 坏习惯 나쁜 습관

睡觉前刷牙是好习惯。 빈출

Shuìjiào qián shuāyá shì hǎo xíguàn.

자기 전에 양치하는 것은 좋은 습관이다.

+ 刷牙 shuāyá 동 이를 닦다

동 습관이 되다

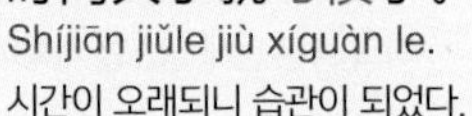

时间久了就习惯了。 빈출

Shíjiān jiǔle jiù xíguàn le.

시간이 오래되니 습관이 되었다.

+ 久 jiǔ 형 오래되다

习惯(xíguàn)은 '습관이 되다'라는 동사의 의미도 있다는 것을 꼭! 알아두어야 합니다. 특히 쓰기 제1부분에서 习惯 뒤에 동목구가 목적어로 올 수 있음에 주의하세요. 习惯 뒤에 내용이 계속 이어져 있다면, 이때 习惯은 동사로 쓰였다고 생각하면 됩니다.

목적어(동목구)

我不习惯穿这种衣服。

Wǒ bù xíguàn chuān zhè zhǒng yīfu.

나는 이런 옷을 입는 것에 익숙치 않다.

486 □ □

或者

huòzhě

접 혹은, 아니면

明天或者后天可能有时间。

Míngtiān huòzhě hòutiān kěnéng yǒu shíjiān.

내일이나 모레 아마 시간이 있을 거야.

+ 后天 hòutiān 명 모레 | 可能 kěnéng 부 아마도 | 时间 shíjiān 명 시간

487 **根据**
□
□
gēnjù

명 근거

他刚才说的话没有根据。
Tā gāngcái shuō de huà méiyǒu gēnjù.
그가 방금 한 말은 근거가 없다.

+ 刚才 gāngcái 명 방금

개 ~에 의거하여

我们要根据自己的需要买东西。 빈출
Wǒmen yào gēnjù zìjǐ de xūyào mǎi dōngxi.
우리는 자신의 필요에 따라 물건을 사야 한다.

+ 需要 xūyào 명 필요, 수요

488 **关于***
□
□
guānyú

개 ~에 관하여

我买了一本关于中国历史的书。 빈출
Wǒ mǎile yì běn guānyú Zhōngguó lìshǐ de shū.
나는 중국 역사에 관한 책을 한 권 샀다.

+历史 lìshǐ 명 역사

HSK 3급 출제 포인트

[수량구+关于+n+的+N]은 HSK 3~5급 쓰기 제1부분 어순 배열 문제에 자주 출제되는 문형입니다. 'n에 관한 N'으로 해석하며 명사구가 됩니다.

수량구 n N
一本关于文化的书
yì běn guānyú wénhuà de shū
한 권의 문화에 관한 책

DAY 12 확인 √ 테스트

동영상 강의

1 빈칸을 채우세요.

马上	mǎshàng	❶
总是	❷	늘, 항상
刚才	gāngcái	❸
最后	❹	최후, 마지막
❺	tūrán	갑자기

2 단어의 병음과 뜻을 알맞게 연결하세요.

❶ 一直 • • ㉠ chídào • • ⓐ 주말

❷ 周末 • • ㉡ xíguàn • • ⓑ 지각하다

❸ 迟到 • • ㉢ yìzhí • • ⓒ 줄곧

❹ 习惯 • • ㉣ zhōumò • • ⓓ 습관(이 되다)

3 빈칸에 들어갈 알맞은 단어를 쓰세요.

ránhòu

❶ 我先想一想，__________再告诉你。
내가 먼저 좀 생각해보고, **그런 후에** 네게 알려줄게.

lìshǐ

❷ 中国的饮茶有着很长的__________。
중국의 차 마시는 것은 긴 **역사**를 가지고 있다.

zhōngyú

❸ 考试__________结束了。 시험이 **마침내** 끝났다.

jìjié

❹ 我国有春夏秋冬四个__________。 우리나라는 춘하추동 사**계절**이 있다.

도전! HSK 3급 **독해** 제2부분

4 빈칸에 들어갈 알맞은 단어를 고르세요.

A 或者　　B 以前　　C 结婚　　D 突然

빈출 ❶ 他和女朋友准备明年(　　　　)。

❷ 星期日我在家休息(　　　　)跟朋友一起打篮球。

❸ 他比(　　　　)更胖了。

빈출 ❹ 今天上午还是晴天，中午(　　　　)下起雨来。

도전! HSK 3급 **쓰기** 제2부분

5 빈칸에 들어갈 알맞은 한자를 쓰세요.

❶ 我一(zhí)在这儿等你。

❷ 我先写完这个电子邮件，(rán)后帮你吧。

❸ 我买了一本(guān)于中国文化的书。

❹ 你(hái)是去医院看看吧。

❺ 现在十点十五了，您的手表慢了一(kè)。

기분이 좀 좋아졌어?
_감정과 태도

HSK 3급에 이 단어가 나온다!

감정과 태도 관련 주제는 시험에 매번 출제되므로 관련 단어를 반드시 잘 암기해야 합니다. 특히, 感兴趣(gǎn xìngqù 흥미가 있다), 满意(mǎnyì 만족하다), 着急(zháojí 조급해하다), 欢迎(huānyíng 환영하다)은 자주 출제되므로 꼭 기억하세요.

한눈에 파악하는 단어

긍정

放心 fàngxīn 안심하다
关心 guānxīn 관심이 있다
感兴趣 gǎn xìngqù 흥미가 있다, 관심이 있다
满意 mǎnyì 만족하다
相信 xiāngxìn 믿다
同意 tóngyì 동의하다
热情 rèqíng 친절하다, 열정적이다
欢迎 huānyíng 환영하다

부정

担心 dānxīn 걱정하다
害怕 hàipà 두려워하다, 무서워하다
哭 kū 울다
着急 zháojí 조급해하다, 서두르다
难过 nánguò 괴롭다, 슬프다
生气 shēngqì 화내다
小心 xiǎoxīn 조심하다
(≒注意 zhùyì 주의하다)

489 爱好
□ □
àihào

명 취미

他的爱好是打篮球。 빈출
Tā de àihào shì dǎ lánqiú.
그의 취미는 농구를 하는 것이다.

+ 篮球 lánqiú 명 농구

동 좋아하다

他爱好体育运动。
Tā àihào tǐyù yùndòng.
그는 스포츠를 좋아한다.

+ 体育 tǐyù 명 체육 | 运动 yùndòng 명 운동

490 担心**
□ □
dānxīn

반의 放心 fàngxīn 안심하다
3급 ···› p.215

동 걱정하다

不要太担心。
Bú yào tài dānxīn.
너무 걱정하지 마.

491 放心*
□ □
fàngxīn

반의 担心 dānxīn 걱정하다
3급 ···› p.215

동 안심하다

放心吧，问题很快就会解决的。
Fàngxīn ba, wèntí hěn kuài jiù huì jiějué de.
안심해. 문제가 금방 해결될 거야.

+ 会 huì 조동 ~할 것이다 | 解决 jiějué 동 해결하다

492 关心**
□ □
guānxīn

유의 感兴趣 gǎn xìngqù 흥미가 있다
3급 ···› p.216

동 관심이 있다

张老师很关心学生。
Zhāng lǎoshī hěn guānxīn xuésheng.
장 선생님은 학생들에 대해 매우 관심이 많다.

493 小心★★

□ □

xiǎoxīn

유의 注意 zhùyì 주의하다
3급 ··· p.216

동 조심하다, 주의하다

雨天时，开车要特别小心。
Yǔ tiān shí, kāichē yào tèbié xiǎoxīn.
비가 올 때는 운전을 특히 조심해야 한다.

+ 开车 kāichē 동 운전하다 | 特别 tèbié 부 특별히, 매우

494 注意★

□ □

zhùyì

유의 小心 xiǎoxīn 조심하다
3급 ··· p.216

동 주의하다, 신경 쓰다

호응 注意安全 안전에 주의하다 | 注意健康 건강에 주의하다

我以前没注意到习惯这么重要。
Wǒ yǐqián méi zhùyìdào xíguàn zhème zhòngyào.
나는 예전에는 습관이 이렇게 중요한지 인식하지 못했다.

+ 习惯 xíguàn 명 습관 | 重要 zhòngyào 형 중요하다

495 感兴趣★★★

□ □

gǎn xìngqù

유의 关心 guānxīn
관심이 있다
3급 ··· p.215

흥미가 있다, 관심이 있다

호응 对…感兴趣 ~에 흥미를 느끼다

你对什么感兴趣呢？ 빈출
Nǐ duì shénme gǎn xìngqù ne?
너는 무엇에 대해서 흥미를 느끼니?

HSK 3급 출제 포인트

感兴趣(gǎn xìngqù)는 주로 [对…感兴趣] 형태로 쓰여 '~에 흥미를 느끼다'라는 의미를 나타냅니다. [对…不感兴趣]는 '~에 흥미를 느끼지 못하다'라는 의미입니다. 또한 感 대신에 有를 써서 有兴趣(yǒu xìngqù)로도 말할 수 있지만, 有感兴趣로 쓰지 않도록 주의하세요.

我对汉语感兴趣。
Wǒ duì Hànyǔ gǎn xìngqù.
나는 중국어에 흥미를 느낀다.

我对汉语不感兴趣。
Wǒ duì Hànyǔ bù gǎn xìngqù.
나는 중국어에 흥미를 느끼지 못한다.

496 **害怕***

□
□

hàipà

동 두려워하다, 무서워하다

害怕下水就不能学会游泳。
Hàipà xià shuǐ jiù bù néng xuéhuì yóuyǒng.
물속에 들어가는 걸 무서워하면 수영을 배울 수 없다.

+ 学会 xuéhuì 동 ~하는 법을 배우다 | 游泳 yóuyǒng 명 수영

맛있는 한자 TIP 心(마음심)이 들어간 한자

心(마음심)은 심장의 심방과 심실의 모양을 본따 만들어진 글자로, 사람의 생각, 감정, 성격 등을 나타내는 글자에 들어갑니다. 心은 본래의 형태로 혹은 변형된 형태(忄)로도 표현된다는 것을 주의하세요.

- 想 xiǎng 생각하다
- 忘 wàng 잊다
- 忙 máng 바쁘다
- 害怕 hàipà 두려워하다
- 快乐 kuàilè 즐겁다

497 **满意*****

□
□

mǎnyì

반의 失望 shīwàng 실망하다 4급

형 만족스럽다

你对这个成绩满意吗? 빈출
Nǐ duì zhège chéngjì mǎnyì ma?
너는 이 성적에 대해서 만족하니?

+ 成绩 chéngjì 명 성적

동 만족하다, 마음에 들다

我很满意这个手表。
Wǒ hěn mǎnyì zhège shǒubiǎo.
나는 이 손목시계가 매우 마음에 든다.

+ 手表 shǒubiǎo 명 손목시계

满意(mǎnyì)는 HSK 3급 쓰기 제1부분 어순 배열 문제로 자주 출제됩니다. 주로 [주어+对+대상+很满意] 형태로 출제되므로, 이 문형을 꼭 암기하세요.

주어 대상
客人对那里的服务很满意。
Kèrén duì nàli de fúwù hěn mǎnyì.
손님은 그곳의 서비스에 대해서 매우 만족한다.

498 难过★★
□ □
nánguò

유의 伤心 shāngxīn 상심하다 4급

참고 哭 kū 울다 3급 ··· p.219

형 괴롭다, 슬프다

这件事让他很难过。
Zhè jiàn shì ràng tā hěn nánguò.
이 일은 그로 하여금 매우 괴롭게 했다.

+让 ràng 동 ~하게 하다

499 奇怪
□ □
qíguài

형 이상하다

那是一件很奇怪的事。
Nà shì yí jiàn hěn qíguài de shì.
그것은 이상한 일이다.

500 热情★★
□ □
rèqíng

형 친절하다, 열정적이다

服务员对人们很热情。
Fúwùyuán duì rénmen hěn rèqíng.
종업원은 사람들에게 매우 친절하다.

+服务员 fúwùyuán 명 종업원

명 열정

他对自己的工作很有热情。
Tā duì zìjǐ de gōngzuò hěn yǒu rèqíng.
그는 자신의 일에 대해서 매우 열정이 있다.

501 □ □ **生气**★★
shēngqì

유의 发脾气 fā píqi 화내다

동 화내다

我听到这件事，心里很生气。
Wǒ tīngdào zhè jiàn shì, xīnli hěn shēngqì.
나는 이 일을 듣고 속으로 매우 화가 났다.

\+ 心里 xīnli 명 마음속

맛있는 단어 TIP 이합사 生气

生气(shēngqì)는 단어 안에 목적어가 포함된 이합사로, 목적어를 취할 수가 없습니다. 그래서 아래 예문과 같은 형식으로 쓰입니다. HSK 4급에서는 유의어인 发脾气(fā píqi 화내다)와 관련되어 출제되므로 미리 알아두세요.

- 生我的气 shēng wǒ de qì 나 때문에 화가 나다
- 跟我生气 gēn wǒ shēngqì 나에게 화를 내다

502 □ □ **哭**★
kū

반의 笑 xiào 웃다
2급 ··· p.62
참고 难过 nánguò
괴롭다, 슬프다
3급 ··· p.218

동 울다

他的眼睛哭红了。
Tā de yǎnjing kūhóng le.
그의 눈은 울어서 빨개졌다.

\+ 眼睛 yǎnjing 명 눈

503 □ □ **同意**
tóngyì

반의 反对 fǎnduì 반대하다
4급

동 동의하다

我同意他的话。
Wǒ tóngyì tā de huà.
나는 그의 말에 동의한다.

504 相信

xiāngxìn

반의 怀疑 huáiyí 의심하다
4급

동 믿다

除了你以外，我还能相信谁呢？ 빈출
Chúle nǐ yǐwài, wǒ hái néng xiāngxìn shéi ne?
너 말고 내가 또 누굴 믿을 수 있겠니?

+ 除了…以外 chúle…yǐwài ~을 제외하고

505 愿意

yuànyì

유의 想 xiǎng ~하고 싶다
1급 ··· p.65

동 원하다, 바라다

我想让他去，可他不愿意去。
Wǒ xiǎng ràng tā qù, kě tā bú yuànyì qù.
나는 그를 보내고 싶은데, 그는 가기를 원하지 않는다.

+ 让 ràng 동 ~하게 하다 | 可 kě 접 그러나

506 着急★★★

zháojí

반의 冷静 lěngjìng 침착하다
4급

동 조급해하다, 서두르다

别着急，慢慢儿来吧。 빈출
Bié zháojí, mànmānr lái ba.
서두르지 말고 천천히 해.

+ 慢慢儿 mànmānr 부 천천히 | 来 lái 동 하다(구체적인 동사를 대신함)

507 打算★★★

dǎsuan

유의 准备 zhǔnbèi 준비하다
2급 ··· p.126

동 ~할 계획이다

毕业后你打算做什么？
Bìyè hòu nǐ dǎsuan zuò shénme?
졸업 후에 너는 무엇을 할 계획이니?

+ 毕业 bìyè 동 졸업하다

명 계획

这个周日你有什么打算？
Zhège zhōurì nǐ yǒu shénme dǎsuan?
이번 주 일요일에 너는 무슨 계획이 있니?

+ 周日 zhōurì 명 일요일

3급

DAY 08 | DAY 09 | DAY 10 | DAY 11 | DAY 12 | **DAY 13** | DAY 14 | DAY 15

508 □□ **决定*** juédìng

동 결정하다

他决定跟男朋友结婚了。 빈출
Tā juédìng gēn nánpéngyou jiéhūn le.
그녀는 남자 친구와 결혼하기로 결정했다.

+ 结婚 jiéhūn 동 결혼하다

명 결정

호응 做决定 결정하다 | 下决定 결정을 내리다

他可能不同意这个决定。
Tā kěnéng bù tóngyì zhège juédìng.
그는 아마 이 결정에 동의하지 않을 것이다.

+ 可能 kěnéng 부 아마 | 同意 tóngyì 동 동의하다

509 □□ **欢迎***** huānyíng

동 환영하다

欢迎下次再来！
Huānyíng xià cì zài lái!
다음에 또 오실 것을 환영합니다!

명 환영

호응 受欢迎 환영을 받다

她的歌非常受欢迎。
Tā de gē fēicháng shòu huānyíng.
그녀의 노래는 매우 인기 있다.

+ 受欢迎 shòu huānyíng 환영을 받다, 인기 있다

510 □□ **了解***** liǎojiě

유의 理解 lǐjiě 이해하다 4급
明白 míngbai 이해하다, 알다 3급 ··· p.157

동 이해하다, 잘 알다, 알아보다

如果你不太了解一个人，就不要随便说他。
Rúguǒ nǐ bú tài liǎojiě yí ge rén, jiù bú yào suíbiàn shuō tā.
만일 당신이 한 사람에 대해서 잘 모르면, 함부로 그에 대해서 말하지 마세요.

+ 如果 rúguǒ 접 만약, 만일 | 随便 suíbiàn 부 마음대로, 함부로

511 清楚*

qīngchu

유의 明白 míngbai 이해하다
3급 ···› p.157
知道 zhīdào 잘 알다
2급 ···› p.127

형 분명하다, 뚜렷하다

黑板上清楚地写着我的名字。
Hēibǎnshang qīngchu de xiězhe wǒ de míngzi.
칠판에는 내 이름이 명확하게 적혀 있다.

+ 黑板 hēibǎn 명 칠판 | 名字 míngzi 명 이름

동 이해하다, 잘 알다

我们应该清楚自己想做什么。
Wǒmen yīnggāi qīngchu zìjǐ xiǎng zuò shénme.
우리는 자신이 무엇을 하고 싶은지 잘 알아야 한다.

+ 应该 yīnggāi 조동 마땅히 ~해야 한다

清楚(qīngchu)는 형용사로서 '뚜렷하다'의 의미로도 자주 출제되지만, 동사로서 '잘 알다(知道 zhīdào)', '이해하다(明白 míngbai)'의 의미로도 많이 출제되고 있습니다. 독해 제2부분 빈칸 채우기 문제에서 빈칸 뒤에 목적어가 있고 의미상으로 '~을 이해하다/알다'라고 해석될 경우 清楚가 올 수 있음을 기억하세요.

술어(동사) 목적어
我不清楚你的意思。
Wǒ bù qīngchu nǐ de yìsi.
나는 너의 뜻을 이해하지 못하겠어.

512 认为***

rènwéi

참고 以为 yǐwéi
~라고 (잘못) 여기다
4급

동 ~라고 여기다

我认为他的话是对的。
Wǒ rènwéi tā de huà shì duì de.
나는 그의 말이 옳다고 생각한다.

+ 对 duì 형 옳다, 맞다

513 舒服★★★
shūfu

반의 难受 nánshòu
괴롭다, 불편하다
4급

형 편안하다

호응 身体不舒服 몸이 불편하다 | 心里不舒服 마음이 불편하다

身体不舒服，心情也容易变得不好。
Shēntǐ bù shūfu, xīnqíng yě róngyì biàn de bù hǎo.
몸이 안 좋으면 기분도 안 좋아지기 쉽다.

+ 心情 xīnqíng 명 기분 | 容易 róngyì 형 ~하기 쉽다

514 要求
yāoqiú

명 요구

老师对学生要求很高。
Lǎoshī duì xuésheng yāoqiú hěn gāo.
선생님은 학생에 대해 요구가 매우 높다.

동 요구하다

经理要求我今天做完这个工作。
Jīnglǐ yāoqiú wǒ jīntiān zuòwán zhège gōngzuò.
사장은 나에게 오늘 이 일을 끝낼 것을 요구했다.

+ 经理 jīnglǐ 명 사장

515 需要★★★
xūyào

동 필요하다

호응 需要时间 시간이 필요하다 | 需要朋友 친구가 필요하다 |
需要钱 돈이 필요하다

人人都需要别人的帮助。 빈출
Rénrén dōu xūyào biéren de bāngzhù.
모든 사람은 다른 사람의 도움을 필요로 한다.

+ 别人 biéren 대 다른 사람 | 帮助 bāngzhù 명 도움

516 多么
duōme

참고 怎么 zěnme 어떻게
1급 ··· p.72
这么 zhème 이렇게

부 얼마나

你知道我多么爱你吧？
Nǐ zhīdào wǒ duōme ài nǐ ba?
내가 너를 얼마나 사랑하는지 알지?

+ 知道 zhīdào 동 알다 | 爱 ài 동 사랑하다

517 □ □

一定★★★

yídìng

유의 必须 bìxū 반드시
3급 ··· p.260

부 반드시(의무), 틀림없이(추측)

호응 一定要… 반드시 ~해야 한다(의무) |
一定会… 틀림없이 ~할 것이다(추측)

我决定今年一定要去旅游。 빈출
Wǒ juédìng jīnnián yídìng yào qù lǚyóu.
나는 올해 반드시 여행가기로 결정했다.

+ 决定 juédìng 동 결정하다 | 旅游 lǚyóu 동 여행하다

형 일정한, 어느 정도의

天气可以给人的心情一定的影响。
Tiānqì kěyǐ gěi rén de xīnqíng yídìng de yǐngxiǎng.
날씨는 사람의 기분에 일정한 영향을 줄 수 있다.

+ 天气 tiānqì 명 날씨 | 心情 xīnqíng 명 기분 |
影响 yǐngxiǎng 명 영향

HSK 3급 출제 포인트

[不一定…]은 '반드시 ~인 것은 아니다'라는 뜻으로 부분 부정을 나타냅니다. HSK 3~6급에 모두 출제되는 단어이므로 반드시 기억해 두세요.

钱多不一定幸福。
Qián duō bù yídìng xìngfú.
돈이 많다고 꼭 행복한 것은 아니다.

努力了不一定能成功。 빈출
Nǔlìle bù yídìng néng chénggōng.
노력했다고 꼭 성공할 수 있는 것은 아니다.

518 □ □

更

gèng

부 더, 더욱

比起日本来，我对中国更感兴趣。
Bǐqǐ Rìběn lái, wǒ duì Zhōngguó gèng gǎn xìngqù.
일본에 비해, 나는 중국에 대해서 더욱 흥미를 느낀다.

+ 比起…来 bǐqǐ…lái ~에 비해서 |
感兴趣 gǎn xìngqù 흥미를 느끼다

519 □ □ **极** jí

부 극히

这个歌，我觉得是极好的。
Zhège gē, wǒ juéde shì jí hǎo de.
이 노래는 나는 더할 나위 없이 좋다고 느껴져.

명 (지구의 남·북) 극

北极和南极特别冷。
Běijí hé Nánjí tèbié lěng.
북극과 남극은 매우 춥다.

+ 北极 Běijí 명 북극 | 南极 Nánjí 명 남극 | 特别 tèbié 부 특히, 매우

맛있는 단어 TIP 정도보어 极了

…极了(…jí le)는 형용사나 심리동사 뒤에서 정도가 극에 달했음을 나타내는 정도보어입니다.

- 高兴极了 gāoxìng jí le 기쁘기 그지없다
- 热极了 rè jí le 극히 덥다

520 □ □ **为** wèi

참고 为什么 wèishénme 왜
2급 ··· p.72

개 ~을 위하여

我能为你做点事，心里很高兴。
Wǒ néng wèi nǐ zuò diǎn shì, xīnli hěn gāoxìng.
내가 널 위해 뭔가를 좀 할 수 있어서 마음이 기쁘다.

+ 心里 xīnli 명 마음 | 高兴 gāoxìng 형 기쁘다

개 ~때문에

你别为我担心，我会照顾好自己的。
Nǐ bié wèi wǒ dānxīn, wǒ huì zhàogùhǎo zìjǐ de.
나 때문에 걱정하지 마세요. 제 몸은 제가 잘 챙길게요.

+ 担心 dānxīn 동 걱정하다 | 照顾 zhàogù 동 돌보다

521 为了
☐
☐
wèile

개 ~하기 위하여

为了学好汉语，我经常找中国人聊天。
Wèile xuéhǎo Hànyǔ, wǒ jīngcháng zhǎo Zhōngguórén liáotiān.
중국어를 잘하기 위해 나는 자주 중국인을 찾아서 이야기한다.

+ 经常 jīngcháng 부 자주 | 找 zhǎo 동 찾다 | 聊天 liáotiān 동 이야기를 나누다

522 当然★★★
☐
☐
dāngrán

부 당연히

我们是朋友，我当然要帮你。
Wǒmen shì péngyou, wǒ dāngrán yào bāng nǐ.
우린 친구잖아. 내가 당연히 널 도와야지.

+ 帮 bāng 동 돕다

형 당연하다

那当然了。
Nà dāngrán le.
그거야 당연하지.

523 特别★★
☐
☐
tèbié

유의 很 hěn 매우
1급 ⋯→ p.41
非常 fēicháng 매우
2급 ⋯→ p.41
十分 shífēn 매우
4급

형 특별하다

这个小孩子很特别。
Zhège xiǎoháizi hěn tèbié.
이 아이는 매우 특별하다.

+ 小孩子 xiǎoháizi 명 아이

부 특별히, 매우

호응 特别害怕 특히 두려워하다 | 特别奇怪 특히 이상하다

这句话让我特别生气。 빈출
Zhè jù huà ràng wǒ tèbié shēngqì.
이 말은 나를 매우 화나게 했다.

+ 句 jù 양 마디 | 生气 shēngqì 동 화내다

HSK 3급 출제 포인트

[特别是+일부]는 전체 중 일부를 강조할 때 씁니다. 이때 是(shì)를 함께 써야 합니다. 特别是 뒤에는 정답의 힌트가 제시된다는 것을 기억하세요.

…, 但是长时间对着电脑，对人们的身体，
…, dànshì cháng shíjiān duìzhe diànnǎo, duì rénmen de shēntǐ,

힌트(→눈에 좋지 않음)
特别是眼睛影响很大。
tèbié shì yǎnjing yǐngxiǎng hěn dà.
…, 하지만 장시간 컴퓨터를 마주하면 사람들의 신체, 특히 눈에 영향이 매우 크다.

524 越★★★
☐
☐
yuè

부 ~할수록 ~하다

考试越来越近，我越来越担心。
Kǎoshì yuè lái yuè jìn, wǒ yuè lái yuè dānxīn.
시험은 갈수록 가까워오고, 나는 갈수록 걱정되었다.

+ 越来越 yuè lái yuè 갈수록 | 担心 dānxīn 동 걱정하다

맛있는 단어 

항상 함께 쓰이는 越

越(yuè)는 하나만 쓰지 않고 항상 두 개로 씁니다. 위의 예문처럼 越来越(yuè lái yuè)나 越…越…(yuè…yuè…)의 형태로만 쓴다는 것에 주의하세요.

① [越来越+형용사/심리동사] : 갈수록 ~하다

天气越来越热。
Tiānqì yuè lái yuè rè.
날씨가 갈수록 덥다.

② [越…越…] : ~할수록 ~하다

我越想越生气。
Wǒ yuè xiǎng yuè shēngqì.
나는 생각할수록 화가 났다.

525 其实★★★

qíshí

부 사실

其实我也很高兴。
Qíshí wǒ yě hěn gāoxìng.
사실은 나도 매우 기쁘다.

+ 也 yě 부 역시, 또한 | 高兴 gāoxìng 형 기쁘다

其实(qíshí) 뒤에 중요한 내용이 나오기 때문에 독해 지문에서 其实 뒷부분에 집중하면 정답을 빠르게 찾을 수 있습니다. 아울러 가장 많이 출제되는 문장 구조는 [잘못된 사실+其实+반박(주제)]이라는 것도 알아두세요.

잘못된 사실 / 반박(주제)

大家都说小李比我大一岁，其实他只比我大一个月，…
Dàjiā dōu shuō Xiǎo Lǐ bǐ wǒ dà yí suì, qíshí tā zhǐ bǐ wǒ dà yí ge yuè,…
모두 샤오리가 나보다 한 살이 더 많다고 말하는데, 사실 그는 나보다 겨우 1개월이 많을 뿐이다. …

526 不但A，而且B

búdàn A, érqiě B

유의 不仅A，而且B
bùjǐn A, érqiě B
A일 뿐만 아니라 게다가 B 하다

A일 뿐만 아니라 게다가 B 하다

不但学生生气，而且老师也生气。
Búdàn xuésheng shēngqì, érqiě lǎoshī yě shēngqì.
학생이 화났을 뿐 아니라 게다가 선생님도 화가 났다.

+ 生气 shēngqì 동 화내다 | 也 yě 부 역시, 또한

HSK 3급 출제 포인트

HSK 3급 독해 영역에서 해석을 빨리 하기 위해서는 한 문장의 전체 구조를 잘 파악해야 합니다. 만일 접속사 不但(búdàn)이 있다면 뒷부분에 而且(érqiě)를 찾아서 'A일 뿐만 아니라 게다가/또한 B 하다'라고 해석할 수 있어야 합니다. 而且 대신에 还(hái)나 也(yě)도 올 수 있습니다.

527 **啊**
□
□
a

조 문장 끝에 쓰여 긍정, 의문, 감탄 등을 나타냄

天啊！那应该怎么办啊？
Tiān a! Nà yīnggāi zěnme bàn a?
맙소사, 그럼 어떡해야 하는 거죠?

+ 应该 yīnggāi 조동 마땅히 ~해야 한다

DAY 13 확인 √ 테스트

동영상 강의

1 빈칸을 채우세요.

❶	kū	울다
满意	❷	만족하다
❸	xiǎoxīn	조심하다
热情	rèqíng	❹
相信	❺	믿다

2 단어의 병음과 뜻을 알맞게 연결하세요.

❶ 同意 • • ㉠ tóngyì • • ⓐ 동의하다

❷ 难过 • • ㉡ dǎsuan • • ⓑ 흥미가 있다

❸ 打算 • • ㉢ gǎn xìngqù • • ⓒ ~할 계획이다

❹ 感兴趣 • • ㉣ nánguò • • ⓓ 괴롭다, 슬프다

3 빈칸에 들어갈 알맞은 단어를 쓰세요.

❶ 你知道我＿＿＿＿(duōme)爱你吧? 내가 너를 **얼마나** 사랑하는지 알지?

❷ 我决定今年＿＿＿＿(yídìng)要去旅游。나는 올해 **반드시** 여행가기로 결정했다.

❸ 她的歌非常受＿＿＿＿(huānyíng)。그녀의 노래는 매우 **인기 있다**.

❹ 别＿＿＿＿(zháojí)，慢慢儿来吧。**서두르지** 말고 천천히 해.

도전/ HSK 3급 **독해** 제2부분

4 빈칸에 들어갈 알맞은 단어를 고르세요.

A 一定　　B 担心　　C 需要　　D 要求

❶ 他越来越(　　　　)。

빈출 ❷ 老人的话不(　　　　)都对。

❸ 每个人都(　　　　)别人的帮助。

빈출 ❹ 我爸爸对自己(　　　　)非常高。

5 빈칸에 들어갈 알맞은 한자를 쓰세요.

❶ 这件事情太(　qí　)怪了，让人很难相信。

❷ 今天身体不舒(　fu　)，所以早点儿下班了。

빈출 ❸ 我相(　xìn　)自己以后会画得更好。

빈출 ❹ 我对这个地方很(　mǎn　)意。

❺ 下车时，(　zhù　)意安全。

요즘은 워라밸이 대세
_여가와 일상

HSK 3급에 이 단어가 나온다!

여가 활동과 관련해서 比赛(bǐsài 경기), 护照(hùzhào 여권), 照片(zhàopiàn 사진) 등이 자주 출제되고 있으며, 일상생활과 관련하여 打扫(dǎsǎo 청소하다), 空调(kōngtiáo 에어컨), 礼物(lǐwù 선물) 등이 꾸준히 출제되고 있습니다.

한눈에 파악하는 단어

여가&일상

- 打扫 dǎsǎo 청소하다
- 见面 jiànmiàn 만나다
- 聊天 liáotiān 잡담하다, 이야기를 나누다
- 新闻 xīnwén 뉴스
- 故事 gùshi 이야기
- 节目 jiémù 프로그램
- 音乐 yīnyuè 음악
- 游戏 yóuxì 게임
- 比赛 bǐsài 시합, 경기
- 参加 cānjiā 참가하다

여행&날씨

- 太阳 tàiyáng 태양
- 月亮 yuèliang 달
- 伞 sǎn 우산
- 刮风 guāfēng 바람이 불다
- 变化 biànhuà 변화하다
- 空调 kōngtiáo 에어컨
- 护照 hùzhào 여권
- 照片 zhàopiàn 사진
- 照相机 zhàoxiàngjī 카메라

528 □□ **上网** shàngwǎng

동 인터넷에 접속하다

호응 上网聊天 인터넷에 접속하여 채팅하다

咖啡馆一般都可以上网。
Kāfēiguǎn yìbān dōu kěyǐ shàngwǎng.
커피숍은 일반적으로 모두 인터넷을 할 수 있다.

+ 咖啡馆 kāfēiguǎn 명 커피숍, 카페 | 一般 yìbān 부 보통, 일반적으로

529 □□ **电子邮件** diànzǐ yóujiàn

명 이메일, 전자 우편

호응 发电子邮件 이메일을 보내다

我在写电子邮件，马上就写完了。
Wǒ zài xiě diànzǐ yóujiàn, mǎshàng jiù xiěwán le.
나는 지금 이메일을 쓰고 있는데, 금방 끝난다.

+ 马上 mǎshàng 부 곧, 바로

530 □□ **文化**★★ wénhuà

명 문화

호응 了解文化 문화를 이해하다 | 历史和文化 역사와 문화

我对中国文化很感兴趣，所以经常看中国电影。 빈출
Wǒ duì Zhōngguó wénhuà hěn gǎn xìngqù, suǒyǐ jīngcháng kàn Zhōngguó diànyǐng.
나는 중국 문화에 대해 매우 흥미가 있어서 자주 중국 영화를 본다.

+ 感兴趣 gǎn xìngqù 흥미를 느끼다 | 经常 jīngcháng 부 자주

531 □□ **节日** jiérì

참고 节目 jiémù 프로그램
3급 ··· p.236

명 명절

호응 过节(日) 명절을 보내다

春节是中国最重要的节日。
Chūnjié shì Zhōngguó zuì zhòngyào de jiérì.
춘절은 중국의 가장 중요한 명절이다.

+ 春节 Chūnjié 명 춘절 | 重要 zhòngyào 형 중요하다

532 打扫★★
□
□
dǎsǎo

참고 收拾 shōushi 정리하다 4급
整理 zhěnglǐ 정리하다 4급

동 청소하다

호응 打扫房间 방을 청소하다 | 打扫教室 교실을 청소하다 | 打扫干净 깨끗이 청소하다

妈妈把房间打扫干净了。 빈출
Māma bǎ fángjiān dǎsǎo gānjìng le.
엄마는 방을 깨끗이 청소했다.

+ 房间 fángjiān 명 방 | 干净 gānjìng 형 깨끗하다

HSK 3급 출제 포인트

HSK 3급 쓰기 제1부분 어순 배열 문제에서 把, 打扫, 干净이 제시된다면 [把…打扫干净]의 어순으로 배열해야 합니다. 把자문에서 동사는 단독으로 오지 못하고 동사 뒤에 기타 성분이 있어야 하기 때문입니다.

주어+把+목적어+동사+기타 성분

同学们已经把教室干净打扫了。(X)

→ 同学们已经把教室打扫干净了。(O)
Tóngxuémen yǐjīng bǎ jiàoshì dǎsǎo gānjìng le.
급우들이 이미 교실을 깨끗이 청소해 놓았다.

533 聊天★★
□
□
liáotiān

동 잡담하다, 이야기를 나누다

호응 网上聊天 온라인 채팅 | 跟…聊天 ~와 이야기하다

一般来说，女人更喜欢聊天。
Yìbān lái shuō, nǚrén gèng xǐhuan liáotiān.
일반적으로 여자가 담소를 나누는 것을 더욱 좋아한다.

534 见面★★
□
□
jiànmiàn

동 만나다

我们在哪儿见面?
Wǒmen zài nǎr jiànmiàn?
우리 어디에서 만날까?

맛있는 단어 TIP 이합사 见面

见面(jiànmiàn)은 이합사로, 목적어를 취할 수 없기 때문에 아래와 같이 두 가지 형식으로 사용됨에 주의하세요.

① [跟…见面] : ~와 만나다

我爸妈想跟你见面。
Wǒ bà mā xiǎng gēn nǐ jiànmiàn.
우리 아빠 엄마가 너를 만나고 싶어해.

② [见…(的)面] : ~와 만나다

我想见你最后一面。
Wǒ xiǎng jiàn nǐ zuìhòu yí miàn.
나는 너와 마지막으로 만나고 싶어.

535 一边★★

yìbiān

부 한편으로는 ~하고 또 한편으로는 ~하다

她们在一边喝咖啡一边聊天。 빈출
Tāmen zài yìbiān hē kāfēi yìbiān liáotiān.
그녀들은 커피를 마시면서 이야기를 나누고 있다.

+ 咖啡 kāfēi 명 커피 | 聊天 liáotiān 동 이야기를 나누다

HSK 3급 출제 포인트

一边은 아래 예문처럼 [一边…一边…(yìbiān…yìbiān…)]의 형태로 출제됩니다. 쓰기 제1부분에서 一边 뒤에는 모두 동사(구)를 놓아야 한다는 것을 기억하세요.

① 一边은 동시 혹은 교차 진행이 가능한 동작에 사용됩니다.

他一边看电视一边吃饭。
Tā yìbiān kàn diànshì yìbiān chīfàn.
그는 TV를 보면서 밥을 먹는다.

② 동사와 함께 쓰이며 형용사와는 쓸 수 없습니다. 형용사와 쓰일 때는 [既(又)…又…]로 써야 합니다.

她一边高兴一边生气。(X)

→ 她既高兴又生气。(O)
Tā jì gāoxìng yòu shēngqì.
그녀는 기쁘면서도 화가 났다.

536 **画** huà

명 그림

他的画儿真美！
Tā de huàr zhēn měi!
그의 그림은 참 아름다워!

+美 měi 형 아름답다

동 (그림을) 그리다

호응 画画儿 그림을 그리다

她在公园画花草树木。
Tā zài gōngyuán huà huā cǎo shù mù.
그녀는 공원에서 화초와 나무를 그린다.

+公园 gōngyuán 명 공원

537 **新闻** xīnwén

참고 报纸 bàozhǐ 신문
2급 ··· p.110

명 뉴스

爸爸每天都看新闻了解国家大小事。
Bàba měitiān dōu kàn xīnwén liǎojiě guójiā dà xiǎo shì.
아빠는 매일 뉴스를 보고 국가의 대소사를 이해한다.

+了解 liǎojiě 동 이해하다, 알다 | 国家 guójiā 명 국가, 나라

538 **故事** gùshi

명 이야기

호응 爱情故事 러브 스토리(사랑 이야기) | 讲故事 이야기를 해주다

我以前听过这个故事。
Wǒ yǐqián tīngguo zhège gùshi.
나는 이전에 이 이야기를 들어본 적이 있다.

+以前 yǐqián 명 이전, 과거

539 **节目**★★ jiémù

참고 节日 jiérì 명절
3급 ··· p.233

명 프로그램

这个节目很受欢迎。빈출
Zhège jiémù hěn shòu huānyíng.
이 프로그램은 매우 인기 있다.

+受 shòu 동 받다 | 欢迎 huānyíng 동 환영하다

맛있는 단어 TIP 节日와 节目 비교

节日(jiérì 명절)와 节目(jiémù 프로그램)는 의미상으로는 전혀 공통점이 없지만 비슷하게 생겨서 혼동하기 쉬운 단어입니다. 节日의 '日(rì)'와 节目의 '目(mù)'를 구별해서 두 단어를 기억하세요.

- 节日 jiérì 명절
- 节目 jiémù 프로그램

540 音乐 yīnyuè

명 음악

我喜欢一边听音乐一边学习。
Wǒ xǐhuan yìbiān tīng yīnyuè yìbiān xuéxí.
나는 음악을 들으면서 공부하는 것을 좋아한다.

+ 一边…一边… yìbiān…yìbiān… ~하면서 ~하다

541 游戏* yóuxì

명 게임, 놀이

호응 玩儿游戏 게임을 하다 | 电脑游戏 컴퓨터 게임

玩儿这个游戏需要三个人。
Wánr zhège yóuxì xūyào sān ge rén.
이 게임을 하는 데는 세 사람이 필요하다.

+ 玩儿 wánr 동 놀다 | 需要 xūyào 동 필요하다

542 比赛*** bǐsài

명 경기, 시합

호응 足球比赛 축구 경기 | 篮球比赛 농구 경기

比赛马上就要开始了。 빈출
Bǐsài mǎshàng jiùyào kāishǐ le.
시합이 곧 시작하려 한다.

+ 马上 mǎshàng 부 곧 |
就要…了 jiùyào…le 곧 ~하려 하다

543 □ □ **参加*** cānjiā

동 참가하다

호응 参加考试 시험에 참가하다 | 参加比赛 시합에 참가하다

这次比赛你参加吗?
Zhè cì bǐsài nǐ cānjiā ma?
이번 경기에 너는 참가하니?

\+ 次 cì 양 번, 회 | 比赛 bǐsài 명 경기, 시합

544 □ □ **护照**** hùzhào

명 여권

호응 办护照 여권을 만들다 | 带护照 여권을 지니다 | 丢护照 여권을 잃어버리다

我的护照突然找不到了。
Wǒ de hùzhào tūrán zhǎo bu dào le.
내 여권을 갑자기 못 찾겠어.

\+ 突然 tūrán 부 갑자기 | 找不到 zhǎo bu dào 찾을 수 없다

545 □ □ **照片***** zhàopiàn

명 사진

这张照片照得真好! 빈출
Zhè zhāng zhàopiàn zhào de zhēn hǎo!
이 사진은 정말 잘 찍었어!

\+ 张 zhāng 양 장[사진·종이 등을 세는 단위] | 照 zhào 동 사진을 찍다

546 □ □ **照相机***** zhàoxiàngjī

명 사진기, 카메라(줄여서 相机라고도 함)

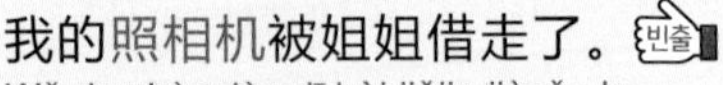

我的照相机被姐姐借走了。 빈출
Wǒ de zhàoxiàngjī bèi jiějie jièzǒu le.
내 사진기는 언니(누나)가 빌려갔다.

\+ 被 bèi 개 ~에 의해 ~당하다 | 借 jiè 동 빌리다

547 张 zhāng

양 장[종이, 책상 등 평평한 물건을 세는 단위]

这张照片是去年照的。 빈출
Zhè zhāng zhàopiàn shì qùnián zhào de.
이 사진은 작년에 찍은 것이다.

+ 照片 zhàopiàn 명 사진 | 去年 qùnián 명 작년 | 照 zhào 동 사진을 찍다

동 벌리다

医生让我张开嘴。
Yīshēng ràng wǒ zhāngkāi zuǐ.
의사는 나에게 입을 벌리라고 했다.

+ 嘴 zuǐ 명 입

548 行李箱 xínglixiāng

명 트렁크, 여행용 가방

我的行李箱是黑色的。
Wǒ de xínglixiāng shì hēisè de.
내 트렁크는 검은색이야.

+ 黑色 hēisè 명 검은색

549 刮风*** guāfēng

동 바람이 불다

这个地方的冬天经常刮风。 빈출
Zhège dìfang de dōngtiān jīngcháng guāfēng.
이곳의 겨울은 자주 바람이 분다.

+ 地方 dìfang 명 장소, 곳 | 冬天 dōngtiān 명 겨울 | 经常 jīngcháng 부 자주

550 太阳* tàiyáng

명 태양

太阳快要下山了。
Tàiyáng kuàiyào xiàshān le.
해가 곧 지려 한다.

+ 快要…了 kuàiyào…le 곧 ~하려 하다 | 下山 xiàshān 해가 지다

551 月亮
yuèliang

명 달

今天的月亮真大！
Jīntiān de yuèliang zhēn dà!
오늘 달이 정말 크다!

552 变化
biànhuà

명 변화

最近这个城市变化很大。
Zuìjìn zhège chéngshì biànhuà hěn dà.
최근 이 도시에는 변화가 매우 크다.

+ 最近 zuìjìn 명 최근 | 城市 chéngshì 명 도시

동 변화하다

这个世界已经开始变化了。
Zhège shìjiè yǐjīng kāishǐ biànhuà le.
이 세계는 이미 변화하기 시작했다.

553 伞★★
sǎn

명 우산(雨伞으로도 쓸 수 있음)

호응 带伞 우산을 지니다 | 打伞 우산을 쓰다

下午可能下雨，你出门时带伞吧。 빈출
Xiàwǔ kěnéng xiàyǔ, nǐ chūmén shí dài sǎn ba.
오후에 비가 올 수 있으니까, 나갈 때 우산을 챙겨.

+ 可能 kěnéng 부 아마도 |
出门 chūmén 동 외출하다 | 带 dài 동 지니다

554 空调★★★
kōngtiáo

명 에어컨

호응 开空调 에어컨을 켜다 | 关空调 에어컨을 끄다

天气太热了，我们开空调吧。
Tiānqì tài rè le, wǒmen kāi kōngtiáo bā.
날씨가 너무 더워, 우리 에어컨을 켜자.

+ 天气 tiānqì 명 날씨 | 热 rè 형 덥다 |
开 kāi 동 (기기를) 켜다

555 **旧**
jiù

반의 新 xīn 새롭다
2급 ··· p.51

형 오래되다

空调太旧了，声音也很大。
Kōngtiáo tài jiù le, shēngyīn yě hěn dà.
에어컨이 너무 오래돼서 소리도 매우 크다.

+声音 shēngyīn 명 소리

556 **坏** ★★★
huài

반의 好 hǎo 좋다
1급 ··· p.44

형 나쁘다

我不是坏人，你相信我吧。
Wǒ bú shì huàirén, nǐ xiāngxìn wǒ ba.
난 나쁜 사람이 아니에요, 절 믿으세요.

+坏人 huàirén 명 나쁜 사람 | 相信 xiāngxìn 동 믿다

동 고장 나다

空调又坏了，这次真得买新的了。 빈출
Kōngtiáo yòu huài le, zhè cì zhēn děi mǎi xīn de le.
에어컨이 또 고장 났어. 이번에는 진짜 새 걸로 사야겠어.

+空调 kōngtiáo 명 에어컨 | 真得 zhēn děi 정말 ~해야 한다

동 (음식 등이) 상하다

苹果都坏了。
Píngguǒ dōu huài le.
사과가 다 상했다.

557 **礼物** ★★
lǐwù

명 선물

호응 准备礼物 선물을 준비하다 | 带礼物 선물을 챙기다 | 送礼物 선물을 주다 | 生日礼物 생일 선물

这是我送你的礼物，你看看喜欢不喜欢？
Zhè shì wǒ sòng nǐ de lǐwù, nǐ kànkan xǐhuan bu xǐhuan?
이건 네게 주는 선물이야. 마음에 드는지 볼래?

+送 sòng 동 선물하다

558 **声音**
☐
☐
shēngyīn

명 소리

空调的声音太大了，影响休息。
Kōngtiáo de shēngyīn tài dà le, yǐngxiǎng xiūxi.
에어컨 소리가 너무 커서, 휴식에 영향을 준다.

+ 空调 kōngtiáo 명 에어컨 | 影响 yǐngxiǎng 동 영향을 주다 | 休息 xiūxi 동 쉬다, 휴식하다

559 **像***
☐
☐
xiàng

동 비슷하다, 닮다

照片上的你不像你。
Zhàopiànshang de nǐ bú xiàng nǐ.
사진 속에 너는 널 닮지 않았어.

+ 照片 zhàopiàn 명 사진

560 **一样**
☐
☐
yíyàng

형 같다

호응 A和B一样 A와 B는 같다 | A和B不一样 A와 B는 다르다

我和你一样，很喜欢旅游。
Wǒ hé nǐ yíyàng, hěn xǐhuan lǚyóu.
나는 너와 마찬가지로 여행을 좋아한다.

+ 旅游 lǚyóu 동 여행하다

561 **一般**
☐
☐
yìbān

부 일반적으로

周日你一般做什么?
Zhōurì nǐ yìbān zuò shénme?
일요일에 너는 보통 뭐 해?

+ 周日 zhōurì 명 일요일

형 보통이다, 일반적이다

这个电影很一般。
Zhège diànyǐng hěn yìbān.
이 영화는 보통이다.

562 只

zhǐ

참고 只 zhī 마리
3급 ··· p.147

부 단지, 오로지

打网球只是我的爱好。
Dǎ wǎngqiú zhǐ shì wǒ de àihào.
테니스 치는 것은 단지 나의 취미이다.

+ 打网球 dǎ wǎngqiú 테니스를 치다 | 爱好 àihào 명 취미

563 除了

chúle

개 ~을 제외하고, ~말고

호응 除了A(以外)，还B A를 제외하고 또한 B이다

他除了打篮球，还喜欢踢足球。
Tā chúle dǎ lánqiú, hái xǐhuan tī zúqiú.
그는 농구하는 것 말고 또 축구하는 것도 좋아한다.

+ 打篮球 dǎ lánqiú 농구하다 | 踢足球 tī zúqiú 축구하다

HSK 3급 출제 포인트

HSK 3급 독해 제2부분 빈칸 채우기 문제에서 보기 중에 除了(chúle)가 있고 빈칸 뒤쪽에 以外(yǐwài)나 还(hái)가 있다면 除了를 정답으로 고르면 됩니다.

我除了中国以外，还去过美国和日本。
Wǒ chúle Zhōngguó yǐwài, hái qùguo Měiguó hé Rìběn.
나는 중국 외에도 미국과 일본도 가보았다.

DAY 14 확인 √ 테스트

1 빈칸을 채우세요.

❶	bǐsài	경기, 시합
❷	cānjiā	참가하다
空调	❸	에어컨
新闻	xīnwén	❹
节目	jiémù	❺

2 단어의 병음과 뜻을 알맞게 연결하세요.

❶ 月亮 • • ㉠ jiù • • ⓐ 나쁘다, 고장 나다

❷ 变化 • • ㉡ huài • • ⓑ 변화

❸ 旧 • • ㉢ biànhuà • • ⓒ 달

❹ 坏 • • ㉣ yuèliang • • ⓓ 오래되다

3 빈칸에 들어갈 알맞은 단어를 쓰세요.

❶ 空调的＿＿＿＿＿(shēngyīn)太大了，影响休息。
에어컨 **소리**가 너무 커서, 휴식에 영향을 준다.

❷ 这是我送你的＿＿＿＿＿(lǐwù)，你看看喜欢不喜欢?
이건 네게 주는 **선물**이야. 마음에 드는지 볼래?

❸ 我的＿＿＿＿＿(hùzhào)突然找不到了。내 **여권**을 갑자기 못 찾겠어.

❹ 我的＿＿＿＿＿(zhàoxiàngjī)被姐姐借走了。내 **사진기**는 언니(누나)가 빌려갔다.

도전/ HSK 3급 **독해** 제2부분

4 빈칸에 들어갈 알맞은 단어를 고르세요.

A 音乐	B 文化	C 打扫	D 旧

❶ 我喜欢一边听(   )一边学习。

빈출 ❷ 妈妈把房间(   )干净了。

❸ 我对中国(   )很感兴趣。

❹ 爸，我家的空调太(   )了，声音也很大，该换了啊。

도전/ HSK 3급 **쓰기** 제2부분

5 빈칸에 들어갈 알맞은 한자를 쓰세요.

❶ 咖啡馆一般都可以上(wǎng)。

❷ 我在写电子邮(jiàn)，马上就写完了。

❸ 春节是中国最重要的(jié)日。

❹ 他们一边喝茶一边(liáo)天。

빈출 ❺ 我以前听过这个故(shi)。

쇼핑 중독을 조심하세요
_쇼핑과 행위

HSK 3급에 이 단어가 나온다!

쇼핑에서는 주로 裤子(kùzi 바지), 裙子(qúnzi 치마), 衬衫(chènshān 셔츠), 皮鞋(píxié 구두)가 자주 출제됩니다. 条(tiáo)가 바지와 치마의 양사로 사용되고, 双(shuāng)이 구두의 양사로 사용된다는 것을 주의하세요. 중국의 화폐 단위는 元/块(yuán, kuài 위안)이며, 花(huā)는 '꽃'이라는 뜻 이외에 동사로 '(돈이나 시간을) 쓰다'라는 뜻도 있다는 것을 꼭 기억하세요.

한눈에 파악하는 단어

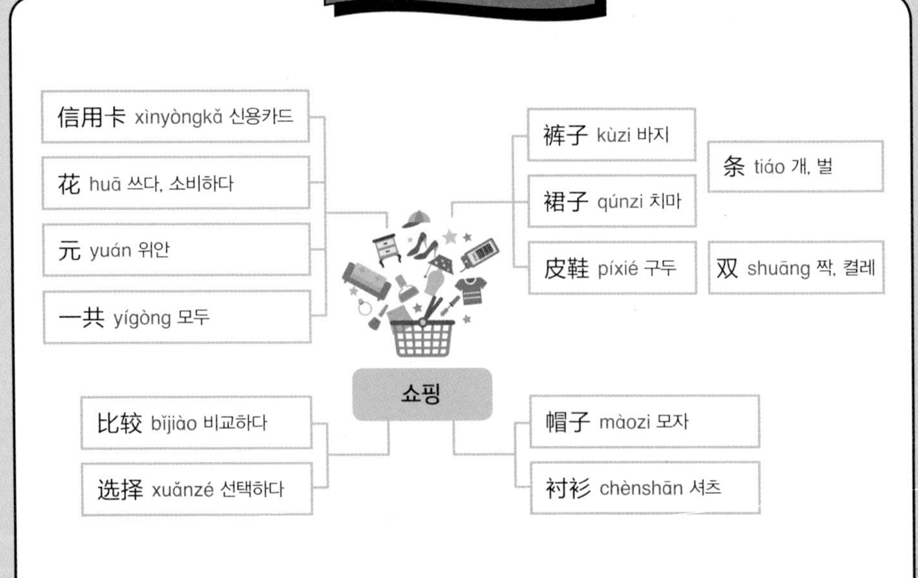

564 信用卡
xìnyòngkǎ

명 신용카드

호응 刷信用卡 신용카드로 결제하다

我的信用卡找不到了。
Wǒ de xìnyòngkǎ zhǎo bu dào le.
내 신용카드를 못 찾겠어.

+ 找不到 zhǎo bu dào 찾을 수 없다

565 裤子**
kùzi

명 바지

这条裤子非常合身。
Zhè tiáo kùzi fēicháng héshēn.
이 바지는 매우 몸에 잘 맞다.

+ 条 tiáo 양 바지나 치마를 세는 단위 | 合身 héshēn 몸에 맞다

566 裙子**
qúnzi

명 치마

这条裙子真漂亮!
Zhè tiáo qúnzi zhēn piàoliang!
이 치마는 참 예쁘다!

567 衬衫*
chènshān

명 셔츠, 와이셔츠

호응 买衬衫 셔츠를 사다 | 穿衬衫 셔츠를 입다 | 洗衬衫 셔츠를 빨다

这件衬衫有点儿贵。
Zhè jiàn chènshān yǒudiǎnr guì.
이 셔츠는 좀 비싸다.

+ 件 jiàn 양 벌[옷을 세는 단위] | 贵 guì 형 비싸다

20만원

맛있는 한자 TIP 衤이 들어간 단어

옷의변(衤)은 衣가 변형된 형태로 衤이 들어가면 옷과 관련된 뜻을 나타냅니다.

- 裤子 kùzi 바지
- 裙子 qúnzi 치마
- 衬衫 chènshān 셔츠

568 □ □

条*

tiáo

양 가늘고 긴 것을 세는 단위

호응 一条路 한 갈래의 길 | 一条河 한 줄기의 강

这位司机认识每条街道。
Zhè wèi sījī rènshi měi tiáo jiēdào.
이 운전기사는 모든 길을 다 안다.

+ 位 wèi 양 분[사람을 세는 단위] | 司机 sījī 명 운전기사 | 认识 rènshi 동 알다, 인식하다 | 街道 jiēdào 명 길, 거리

양 바지나 치마를 세는 단위

호응 一条裤子 한 벌의 바지

我买了一条漂亮的裙子。
Wǒ mǎile yì tiáo piàoliang de qúnzi.
나는 예쁜 치마 하나를 샀다.

+ 裙子 qúnzi 명 치마

양 동식물과 관련된 것을 세는 단위

这条鱼真大!
Zhè tiáo yú zhēn dà!
이 물고기는 참 크다!

+ 鱼 yú 명 생선, 물고기

569 □ □

皮鞋**

píxié

참고 运动鞋 yùndòngxié 운동화

명 (가죽) 구두

这双皮鞋我很满意。
Zhè shuāng píxié wǒ hěn mǎnyì.
이 구두는 난 매우 마음에 든다.

+ 双 shuāng 양 쌍 | 满意 mǎnyì 형 마음에 들다, 만족스럽다

570 **帽子** □ □
màozi

명 모자

请把那个帽子拿过来。 빈출
Qǐng bǎ nàge màozi ná guòlai.
저 모자를 좀 가져다주세요.

+ 拿 ná 동 (손으로) 쥐다, 가지다

571 **花**★★ □ □
huā

참고 花 huā 꽃
3급 ⋯→ p.146

동 (돈, 시간을) 쓰다

호응 花钱 돈을 쓰다 | 花时间 시간을 들이다

她在衣服上花很多钱。 빈출
Tā zài yīfu shang huā hěn duō qián.
그녀는 옷에 많은 돈을 쓴다.

572 **一共**★★ □ □
yígòng

부 총, 모두

你一共花了多少钱? 빈출
Nǐ yígòng huāle duōshao qián?
너는 총 얼마를 썼어?

+ 花 huā 동 (돈을) 쓰다

맛있는 단어  **一共과 都 비교**

一共은 수를 합산할 때 사용하는 표현으로 '총, 모두'의 의미지만, 都(dōu)는 앞에서 말한 대상의 전체를 나타낼 때 사용합니다. 一共(yígòng)은 뒤에 항상 수량사가 온다는 것이 중요한 특징입니다.

① [주어+一共+합계 수량]

我这里一共有三万块。
Wǒ zhèli yígòng yǒu sān wàn kuài.
나한테 총 3만 위안이 있어

② [주어(복수 대상)+都+동사/형용사]

我和他都是学生。
Wǒ hé tā dōu shì xuésheng.
나와 그는 모두 학생이다.

573 元★★★
□
□
yuán

동의 块 kuài 위안
1급 ··· p.79

양 위안[중국의 화폐 단위]

这次旅游我一共花了一万元。
Zhè cì lǚyóu wǒ yígòng huāle yí wàn yuán.
이번 여행에서 나는 총 1만 위안을 썼다.

+ 旅游 lǚyóu 동 여행하다 | 一共 yígòng 부 총, 모두 |
花 huā 동 (돈을) 쓰다

574 角★
□
□
jiǎo

양 자오[1元의 1/10에 해당하는 중국의 화폐 단위로 문어(文語)에 쓰이며, 회화체에서는 毛(máo)라고 함]

一元是十角，一角是十分。
Yì yuán shì shí jiǎo, yì jiǎo shì shí fēn.
1위안은 10자오이고, 1자오는 10펀이다.

+ 元 yuán 양 위안

맛있는 단어 TIP 중국의 화폐 단위

중국의 화폐 단위로는 元(yuán), 角(jiǎo), 分(fēn)이 있습니다. 元과 角는 문어체의 색채가 강하고, 块(kuài)와 毛(máo)는 회화체의 색채가 강합니다.

- 元(=块) yuán(=kuài) 1위안
- 角(=毛) jiǎo(=máo) 1/10위안
- 分 fēn 1/100위안

575 万
□
□
wàn

수 만, 10,000

这块手表一万块。빈출
Zhè kuài shǒubiǎo yí wàn kuài.
이 손목시계는 1만 위안이다.

+ 块 kuài 양 덩이[덩이로 된 물건을 세는 단위] |
手表 shǒubiǎo 명 손목시계

576 **比较***
bǐjiào

부 비교적

这种椅子比较舒服。
Zhè zhǒng yǐzi bǐjiào shūfu.
이런 의자는 비교적 편하다.

+种 zhǒng 양 종류 | 椅子 yǐzi 명 의자 | 舒服 shūfu 형 편안하다

동 비교하다

你可以去别家比较一下。
Nǐ kěyǐ qù bié jiā bǐjiào yíxià.
너는 다른 가게에 가서 한번 비교해봐도 돼.

+别家 bié jiā 다른 집, 다른 가게

577 **试**
shì

참고 考试 kǎoshì 시험
2급 ··· p.120

동 시도하다

喜欢的话，你就穿上试试吧。
Xǐhuan de huà, nǐ jiù chuānshang shìshi ba.
마음에 들면 한번 입어봐.

+的话 de huà ~라면

578 **发现**
fāxiàn

동 발견하다

他发现了一个很奇怪的东西。
Tā fāxiànle yí ge hěn qíguài de dōngxi.
그는 한 이상한 물건을 발견했다.

+奇怪 qíguài 형 이상하다 | 东西 dōngxi 명 물건

579 **选择**
xuǎnzé

동 선택하다

호응 选择题 객관식 문제 | 选择工作 직업을 선택하다

我选择了中间的，他选择了最后的。
Wǒ xuǎnzéle zhōngjiān de, tā xuǎnzéle zuìhòu de.
나는 중간 것을 선택했고, 그는 마지막 것을 선택했다.

명 선택

这是最好的选择。
Zhè shì zuì hǎo de xuǎnzé.
이것은 최고의 선택이다.

580 又
☐
☐
yòu

참고 再 zài 다시, 또
2급 ··· p.74

부 또, 다시

호응 又…又… ~하면서 또 ~하다

他去年来过，今年又来了。
Tā qùnián láiguo, jīnnián yòu lái le.
그는 작년에 왔었고, 올해도 왔다.

부 한편, 또한

这个苹果又大又甜。

Zhège píngguǒ yòu dà yòu tián.
이 사과는 크면서도 달다.

+ 又…又… yòu…yòu… ~하면서 또 ~하다 | 甜 tián 형 달다

맛있는 단어 TIP 再와 又의 비교

再(zài)와 又(yòu) 모두 동작의 반복을 나타냅니다. 하지만 再는 주로 미래의 일에, 又는 과거의 일에 씁니다.

这个电影我已经看过了，不想再看了。(→ 又(X))
Zhège diànyǐng wǒ yǐjīng kànguo le, bù xiǎng zài kàn le.
나는 이 영화를 이미 봐서 다시 보고 싶지 않다.

他昨天来过，今天又来了。(→ 再(X))
Tā zuótiān láiguo, jīntiān yòu lái le.
그는 어제 왔었고, 오늘 또 왔다.

581 发
□
□ fā

동 보내다, 발송하다

호응 发短信 문자 메시지를 보내다 | 发电子邮件 이메일을 보내다

他给我发了一条短信。
Tā gěi wǒ fāle yì tiáo duǎnxìn.
그는 나에게 한 통의 문자 메시지를 보냈다.

+ 给 gěi 개 ~에게 | 条 tiáo 양 통[문자 메시지를 세는 단위] | 短信 duǎnxìn 명 문자 메시지

582 放★★
□
□ fàng

동 놓다

我忘记把帽子放在哪儿了。 빈출
Wǒ wàngjì bǎ màozi fàngzài nǎr le.
나는 모자를 어디에 놔뒀는지 잊어버렸다.

+ 忘记 wàngjì 동 잊다 | 把 bǎ 개 ~을 | 帽子 màozi 명 모자 | 放在 fàngzài ~에 놓다

583 把★★★
□
□ bǎ

개 ~을

你把这些衣服放到行李箱里吧。 빈출
Nǐ bǎ zhèxiē yīfu fàngdào xínglixiāng li ba.
너는 이 옷들을 짐가방에 넣어.

+ 放到 fàngdào ~에 넣다 | 行李箱 xínglixiāng 명 짐가방, 트렁크

양 개[손잡이가 있는 물건을 세는 단위]

外面阴了，你还是带上一把伞吧。
Wàimian yīn le, nǐ háishi dàishang yì bǎ sǎn ba.
밖이 흐려졌어. 우산 하나 챙겨.

+ 阴 yīn 형 흐리다 | 还是 háishi 부 ~하는 편이 좋다 | 伞 sǎn 명 우산

584 **被**★★★

□
□

bèi

개 ~에게 ~을 당하다

相机被朋友借走了。 

Xiàngjī bèi péngyou jièzǒu le.

친구가 사진기를 빌려갔다.

+ 相机 xiàngjī 명 사진기(≒照相机 zhàoxiàngjī) | 借 jiè 동 빌리다

맛있는 단어 TIP 被자문의 특징

被(bèi)자문은 '피동문'이라고도 부르며 '주어가 어떤 일을 당하다'라는 의미를 나타냅니다. 당하는 대상을 주어로 놓는 것이 가장 큰 특징이며, 把(bǎ)자문과 어순을 비교하여 이해하는 것이 좋습니다.

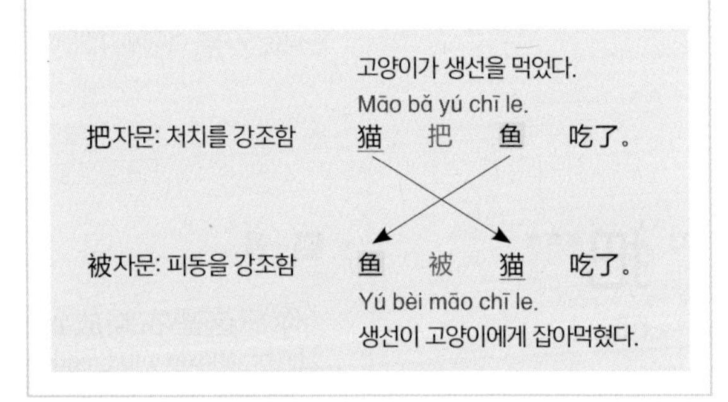

585 **关**

□
□

guān

반의 开 kāi
열다, (전기 제품을) 켜다
1급 ··· p.61

동 닫다

호응 关门 문을 닫다

太冷了，关一下门。

Tài lěng le, guān yíxià mén.

너무 추워, 문 좀 닫아줘.

동 (전기 제품을) 끄다

호응 关灯 불을 끄다 | 关机 (휴대폰, 컴퓨터 등의) 전원을 끄다 | 关空调 에어컨을 끄다

帮我关一下灯。

Bāng wǒ guān yíxià dēng.

불 좀 꺼줘.

+ 帮 bāng 동 돕다 | 灯 dēng 명 등

586 过 guò

□ □

참고 过 guo ~한 적이 있다
2급 ··· p.70

동 지나가다

那个站已经过了啊!
Nàge zhàn yǐjīng guò le a!
그 역은 이미 지났어요!

+ 站 zhàn 명 역, 정류장 | 已经 yǐjīng 부 이미, 벌써

동 보내다, 지내다

호응 过生日 생일을 보내다 | 过节日 명절을 보내다

我在中国过了二十岁生日。
Wǒ zài Zhōngguó guòle èrshí suì shēngrì.
나는 중국에서 스무 살 생일을 보냈다.

맛있는 단어  동태조사 过

동태조사 过는 동사 뒤에서 경성(guo)으로 읽고 '~한 적이 있다'라는 의미를 나타냅니다.

동태조사
你去过云南吗?
Nǐ qùguo Yúnnán ma?
너는 윈난성에 가본 적이 있어?

587 借** jiè

□ □

반의 还 huán 돌려주다
3급 ··· p.255

동 빌리다

你能借我点儿钱吗?
Nǐ néng jiè wǒ diǎnr qián ma?
너 나에게 돈을 좀 빌려줄 수 있어?

588 还** huán

□ □

반의 借 jiè 빌리다
3급 ··· p.255
참고 还 hái 아직, 여전히
2급 ··· p.105

동 돌려주다

호응 还钱 돈을 갚다 | 还书 책을 돌려주다 | 还相机 카메라를 돌려주다

我去图书馆还书。 빈출
Wǒ qù túshūguǎn huán shū.
나는 도서관에 책을 반납하러 간다.

+ 图书馆 túshūguǎn 명 도서관

HSK 3급 출제 포인트

还는 발음도 두 개인데다가 자주 쓰이는 뜻도 세 가지이므로 해석에 오류가 생기기 않도록 주의하세요. 还(hái)일 때는 부사로 '여전히, 아직도'와 '또한, 게다가'의 뜻이고, 还(huán)일 때는 동사로 '갚다, 돌려주다'라는 뜻인데 뒤에는 주로 명사 목적어가 옵니다.

还 hái	还 huán
부 여전히, 아직도/또한, 게다가	동 갚다, 돌려주다
她还没来。 Tā hái méi lái. 그녀는 아직 오지 않았다. 你还要点什么菜? Nǐ hái yào diǎn shénme cài? 너는 또 무슨 요리를 더 주문하려고?	下午我要去图书馆还书。 Xiàwǔ wǒ yào qù túshūguǎn huán shū. 오후에 나는 도서관에 책을 반납하러 가야 해.

589 换★★ huàn

동 바꾸다, 교환하다

호응 换钱 환전하다, 잔돈으로 바꾸다 | 换公司 회사를 옮기다 | 换电话号码 전화번호를 바꾸다

下午我去银行换钱，你去不去?
Xiàwǔ wǒ qù yínháng huànqián, nǐ qù bu qù?
오후에 나는 은행에 환전하러 가는데, 너 갈래?

+银行 yínháng 명 은행

590 讲 jiǎng

동 말하다, 이야기하다, 설명하다

爷爷讲的故事很有意思。빈출
Yéye jiǎng de gùshi hěn yǒu yìsi.
할아버지가 해주는 이야기는 매우 재미있다.

+故事 gùshi 명 이야기 | 有意思 yǒu yìsi 재미있다

591 □□ **拿★★★** ná

동 (손으로) 쥐다, 가지다

请把菜单拿过来。 빈출
Qǐng bǎ càidān ná guòlai.
메뉴판을 가져다주세요.

+ 把 bǎ 개 ~을 | 菜单 càidān 명 메뉴, 식단, 차림표

맛있는 한자 TIP 手가 들어간 한자

手(손수)는 손을 내민 모양을 본따 만든 글자입니다. 手는 글자 그대로 아랫부분에 쓰이거나 扌으로 변형되어 쓰이기도 합니다. 손으로 들(拿 ná)거나 물건을 옮길(搬 bān) 때에도 手가 들어갑니다.

- 拿 ná 잡다, 쥐다
- 打 dǎ 때리다
- 搬 bān 옮기다

592 □□ **用** yòng

동 이용하다, 쓰다

这个铅笔快要用完了。
Zhège qiānbǐ kuàiyào yòngwán le.
이 연필은 곧 다 써간다.

+ 铅笔 qiānbǐ 명 연필 | 快要…了 kuàiyào…le 곧 ~하려 하다

명 쓸모, 소용

担心也没有用。
Dānxīn yě méiyǒu yòng.
걱정해도 소용없다.

+ 担心 dānxīn 동 걱정하다 | 也 yě 부 역시, 또한

593 **带**★★★

☐
☐

dài

동 (몸에) 지니다, 휴대하다

호응 带伞 우산을 지니다 | 带护照 여권을 지니다 |
带手机 휴대폰을 챙기다

我忘记带手机了。 빈출
Wǒ wàngjì dài shǒujī le.
나는 휴대폰 챙기는 것을 깜빡했어.

+忘记 wàngjì 동 잊다 | 手机 shǒujī 명 휴대폰

동 (사람을) 데리다

下午我要带孩子去医院。
Xiàwǔ wǒ yào dài háizi qù yīyuàn.
오후에 나는 아이를 데리고 병원에 가야 한다.

명 띠, 벨트

请系好安全带。
Qǐng jìhǎo ānquándài.
안전벨트를 매십시오.

+系 jì 동 매다, 묶다

594 **接**

☐
☐

jiē

반의 送 sòng 배웅하다
2급 ··· p.119

동 마중하다

호응 接客人 손님을 마중하다

下午我要去机场接客人。 빈출
Xiàwǔ wǒ yào qù jīchǎng jiē kèrén.
오후에 나는 손님을 마중하러 공항에 가야 한다.

+机场 jīchǎng 명 공항 | 客人 kèrén 명 손님

동 잇다, 연결하다

这本书你看完了，我接着看。
Zhè běn shū nǐ kànwán le, wǒ jiēzhe kàn.
이 책은 네가 다 보고 나면, 내가 이어서 볼게.

동 (손으로) 받다, 받아들이다

호응 接电话 전화를 받다

小王，接一下电话。
Xiǎo Wáng, jiē yíxià diànhuà.
샤오왕, 전화 좀 받아.

595 搬★★ bān

동 옮기다, 이사하다

호응 搬家 이사하다 | 搬东西 물건을 옮기다

下个星期我要搬家。 빈출
Xiàge xīngqī wǒ yào bānjiā.
다음 주에 나는 이사하려 한다.

596 起来★★★ qǐlái

동 일어나다

快起来，都10点了。
Kuài qǐlái, dōu shí diǎn le.
빨리 일어나. 벌써 10시야.

+ 都 dōu 부 이미, 벌써(=已经)

HSK 3급 출제 포인트

起来(qǐlai)가 방향보어가 되면 '시작과 지속'이나 '동작의 목적 달성'을 나타낼 수 있습니다. 특히 쓰기 제1부분 어순 배열에서 [V+了+起来] 어순에 따라 동사(V)와 起来 사이에 了가 들어갈 수 있음을 주의하세요.

- 哭起来。 울기 시작하다.(시작 후 지속)
  Kū qǐlai.
- 想起来。 생각나다.(목적 달성)
  Xiǎng qǐlai.
- 女儿害怕得哭了起来。 딸은 무서워서 울기 시작했다.
  Nǚ'ér hàipà de kūle qǐlai.

597 必须★★★

bìxū

유의 一定 yídìng 반드시
3급 ··· p.224

부 반드시

你必须做个身体检查。
Nǐ bìxū zuò ge shēntǐ jiǎnchá.
너는 반드시 신체검사를 받아야 한다.

+ 检查 jiǎnchá 동 검사하다

598 经常★★★

jīngcháng

부 자주

他经常去那儿吃饭。 빈출
Tā jīngcháng qù nàr chīfàn.
그는 자주 거기에 가서 밥을 먹는다.

599 地

de

조 ~하게(형용사+地의 형식으로 뒤에 오는 동사, 형용사를 수식할 때 씀)

他很不满意地看了我一眼。
Tā hěn bù mǎnyì de kànle wǒ yì yǎn.
그는 매우 불만인 듯 나를 한 번 보았다.

+ 满意 mǎnyì 형 만족하다

맛있는 단어 TIP 구조조사 삼총사 的, 地, 得

구조조사 삼총사 的, 地, 得는 모두 같은 발음(de)이지만 용법은 전혀 다릅니다. 쓰기 제1부분에서 [명/동/형+的] 형태로 제시되어 있다면 뒤에 명사를 놓고, [형용사+地] 형태로 제시되어 있다면 뒤에 동사를 놓아야 합니다.

① 的 : 앞의 수식어와 뒤에 오는 명사 피수식어를 연결함

(수식어: 便宜, 명사: 衣服)
便宜的衣服在哪儿? 저렴한 옷은 어디에 있나요?
Piányi de yīfu zài nǎr?

② 地 : 앞의 수식어가 뒤의 동사 피수식어를 연결함

(수식어: 高兴, 동사: 回家)
我高兴地回家了。 나는 즐겁게 집으로 돌아갔다.
Wǒ gāoxìng de huíjiā le.

③ 得 : 앞의 동사나 형용사를 보어와 연결함

(동사/형용사: 过, 보어: 真快)
时间过得真快。 시간이 참 빨리 지나간다.
Shíjiān guò de zhēn kuài.

600 **如果**
□
□
rúguǒ

접 만일, 만약

호응 如果A就B 만일 A라면 곧 B이다

如果下雨，我就不去爬山了。
Rúguǒ xiàyǔ, wǒ jiù bú qù páshān le.
만일 비가 오면, 나는 등산을 안 갈 거야.

\+ 爬山 páshān 동 등산하다

1 빈칸을 채우세요.

借	jiè	❶
❷	huā	(돈, 시간을) 쓰다
❸	guān	닫다, 끄다
皮鞋	❹	구두
选择	xuǎnzé	❺

2 단어의 병음과 뜻을 알맞게 연결하세요.

❶ 带 • • ㉠ yòng • • ⓐ 지니다

❷ 用 • • ㉡ dài • • ⓑ 사용하다

❸ 必须 • • ㉢ jīngcháng • • ⓒ 자주

❹ 经常 • • ㉣ bìxū • • ⓓ 반드시

3 빈칸에 들어갈 알맞은 단어를 쓰세요.

❶ 下个星期我要______家。(bān) 다음 주에 나는 **이사하려** 한다.

❷ 他______了一个很奇怪的东西。(fāxiàn) 그는 한 이상한 물건을 **발견했다**.

❸ 这件______有点儿贵。(chènshān) 이 **셔츠**는 좀 비싸다.

❹ 我的______找不到了。(xìnyòngkǎ) 내 **신용카드**를 못 찾겠어.

4 빈칸에 들어갈 알맞은 단어를 고르세요.

A 接	B 必须	C 借	D 用

❶ 你能(　　　　　)我点儿钱吗?

❷ 下午我要去机场(　　　　　)客人。

빈출 ❸ 你(　　　　　)做个身体检查。

❹ 你不(　　　　　)带这么多衣服。

5 빈칸에 들어갈 알맞은 한자를 쓰세요.

❶ 他经(cháng)去那儿吃饭。

❷ 我一共花了五百(yuán)。

빈출 ❸ 你可以去别家(bǐ)较一下。

❹ 我去图书馆(huán)书。

❺ 下午我去银行(huàn)钱，你去不去?

쓰기 제2부분

꼭 알아야 할 HSK 3급 빈출 단어

1

久 jiǔ 형 오래되다 | 旧 jiù 형 낡다

발음은 같지만 성조가 다르고, 의미 역시 차이가 분명합니다. 久는 '기간이 오래됐다'라는 의미이고, 旧는 '물건 등이 오래 써서 낡았다'는 뜻입니다.

2

坏 huài 형 나쁘다 동 망가지다 | 还 huán 동 갚다, 돌려주다

둘 다 不가 들어가지만 앞쪽 부수가 다릅니다. 坏는 흙(土)과 아니다(不)의 결합인데 '흙이 나빠졌다/망가졌다'라고 기억하고, 还에서 '가다'라는 의미인 辶(쉬엄쉬엄갈착)이 들어가니 '가서 돌려준다'라고 생각하면 쉽게 외울 수 있습니다.

3

讲 jiǎng 동 말하다, 설명하다 | 进 jìn 동 들어가다

발음과 뜻이 전혀 다르지만 매우 비슷하게 생겨 혼동하기 쉬운 한자입니다. 讲은 말씀언변(讠)이 들어가고 进은 책받침변(辶)이 들어갑니다.

4

更 gèng 부 더욱 | 方便 fāngbiàn 형 편리하다

更은 사람인변(亻)이 없는데 方便의 便은 사람인변(亻)이 들어가는 게 다른 점입니다. 발음도 gèng과 biàn으로 전혀 다르므로 주의하세요.

5

画 huà 명 그림 동 그리다 | 话 huà 명 말

둘 다 발음 성조 모두 같지만 뜻은 전혀 다릅니다. 画는 액자에 그림(田)을 넣은 모습으로 연상하고, 话는 말씀언변(讠)과 혀설(舌)의 결합임을 알면 쉽게 기억할 수 있습니다.

쓰기 제1부분

꼭 알아야 할 HSK 3급 빈출 구문

1	**特别+害怕/奇怪** tèbié+hàipà/qíguài 특히 두려워하다/이상하다
	我女儿从小就特别害怕狗。 Wǒ nǚ'ér cóng xiǎo jiù tèbié hàipà gǒu. 내 딸은 어릴 때부터 개를 매우 무서워했다. + 从小 cóng xiǎo 어릴 때부터
2	**身体/心里+不舒服** shēntǐ/xīnli+bù shūfu 몸/마음이 불편하다
	我身体不舒服，就先回来了。 Wǒ shēntǐ bù shūfu, jiù xiān huílai le. 나는 몸이 불편해서 먼저 돌아왔다.
3	**注意+安全/健康** zhùyì+ānquán/jiànkāng 안전/건강에 주의하다
	下雨时，开车一定要注意安全。 Xiàyǔ shí, kāichē yídìng yào zhùyì ānquán. 비가 올 때 운전하면 반드시 안전에 주의해야 한다.
4	**成绩/水平+很差** chéngjì/shuǐpíng+hěn chà 성적/수준이 매우 나쁘다
	这次考试数学成绩很差。 Zhè cì kǎoshì shùxué chéngjì hěn chà. 이번 시험은 수학 성적이 매우 나쁘다. + 数学 shùxué 명 수학 | 成绩 chéngjì 명 성적
5	**好/坏+习惯** hǎo/huài+xíguàn 좋은/나쁜 습관
	睡觉前刷牙是好习惯。 Shuìjiào qián shuāyá shì hǎo xíguàn. 잠자기 전에 양치하는 것은 좋은 습관이다. + 刷牙 shuāyá 동 이를 닦다 | 习惯 xíguàn 명 습관

듣기 제1부분 녹음과 일치하는 사진을 고르세요.

A		B	
C		D	

1 □

2 □

3 □

4 □

듣기 제2부분 녹음과 일치하면 √, 일치하지 않으면 X를 표시하세요.

5 ★ 这家饭馆儿的菜有点儿贵。 (　　)

6 ★ 他喜欢一边爬山一边想想问题。 (　　)

듣기 제3부분 녹음을 듣고 알맞은 답을 고르세요.

7　A 一刻　　B 三十分钟　　C 一个小时

8　A 迟到了　　B 不想去学校　　C 眼镜找不到了

듣기 제4부분 녹음을 듣고 알맞은 답을 고르세요.

9　A 护照　　B 机票　　C 行李箱

10　A 菜单　　B 四个碗　　C 一双筷子

독해 제1부분 관련된 문장을 고르세요.

A 应该在我房间的电脑桌上。
B 医生，我这两天眼睛不太舒服。

11　先请坐，我给你检查一下。　(　　)

12　爸，今天的报纸您放哪儿了？　(　　)

독해 제2부분 빈칸에 들어갈 알맞은 단어를 고르세요.

A 帽子　　B 迟到　　C 新鲜　　D 一直

13 还有十分钟电影就开始了，我们不会(　　　　)吧？

14 这些水果看上去很(　　　　)，我们买点儿吧。

15 A：这两个(　　　　)，你喜欢哪个？
B：黄色的，看上去更可爱一些。

16 A：你的汉字写得真好！
B：谢谢，我(　　　　)都在练习，已经有三年了。

독해 제3부분 질문에 알맞은 답을 고르세요.

17 手机的作用越来越多，除了打电话，我们还可以用手机上网看地图，这样，出去玩儿的时候就不用担心找不到东南西北了。

★ 手机：

A 作用不多　　B 能发传真　　C 可以上网看地图

18 黑板上的那个句子有好几个词我都不认识，所以刚开始没看懂，老师又给我讲了一次，我才明白了。

★ 对黑板上的那个句子，他：

A 不感兴趣　　B 还是不明白　　C 刚开始没看懂

쓰기 제1부분 제시된 단어를 어순에 맞게 배열하세요.

19 很满意　　我　　自己的成绩　　对

20 是我　　照片　　这　　小时候的

21 买了　　在网上　　昨天我　　一双鞋

22 两旁的　　很旧　　这条街道　　房子

쓰기 제2부분 빈칸에 들어갈 알맞은 한자를 쓰세요.

23 他做事非常认(zhēn)。

24 路上小(xīn)，到了学校给家里打个电话。

25 历(shǐ)老师讲课很有意思。

26 哥哥最喜欢看(tǐ)育节目了。

정답 및 해석
찾아보기

DAY 01 확인 테스트 p.24

1 ❶ 几 ❷ ~이다
❸ shéi ❹ 爸爸
❺ xiǎojiě

2 ❶ ⓒ - ⓑ ❷ ㉠ - ⓒ
❸ ㉣ - ⓓ ❹ ㉡ - ⓐ

3 ❶ 我 Wǒ ❷ 哥哥 Gēge
❸ 名字 míngzi ❹ 女儿 nǚ'ér

4 ❶ 老师在黑板上写字。(X)
Lǎoshī zài hēibǎnshang xiě zì.
선생님은 칠판에 글씨를 쓰고 있다.

❷ 她是我的妈妈，头发很长。(X)
Tā shì wǒ de māma, tóufa hěn cháng.
그녀는 나의 어머니이고, 머리카락이 길다.

❸ 我的女儿很爱笑，很少哭。(√)
Wǒ de nǚ'ér hěn ài xiào, hěn shǎo kū.
내 딸은 웃는 것을 좋아하고, 잘 울지 않는다.

5 ❶ 많은 (A 아이)들은 놀기를 좋아하고, 공부하는 걸 좋아하지 않는다.
❷ 그는 내 (B 남동생)이 아니라 오빠다.
❸ 그녀는 내 (C 언니)다. 여동생이 아니다.
❹ (D 그것)은 누구의 개야?

DAY 02 확인 테스트 p.38

1 ❶ hē ❷ 잔, 컵
❸ 茶 ❹ fúwùyuán
❺ kāfēi

2 ❶ ㉡ - ⓓ ❷ ㉣ - ⓒ
❸ ㉠ - ⓑ ❹ ㉢ - ⓐ

3 ❶ 身体 shēntǐ ❷ 鱼 yú
❸ 生病 shēngbìng ❹ 医院 yīyuàn

4 ❶ 儿子在睡觉，还没起床。(X)
Érzi zài shuìjiào, hái méi qǐchuáng.
아들은 잠을 자고 있어. 아직 일어나지 않았어.

❷ 这里有很多水果，你最喜欢什么？(√)
Zhèli yǒu hěn duō shuǐguǒ, nǐ zuì xǐhuan shénme?
여기에 많은 과일이 있는데, 너는 무엇을 가장 좋아해?

❸ 很多人来这个医院看病。(X)
Hěn duō rén lái zhège yīyuàn kànbìng.
많은 사람들이 이 병원으로 와서 진찰을 받는다.

5 ❶ 너는 (D 약)을 먹고 난 후에 푹 쉬어.
❷ 누나는 (B 커피) 마시는 것을 좋아한다.
❸ 엄마는 아주 큰 (C 수박)을 하나 샀다.
❹ 이 과일을 많이 먹으면 (A 눈)에 좋다.

DAY 03 확인 테스트 p.56

1 ❶ 很 ❷ 가장, 최고로
❸ xiǎo ❹ 많다
❺ 不

2 ❶ ㉣ - ⓒ ❷ ㉡ - ⓐ
❸ ㉠ - ⓑ ❹ ㉢ - ⓓ

3 ❶ 猫 māo ❷ 晴 qíng
❸ 高兴 gāoxìng ❹ 忙 máng

4 ❶ 这里人太少了，都去哪儿了？(X)
Zhèli rén tài shǎo le, dōu qù nǎr le?
여기 사람이 너무 적어. 다 어디 간 거야?

❷ 狗是人的好朋友。(√)
Gǒu shì rén de hǎo péngyou.
개는 사람의 좋은 친구이다.

❸ 外面不下雨了。(X)
Wàimian bú xiàyǔ le.
밖에 비가 그쳤다.

5 ❶ 넌 어디에서 일하기를 (B **희망하니**)?
❷ 그녀는 글자를 (D **정말**) 잘 썼다.
❸ 아이들이 눈밭에서 (A **즐겁게**) 놀고 있다.
❹ 넌 걷는 게 너무 (C **느려**). 좀 빨리 걸을 수 없어?

DAY 04 확인 테스트 p.76

1 ❶ kàn ❷ 听
❸ 오다 ❹ 去
❺ zǒu

2 ❶ ⓛ – ⓐ ❷ ⓒ – ⓓ
❸ ㉠ – ⓑ ❹ ㉣ – ⓒ

3 ❶ 游泳 yóuyǒng ❷ 怎么 zěnme
❸ 告诉 gàosu ❹ 看见 kànjiàn

4 ❶ 她和弟弟在看电视。(X)
Tā hé dìdi zài kàn diànshì.
그녀는 남동생과 텔레비전을 보고 있다.

❷ 你在这儿想什么? 快走，大家都等你。(√)
Nǐ zài zhèr xiǎng shénme? Kuài zǒu, dàjiā dōu děng nǐ.
너는 여기에서 뭘 생각해? 빨리 가자. 모두 널 기다리고 있어.

❸ 你说了什么，我没听见，再说一下。(√)
Nǐ shuōle shénme, wǒ méi tīngjiàn, zài shuō yíxià.
네가 뭐라고 말했는지 못 들었어. 다시 말해 봐.

5 ❶ 우리 (D **춤추러**) 가는데, 너도 같이 가자.
❷ 시간이 늦었어. 빨리 가서 자(B **자**).
❸ 너는 (A **왜**) 날 안 좋아해?
❹ 이 일은 모두로 (C **하여금**) 기쁘게 한다.

DAY 05 확인 테스트 p.94

1 ❶ 돈 ❷ mǎi
❸ 얼마 ❹ shāngdiàn
❺ 东西

2 ❶ ⓛ – ⓑ ❷ ⓒ – ⓐ
❸ ㉠ – ⓒ ❹ ㉣ – ⓓ

3 ❶ 旁边 Pángbiān ❷ 进 jìn
❸ 飞机 fēijī ❹ 离 lí

4 ❶ 她的旁边有一只狗。(√)
Tā de pángbiān yǒu yì zhī gǒu.
그녀의 옆에는 개 한 마리가 있다.

❷ 桌子上有一本书。(X)
Zhuōzishang yǒu yì běn shū.
탁자 위에 책 한 권이 있다.

❸ 她买了很多衣服。(X)
Tā mǎile hěn duō yīfu.
그녀는 많은 옷을 샀다.

5 ❶ 그 (B **호텔**)은 방이 다 나갔다.

❷ 이 옷은 (D **비싼데**), 좀 저렴한 것은 없어요?

❸ 이런 옷은 한 벌에 (A **얼마예요**)?

❹ 택시를 타고 (C **기차역**)에 가는 것이 가장 빠르다.

DAY 06 확인 테스트

p.112

1 ❶ shíjiān ❷ 오전
❸ 生日 ❹ 저녁, 밤
❺ xiànzài

2 ❶ ㉡ – ⓐ ❷ ㉣ – ⓓ
❸ ㉢ – ⓑ ❹ ㉠ – ⓒ

3 ❶ 手机 shǒujī ❷ 电视 diànshì
❸ 报纸 bàozhǐ ❹ 旅游 lǚyóu

4 ❶ 哥哥在看电影。(X)
Gēge zài kàn diànyǐng.
형(오빠)은 영화를 보고 있다.

❷ 她在给朋友打电话。(√)
Tā zài gěi péngyou dǎ diànhuà.
그녀는 친구에게 전화하고 있다.

❸ 昨晚她很晚睡觉，所以还没起床。(X)
Zuówǎn tā hěn wǎn shuìjiào, suǒyǐ hái méi qǐchuáng.
어젯밤에 그녀는 매우 늦게 자서 아직 일어나지 않았다.

5 ❶ 네 (A **손목시계**)가 고장 난 거 아냐? 안 가고 있어.

❷ 밖에 비가 오(B **고 있어요**). 우산을 하나 챙기세요.

❸ 너는 여기에서 잠깐 (C **기다려**). 내가 금방 돌아올게.

❹ 그녀는 (D **매일**) 8시간을 일한다.

DAY 07 확인 테스트

p.128

1 ❶ 读 ❷ lǎoshī
❸ 学习 ❹ 탁자, 테이블
❺ dǒng

2 ❶ ㉡ – ⓒ ❷ ㉠ – ⓑ
❸ ㉣ – ⓐ ❹ ㉢ – ⓓ

3 ❶ 休息 xiūxi ❷ 准备 zhǔnbèi
❸ 事情 shìqing ❹ 上班 shàngbān

4 ❶ 姐姐是老师，同学们都喜欢她。(√)
Jiějie shì lǎoshī, tóngxuémen dōu xǐhuan tā.
누나(언니)는 선생님인데, 학우들은 모두 그녀를 좋아한다.

❷ 她坐在一个很大的椅子上。(√)
Tā zuòzài yí ge hěn dà de yǐzishang.
그녀는 큰 의자에 앉아 있다.

❸ 她们在看着电脑工作。(√)
Tāmen zài kànzhe diànnǎo gōngzuò.
그녀들은 컴퓨터를 보며 일하고 있다.

5 ❶ 너는 (A **준비**) 다 됐어? 서둘러, 시간이 많지 않아.

❷ 이 문제는 난 (C **이해**)가 안 되는데, 내게 가르쳐줄 수 있니?

❸ 나는 지금 (B **근무**) 중이니까, 퇴근한 후에 다시 얘기하자.

❹ 이 책은 매우 (D **재미있어**). 시간 있으면 너도 한번 봐봐.

HSK 1·2급 미니 √ 테스트 p.130

1 B

男：你在做什么？
Nǐ zài zuò shénme?

女：我在看书，这本书很有意思。
Wǒ zài kànshū, zhè běn shū hěn yǒu yìsi.

남: 너는 뭐 하고 있어?
여: 나는 책을 보고 있어. 이 책은 매우 재미있어.

2 C

女：你笑什么呢？有什么好的事情吗？
Nǐ xiào shénme ne? Yǒu shénme hǎo de shìqing ma?

男：没有，看到你就很高兴。
Méiyǒu, kàndào nǐ jiù hěn gāoxìng.

여: 너는 왜 웃어? 무슨 좋은 일이 있어?
남: 없어. 너를 보니까 기뻐서 그래.

3 A: 너는 어떤 과일 먹는 것을 좋아해?
B: **A 사과.**

4 A: 네 아들은 일하기 시작했어?
B: **B 아니.**

5 A: 너는 내일 누구랑 책을 사러 가?
B: **D 우리 아빠.**

6 A: 너는 어제 오전에 어디에 있었어?
B: **C 병원에 갔어.**

7 她在给男朋友打电话。(√)
Tā zài gěi nánpéngyou dǎ diànhuà.
그녀는 남자 친구에게 전화를 하고 있다.

8 儿子非常喜欢打篮球。(X)
Érzi fēicháng xǐhuan dǎ lánqiú.
아들은 농구하는 것을 매우 좋아한다.

9 이번 시험에서 그는 시험을 (**B 매우**) 잘 쳤다.

10 나는 내일 아침 (**A 공항**)에 가야 한다.

11 내 휴대폰은 가방 (**D 오른쪽**)에 있다.

12 너는 앉아서 좀 (**C 쉬어**). 내가 가서 옷을 빨게.

DAY 08 확인 테스트 p.148

1 ❶ yéye ❷ nǎinai
❸ 客人
❹ 작은아버지, 삼촌, 아저씨
❺ 아주머니, 이모

2 ❶ ⓒ – ⓒ ❷ ㉠ – ⓑ
❸ ㉣ – ⓓ ❹ ㉡ – ⓐ

3 ❶ 有名 ❷ 关系
❸ 可爱 ❹ 动物

4 ❶ 这只熊猫真可爱！
이 판다는 정말 귀여워!

❷ 我的左耳朵还很疼。
나의 왼쪽 귀가 여전히 많이 아프다.

❸ 马阿姨的丈夫是出租车司机。
마씨 아주머니의 남편은 택시 운전기사이다.

❹ 你还很年轻。
너는 아직 매우 젊다.

❺ 儿子的个子长高了很多。
아들의 키가 많이 컸다.

5 ❶ 理 (여보세요, 장 **사장님** 계신가요?)

❷ 鼻 (네 남편의 **코**는 왜 그래?)

❸ 鸟 (칠판에 이 **새**는 누가 그린 거야?)

❹ 树 (여기는 너무 더워. 우리 **나무** 아래로 가서 좀 앉자.)

❺ 草 (**잔디**밭에는 가지각색의 꽃들이 피어 있다.)

+ 五颜六色 wǔ yán liù sè
성 여러 가지 빛깔, 오색찬란하다

DAY 09 확인 테스트

p.164

1 ❶ 包 ❷ hēibǎn
❸ 노트, 노트북 컴퓨터의 약칭
❹ 作业 ❺ 검사하다

2 ❶ ⓒ – ⓓ ❷ ⓔ – ⓑ
❸ ⓛ – ⓐ ❹ ⓖ – ⓒ

3 ❶ 容易 ❷ 简单
❸ 努力 ❹ 留学

4 ❶ 我突然想出了一个好办法。
나는 갑자기 좋은 방법이 떠올랐다.

❷ 会议已经结束了。
회의는 이미 끝났다.

❸ 我忘记带铅笔了。
나는 연필 챙기는 것을 잊어버렸다.

❹ 能不能借用一下你的词典?
너의 사전을 좀 빌려 쓸 수 있을까?

❺ 她的中文说得特别好。
그녀는 중국어를 매우 잘 한다.

5 ❶ 回 (여자 친구의 **대답**은 그를 기쁘게 했다.)

❷ 高 (네 보통화 수준은 최근에 많이 **향상되었어**.)

❸ 水 (네 수영 **실력**은 매우 빨리 향상되었구나.)

❹ 中 (네가 생각하기에 **중국어**를 배우는 것은 어렵니 어렵지 않니?)

❺ 习 (이 **연습** 문제들을 나는 다 맞았다.)

DAY 10 확인 테스트

p.180

1 ❶ è ❷ bǎo
❸ 메뉴, 식단, 차림표 ❹ 超市
❺ 젓가락

2 ❶ ㉠ – ⓑ ❷ ㉢ – ⓓ
❸ ㉣ – ⓒ ❹ ㉡ – ⓐ

3 ❶ 锻炼 ❷ 洗澡
❸ 胖 ❹ 疼

4 ❶ 我跟他借了一本书。
나는 그에게 책 한 권을 빌렸다.

❷ 她又胖了一公斤。
그녀는 또 1킬로그램이 쪘다.

❸ 爷爷现在比以前健康。
할아버지는 지금 이전보다 건강하다.

❹ 这个孩子还不会用筷子。
이 아이는 아직 젓가락을 쓸 줄 모른다.

❺ 你是在哪儿买香蕉的?
너는 바나나를 어디에서 샀어?

5 ❶ 甜 (이 바나나는 매우 **달아서** 맛있다.)

❷ 感 (날씨가 추우니까 옷을 더 입어. **감기** 조심해.)

❸ 鲜 (오늘 과일은 무척 **신선하고** 달아요.)

❹ 酒 (날씨가 너무 덥다. **맥주** 한 잔 할래?)

❺ 饿 (나는 지금 배가 안 **고파서** 케이크를 먹기 싫어.)

DAY 11 확인 테스트

p.196

1 ❶ jiēdào ❷ 건물, 층
❸ 환경 ❹ 安静
❺ 地图

2 ❶ ㉢ – ⓓ ❷ ㉠ – ⓑ
❸ ㉡ – ⓒ ❹ ㉣ – ⓐ

3 ❶ 公园 ❷ 城市
❸ 起飞 ❹ 附近

4 ❶ 姐姐把房间打扫干净了。
누나(언니)는 방을 깨끗이 청소했다.

❷ 你可以用手机上网看地图。
너는 휴대폰으로 인터넷에 들어가 지도를 볼 수 있어.

❸ 很多人在这个公园锻炼身体。
많은 사람들은 이 공원에서 신체를 단련한다.

❹ 飞机马上就要起飞了。
비행기가 곧 이륙하려고 한다.

❺ 你会骑自行车吗?
너는 자전거를 탈 줄 아니?

5 ❶ 地 (병원은 여기에서 머니까 우리 **지하철**을 타고 가자.)

❷ 绿 (봄이 되니 산의 나무가 모두 **푸르다**.)

❸ 净 (네가 드디어 방을 **깨끗이** 청소했구나. 피곤하지?)

❹ 行 (너는 **은행**이 몇 시에 문을 여는지 아니?)

❺ 近 (우리 집 **근처**에는 예쁜 공원이 하나 있다.)

DAY 12 확인 테스트

p.212

1 ❶ 바로, 곧 ❷ zǒngshì
❸ 방금, 막 ❹ zuìhòu
❺ 突然

2 ❶ ㉢ – ⓒ ❷ ㉣ – ⓐ
❸ ㉠ – ⓑ ❹ ㉡ – ⓓ

3 ❶ 然后 ❷ 历史
❸ 终于 ❹ 季节

4 ❶ 그와 여자 친구는 내년에 (C **결혼할**) 계획이다.

❷ 일요일에 나는 집에서 쉬거나 (A **혹은**) 친구와 함께 농구를 한다.

❸ 그는 (B **이전보다**) 더 살쪘다.

❹ 오늘 오전에는 그래도 맑은 날씨였는데, 낮에 (D **갑자기**) 비가 내리기 시작했다.

5 ❶ 直 (나는 **줄곧** 여기에서 너를 기다렸어.)

❷ 然 (나는 먼저 메일을 다 쓴 **다음** 널 도와줄게.)

❸ 关 (나는 중국 문화에 **관한** 책을 한 권 샀다.)

❹ 还 (너는 **그래도** 병원에 한 번 가봐.)

❺ 刻 (지금은 10시 15분이야. 네 시계는 **15분**이 느려.)

DAY 13 확인 테스트

p.230

1 ❶ 哭 ❷ mǎnyì
❸ 小心
❹ 친절하다, 열정적이다, 열정
❺ xiāngxìn

2 ❶ ㉠ – ⓐ ❷ ㉣ – ⓓ
❸ ㉡ – ⓒ ❹ ㉢ – ⓑ

3 ❶ 多么 ❷ 一定
❸ 欢迎 ❹ 着急

4 ❶ 그는 갈수록 (B **걱정했다**).
❷ 노인의 말이라고 해서 (A **꼭**) 옳은 것만은 아니다.
❸ 모든 사람은 다른 사람의 도움을 (C **필요로 한다**).
❹ 우리 아빠는 자신에 대해서 (D **요구 수준**)이 매우 높다.

5 ❶ 奇 (이 일은 너무 **이상해서** 사람들로 하여금 믿기 어렵게 한다.)
❷ 服 (오늘 몸이 좀 안 **좋아서** 좀 일찍 퇴근했다.)
❸ 信 (나는 앞으로 더 잘 그릴 것이라고 **믿는다**.)
❹ 满 (나는 이곳에 대해서 매우 **만족한다**.)
❺ 注 (하차할 때 안전에 **주의하세요**.)

DAY 14 확인 테스트

p.244

1 ❶ 比赛 ❷ 参加
❸ kōngtiáo ❹ 뉴스
❺ 프로그램

2 ❶ ㉣ – ⓒ ❷ ㉢ – ⓑ
❸ ㉠ – ⓓ ❹ ㉡ – ⓐ

3 ❶ 声音 ❷ 礼物
❸ 护照 ❹ 照相机

4 ❶ 나는 (A **음악**)을 들으면서 공부하는 것을 좋아한다.
❷ 엄마는 방을 깨끗이 (C **청소했다**).
❸ 나는 중국 (B **문화**)에 대해 흥미를 느낀다.
❹ 아빠, 우리 집 에어컨이 너무 (D **오래 됐고**), 소리도 커서 바꿔야 할 때가 됐어요.

5 ❶ 网 (커피숍은 일반적으로 모두 **인터넷을 할** 수 있다.)
❷ 件 (나는 지금 **이메일**을 쓰고 있는데, 금방 다 쓴다.)
❸ 节 (**춘절**은 중국의 가장 중요한 명절이다.)
❹ 聊 (그들은 차를 마시면서 **담소를 나눈다**.)
❺ 事 (나는 이전에 이 **이야기**를 들어본 적이 있다.)

DAY 15 확인 테스트

p.262

1 ❶ 빌리다 ❷ 花
❸ 关 ❹ píxié
❺ 선택하다

2 ❶ ㉡ – ⓐ ❷ ㉠ – ⓑ
❸ ㉣ – ⓓ ❹ ㉢ – ⓒ

3 ❶ 搬 ❷ 发现
❸ 衬衫 ❹ 信用卡

4 ❶ 너는 나에게 돈을 좀 (C **빌려줄**) 수 있어?
❷ 오후에 나는 공항에 손님을 (A **마중하러**) 가야 한다.
❸ 너는 (B **반드시**) 신체검사를 해야 해.
❹ 너는 이렇게 많은 옷을 챙길 (D **필요없어**).

5 ❶ 常 (그는 **자주** 그곳에 가서 밥을 먹는다.)
❷ 元 (나는 총 오백 **위안**을 썼다.)
❸ 比 (너는 다른 가게에 가서 한번 **비교해봐도** 돼.)
❹ 还 (나는 도서관에 책을 **반납하러** 간다.)
❺ 换 (오후에 나는 은행에 **환전하러** 가는데, 너는 갈래 안 갈래?)

HSK 3급 미니 ✓ 테스트 p.266

1 B

男：你怎么了，哪里不舒服吗？

女：最近工作多，我觉得很累，头也很疼。

남: 너는 왜 그래? 어디가 불편해?

여: 최근에 일이 많아서 피곤해. 머리도 아프고.

2 C

女：我现在去爬山，你去不去？

男：好久没去爬山了，你等一下，我马上换双鞋。

여: 나는 지금 등산하러 가는데, 너는 갈래 안 갈래?

남: 오랫동안 등산을 가지 않았네. 잠깐 기다려, 내가 금방 운동화로 갈아 신을게.

3 A

男：服务员，这个菜甜不甜？

女：这个吗？不太甜，也比较便宜。

남: 종업원, 이 요리는 달아요 안 달아요?

여: 이거요? 그다지 달지 않고, 가격도 비교적 저렴해요.

4 D

女：小高他怎么天天都去打球啊？

男：他们学校周五有篮球比赛，所以他每天花很长时间练习。

여: 샤오가오는 왜 매일 구기 운동하러 가?

남: 그들 학교는 금요일에 농구 경기가 있어서, 그는 매일 긴 시간 동안 연습해.

5 这家饭馆儿很有名，来吃饭的人非常多，主要是因为那儿的菜又好吃又便宜，所以大家都愿意来。

★ 这家饭馆儿的菜有点儿贵。(X)

이 식당은 매우 유명해서, 밥 먹으러 오는 사람이 매우 많다. 주로 그곳의 요리가 맛있으면서 저렴하기 때문에 모두가 오고 싶어 한다.

★ 이 식당은 요리가 좀 비싸다. (X)

6 每个人都有自己的兴趣爱好，我最大的爱好就是爬山，一有机会，我就会去爬山。爬山使我好好想想没能解决的问题。

★ 他喜欢一边爬山一边想想问题。(√)

모든 사람들은 자신만의 흥미와 취미를 가지고 있다. 나의 가장 큰 취미는 등산이어서, 기회만 있으면 나는 등산하러 간다. 등산은 나로 하여금 해결하지 못한 문제를 잘 생각하게 한다.

★ 그는 등산하면서 문제를 생각하는 것을 좋아한다. (√)

7 男：你从家到学校要花多长时间？

女：骑自行车的话，半个多小时。

问：骑自行车去学校需要多长时间？

A 一刻　　B 三十分钟

C 一个小时

남: 네 집에서 학교까지 얼마나 걸려?

여: 자전거를 타면 30여 분 걸려.

질문: 자전거를 타고 학교에 가면 얼마나 걸리는가?

A 15분　　B 30분

C 1시간

8 女：奇怪，我的眼镜怎么不见了？

男：刚才在教室我还看见了，是不是你离开时忘拿了？

问：女的怎么了？

A 迟到了　　B 不想去学校
C 眼镜找不到了

여: 이상하네. 내 안경이 왜 안 보이지?

남: 방금 교실에서 내가 봤었는데, 나올 때 가져오는 걸 깜빡한 거 아냐?

질문: 여자에게 무슨 일이 있는가?

A 지각했다　　B 학교에 가기 싫다
C 안경을 찾을 수 없다

9 女：小王，这个时候你去哪儿？

男：去旅行，下周二来。

女：是吗？让我叔叔送你去火车站吧。

男：不用了，阿姨，我就一个行李箱，自己坐出租车就可以。

问：小王带着什么东西？

A 护照　　B 机票
C 行李箱

여: 샤오왕, 이 시간에 어디 가니?

남: 여행 가요. 다음 주 화요일에 돌아와요.

여: 그래? 삼촌더러 너를 기차역까지 태워주라고 할게.

남: 괜찮아요, 이모. 저는 여행 가방 하나만 있어서, 택시 타면 돼요.

질문: 샤오왕은 어떤 물건을 지니고 있는가?

A 여권　　B 비행기표
C 여행 가방

10 男：您好，请问您几位？

女：4位，请给我们拿一下菜单。

男：好的，我马上拿过来，麻烦您到旁边的桌子坐，更大一些。

女：谢谢，你们这儿最好吃的菜是什么？

问：女的让男的拿来什么？

A 菜单　　B 四个碗
C 一双筷子

남: 안녕하세요. 실례지만, 몇 분이시죠?

여: 4명이요. 메뉴판을 좀 갖다주세요.

남: 알겠습니다. 금방 가져올게요. 죄송하지만, 옆 테이블로 옮겨 주세요. 좀 더 크거든요.

여: 고맙습니다. 여기 가장 맛있는 요리가 뭐예요?

질문: 여자는 남자에게 무엇을 가져오라고 했는가?

A 메뉴판　　B 그릇 네 개
C 젓가락 한 쌍

11 A: (**B**) 의사 선생님, 제가 요 며칠 눈이 별로 편치 않아요.

B: 먼저 앉으세요. 제가 검사해 보겠습니다.

12 A: 아빠, 오늘 신문을 어디에 두셨어요?

B: (**A**) 내 방 컴퓨터 책상 위에 있을 거야.

13 10분 후에 영화가 시작하는데, 우리 (**B 늦지**) 않겠지?

14 이 과일들은 아주 (**C 신선해**) 보이네. 우리 좀 사자.

15 A: 이 두 개의 (**A 모자**) 중에서 너는 어느 것이 좋아?

B: 노란색 모자. 좀 더 귀여워 보여.

16 A: 너는 한자를 정말 예쁘게 쓰는구나!

B: 고마워. 나는 (**D 줄곧**) 연습해왔는데, 이미 3년이 되었어.

17 휴대폰의 기능이 갈수록 많아지고 있다. 전화 걸기를 제외하고, 우리는 휴대폰으로 인터넷에 들어가 지도를 볼 수 있다. 이렇게 하면, 나가서 놀 때 동서남북을 못 찾을까봐 걱정할 필요가 없다.

★ 휴대폰은?

A 역할이 많지 않다
B 팩스를 보낼 수 있다
C 인터넷으로 지도를 볼 수 있다

18 칠판에 있는 그 문장에서 내가 모르는 단어가 몇 개나 있었다. 그래서 처음에는 이해를 못했는데, 선생님이 한번 설명해줘서 그제서야 이해했다.

★ 칠판 위의 그 문장에 대해서 그는?

A 흥미를 못 느낀다
B 여전히 이해하지 못한다
C 처음에는 이해를 못했다

19 我对自己的成绩很满意。
나는 내 성적에 대해 매우 만족한다.

20 这是我小时候的照片。
이것은 나의 어릴 적 사진이다.

21 昨天我在网上买了一双鞋。
어제 나는 인터넷에서 신발 한 켤레를 샀다.

22 这条街道两旁的房子很旧。
이 길 양쪽의 집은 매우 오래되었다.

23 真 (그는 일을 매우 **열심히 한다**.)

24 心 (가는 길 **조심하고**, 학교에 도착하면 집으로 전화하렴.)

25 史 (**역사** 선생님은 수업하는 것이 매우 재미있다.)

26 体 (형은 **스포츠** 프로그램 보는 것을 가장 좋아한다.)

찾아보기

A

B

	단어	병음	급수	페이지	뜻
□	包	bāo	3급	p.151	명 가방 동 싸다 양 봉지
□	饱	bǎo	3급	p.167	형 배부르다
□	报纸	bàozhǐ	2급	p.110	명 신문
□	杯子	bēizi	1급	p.30	명 잔, 컵
□	北方	běifāng	3급	p.187	명 북방, 북쪽
□	北京	Běijīng	1급	p.84	고유 베이징, 북경
□	被	bèi	3급	p.254	개 ~에게 ~을 당하다
□	本	běn	1급	p.116	양 권[책을 세는 단위]
□	鼻子	bízi	3급	p.141	명 코
□	比	bǐ	2급	p.49	개 ~보다 동 비교하다
□	比较	bǐjiào	3급	p.251	부 비교적 동 비교하다
□	比赛	bǐsài	3급	p.237	명 경기, 시합
□	笔记本	bǐjìběn	3급	p.153	명 노트, 노트북 컴퓨터(笔记本电脑 bǐjìběn diànnǎo)의 약칭
□	必须	bìxū	3급	p.260	부 반드시
□	变化	biànhuà	3급	p.240	명 변화 동 변화하다
□	别	bié	2급	p.67	부 ~하지 마라 형 다르다
□	别人	biéren	3급	p.137	대 남, 타인, 다른 사람
□	宾馆	bīnguǎn	2급	p.85	명 호텔
□	冰箱	bīngxiāng	3급	p.172	명 냉장고
□	不	bù	1급	p.44	부 ~않다, ~아니다
□	不但A, 而且B	búdàn A, érqiě B	3급	p.228	A일 뿐만 아니라 게다가 B 하다
□	不客气	bú kèqi	1급	p.108	사양하지 않다, 천만에요, 별말씀을요

C

□	错	cuò	2급 p.123	형 틀리다, 맞지 않다 명 착오, 잘못

D

□	打电话	dǎ diànhuà	1급 p.109	전화를 걸다
□	打篮球	dǎ lánqiú	2급 p.75	동 농구하다
□	打扫	dǎsǎo	3급 p.234	동 청소하다
□	打算	dǎsuan	3급 p.220	동 ~할 계획이다 명 계획
□	大	dà	1급 p.42	형 크다
□	大家	dàjiā	2급 p.22	대 모두, 다들
□	带	dài	3급 p.258	동 (몸에) 지니다, 휴대하다 동 (사람을) 데리다 명 띠, 벨트
□	担心	dānxīn	3급 p.215	동 걱정하다
□	蛋糕	dàngāo	3급 p.168	명 케이크
□	当然	dāngrán	3급 p.226	부 당연히 형 당연하다
□	到	dào	2급 p.92	동 도착하다 동 (시간이) 되다, 이르다
□	地	de	3급 p.260	조 ~하게(형용사+地의 형식으로 뒤에 오는 동사, 형용사를 수식할 때 씀)
□	的	de	1급 p.14	조 ~의, ~하는 조 ~것
□	得	de	2급 p.45	조 동사나 형용사 뒤에 쓰여 결과나 정도를 나타내는 보어와 연결시킴 조 동사와 보어 사이에 쓰여 가능을 나타냄 (부정을 할 때는 得를 不로 바꿈)
□	灯	dēng	3급 p.195	명 등
□	等	děng	2급 p.107	동 기다리다
□	点	diǎn	1급 p.103	명 시 양 조금, 약간 동 (음식 등을) 주문하다

□	多少	duōshao	1급 p.79	대 얼마

E

□	饿	è	3급 p.167	형 배고프다
□	儿子	érzi	1급 p.19	명 아들
□	耳朵	ěrduo	3급 p.140	명 귀
□	二	èr	1급 p.11	수 2, 둘

F

□	发	fā	3급 p.253	동 보내다, 발송하다
□	发烧	fāshāo	3급 p.177	동 열이 나다
□	发现	fāxiàn	3급 p.251	동 발견하다
□	饭店	fàndiàn	1급 p.30	명 식당, 호텔
□	方便	fāngbiàn	3급 p.190	형 편리하다 동 편리하게 하다
□	房间	fángjiān	2급 p.85	명 방
□	放	fàng	3급 p.253	동 놓다
□	放心	fàngxīn	3급 p.215	동 안심하다
□	飞机	fēijī	1급 p.87	명 비행기
□	非常	fēicháng	2급 p.41	부 매우
□	分	fēn	3급 p.205	양 (시간의) 분 명 점수 양 (화폐의) 펀, 푼[1위안(元)의 100분의 1] 동 나누다
□	分钟	fēnzhōng	1급 p.104	명 분
□	服务员	fúwùyuán	2급 p.30	명 종업원

G

	단어	병음	급수	페이지	뜻
□	故事	gùshi	3급	p.236	명 이야기
□	刮风	guāfēng	3급	p.239	동 바람이 불다
□	关	guān	3급	p.254	동 닫다 동 (전기 제품을) 끄다
□	关系	guānxi	3급	p.144	명 관계 동 관계되다
□	关心	guānxīn	3급	p.215	동 관심이 있다
□	关于	guānyú	3급	p.211	개 ~에 관하여
□	贵	guì	2급	p.83	형 비싸다
□	国家	guójiā	3급	p.185	명 국가, 나라
□	过	guò	3급	p.255	동 지나가다 동 보내다, 지내다
		guo	2급	p.70	조 ~한 적이 있다(경험을 나타냄)
□	过去	guòqù	3급	p.200	명 과거 동 지나가다

H

	단어	병음	급수	페이지	뜻
□	还	hái	2급	p.105	부 아직, 여전히 부 또한, 게다가
□	还是	háishi	3급	p.207	부 여전히 접 또는, 아니면 부 ~하는 편이 좋다
□	孩子	háizi	2급	p.20	명 (어린)아이, 자녀
□	害怕	hàipà	3급	p.217	동 두려워하다, 무서워하다
□	汉语	Hànyǔ	1급	p.116	명 중국어
□	好	hǎo	1급	p.44	형 좋다
□	好吃	hǎochī	2급	p.27	형 맛있다
□	号	hào	1급	p.82	명 일(날짜) 명 사이즈 명 번호
□	喝	hē	1급	p.30	동 마시다
□	和	hé	1급	p.32	접 ~와, ~과 개 ~와, ~과
□	黑	hēi	2급	p.47	형 검다

J

□	几乎	jīhū	3급 p.173	부 거의
□	机场	jīchǎng	2급 p.88	명 공항
□	机会	jīhuì	3급 p.204	명 기회
□	鸡蛋	jīdàn	2급 p.33	명 계란
□	极	jí	3급 p.225	부 극히 명 (지구의 남·북) 극
□	几	jǐ	1급 p.13	수 몇(주로 10 이하의 확실치 않은 수를 물을 때 쓰임)
□	记得	jìde	3급 p.160	동 기억하다
□	季节	jìjié	3급 p.199	명 계절
□	家	jiā	1급 p.107	명 집 양 점포나 회사를 세는 단위
□	检查	jiǎnchá	3급 p.153	동 검사하다
□	简单	jiǎndān	3급 p.155	형 간단하다
□	见面	jiànmiàn	3급 p.234	동 만나다
□	件	jiàn	2급 p.83	양 벌, 건, 개[옷이나 일을 세는 단위]
□	健康	jiànkāng	3급 p.174	명 건강 형 건강하다
□	讲	jiǎng	3급 p.256	동 말하다, 이야기하다, 설명하다
□	教	jiāo	3급 p.155	동 가르치다
□	角	jiǎo	3급 p.250	양 자오[1元의 1/10에 해당하는 중국의 화폐 단위]
□	脚	jiǎo	3급 p.142	명 발
□	叫	jiào	1급 p.61	동 부르다
□	教室	jiàoshì	2급 p.117	명 교실
□	接	jiē	3급 p.258	동 마중하다 동 잇다, 연결하다 동 (손으로) 받다, 받아들이다
□	街道	jiēdào	3급 p.188	명 거리
□	节目	jiémù	3급 p.236	명 프로그램
□	节日	jiérì	3급 p.233	명 명절

K

□	看见	kànjiàn	1급 p.73	동 보다, 보이다, 눈에 띄다
□	考试	kǎoshì	2급 p.120	명 시험 동 시험 치다
□	可爱	kě'ài	3급 p.142	형 사랑스럽다, 귀엽다
□	可能	kěnéng	2급 p.52	부 아마도 형 가능하다 명 가능성
□	可以	kěyǐ	2급 p.64	조동 ~할 수 있다 조동 ~해도 좋다
□	渴	kě	3급 p.172	형 목이 타다, 갈증 나다
□	刻	kè	3급 p.204	양 15분
□	客人	kèrén	3급 p.135	명 손님
□	课	kè	2급 p.121	명 수업
□	空调	kōngtiáo	3급 p.240	명 에어컨
□	口	kǒu	3급 p.171	명 입 양 식구, 사람[사람을 세는 단위] 양 입, 모금[입 관련 동작을 세는 단위]
□	哭	kū	3급 p.219	동 울다
□	裤子	kùzi	3급 p.247	명 바지
□	块	kuài	2급 p.79	양 위안[중국의 화폐 단위] 양 덩이[덩이로 된 물건을 세는 단위]
□	快	kuài	2급 p.49	형 빠르다
□	快乐	kuàilè	2급 p.45	형 즐겁다
□	筷子	kuàizi	3급 p.169	명 젓가락

L

□	来	lái	1급 p.59	동 오다
□	蓝	lán	3급 p.195	형 남색의, 푸르다
□	老	lǎo	3급 p.143	형 늙다 부 늘
□	老师	lǎoshī	1급 p.116	명 선생님

M

□	妈妈	māma	1급	p.18	명 엄마
□	马	mǎ	3급	p.145	명 말
□	马上	mǎshàng	3급	p.201	부 바로, 곧
□	吗	ma	1급	p.54	조 문장 끝에 쓰여 의문의 어기를 나타냄
□	买	mǎi	1급	p.79	동 사다
□	卖	mài	2급	p.79	동 팔다
□	满意	mǎnyì	3급	p.217	형 만족스럽다 동 만족하다, 마음에 들다
□	慢	màn	2급	p.50	형 느리다
□	忙	máng	2급	p.50	형 바쁘다 동 서둘러 하다
□	猫	māo	1급	p.53	명 고양이
□	帽子	màozi	3급	p.249	명 모자
□	没关系	méi guānxi	1급	p.108	괜찮다, 관계없다, 문제없다
□	没有	méiyǒu	1급	p.53	동 없다 부 ~하지 않았다
□	每	měi	2급	p.105	대 매, ~마다
□	妹妹	mèimei	2급	p.20	명 여동생
□	门	mén	2급	p.118	명 문
□	米	mǐ	3급	p.173	명 쌀 양 미터(m)
□	米饭	mǐfàn	1급	p.31	명 (쌀)밥
□	面包	miànbāo	3급	p.168	명 빵
□	面条	miàntiáo	2급	p.31	명 국수, 면
□	名字	míngzi	1급	p.20	명 이름
□	明白	míngbai	3급	p.157	동 이해하다, 알다, 깨닫다
□	明天	míngtiān	1급	p.99	명 내일

N

P

□ 爬山	páshān	3급	p.174	동	등산하다
□ 盘子	pánzi	3급	p.171	명	쟁반
□ 旁边	pángbiān	2급	p.90	명	옆(쪽), 옆부분
□ 胖	pàng	3급	p.176	형	뚱뚱하다, 살찌다
□ 跑步	pǎobù	2급	p.75	동	달리다
□ 朋友	péngyou	1급	p.20	명	친구, 벗
□ 皮鞋	píxié	3급	p.248	명	(가죽) 구두
□ 啤酒	píjiǔ	3급	p.169	명	맥주
□ 便宜	piányi	2급	p.83	형	(가격이) 싸다
□ 票	piào	2급	p.110	명	표, 티켓
□ 漂亮	piàoliang	1급	p.45	형	예쁘다, 아름답다
□ 苹果	píngguǒ	1급	p.32	명	사과
□ 瓶子	píngzi	3급	p.173	명	병

Q

□ 七	qī	1급	p.12	수	7, 일곱
□ 妻子	qīzi	2급	p.23	명	아내, 처
□ 其实	qíshí	3급	p.228	부	사실
□ 其他	qítā	3급	p.137	대	기타, 다른 사람(사물)
□ 奇怪	qíguài	3급	p.218	형	이상하다
□ 骑	qí	3급	p.193	동	(동물 · 자전거를) 타다
□ 起床	qǐchuáng	2급	p.36	동	(잠자리에서) 일어나다, 기상하다
□ 起飞	qǐfēi	3급	p.193	동	이륙하다
□ 起来	qǐlái	3급	p.259	동	일어나다

R

S

	단어	병음	급수	페이지	뜻
□	三	sān	1급	p.11	수 3, 셋
□	伞	sǎn	3급	p.240	명 우산
□	商店	shāngdiàn	1급	p.81	명 상점, 가게
□	上	shàng	1급	p.88	명 위 동 오르다, 타다 동 가다
□	上班	shàngbān	2급	p.125	동 출근하다, 근무하다
□	上网	shàngwǎng	3급	p.233	동 인터넷에 접속하다
□	上午	shàngwǔ	1급	p.100	명 오전
□	少	shǎo	1급	p.43	형 적다
□	谁	shéi	1급	p.16	대 누구
□	身体	shēntǐ	2급	p.34	명 신체, 몸
□	什么	shénme	1급	p.29	대 무슨, 무엇, 어떤
□	生病	shēngbìng	2급	p.35	동 병이 나다, 아프다
□	生气	shēngqì	3급	p.219	동 화내다
□	生日	shēngrì	2급	p.102	명 생일
□	声音	shēngyīn	3급	p.242	명 소리
□	十	shí	1급	p.13	수 10, 열
□	时候	shíhou	1급	p.104	명 때, 동안
□	时间	shíjiān	2급	p.99	명 시간
□	世界	shìjiè	3급	p.185	명 세계
□	事情	shìqing	2급	p.124	명 업무 명 일, 사건
□	试	shì	3급	p.251	동 시도하다
□	是	shì	1급	p.14	동 ~이다
□	手表	shǒubiǎo	2급	p.105	명 손목시계
□	手机	shǒujī	2급	p.109	명 휴대 전화
□	瘦	shòu	3급	p.176	형 날씬하다, (몸이) 마르다

T

□ 太阳	tàiyáng	3급	p.239	명 태양
□ 特别	tèbié	3급	p.226	형 특별하다 부 특별히, 매우
□ 疼	téng	3급	p.177	형 아프다
□ 踢足球	tī zúqiú	2급	p.75	동 축구하다
□ 提高	tígāo	3급	p.157	동 향상시키다, 높이다
□ 题	tí	2급	p.122	명 문제
□ 体育	tǐyù	3급	p.175	명 체육
□ 天气	tiānqì	1급	p.51	명 날씨
□ 甜	tián	3급	p.169	형 달다, 달콤하다
□ 条	tiáo	3급	p.248	양 가늘고 긴 것을 세는 단위 양 바지나 치마를 세는 단위 양 동식물과 관련된 것을 세는 단위
□ 跳舞	tiàowǔ	2급	p.75	동 춤을 추다
□ 听	tīng	1급	p.59	동 듣다
□ 同事	tóngshì	3급	p.136	명 동료
□ 同学	tóngxué	1급	p.117	명 동학, 급우, 동창
□ 同意	tóngyì	3급	p.219	동 동의하다
□ 头发	tóufa	3급	p.140	명 머리카락
□ 突然	tūrán	3급	p.202	부 갑자기 형 갑작스럽다
□ 图书馆	túshūguǎn	3급	p.154	명 도서관
□ 腿	tuǐ	3급	p.141	명 다리

W

□ 外	wài	2급	p.91	명 밖
□ 完	wán	2급	p.119	동 완성하다, 끝내다

X

	단어	병음	급수	페이지	뜻
□	洗手间	xǐshǒujiān	3급	p.189	명 화장실
□	洗澡	xǐzǎo	3급	p.174	동 샤워하다, 목욕하다
□	喜欢	xǐhuan	1급	p.34	동 좋아하다
□	下	xià	1급	p.89	명 아래, 밑 동 떨어지다, 내리다 동 (높은 곳에서 낮은 곳으로) 내려가다
□	下午	xiàwǔ	1급	p.100	명 오후
□	下雨	xiàyǔ	1급	p.52	동 비가 오다
□	夏	xià	3급	p.199	명 여름
□	先	xiān	3급	p.206	부 먼저
□	先生	xiānsheng	1급	p.21	명 선생님, 씨, 미스터 명 남편
□	现在	xiànzài	1급	p.100	명 현재, 지금
□	相信	xiāngxìn	3급	p.220	동 믿다
□	香蕉	xiāngjiāo	3급	p.168	명 바나나
□	想	xiǎng	1급	p.65	조동 ~하고 싶다 동 생각하다
□	向	xiàng	3급	p.195	개 ~을 향하여 개 ~에게
□	像	xiàng	3급	p.242	동 비슷하다, 닮다
□	小	xiǎo	1급	p.43	형 (크기가) 작다 형 (나이가) 어리다
□	小姐	xiǎojiě	1급	p.22	명 아가씨, 젊은 여자, 미스
□	小时	xiǎoshí	2급	p.103	명 시간
□	小心	xiǎoxīn	3급	p.216	동 조심하다, 주의하다
□	校长	xiàozhǎng	3급	p.154	명 학교장, 교장, (대학교) 총장
□	笑	xiào	2급	p.62	동 웃다
□	些	xiē	1급	p.28	양 약간, 조금
□	写	xiě	1급	p.118	동 쓰다
□	谢谢	xièxie	1급	p.107	동 감사하다, 고맙다
□	新	xīn	2급	p.51	형 새롭다

□ 一	yī	1급	p.11	수 1, 하나
□ 一般	yìbān	3급	p.242	부 일반적으로 형 보통이다, 일반적이다
□ 一边	yìbiān	3급	p.235	부 한편으로는 ~하고 또 한편으로는 ~하다
□ 一点儿	yìdiǎnr	1급	p.37	양 약간, 조금
□ 一定	yídìng	3급	p.224	부 반드시, 틀림없이 형 일정한, 어느 정도의
□ 一共	yígòng	3급	p.249	부 총, 모두
□ 一会儿	yíhuìr	3급	p.208	명 잠깐, 잠시, 잠시 후에
□ 一起	yìqǐ	2급	p.63	부 함께 명 한곳
□ 一下	yíxià	2급	p.68	양 한번, 잠깐, 좀
□ 一样	yíyàng	3급	p.242	형 같다
□ 一直	yìzhí	3급	p.207	부 줄곧, 계속
□ 衣服	yīfu	1급	p.82	명 옷
□ 医生	yīshēng	1급	p.35	명 의사
□ 医院	yīyuàn	1급	p.36	명 병원
□ 已经	yǐjīng	2급	p.105	부 이미
□ 以前	yǐqián	3급	p.200	명 이전, 과거
□ 椅子	yǐzi	1급	p.118	명 의자
□ 意思	yìsi	2급	p.124	명 뜻, 의미 명 재미
□ 因为…, 所以…	yīnwèi…, suǒyǐ…	2급	p.55	(왜냐하면) ~이기 때문에 그래서 ~이다
□ 阴	yīn	2급	p.52	형 (날씨가) 흐리다
□ 音乐	yīnyuè	3급	p.237	명 음악
□ 银行	yínháng	3급	p.189	명 은행
□ 饮料	yǐnliào	3급	p.168	명 음료
□ 应该	yīnggāi	3급	p.178	조동 ~해야 한다
□ 影响	yǐngxiǎng	3급	p.178	명 영향 동 영향을 주다
□ 游戏	yóuxì	3급	p.237	명 게임, 놀이

Z

□ 张	zhāng	3급	p.239	양 장[종이, 책상 등 평평한 물건을 세는 단위] 동 벌리다
□ 长	zhǎng	3급	p.139	동 자라다 동 생기다
□ 丈夫	zhàngfu	2급	p.22	명 남편
□ 着急	zháojí	3급	p.220	동 조급해하다, 서두르다
□ 找	zhǎo	2급	p.63	동 찾다
□ 照顾	zhàogù	3급	p.178	동 돌보다, 보살피다
□ 照片	zhàopiàn	3급	p.238	명 사진
□ 照相机	zhàoxiàngjī	3급	p.238	명 사진기, 카메라
□ 这	zhè	1급	p.15	대 이, 이것 대 이때, 지금
□ 着	zhe	2급	p.71	조 ~하고 있다(동사 뒤에서 동작의 진행이나 상태의 지속을 나타냄)
□ 真	zhēn	2급	p.42	부 정말, 진짜 형 진짜이다, 사실이다
□ 正在	zhèngzài	2급	p.106	부 지금(마침) ~하고 있다(진행을 나타냄)
□ 只	zhī	3급	p.147	양 마리[동물을 세는 단위] 양 쪽, 짝[쌍으로 이루어진 물건 중 하나를 세는 단위]
	zhǐ	3급	p.243	부 단지, 오로지
□ 知道	zhīdào	2급	p.127	동 알다
□ 只有…才…	zhǐyǒu…cái…	3급	p.163	오직 ~해야만 비로소 ~하다
□ 中国	Zhōngguó	1급	p.84	고유 중국
□ 中间	zhōngjiān	3급	p.187	명 중간
□ 中文	Zhōngwén	3급	p.159	명 중국어
□ 中午	zhōngwǔ	1급	p.101	명 정오, 낮
□ 终于	zhōngyú	3급	p.203	부 마침내, 결국
□ 种	zhǒng	3급	p.147	양 종류
	zhòng	3급	p.147	동 심다

맛있는 books
www.booksJRC.com

HSK 첫걸음부터 3급까지 600단어 15일 완성!

맛있는 중국어 HSK 1-3급 단어장

★ 주제별 분류로 **연상 학습**이 가능한 **단어장**

★ HSK **출제 포인트**와 **기출 예문**이 한눈에!

★ **단어 암기**부터 HSK **실전 문제 적용**까지 한 권에!

★ **발음**이 **정확**한 원어민 성우의 **녹음 QR코드** 수록

★ HSK의 핵심을 꿰뚫는 **동영상 강의** 무료 제공

외국어 전문 출판 브랜드
맛있는 books
www.booksJRC.com

MP3 파일 다운로드
맛있는북스

HSK 4급 합격을 위한 600단어 15일 완성!

맛있는 중국어 HSK 4급 단어장

양영호·박현정 저
JRC 중국어연구소 기획

- 주제별 분류로 연상 학습이 가능한 단어장
- HSK 출제 포인트와 기출 예문이 한눈에!
- 단어 암기부터 HSK 실전 문제 적용까지 한 권에!
- 발음이 정확한 원어민 성우의 녹음 QR코드 수록

맛있는 books

| 저자 |

양영호

계명대학교 중어중문학과 졸업

현 차이나탄 중국어 HSK 강사
전 YBM중국어학원 HSK 강사
맛있는중국어학원 HSK 대표 강사

저서 『新HSK 급소공략 4급 쓰기』
『시나공 新HSK 실전모의고사 5, 6급』
『차이나는 중국어 HSK 4, 5급』
『맛있는 중국어 HSK 6급 1000제』

편역 『고득점행 新HSK 모의고사 6급』

박현정

성균관대학교 교육대학원(중국어교육) 석사 과정 수료
경상대학교 중어중문학과 졸업(수석 조기 졸업)

현 시사중국어학원 HSK 6급 전문 강사
전 YBM중국어학원 HSK 4-6급 전문 강사
이얼싼중국어학원 HSK 4-6급 전문 강사

편역 『고득점행 新HSK 모의고사 3급』

감수 『FINAL HSK 실전 모의고사 6급』

동영상 강의 YBM HSK 5-6급 종합&어휘
대교 우주런 HSK 4-6급 실전모의고사
맛있는 중국어 HSK 6급 종합
맛있는 중국어 HSK 강사 양성
시사인강 HSK 5-6급 종합
차이홍 공자아카데미 주니어 중국어 강사양성과정

맛있는 중국어 HSK 4급 단어장
동영상 강의 무료

맛있는 중국어 HSK 4급 단어장

양영호·박현정 저
JRC 중국어연구소 기획

맛있는 books

초판 1쇄 발행 2019년 7월 30일
초판 5쇄 발행 2024년 5월 15일

저자 양영호 | 박현정
발행인 김효정
발행처 맛있는books
등록번호 제2006-000273호

주소 서울시 서초구 명달로 54 JRC빌딩 7층
전화 구입문의 02·567·3861 | 02·567·3837
내용문의 02·567·3860
팩스 02·567·2471
홈페이지 www.booksJRC.com

ISBN 979-11-6148-032-9 14720
979-11-6148-031-2 (세트)
정가 14,000원

중국어 공부의 첫 시작은 한자의 압박으로 인한 두려움이었습니다. 단어를 읽고 문장을 해석하면서, 중국어 공부는 깨달음과 즐거움의 과정이었습니다. 학생들을 가르치면서 중국어 공부의 시작인 단어를 어떻게 하면 효과적으로 학습시킬 수 있을까 늘 고민했습니다.

'yā'라는 발음을 듣고 단번에 단어의 의미를 알아채기란 힘든 일입니다. 중국어 실력과 더불어 상대방의 마음을 간파하는 독심술까지 필요할지도 모릅니다. 그래서 주제가 필요합니다. 음식에 대한 이야기에서 'yā(鸭)'는 '오리'라는 의미이고, 공부나 일에 대한 이야기에서 'yā(压)'는 '스트레스'라는 의미입니다. 이렇듯 중국어 단어를 학습할 때는 이야기의 주제도 매우 중요합니다.

『맛있는 중국어 HSK 1~4급 단어장』은 학습 난이도에 맞게 공부할 수 있도록 HSK 1~3급 단어(600개)와 HSK 4급 단어(600개)를 분리하여 구성하고, 단어를 주제별로 분류했습니다. 급수별 핵심 단어와 단어 TIP, 한자 TIP 등을 정리해 단어를 체계적으로 학습할 수 있습니다. 더 나아가 전반적인 중국어 실력 향상과 HSK 합격이라는 궁극적인 목표를 달성할 수 있도록 HSK 출제 포인트와 HSK 실전 문제로 구성한 미니 테스트가 수록되어 있습니다. 도서와 함께 제공되는 무료 동영상 강의까지 꼼꼼하게 학습하면 많은 도움이 될 것입니다.

중국어 공부를 먼저 한 선배의 입장에서 후배들에게 **『맛있는 중국어 HSK 1~4급 단어장』**을 통해 중국어를 쉽고 재미있게 알려주고 싶습니다. 모든 학습자가 재미있게 공부해서 뿌듯한 점수로 성취감과 즐거움을 맛보게 되길 바랍니다.

마지막으로 이 책이 나오기까지 여러 도움을 주신 출판사 관계자 분과 항상 응원을 아끼지 않는 학생들, 그리고 앞으로 이 책을 학습할 모든 분께 감사의 말씀을 전합니다.

양영호, 박현정

차례

HSK 4급 600단어 15일 완성!

이 책의 특징

1 HSK 1~4급 1200단어 30일 완성 플랜

HSK 첫걸음부터 4급까지 필수 단어 1200개를 30일 만에 학습할 수 있도록 구성했습니다. 1~3급과 4급을 분권하여 학습자의 수준에 따라 학습이 가능하며, 단어장의 무게도 확 낮췄습니다. 이제 얇고 가벼운 단어장으로 공부하세요.

1~2급(300개)	3급(300개)	4급(600개)
학습기간: 7일	학습기간: 8일	학습기간: 15일

2 급수별 & 주제별 단어 분류로 연상 학습 가능

HSK 1~2급, 3급, 4급 필수 단어를 급수별로 분류하고, 동일한 급수 내에서 주제별로 단어를 묶어서 제시하여 연상 암기가 가능합니다. 또한, 재미있는 삽화가 함께 수록되어 있어 학습 부담이 적습니다.

3 '단어 학습 → 문제 적용 → 복습'의 체계적인 구성

중요 단어 미리 확인!

단어 학습 및 **출제 포인트** 파악

HSK 문제를 풀면서 **실전 적용**

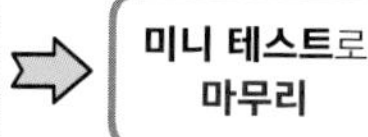

미니 테스트로 **마무리**

4 HSK 출제 포인트를 짚어주는 무료 동영상 강의 제공

HSK 전문가인 저자의 핵심을 꿰뚫는 강의로 중요 단어를 총정리하고 HSK 문제를 풀어보며 실제 시험에는 어떻게 출제되는지 학습할 수 있습니다.

이 책의 구성

워밍업
중요 단어를 미리 파악합니다.

단어 학습
HSK 필수 단어를 학습합니다.

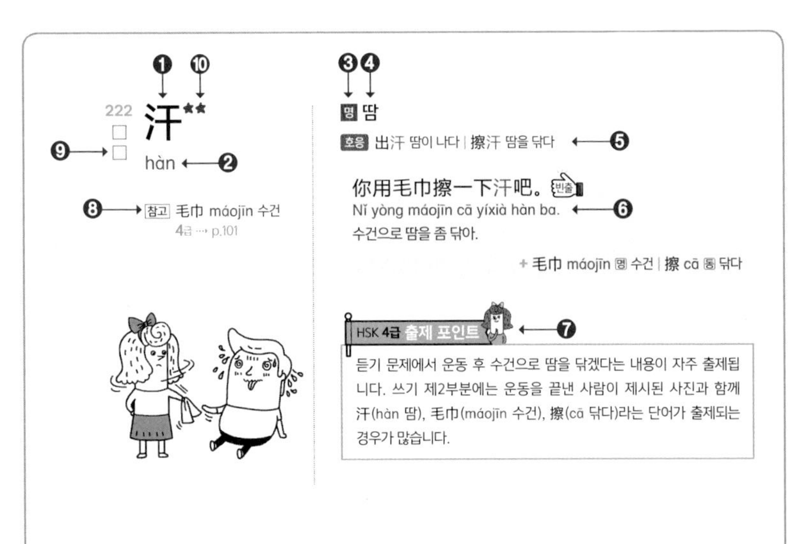

❶❷❸❹ **표제어**: 단어의 한자, 병음, 품사, 뜻 확인
❺ **호응 표현**: 단어와 자주 호응하는 표현 제시
❻ **예문**: 기출 예문으로 난이도에 맞게 구성(빈출 표시에 주목!)
❼ **TIP**: HSK 출제 포인트, 단어 TIP 제시
❽ **관련 단어**: 동의어, 유의어, 반의어, 참고 단어 제시
❾ **체크박스**: 잘 외워지지 않는 단어는 체크박스에 표시
❿ **중요도**: ★표로 중요도 표시

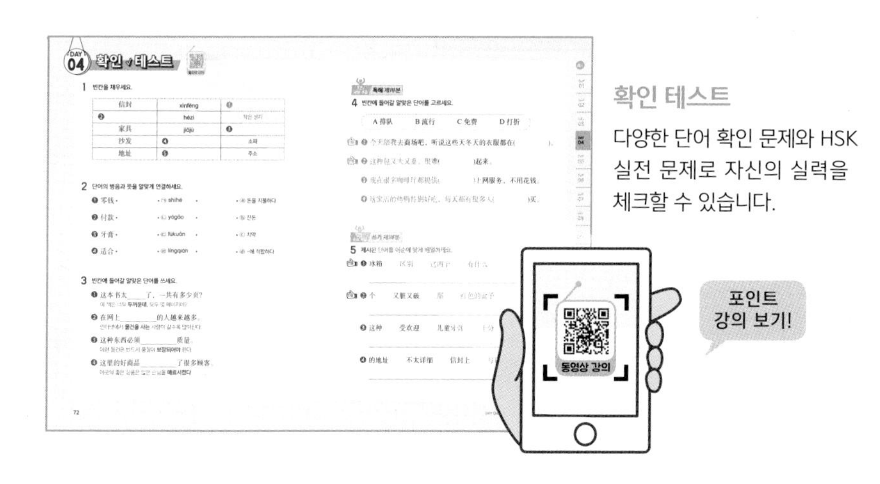

확인 테스트

다양한 단어 확인 문제와 HSK 실전 문제로 자신의 실력을 체크할 수 있습니다.

포인트 강의 보기!

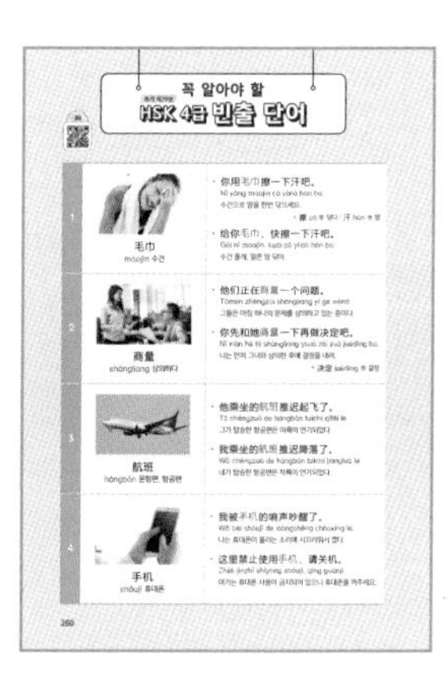

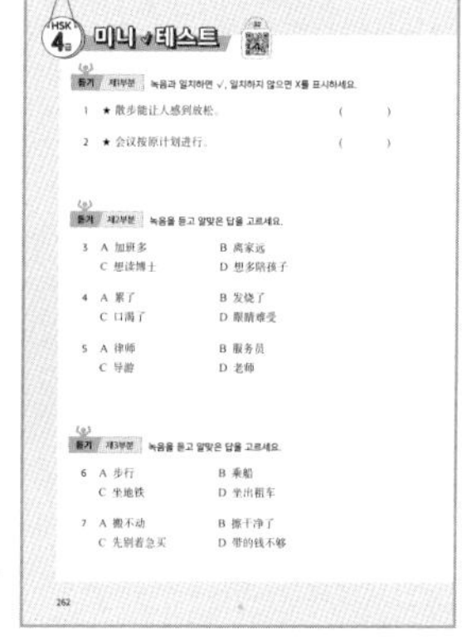

꼭 알아야 할 HSK 빈출 단어&구문

HSK에 자주 출제되는 단어와 구문을 별도로 정리했습니다.

미니 테스트

HSK 문제를 풀면서 학습한 단어를 실전에 적용해 볼 수 있습니다.

정답 및 해석

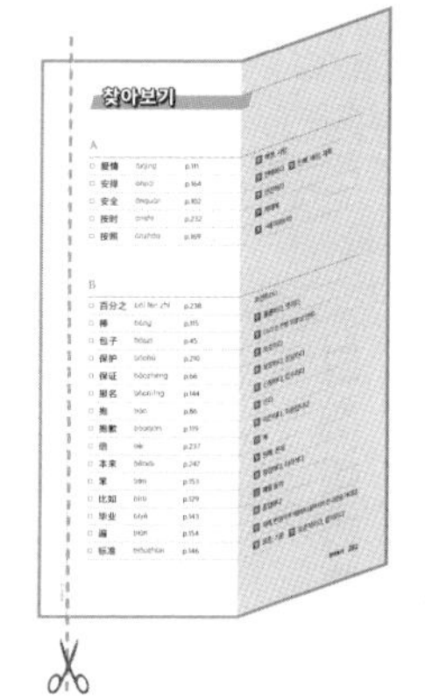

접어서 활용하기!

찾아보기

15일 600단어 학습 플랜

DAY	학습일	복습
DAY01 인물, 직업, 관계	/	① ② ③
DAY02 성격과 태도	/	① ② ③
DAY03 음식과 생활	/	① ② ③
DAY04 쇼핑	/	① ② ③
DAY05 일상생활	/	① ② ③
+ 빈출 단어&구문	/	① ② ③
DAY06 운동과 오락	/	① ② ③
DAY07 감정	/	① ② ③
DAY08 회사와 업무	/	① ② ③
DAY09 학교와 공부	/	① ② ③
DAY10 사고&토론 활동	/	① ② ③
+ 빈출 단어&구문	/	① ② ③
DAY11 여행	/	① ② ③
DAY12 인생 교훈	/	① ② ③
DAY13 자연과학과 통신	/	① ② ③
DAY14 시간과 수량	/	① ② ③
DAY15 부사와 접속사	/	① ② ③
+ 빈출 단어&구문	/	① ② ③
+ 미니 테스트	/	① ② ③

❖일러두기/ 품사 약어표

품사	약어	품사	약어	품사	약어
명사	명	양사	양	조동사	조동
동사	동	개사	개	접속사	접
형용사	형	고유명사	고유	감탄사	감탄
부사	부	대명사	대		
수사	수	조사	조		

HSK 4급

600단어

START!

01

이것이 나의 존재감
_인물, 직업, 관계

HSK 4급에 이 단어가 나온다!

인물, 직업, 관계에서는 단어와 관련된 사람과 장소를 함께 외워두면 좋습니다. 직업 관련 단어로는 师傅(shīfu 기사), 导游(dǎoyóu 가이드), 律师(lǜshī 변호사)가 자주 출제됩니다. 이외에 小伙子(xiǎohuǒzi 젊은이)도 자주 출제되므로 꼭 기억하세요.

한눈에 파악하는 단어

인물 직업

师傅 shīfu 기사

出租车 chūzūchē 택시
打的 dǎdī 택시를 타다
打车 dǎchē 택시를 타다

房东 fángdōng 집주인

找房子 zhǎo fángzi 집을 구하다
租房 zūfáng 집을 세내다
房租 fángzū 집세

导游 dǎoyóu 가이드

集合 jíhé 집합하다
参观 cānguān 참관하다

律师 lǜshī 변호사

法律 fǎlǜ 법률

001 **出生** ☐ ☐
chūshēng

동 출생하다, 태어나다

我孙子是去年出生的。
Wǒ sūnzi shì qùnián chūshēng de.
나의 손자는 작년에 태어났다.

+ 孙子 sūnzi 명 손자

맛있는 단어  出生과 生 비교

出生(chūshēng)은 목적어를 취할 수 없기 때문에 '아이를 낳다'라는 표현에는 반드시 生(shēng 낳다)을 써야 합니다.

她生(下)了一个儿子。
Tā shēng(xià)le yí ge érzi.
그녀는 아들을 하나 낳았다.

002 **死** ☐ ☐
sǐ

동 죽다

每个人都会死。
Měi ge rén dōu huì sǐ.
모든 사람들은 죽을 것이다.

형 극에 달하다, ~해 죽겠다(…死了의 형식으로 쓰임)

我哥发来一个笑话，笑死我了。
Wǒ gē fālái yí ge xiàohua, xiàosǐ wǒ le.
우리 오빠가 웃긴 이야기를 하나 보내왔는데, 웃겨 죽을 것 같아.

+ 笑话 xiàohua 명 재미있는 이야기, 우스운 이야기

003 **年龄*** ☐ ☐
niánlíng

유의 年纪 niánjì 나이
岁数 suìshu 연세, 나이

명 나이

他还不到结婚年龄呢。
Tā hái bú dào jiéhūn niánlíng ne.
그는 아직 결혼할 나이가 되지 않았다.

+ 结婚 jiéhūn 동 결혼하다

004 性别

□
□

xìngbié

명 성별

这个职业不管年龄和性别。
Zhège zhíyè bù guǎn niánlíng hé xìngbié.
이 직업은 연령과 성별에 관계없다.

+ 职业 zhíyè 명 직업 | 不管 bù guǎn 관계가 없다

005 国籍

□
□

guójí

명 국적

他的国籍是中国。
Tā de guójí shì Zhōngguó.
그의 국적은 중국이다.

006 来自

□
□

láizì

동 ~에서 오다

我们学校的留学生来自世界各国。
Wǒmen xuéxiào de liúxuéshēng láizì shìjiè gè guó.
우리 학교의 유학생은 세계 각국에서 왔다.

+ 留学生 liúxuéshēng 명 유학생 | 世界 shìjiè 명 세계 | 各 gè 대 각, 여러

007 母亲*

□
□

mǔqīn

명 모친, 어머니

我母亲身体很健康。
Wǒ mǔqīn shēntǐ hěn jiànkāng.
나의 어머니는 몸이 건강하다.

008 父亲*

□
□

fùqīn

명 부친, 아버지

他的父亲是首都医院的大夫。
Tā de fùqīn shì shǒudū yīyuàn de dàifu.
그의 아버지는 수도 병원의 의사이다.

+ 首都 shǒudū 명 수도 | 大夫 dàifu 명 의사

009 孙子★★

□ □

sūnzi

참고 孙女 sūnnǚ 손녀

명 손자

호응 接孙子 손자를 데리러가다

他的孙子很会弹钢琴。
Tā de sūnzi hěn huì tán gāngqín.
그의 손자는 피아노를 잘 친다.

+ 弹钢琴 tán gāngqín 피아노를 치다

HSK 4급 출제 포인트

듣기 문제에서 孙子(sūnzi), 孙女(sūnnǚ)는 주로 爷爷(yéye 할아버지), 奶奶(nǎinai 할머니)와 같이 언급됩니다. 또한, 走路(zǒulù 걸음마), 说话(shuōhuà 말하기), 接(jiē 데리러가다), 送(sòng 배웅하다) 등의 단어와 함께 출제됩니다.

010 咱们★

□ □

zánmen

대 우리(들)

호응 咱(们)家 우리 집 | 咱(们)孩子 우리 아이

咱们一起抬沙发吧，我快没力气了。 빈출
Zánmen yìqǐ tái shāfā ba, wǒ kuài méi lìqi le.
우리 같이 소파 들자. 나는 힘이 다 빠져가.

+ 抬 tái 동 들다 | 沙发 shāfā 명 소파 |
快…了 kuài…le 곧 ~할 것이다 | 力气 lìqi 명 힘, 기운

咱们(zánmen)은 듣기에 자주 출제되는 단어입니다. 관계를 묻는 문제에서 咱们家(zánmen jiā) 혹은 咱家(zán jiā)가 나오면 거의 '丈夫和妻子(남편과 아내)' 또는 '夫妻(부부)'가 정답이 됩니다. 특히, 이야기를 나누고 있는 화자 둘을 가리켜 咱们俩(zánmen liǎ), 줄여서 咱俩(zán liǎ)라고 말하는 것에 주의하세요.

011 **俩**★ liǎ

두 개, 두 사람

호응 我们俩 우리 둘 | 咱们俩 우리 둘

他们俩长得很像。
Tāmen liǎ zhǎng de hěn xiàng.
그 두 사람은 생긴 게 매우 닮았다.

+ 长 zhǎng 동 생기다 | 像 xiàng 형 비슷하다, 닮다

012 **陪**★★ péi

동 모시다, 동반하다

我明天要陪母亲去医院看病。
Wǒ míngtiān yào péi mǔqīn qù yīyuàn kànbìng.
나는 내일 어머니를 모시고 병원에 진찰 받으러 가봐야 한다.

+ 看病 kànbìng 동 진찰 받다

맛있는 단어 TIP 陪의 활용

陪(péi)의 대상은 보살핌이나 동행이 필요하다면 나이의 많고 적음에 상관없이 쓸 수 있습니다.

013 **亲戚** qīnqi

명 친척

家里来了几位亲戚。
Jiāli láile jǐ wèi qīnqi.
집에 친척이 몇 분 오셨다.

+ 位 wèi 양 분[사람을 세는 단위]

014 **儿童**★ értóng

명 아동, 어린이

호응 儿童票 어린이표 | 儿童装 아동복

六月一号是国际儿童节。
Liù yuè yī hào shì guójì értóngjié.
6월 1일은 국제 어린이날이다.

+ 国际 guójì 명 국제

015 □ □ **小伙子**★★
xiǎohuǒzi

명 젊은이, 총각

那个小伙子的态度非常积极。
Nàge xiǎohuǒzi de tàidu fēicháng jījí.
그 젊은이의 태도는 매우 적극적이다.

+ 态度 tàidu 명 태도 | 积极 jījí 형 적극적이다

016 □ □ **观众**★★
guānzhòng

참고 比赛 bǐsài 시합, 경기 3급

명 관중

호응 吸引观众 관중을 매료시키다

他的电影十分吸引观众。빈출
Tā de diànyǐng shífēn xīyǐn guānzhòng.
그의 영화는 관중을 매료시켰다.

+ 十分 shífēn 부 매우 |
吸引 xīyǐn 동 매료시키다, 끌어당기다

017 □ □ **师傅**★★★
shīfu

참고 司机 sījī 운전기사 3급

명 기사님, 선생님[기능자에 대한 존칭]

我家附近修自行车的师傅总是很热情。
Wǒ jiā fùjìn xiū zìxíngchē de shīfu zǒngshì hěn rèqíng.
우리 집 근처에 자전거를 고치는 수리공은 늘 친절하다.

+ 附近 fùjìn 명 부근, 근처 | 修 xiū 동 수리하다 |
热情 rèqíng 형 친절하다

HSK 4급 출제 포인트

师傅(shīfu)는 듣기 영역에서 자주 출제되는 직업 관련 단어입니다. 司机(sījī 운전기사)보다는 师傅로 자주 나오는데, 보통 택시를 타고 공항(机场 jīchǎng)으로 이동하는 내용으로 출제됩니다. 师傅는 司机, 出租车, 机场, 打的(dǎdī 택시를 타다)와 연관 지어서 암기하는 것이 좋습니다.

师傅，长江大桥离这儿多远?
Shīfu, Chángjiāng Dàqiáo lí zhèr duō yuǎn?
기사님, 장강대교는 여기에서 얼마나 멀어요?

018 □ □

房东★★

fángdōng

참고 租房 zūfáng 집을 세내다

명 집주인

你知道房东的电话号码吗?
Nǐ zhīdào fángdōng de diànhuà hàomǎ ma?
넌 집주인의 전화번호를 알고 있어?

房东(fángdōng)은 듣기 영역에서 집 구하기(找房子 zhǎo fángzi), 세 얻기(租房 zūfáng), 그리고 집세(房租 fángzū)를 요구할 때 등장하는 단어입니다.

019 □ □

顾客★

gùkè

동의 客人 kèrén 고객, 손님 3급

참고 商店 shāngdiàn 상점 1급

명 고객

这次活动吸引了很多顾客。빈출
Zhè cì huódòng xīyǐnle hěn duō gùkè.
이번 행사는 많은 고객을 유치했다.

+ 活动 huódòng 명 행사, 활동 | 吸引 xīyǐn 동 끌어당기다, 유치하다

020 □ □

售货员

shòuhuòyuán

참고 商店 shāngdiàn 상점 1급

명 판매원

售货员的服务态度都很好。
Shòuhuòyuán de fúwù tàidu dōu hěn hǎo.
판매원의 서비스 태도가 매우 좋다.

+ 服务 fúwù 동 서비스하다 | 态度 tàidu 명 태도

021 □ □

当★

dāng

동의 做 zuò ~이 되다 1급
成为 chéngwéi ~이 되다 4급 ⋯→ p.17

동 ~이 되다, 담당하다, 맡다

她从小就想当一个老师。
Tā cóng xiǎo jiù xiǎng dāng yí ge lǎoshī.
그녀는 어릴 때부터 선생님이 되고 싶었다.

+ 从小 cóng xiǎo 어릴 때부터

022 **成为**★★

chéngwéi

동의 做 zuò ~이 되다 1급
当 dāng ~이 되다 4급 ··· p.16

동 ~이 되다

他一直想成为一名律师。 빈출
Tā yìzhí xiǎng chéngwéi yì míng lǜshī.
그는 줄곧 변호사가 되고 싶어 했다.

+ 一直 yìzhí 부 줄곧, 계속 | 名 míng 양 명[사람을 세는 단위] 律师 lǜshī 명 변호사

HSK 4급 출제 포인트

当(dāng), 做(zuò), 成为(chéngwéi)는 모두 '~이 되다'라는 뜻이 있습니다. 특히 做는 '일을 하다'라는 뜻 외에도 '~이 되다'라는 뜻도 있음을 주의해야 합니다. 쓰기 제2부분에서 의사(大夫 dàifu), 간호사(护士 hùshi), 변호사(律师 lǜshī), 가이드(导游 dǎoyóu) 등과 관련된 사진이 나오면 我想成为一个…(나는 ~이 되고 싶다) 구문으로 완성하면 됩니다.

我想成为(=做/当)演员。
Wǒ xiǎng chéngwéi yǎnyuán.
나는 배우가 되고 싶다.

023 **著名**★★

zhùmíng

동의 有名 yǒumíng 유명하다 3급

형 유명하다, 저명하다

호응 著名演员 유명 배우 | 著名小说 유명 소설

这次活动邀请了很多著名演员。
Zhè cì huódòng yāoqǐngle hěn duō zhùmíng yǎnyuán.
이번 행사는 많은 유명 배우를 초청했다.

+ 活动 huódòng 명 행사, 활동 | 邀请 yāoqǐng 동 초청하다 | 演员 yǎnyuán 명 배우

맛있는 단어 TIP 著名의 용법

著名(zhùmíng)은 著名的小说처럼 的를 사용하여 명사를 수식할 수 있고, 著名小说처럼 的 없이 명사를 바로 수식할 수도 있습니다.

024 □ □ **记者**★★

jìzhě

명 기자

她从小就想成为一名记者。 빈출

Tā cóng xiǎo jiù xiǎng chéngwéi yì míng jìzhě.

그녀는 어릴 때부터 기자가 되고 싶었다.

+ 从小 cóng xiǎo 어릴 때부터 | 成为 chéngwéi 동 ~이 되다

者(zhě)는 '사람'을 의미하며, 단어 뒤에 者를 써서 직업을 나타내기도 합니다.

- 记者 jìzhě 기자
- 读者 dúzhě 독자
- 作者 zuòzhě 지은이, 작자

025 □ □ **律师**★★★

lǜshī

명 변호사

他是律师，所以对法律很了解。

Tā shì lǜshī, suǒyǐ duì fǎlǜ hěn liǎojiě.

그는 변호사라서 법률에 대해서 매우 잘 안다.

+ 法律 fǎlǜ 명 법률 | 了解 liǎojiě 동 잘 알다, 이해하다

HSK 4급 출제 포인트

律师(lǜshī)는 HSK 4급에 가장 많이 출제되는 직업 중 하나입니다. 특히, 듣기 영역이나 쓰기 제1부분에 자주 출제됩니다. 듣기 문제에서는 법률(法律 fǎlǜ), 국제법(国际法 guójìfǎ), 경제법(经济法 jīngjìfǎ) 등의 단어와 함께 출제됩니다. 쓰기 제1부분에서는 아래 문장이 출제되므로 꼭 암기해 두세요.

我爸爸是当地有名的一位律师。

Wǒ bàba shì dāngdì yǒumíng de yí wèi lǜshī.

우리 아빠는 현지에서 유명한 변호사다.

026 **警察**
☐
☐
jǐngchá

명 경찰

호응 交通警察(=交警) 교통 경찰

在一个十字路口，一位交通警察让他停车。
Zài yí ge shízì lùkǒu, yí wèi jiāotōng jǐngchá ràng tā tíng chē.
사거리에서 한 교통경찰이 그에게 차를 멈추라고 했다.

+ 十字路口 shízì lùkǒu 명 사거리, 네거리 | 交通 jiāotōng 명 교통 | 停 tíng 동 멈추다

027 **作家***
☐
☐
zuòjiā

명 작가

作家要有丰富的知识。
Zuòjiā yào yǒu fēngfù de zhīshi.
작가는 풍부한 지식이 있어야 한다.

+ 丰富 fēngfù 형 풍부하다 | 知识 zhīshi 명 지식

028 **作者**
☐
☐
zuòzhě

명 지은이, 작자

这篇文章的作者是谁?
Zhè piān wénzhāng de zuòzhě shì shéi?
이 글의 지은이는 누구입니까?

+ 篇 piān 양 편 | 文章 wénzhāng 명 (한 편의 온전한) 글, 문장

맛있는 단어 TIP 作家와 作者 비교

作家(zuòjiā)는 '작가'라는 뜻으로, 글을 쓰는 것을 직업으로 가진 사람을 의미합니다. 반면 作者(zuòzhě)는 어떤 책을 쓴 사람, 즉 '지은이, 작자'라는 뜻입니다. 이 둘을 혼동하지 않도록 주의하세요.

029 **翻译★★**

☐
☐

fānyì

명 통역가, 번역가

我想成为一名翻译。
Wǒ xiǎng chéngwéi yì míng fānyì.
저는 번역가가 되고 싶습니다.

동 번역하다, 통역하다

这本小说被翻译成了很多语言。 빈출
Zhè běn xiǎoshuō bèi fānyì chéngle hěn duō yǔyán.
이 소설은 여러 언어로 번역되었다.

+ 小说 xiǎoshuō 명 소설 | 语言 yǔyán 명 언어

030 **大夫★★**

☐
☐

dàifu

동의 医生 yīshēng 의사 1급

참고 医院 yīyuàn 병원 1급

명 의사

王大夫在给病人看病。
Wáng dàifu zài gěi bìngrén kànbìng.
왕 의사는 환자를 진찰하고 있다.

+ 病人 bìngrén 명 환자 |
看病 kànbìng 동 진찰하다, 진찰 받다

HSK 4급 출제 포인트

'진찰을 받다'는 중국어로 다양하게 표현할 수 있습니다. 독해 문제를 풀 때 오역으로 인해 문제를 틀리지 않도록 주의하세요.

① 看+의사(大夫, 医生)
看大夫 kàn dàifu = 看医生 kàn yīshēng
의사를 보러 가다 (X) → 진찰을 받다

② 看+병(病)
看病 kànbìng
병을 보다 (X) → 진찰을 받다

③ 看+신체 부위
看牙 kàn yá
이를 보다 (X) → 진찰을 받다, 치아를 검진 받다

031 □ □

护士★★

hùshi

명 간호사

关小姐是一名优秀的护士。
Guān xiǎojiě shì yì míng yōuxiù de hùshi.
관씨 아가씨는 한 명의 우수한 간호사이다.

+ 小姐 xiǎojiě 명 아가씨, 미스(Miss) | 优秀 yōuxiù 형 우수하다

护(hù)가 들어가는 빈출 단어로 护照(hùzhào 여권), 保护(bǎohù 보호하다)가 있습니다.

032 □ □

导游★★★

dǎoyóu

참고 游客 yóukè 여행객

명 관광 가이드

我对导游这个职业很感兴趣。
Wǒ duì dǎoyóu zhège zhíyè hěn gǎn xìngqù.
나는 관광 가이드라는 이 직업에 대해서 매우 흥미를 느낀다.

+ 职业 zhíyè 명 직업 | 感兴趣 gǎn xìngqù 흥미를 느끼다

HSK 4급 출제 포인트

导游(dǎoyóu)는 여행(旅游 lǚyóu, 旅行 lǚxíng)에서 여행객(游客 yóukè)을 인솔하는 사람을 가리킵니다. 集合(jíhé 집합하다), 回宾馆(huí bīnguǎn 호텔로 돌아가다) 등의 단어와 함께 출제됩니다.

033 □ □

演员★

yǎnyuán

참고 电影 diànyǐng 영화 1급
表演 biǎoyǎn 공연하다 4급 ··· p.104
演出 yǎnchū 공연하다 4급 ··· p.105

명 배우

他是著名的京剧演员。 빈출
Tā shì zhùmíng de jīngjù yǎnyuán.
그는 유명한 경극 배우이다.

+ 著名 zhùmíng 형 유명하다 | 京剧 jīngjù 명 경극

034 □ □

印象★★

yìnxiàng

명 인상

호응 留下印象 인상을 남기다 | 印象深刻 인상이 깊다 | 第一印象 첫인상

那个小伙子给面试官留下了很深的印象。
Nàge xiǎohuǒzi gěi miànshìguān liúxiàle hěn shēn de yìnxiàng.
그 젊은이는 면접관에게 깊은 인상을 남겼다.

+ 面试官 miànshìguān 명 면접관 | 留 liú 동 남기다 | 深 shēn 형 깊다

035 □ □

帅

shuài

형 멋지다, 잘생기다

那个演员长得特别帅。 빈출
Nàge yǎnyuán zhǎng de tèbié shuài.
그 배우는 매우 잘생겼다.

+ 演员 yǎnyuán 명 배우 | 长 zhǎng 동 생기다

036 □ □

富

fù

반의 穷 qióng 가난하다
4급 ··· p.22

형 부유하다

怎样才能成为富人呢?
Zěnyàng cái néng chéngwéi fùrén ne?
어떻게 해야 비로소 부자가 될 수 있는가?

+ 怎样 zěnyàng 대 어떻게, 어떠하다

037 □ □

穷

qióng

반의 富 fù 부유하다
4급 ··· p.22

형 가난하다

他虽然很穷，但心不穷。
Tā suīrán hěn qióng, dàn xīn bù qióng.
그는 비록 가난하지만, 마음만은 가난하지 않다.

4급

DAY 01 | DAY 02 | DAY 03 | DAY 04 | DAY 05 | DAY 06 | DAY 07 | DAY 08 | DAY 09 | DAY 10 | DAY 11 | DAY 12 | DAY 13 | DAY 14 | DAY 15

038 ☐☐ **互相**★★ hùxiāng

부 서로

호응 互相关心 서로에게 관심을 가지다 | 互相照顾 서로 보살피다 | 互相理解 서로 이해하다

朋友之间应该互相关心、互相支持。빈출
Péngyou zhī jiān yīnggāi hùxiāng guānxīn、hùxiāng zhīchí.
친구 사이에는 마땅히 서로 관심을 갖고 지지해줘야 한다.

+ 之间 zhī jiān ~사이에 | 关心 guānxīn 동 관심을 가지다 | 支持 zhīchí 동 지지하다, 응원하다

039 ☐☐ **之** zhī

유의 的 de ~의 1급

조 ~의, ~한

호응 之间 ~사이, ~지간 | 之一 ~의 하나, ~중 하나

人与人之间如果缺少交流，可能会引起误会。빈출
Rén yǔ rén zhī jiān rúguǒ quēshǎo jiāoliú, kěnéng huì yǐnqǐ wùhuì.
사람과 사람 사이에 소통이 부족하면 오해를 불러일으킬 수 있다.

+ 与 yǔ 개 ~와 | 间 jiān 명 사이 | 缺少 quēshǎo 동 부족하다 | 交流 jiāoliú 명 교류 | 引起 yǐnqǐ 동 불러일으키다, 유발하다 | 误会 wùhuì 명 오해

040 ☐☐ **打招呼**★ dǎ zhāohu

동 인사하다

호응 跟…打招呼 ~와 인사하다

我们应该主动跟别人打招呼。빈출
Wǒmen yīnggāi zhǔdòng gēn biéren dǎ zhāohu.
우리는 마땅히 자발적으로 다른 사람에게 인사를 해야 한다.

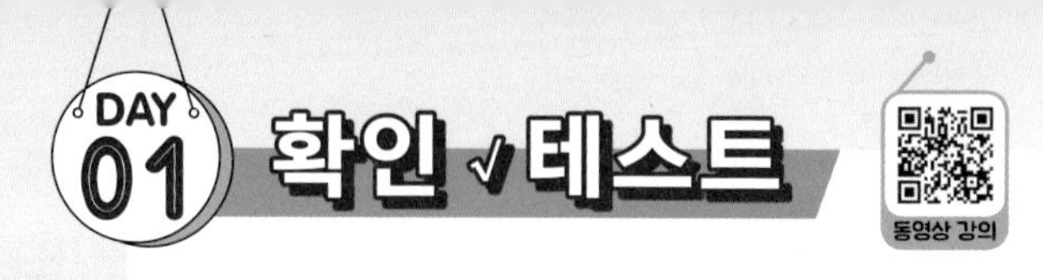

1 빈칸을 채우세요.

售货员	❶	판매원
房东	fángdōng	❷
❸	láizì	~에서 오다
小伙子	xiǎohuǒzi	❹
师傅	❺	기사님, 선생님

2 단어의 병음과 뜻을 알맞게 연결하세요.

❶ 儿童 • • ㉠ jìzhě • • ⓐ 관광 가이드

❷ 记者 • • ㉡ értóng • • ⓑ 기자

❸ 翻译 • • ㉢ fānyì • • ⓒ 아동

❹ 导游 • • ㉣ dǎoyóu • • ⓓ 통역가, 번역가

3 빈칸에 들어갈 알맞은 단어를 쓰세요.

❶ 我明天要______母亲去医院看病。
나는 내일 어머니를 **모시고** 병원에 진찰 받으러 가봐야 한다.

❷ 这次活动吸引了很多________。
이번 행사는 많은 **고객**을 유치했다.

❸ ________的服务态度都很好。
판매원의 서비스 태도가 매우 좋다.

❹ 他是________，所以对法律很了解。
그는 **변호사**라서 법률에 대해서 매우 잘 안다.

02

도전! HSK 4급 듣기 제1부분

4 녹음을 듣고 제시된 문장이 녹음과 일치하면 √, 일치하지 않으면 X를 표시하세요.

빈출 ❶ 我一会儿要去接孙子。 (   )

❷ 他喜欢跟别人打招呼。 (   )

빈출 ❸《富爸爸穷爸爸》是一本有意思的书。 (   )

❹ 他母亲是当地的一位律师。 (   )

도전! HSK 4급 독해 제1부분

5 빈칸에 들어갈 알맞은 단어를 고르세요.

A 著名　　B 演员　　C 印象　　D 成为

❶ 这个(   )拍的电影都很精彩。

빈출 ❷ 她小的时候很害怕打针，但长大后竟然(   )了一名护士。

빈출 ❸ 他是中国最(   )的画家之一，以画马出名，难道你不知道？

빈출 ❹ 北京的故宫给我留下了很好的(   )。

03

나로 말할 것 같으면 _성격과 태도

HSK 4급에 이 단어가 나온다!

사람의 성격을 나타내는 단어는 긍정적인 단어와 부정적인 단어로 구분할 수 있습니다. 긍정적인 단어로는 诚实(chéngshí 진실하다), 幽默(yōumò 유머러스하다), 坚持(jiānchí 끝까지 고수하다)가 자주 출제되며, 부정적인 단어로는 骄傲(jiāo'ào 자만하다), 得意(déyì 득의양양하다), 粗心(cūxīn 덤벙대다)이 자주 출제됩니다.

积极 jījí 긍정적이다

- 礼貌 lǐmào 예의 바르다
- 自信 zìxìn 자신감 있다
- 活泼 huópō 활발하다
- 诚实 chéngshí 진실하다
- 幽默 yōumò 유머러스하다
- 坚持 jiānchí 끝까지 고수하다

消极 xiāojí 부정적이다

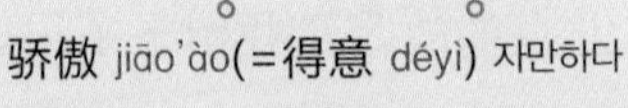

- 骄傲 jiāo'ào(=得意 déyì) 자만하다
- 粗心 cūxīn(=马虎 mǎhu) 덤벙대다
- 发脾气 fā píqi(=生气 shēngqì) 화내다
- 懒 lǎn 게으르다
- 放弃 fàngqì 포기하다
- 骗 piàn 속이다

041 **性格**★★

xìnggé

유의 脾气 píqi 성격

4급 ··· p.27

명 성격

호응 性格相反 성격이 상반되다 | 性格相同 성격이 같다

他的性格很积极。

Tā de xìnggé hěn jījí.

그의 성격은 매우 긍정적이다.

+ 积极 jījí 형 긍정적이다

042 **脾气**★★

píqi

유의 性格 xìnggé 성격

4급 ··· p.27

명 성격, 화를 잘 내는 성질

호응 发脾气 화를 내다

他突然向我发脾气。

Tā tūrán xiàng wǒ fā píqi.

그는 갑자기 나에게 화를 냈다.

+ 突然 tūrán 부 갑자기 | 向 xiàng 개 ~에게

043 **相反**★★★

xiāngfǎn

반의 相同 xiāngtóng (서로) 같다

4급 ··· p.27

형 상반되다

호응 完全相反 완전히 상반되다 | 和…相反 ~와 상반되다

他们俩的性格完全相反。 빈출

Tāmen liǎ de xìnggé wánquán xiāngfǎn.

그 두 사람의 성격은 완전히 상반된다.

+ 俩 liǎ 두 사람 | 性格 xìnggé 명 성격 | 完全 wánquán 부 완전히

044 **相同**★★

xiāngtóng

동의 一样 yíyàng 같다 3급

반의 相反 xiāngfǎn 상반되다

4급 ··· p.27

형 (서로) 같다

人的性格各不相同。 빈출

Rén de xìnggé gè bù xiāngtóng.

사람의 성격은 제각각 다르다.

+ 各 gè 부 각각

045 任何★★

rènhé

대 어떠한

호응 任何人 어떠한 사람 | 任何理由 어떠한 이유

她比任何人都聪明。
Tā bǐ rènhé rén dōu cōngming.
그녀는 어떤 사람보다 똑똑하다.

+ 聪明 cōngming 형 똑똑하다

맛있는 단어 

什么(shénme)와 任何(rènhé)는 착각하기 쉬운 단어입니다. 什么는 '무엇(what), 어떤(some)'의 의미를, 任何는 '어떠한(any)'의 의미를 나타냅니다. '어떠한 A도 B 하다'라는 뜻의 [任何A都B] 호응구도 잘 알아두세요.

任何人都可以参加。
Rènhé rén dōu kěyǐ cānjiā.
어떤 사람이든 모두 참가할 수 있다.

046 态度★★★

tàidu

명 태도

호응 工作态度 업무 태도 | 学习态度 학습 태도 | 生活态度 생활 태도

那位导游的服务态度确实好，我们应该谢谢她。
Nà wèi dǎoyóu de fúwù tàidu quèshí hǎo, wǒmen yīnggāi xièxie tā.
그 가이드의 서비스 태도가 정말로 좋아서, 우리는 그에게 감사해야 한다.

+ 导游 dǎoyóu 명 가이드 | 服务 fúwù 동 서비스하다 | 确实 quèshí 부 확실히, 정말로

047 **严格*** yángé

형 엄격하다

호응 严格要求 엄격하게 요구하다 | 对…严格 ~에 대해 엄격하다

他对自己很严格。
Tā duì zìjǐ hěn yángé
그는 자신에게 매우 엄격하다.

+ 自己 zìjǐ 대 자기, 자신

048 **礼貌*** lǐmào

형 예의 바르다

在咖啡馆里大声打电话是很不礼貌的。
Zài kāfēiguǎn li dà shēng dǎ diànhuà shì hěn bù lǐmào de.
커피숍에서 큰 소리로 전화를 하는 것은 예의가 없는 것이다.

+ 咖啡馆 kāfēiguǎn 명 카페, 커피숍 | 大声 dà shēng 큰 소리

명 예의

호응 懂礼貌 예의범절을 알다

我最讨厌没有礼貌的人。
Wǒ zuì tǎoyàn méiyǒu lǐmào de rén.
나는 예의 없는 사람을 가장 싫어한다.

+ 讨厌 tǎoyàn 동 싫어하다, 미워하다

049 **积极***** jījí

반의 消极 xiāojí 소극적이다, 부정적이다

형 적극적이다, 긍정적이다

호응 态度积极 태도가 적극적이다

那个小伙子态度很积极。
Nàge xiǎohuǒzi tàidu hěn jījí.
그 젊은이는 태도가 매우 적극적이다.

+ 小伙子 xiǎohuǒzi 명 젊은이, 총각

050 **活泼***

□
□

huópō

형 활달하다, 활발하다

호응 活泼可爱 활발하고 사랑스럽다

她是个很活泼的女孩儿。
Tā shì ge hěn huópō de nǚháir.
그녀는 매우 활달한 여자아이이다.

051 **幽默*****

□
□

yōumò

형 유머러스하다

那个幽默的导游让这次旅游变得十分有趣。
Nàge yōumò de dǎoyóu ràng zhè cì lǚyóu biàn de shífēn yǒuqù.
그 유머러스한 가이드가 이번 여행을 매우 재미있게 만들어주었다.

+ 导游 dǎoyóu 명 가이드 | 变得 biàn de ~하게 변하다 | 十分 shífēn 부 매우 | 有趣 yǒuqù 형 재미있다

명 유머

他的聪明、幽默深深地吸引了我。
Tā de cōngming、yōumò shēnshēn de xīyǐnle wǒ.
그의 똑똑함과 유머러스함은 나를 깊이 매료시켰다.

+ 深深 shēnshēn 부 매우 깊이, 깊숙이 | 吸引 xīyǐn 동 매료시키다

052 **开玩笑***

□
□

kāi wánxiào

동 농담하다

호응 跟…开玩笑 ~와 농담하다 | 拿…开玩笑 ~을 가지고 농담하다

我们不应该拿别人的缺点开玩笑。
Wǒmen bù yīnggāi ná biéren de quēdiǎn kāi wánxiào.
우리는 다른 사람의 결점을 가지고 농담해서는 안 된다.

+ 拿…开玩笑 ná…kāi wánxiào ~을 가지고 농담하다 | 缺点 quēdiǎn 명 결점

053 **笑话★★**
□
□
xiàohua

명 재미있는 이야기, 우스운 이야기

호응 讲笑话 농담하다

小时候奶奶经常跟我讲笑话。
Xiǎo shíhou nǎinai jīngcháng gēn wǒ jiǎng xiàohua.
어릴 때 할머니는 자주 나에게 재미있는 이야기를 해주셨다.

+ 经常 jīngcháng 부 자주 | 讲 jiǎng 동 말하다, 이야기하다

동 비웃다

호응 笑话别人 다른 사람을 비웃다

别笑话我，我也没想到会这样。
Bié xiàohua wǒ, wǒ yě méi xiǎngdào huì zhèyàng.
날 비웃지 마. 나도 이렇게 될 거라고는 생각하지 못했어.

054 **表示★★**
□
□
biǎoshì

동 나타내다, 표시하다

호응 表示反对 반대를 표하다 | 表示拒绝 거절을 표하다

穿戴整齐表示你对面试官的尊重。
Chuāndài zhěngqí biǎoshì nǐ duì miànshìguān de zūnzhòng.
옷차림을 단정하게 하는 것은 면접관에 대한 존중을 표하는 것이다.

+ 穿戴 chuāndài 명 옷차림 | 整齐 zhěngqí 형 단정하다 | 面试官 miànshìguān 명 면접관 | 尊重 zūnzhòng 명 존중

055 **友好★**
□
□
yǒuhǎo

형 우호적이다, 다정하다

호응 对…很友好 ~에게 다정하다

房东对我们很友好。빈출
Fángdōng duì wǒmen hěn yǒuhǎo.
집주인은 우리에게 매우 다정하다.

+ 房东 fángdōng 명 집주인

056 友谊 yǒuyì

유의 友情 yǒuqíng 우정

명 우의, 우정

호응 增进友谊 우정을 돈독히 하다

这次活动增进了同学之间的友谊。
Zhè cì huódòng zēngjìnle tóngxué zhī jiān de yǒuyì.
이번 행사는 반 친구들 사이의 우의를 돈독하게 했다.

+活动 huódòng 명 행사, 활동 | 增进 zēngjìn 동 증진시키다 | 之间 zhī jiān ~사이에

057 重视** zhòngshì

유의 讲究 jiǎngjiu 중시하다

동 중시하다

호응 受重视 중시받다 | 得到重视 중시되다

我很重视这个机会。
Wǒ hěn zhòngshì zhège jīhuì.
나는 이 기회를 매우 중시한다.

+机会 jīhuì 명 기회

058 鼓励** gǔlì

동 격려하다

在教育孩子时，我们应该少批评、多鼓励。 빈출
Zài jiàoyù háizi shí, wǒmen yīnggāi shǎo pīpíng、duō gǔlì.
아이를 교육할 때 우리는 비판은 적게, 격려는 많이 해주어야 한다.

+教育 jiàoyù 동 가르치다, 교육하다 | 批评 pīpíng 동 비판하다

HSK 4급 출제 포인트

历史(lìshǐ 역사), 厉害(lìhai 대단하다), 鼓励(gǔlì 격려하다)는 한자가 비슷하게 생긴 데다가 발음도 li로 동일해서 쓰기 영역에서 잘못 쓰기 쉽습니다. 간단한 팁으로 암기해 보세요.

- 历史 : 역사는 한 나라의 힘(力)!
- 厉害 : 만(万)렙을 찍은 친구에게 엄지 척을 하며 lìhai를 외치세요.
- 鼓励 : 실망한 친구에게 만(万)렙을 찍을 수 있다고 긍정의 힘(力)을 불어넣어 gǔlì 해주세요.

059 **支持**★★
☐
☐
zhīchí

반의 反对 fǎnduì 반대하다
4급 ···› p.167

동 지지하다

我父母一直支持我。 빈출
Wǒ fùmǔ yìzhí zhīchí wǒ.
나의 부모님은 줄곧 나를 지지해 주신다.

+ 父母 fùmǔ 명 부모 | 一直 yìzhí 부 줄곧

060 **诚实**★★★
☐
☐
chéngshí

형 진실하다
호응 做人诚实 사람의 됨됨이가 진실하다

他很诚实，从来没说过假话。
Tā hěn chéngshí, cónglái méi shuōguo jiǎhuà.
그는 매우 진실해서 지금까지 거짓말을 해본 적이 없다.

+ 从来 cónglái 부 지금까지, 줄곧 | 假话 jiǎhuà 명 거짓말

061 **自信**★
☐
☐
zìxìn

형 자신 있다

这次成功使他变得更自信。
Zhè cì chénggōng shǐ tā biàn de gèng zìxìn.
이번 성공은 그로 하여금 더욱 자신 있게 변하게 했다.

+ 成功 chénggōng 명 성공 | 使 shǐ 동 ~로 하여금 ~하게 하다 | 变得 biàn de ~하게 변하다

명 자신감
호응 充满自信 자신감이 넘치다

她对自己的未来充满自信。
Tā duì zìjǐ de wèilái chōngmǎn zìxìn.
그녀는 자신의 미래에 자신감이 넘친다.

+ 自己 zìjǐ 대 자기, 자신 | 未来 wèilái 명 미래 | 充满 chōngmǎn 동 가득 차다, 넘치다

062 **信心***
xìnxīn

명 자신감, 믿음

호응 对…有信心 ~에 대해 자신감이 있다

你要对自己有信心。 빈출
Nǐ yào duì zìjǐ yǒu xìnxīn.
너는 자신에 대해서 자신감을 가져야 한다.

맛있는 단어 TIP 自信과 信心 비교

自信(zìxìn)은 명사이면서 형용사이기 때문에 很의 수식을 받을 수 있지만, 信心(xìnxīn)은 명사이기 때문에 很의 수식을 받을 수 없습니다. 很을 信心과 함께 쓰려면 很有信心(hěn yǒu xìnxīn)이라고 해야 하니 주의하세요.

- 很自信 hěn zìxìn (O) 매우 자신 있다
- 很信心 (X) → 很有信心 hěn yǒu xìnxīn 매우 자신 있다

063 **勇敢***
yǒnggǎn

참고 胆大 dǎndà 담대하다

형 용감하다

他勇敢地前进。
Tā yǒnggǎn de qiánjìn.
그는 용감하게 전진했다.

+ 前进 qiánjìn 동 전진하다

064 **敢**
gǎn

동 과감하게 ~하다

我刚干了一件坏事，不敢告诉老师。
Wǒ gāng gànle yí jiàn huài shì, bù gǎn gàosu lǎoshī.
나는 방금 나쁜 일을 하나 저질렀는데, 선생님께는 감히 말씀을 못 드리겠다.

+ 刚 gāng 부 방금, 바로 | 干 gàn 동 하다

065 耐心★

□
□

nàixīn

형 인내심이 있다

他很耐心地解释了原因。
Tā hěn nàixīn de jiěshìle yuányīn.
그는 매우 인내심 있게 원인을 설명했다.

+ 解释 jiěshì 동 설명하다, 해명하다

명 인내심

教狗时应该有耐心。
Jiāo gǒu shí yīnggāi yǒu nàixīn.
개를 교육시킬 때는 인내심이 있어야 한다.

+ 应该 yīnggāi 조동 마땅히 ~해야 한다

066 冷静★★

□
□

lěngjìng

참고 着急 zháojí 초조해하다 3급

형 침착하다, 냉정하다

遇到问题时首先要冷静下来。 빈출
Yùdào wèntí shí shǒuxiān yào lěngjìng xiàlai.
문제를 만나면 먼저 냉정해져야 한다.

+ 遇到 yùdào 동 (우연히) 만나다 | 首先 shǒuxiān 부 우선, 먼저

067 实际★★

□
□

shíjì

형 실제적이다

호응 不符实际 실제 상황에 부합하지 않는다

她看起来很冷静，实际上有点儿紧张。
Tā kàn qǐlai hěn lěngjìng, shíjìshang yǒudiǎnr jǐnzhāng.
그녀는 보기에는 침착해 보이지만 실제로는 약간 긴장했다.

+ 看起来 kàn qǐlai 보기에는 ~해 보이다 | 紧张 jǐnzhāng 형 긴장하다

实际上(shíjìshang)은 부사로 '실제로'라는 의미입니다. 독해 제1부분 빈칸 채우기 문제에 자주 출제됩니다. 보기에 实际가 있고, 빈칸 뒤에 上이 있다면 实际를 정답으로 고르세요.

068 故意*

gùyì

형 고의적이다

对不起，我不是故意的。
Duìbuqǐ, wǒ bú shì gùyì de.
미안해요. 고의가 아니에요.

069 理解*

lǐjiě

유의 了解 liǎojiě
잘 알다, 이해하다
3급

동 이해하다

호응 理解他人 타인을 이해하다

我们应该学会理解他人。
Wǒmen yīnggāi xuéhuì lǐjiě tārén.
우리는 마땅히 타인을 이해하는 법을 배워야 한다.

+ 学会 xuéhuì 동 배워서 알다, 습득하다 | 他人 tārén 명 타인, 남

맛있는 단어 TIP 理解와 了解 비교

理解(lǐjiě)는 현상이나 언행의 이유를 납득함을 나타내며, 了解(liǎojiě)는 어떤 대상에 대해 많은 정보를 알고 있음을 나타냅니다.

→了解(X)
我理解他为什么这么生气。
Wǒ lǐjiě tā wèishénme zhème shēngqì.
나는 그가 왜 이렇게 화났는지 이해한다.

→理解(X)
我很了解他，他绝不会做出这样的事情。
Wǒ hěn liǎojiě tā, tā jué bú huì zuòchū zhèyàng de shìqing.
나는 그를 잘 아는데, 그는 절대로 이런 일을 할 리가 없다.

070 骗**

piàn

동 속이다

我没骗你，你误会我了。
Wǒ méi piàn nǐ, nǐ wùhuì wǒ le.
나는 너를 속이지 않았어. 넌 나를 오해했어.

+ 误会 wùhuì 동 오해하다

071 骄傲★★★

jiāo'ào

동의 自豪 zìháo
자랑스럽게 생각하다

형 자만하다

他考了第一，但他并不骄傲。
Tā kǎole dì-yī, dàn tā bìng bù jiāo'ào.
그는 시험에서 1등을 했지만 결코 자만하지 않는다.

+ 第一 dì-yī 수 1등, 첫 번째 | 并 bìng 부 결코

형 자랑스럽다

호응 为…感到骄傲 ~로 인해 자랑스러움을 느끼다

父亲为有这样的儿子感到很骄傲。
Fùqīn wèi yǒu zhèyàng de érzi gǎndào hěn jiāo'ào.
아버지는 이런 아들이 있어서 자랑스러움을 느꼈다.

+ 父亲 fùqīn 명 아버지 | 为 wèi 개 ~때문에

骄傲(jiāo'ào)는 '자만하다'라는 뜻 외에 '자랑스럽다'라는 긍정적인 뜻도 있습니다. 주로 앞에 개사 为(wèi)가 오는데, 이때 为는 '~를 위하여'가 아니라 '~때문에'라는 뜻이므로 독해 문제를 풀 때 주의하세요.

072 得意★★

déyì

동 우쭐대다, 득의양양하다

比赛赢了，所以他非常得意。
Bǐsài yíng le, suǒyǐ tā fēicháng déyì.
시합에서 이겨서 그는 매우 우쭐해 한다.

+ 比赛 bǐsài 명 시합, 경기 | 赢 yíng 동 이기다

073 懒★

lǎn

형 게으르다

호응 睡懒觉 늦잠을 자다 | 懒得 ~하기 귀찮다, ~하기 싫다

他太懒了，什么事都不做。
Tā tài lǎn le, shénme shì dōu bú zuò.
그는 너무 게을러서 아무것도 하지 않아.

074 **粗心★★**

cūxīn

동의 马虎 mǎhu 덤벙대다
4급 ··· p.38
반의 细心 xìxīn 세심하다

형 세심하지 못하다, 덤벙대다

你太粗心了，参加考试怎么能不带铅笔呢？
Nǐ tài cūxīn le, cānjiā kǎoshì zěnme néng bú dài qiānbǐ ne?
너는 너무 부주의해. 시험을 보는데 어떻게 연필을 안 챙길 수 있니?

+ 参加 cānjiā 동 참가하다 | 带 dài 동 (물건을) 지니다 | 铅笔 qiānbǐ 명 연필

075 **马虎★★**

mǎhu

동의 粗心 cūxīn 세심하지 못하다
4급 ··· p.38

형 대강하다, 덤벙대다

这种事千万不能马虎。 빈출
Zhè zhǒng shì qiānwàn bù néng mǎhu.
이런 일은 절대로 대강해서는 안 된다.

+ 千万 qiānwàn 부 절대로, 반드시

HSK 4급 출제 포인트

시험에 자주 출제되는 태도 관련 단어를 암기해보세요.

- 粗心 cūxīn 세심하지 못하다
- 马虎 mǎhu 덤벙대다
- 仔细 zǐxì 자세하다
- 细心 xìxīn 세심하다

076 **坚持★★★**

jiānchí

반의 放弃 fàngqì 포기하다
4급 ··· p.39

동 끝까지 고수하다, 버텨 나가다, 계속하다

只要坚持下去，就一定能取得成功。 빈출
Zhǐyào jiānchí xiàqu, jiù yídìng néng qǔdé chénggōng.
끝까지 버틴다면 반드시 성공을 거둘 수 있다.

+ 只要 zhǐyào 접 단지 ~이기만 하면 | 一定 yídìng 부 반드시 | 取得 qǔdé 동 얻다, 취득하다 | 成功 chénggōng 명 성공

077 □ □

放弃★★★

fàngqì

반의 坚持 jiānchí
고수하다, 계속하다
4급 ··· p.38

동 포기하다

有时放弃了就能得到更多。 빈출
Yǒushí fàngqìle jiù néng dédào gèng duō.
때로는 포기하면 더 많은 것을 얻을 수 있다.

+ 有时 yǒushí 부 때로는

放弃(fàngqì)는 坚持(jiānchí 끝까지 고수하다)의 반의어로, 실패(失败 shībài)와 성공(成功 chénggōng)을 논하는 문장에서 핵심적인 태도로 자주 등장합니다.

078 □ □

道歉★

dàoqiàn

참고 原谅 yuánliàng
용서하다
4급 ··· p.119

동 사과하다

호응 跟(向)···道歉 ~에게 사과하다 | 为···道歉 ~때문에 사과하다

我已经向朋友道歉了。
Wǒ yǐjīng xiàng péngyou dàoqiàn le.
나는 이미 친구에게 사과했다.

+ 向 xiàng 개 ~에게

맛있는 단어 

抱歉과 道歉 비교

抱歉(bàoqiàn)은 '죄송합니다, 미안합니다'라는 뜻의 형용사로 对不起(duìbuqǐ)와 같은 뜻입니다. 하지만 道歉(dàoqiàn)은 '사과하다'라는 뜻의 동사로, '말하다'라는 의미의 道와 '미안하다'라는 의미의 歉이 합쳐진 이합사입니다.

- 抱歉 bàoqiàn 미안합니다(=对不起)
  → 미안하고 죄송한 심리 상태
- 道歉 dàoqiàn 사과하다 → 사과하는 행위

079 □ □

以为★★★

yǐwéi

참고 认为 rènwéi
~라고 여기다
3급

동 ~라고 (잘못) 여기다

很多人以为我是一个活泼的人。
Hěn duō rén yǐwéi wǒ shì yí ge huópō de rén.
많은 사람들은 내가 활발한 사람이라고 잘못 알고 있다.

+ 活泼 huópō 형 활발하다

맛있는 단어  认为와 以为 비교

认为(rènwéi)와 以为(yǐwéi)를 구분하여 암기하세요. 以为 뒤에 나오는 내용은 진실이 아니므로, 문제를 풀 때 以为 뒤에 오는 내용을 그대로 선택하면 오답입니다.

认为 rènwéi	以为 yǐwéi
~라고 생각하다 → 나의 생각	~라고 생각하다/~인 줄 알다 → 착각 혹은 오해
我认为他是好人。 Wǒ rènwéi tā shì hǎorén. 나는 그가 좋은 사람이라고 생각해.	我以为他是好人。 Wǒ yǐwéi tā shì hǎorén. 나는 그가 좋은 사람이라고 생각했었다. → 사실은 좋은 사람이 아니라는 의미

080 □ □

例如

lìrú

유의 比如 bǐrú 예를 들어
4급 ··· p.129

동 예를 들다

她有很多优点，例如诚实、积极，我应该向她学习。
Tā yǒu hěn duō yōudiǎn, lìrú chéngshí、jījí, wǒ yīnggāi xiàng tā xuéxí.
그녀는 많은 장점, 예를 들면 진실되고 긍정적인 면이 있는데, 나는 그녀를 본받아야 한다.

+ 优点 yōudiǎn 명 장점 | 诚实 chéngshí 형 진실되다 | 积极 jījí 형 긍정적이다 | 应该 yīnggāi 조동 마땅히 ~해야 한다 | 向…学习 xiàng…xuéxí ~를 본받다

DAY 02

확인 √ 테스트

1 빈칸을 채우세요.

骄傲	❶	자만하다
活泼	huópō	❷
❸	dàoqiàn	사과하다
冷静	❹	침착하다
诚实	chéngshí	❺

2 단어의 병음과 뜻을 알맞게 연결하세요.

❶ 积极 • • ㉠ déyì • • ⓐ 긍정적이다

❷ 得意 • • ㉡ lǎn • • ⓑ 고수하다

❸ 懒 • • ㉢ jiānchí • • ⓒ 게으르다

❹ 坚持 • • ㉣ jījí • • ⓓ 우쭐대다

3 빈칸에 들어갈 알맞은 단어를 쓰세요.

❶ 他们俩的性格完全__________。
그 두 사람의 성격은 완전히 **상반된다**.

❷ 那个__________的导游让这次旅游变得十分有趣。
그 **유머러스한** 가이드가 이번 여행을 매우 재미있게 만들어주었다.

❸ 这次成功使他变得更__________。
이번 성공은 그로 하여금 더욱 **자신 있게** 변하게 했다.

❹ 他很__________地解释了原因。
그는 매우 **인내심 있게** 원인을 설명했다.

도전/ HSK 4급 **듣기** 제1부분

04

4 녹음을 듣고 제시된 문장이 녹음과 일치하면 √, 일치하지 않으면 X를 표시하세요.

❶ 那位律师很幽默。 ( )

❷ 他不会放弃这次机会。 ( )

❸ 做事应该认真。 ( )

빈출 ❹ 他俩对这件事的意见完全相同。 ( )

도전/ HSK 4급 **독해** 제1부분

5 빈칸에 들어갈 알맞은 단어를 고르세요.

A 信心　B 支持　C 粗心　D 放弃

❶ 我对明天的考试很有( )。

빈출 ❷ 我父母一直( )我的选择。

빈출 ❸ 我本来打算( )，可是老师的话让我改变了主意。

❹ 你真是太( )了，竟然连护照都忘记带了。

맛있는 중국어
_음식과 생활

HSK 4급에 이 단어가 나온다!

음식 관련 문제는 한 회에 5문제까지도 출제되므로 꼭 외워야 합니다. 음식 이름, 맛, 조미료(糖 táng 설탕/盐 yán 소금), 관련 행위(倒 dào 따르다)까지 모두 알아두어야 합니다. 그중 香(xiāng 맛있다, 향기롭다)은 쓰기 제1부분에 가장 많이 출제되는 단어이므로 꼭 암기해 두세요.

한눈에 파악하는 단어

Menu

- 식사 -

包子 bāozi 만두
饺子 jiǎozi 교자 만두
烤鸭 kǎoyā 오리구이
汤 tāng 국, 탕

- 음료 -

果汁 guǒzhī 과일 주스
葡萄酒 pútáojiǔ 포도주

맛 평가표

☐	淡 싱겁다 dàn	
☑	咸 짜다 xián	소금(盐 yán)을 얼마나 넣었길래...
☑	甜 달다 tián	건강을 위해서 설탕(糖 táng)은 그만!
☑	酸 시다 suān	이 정도의 식초(醋 cù)는 적당할 수도 ^^;
☐	苦 쓰다 kǔ	
☐	辣 맵다 là	

081 □□ **小吃**★★★ xiǎochī

명 간단한 음식, 분식

那家饭馆儿的小吃既便宜又好吃。빈출
Nà jiā fànguǎnr de xiǎochī jì piányi yòu hǎochī.
그 식당의 분식은 싸면서 맛있어.

+ 饭馆儿 fànguǎnr 명 식당 | 既…又… jì…yòu… ~이면서 ~하다

082 □□ **包子**★★ bāozi

명 (소가 든 찐빵 모양의) 만두

你尝一尝我做的包子。빈출
Nǐ cháng yi cháng wǒ zuò de bāozi.
내가 만든 만두를 한번 맛 좀 봐.

+ 尝 cháng 동 맛보다

083 □□ **饺子**★★ jiǎozi

명 (반달 형태) 교자 만두

호응 包饺子 만두를 빚다

这个饺子看起来很香。빈출
Zhège jiǎozi kàn qǐlai hěn xiāng.
이 만두는 맛있어 보인다.

+ 香 xiāng 형 (음식이) 맛있다

084 □□ **烤鸭**★★ kǎoyā

명 오리구이

北京烤鸭非常好吃。
Běijīng kǎoyā fēicháng hǎochī.
베이징 오리구이는 매우 맛있어.

085 □□ **饼干**★★ bǐnggān

명 과자, 비스킷

这盒饼干可以吃吗？
Zhè hé bǐnggān kěyǐ chī ma?
이 박스의 과자는 먹어도 돼요?

+ 盒 hé 양 갑, 박스[작은 상자를 세는 단위]

086 □ □
巧克力*
qiǎokèlì

명 초콜릿

这里的巧克力蛋糕非常好吃。
Zhèli de qiǎokèlì dàngāo fēicháng hǎochī.
이곳의 초콜릿 케이크는 매우 맛있어.

+ 蛋糕 dàngāo 명 케이크

087 □ □
葡萄***
pútáo

명 포도

호응 葡萄酒 포도주 | 葡萄干 건포도

我家有棵葡萄树，每到秋天它就会长满甜甜的葡萄。 빈출
Wǒ jiā yǒu kē pútáo shù, měi dào qiūtiān tā jiù huì zhǎngmǎn tiántián de pútáo.
우리 집에 포도나무가 있는데, 가을이 되면 달콤한 포도가 잔뜩 열린다.

+ 棵 kē 양 그루 | 长满 zhǎngmǎn 가득 자라다 | 甜 tián 형 달콤하다

HSK 4급 출제 포인트

HSK 4급이 가장 사랑하는 과일은? 포도! 좋아하는 술은? 포도주! 따라서 葡萄(pútáo)는 글자가 복잡하고 어려워도 꼭 외워야 합니다. 포도 알맹이가 주렁주렁 붙어 있는(pútáo 푸타오 → 붙어) 포도를 떠올리며 외워보세요.

088 □ □
西红柿**
xīhóngshì

명 토마토

这个西红柿有点儿酸。
Zhège xīhóngshì yǒudiǎnr suān.
이 토마토는 약간 시다.

+ 酸 suān 형 (맛이) 시다

西红柿(xīhóngshì)는 주로 음식명으로 출제됩니다. 西红柿鸡蛋汤(xīhóngshì jīdàn tāng 토마토 계란국)과 西红柿炒鸡蛋(xīhóngshì chǎo jīdàn 토마토 계란 볶음)이 자주 출제되므로 함께 외워두세요.

089 矿泉水*
kuàngquánshuǐ

명 광천수, 생수

你帮我买一瓶矿泉水吧。
Nǐ bāng wǒ mǎi yì píng kuàngquánshuǐ ba.
내게 생수 한 병을 사다줘.

+ 瓶 píng 양 병

090 汤**
tāng

명 국, 탕

这个鸡蛋汤很好喝。
Zhège jīdàn tāng hěn hǎohē.
이 계란국은 매우 맛있다.

+ 鸡蛋 jīdàn 명 계란

091 果汁
guǒzhī

명 과일 주스, 과즙

我喜欢喝果汁，特别是葡萄汁。
Wǒ xǐhuan hē guǒzhī, tèbié shì pútáozhī.
나는 과일 주스 마시는 것을 좋아하는데, 특히 포도 주스를 좋아한다.

+ 特别 tèbié 부 특히 | 葡萄汁 pútáozhī 포도 주스

092 倒**
dào

동 (물이나 술을) 붓다, 따르다

호응 倒水 물을 따르다 | 倒杯酒 술을 한 잔 따르다

我口渴了，你帮我倒杯水。 빈출
Wǒ kǒu kě le, nǐ bāng wǒ dào bēi shuǐ.
나 목말라. 나에게 물 한 잔 따라줘.

+ 渴 kě 형 목마르다 | 杯 bēi 양 잔

부 오히려

我没吃药，病倒好了。
Wǒ méi chīyào, bìng dào hǎo le.
나는 약을 먹지 않았는데 오히려 병이 나았다.

동 거꾸로 되다, 반대로 되다

他考了倒数第一。
Tā kǎole dào shǔ dì-yī.
그는 시험에서 꼴등을 했다.

+ 倒数 dào shǔ 거꾸로 수를 세다 | 第一 dì-yī 수 1등, 첫 번째

093 **尝** ★★★
cháng

동 맛보다

호응 尝味道 맛을 보다

我已经尝过了，这个蛋糕特别甜。
Wǒ yǐjīng chángguo le, zhège dàngāo tèbié tián.
내가 이미 먹어봤는데, 이 케이크는 매우 달아.

+ 甜 tián 형 달다

094 **味道** ★★★
wèidao

명 맛

호응 尝味道 맛을 보다 | 味道不错 맛이 좋다

这个菜的味道怎么样？ 빈출
Zhège cài de wèidao zěnmeyàng?
이 요리의 맛은 어때?

095 **香** ★★★
xiāng

동의 好吃 hǎochī 맛있다 2급

형 (음식이) 맛있다

虽然尝遍了世界各地的美食，但我觉得还是妈妈做的饭最香。 빈출
Suīrán chángbiànle shìjiè gèdì de měishí, dàn wǒ juéde háishi māma zuò de fàn zuì xiāng.
비록 세계 각지의 맛있는 음식을 다 먹어보았지만, 나는 그래도 엄마가 한 밥이 제일 맛있다.

+ 尝 cháng 동 맛보다 | 遍 biàn 양 차례, 번[전 과정을 가리킴] | 美食 měishí 명 맛있는 음식

형 향기롭다

这朵花闻起来很香。 빈출
Zhè duǒ huā wén qǐlai hěn xiāng.
이 꽃은 냄새를 맡아보니 향기로워.

+ 朵 duǒ 양 송이[꽃을 세는 단위] | 闻 wén 동 냄새를 맡다 | 起来 qǐlai 동사나 형용사 뒤에 쓰여 동작이 시작되어 계속됨을 나타냄

香(xiāng)은 '향기롭다'라는 뜻보다는 '맛있다'라는 뜻으로 듣기 영역에 자주 출제됩니다. 따라서 好吃(hǎochī 맛있다)와 연관 지어서 외워야 합니다.

096 酸*
suān

참고 醋 cù 식초

형 (맛이) 시다

这个菜太酸了，醋放多了吧？ 빈출
Zhège cài tài suān le, cù fàngduō le ba?
이 요리는 너무 셔, 식초를 많이 넣었지?

+ 醋 cù 명 식초

097 辣
là

참고 辣椒 làjiāo 고추

형 맵다

她特别喜欢吃辣的，多放点儿辣椒酱吧。 빈출
Tā tèbié xǐhuan chī là de, duō fàng diǎnr làjiāojiàng ba.
그녀는 매운 음식 먹는 것을 매우 좋아하니, 고추장을 더 넣으세요.

+ 辣椒酱 làjiāojiàng 명 고추장

098 苦*
kǔ

형 (맛이) 쓰다

这个药一点儿也不苦。
Zhège yào yìdiǎnr yě bù kǔ.
이 약은 하나도 안 쓰다.

맛있는 단어  인생의 희로애락

酸甜苦辣(suān tián kǔ là)는 4가지의 대표적인 맛, 酸(시다), 甜(달다), 苦(쓰다), 辣(맵다)가 합쳐진 말로 인생의 희로애락을 나타냅니다.

099 □ □ **咸★★** xián

참고 盐 yán 소금 4급 ··· p.50

형 짜다

这个菜盐放多了，有点儿咸。 빈출
Zhège cài yán fàngduō le, yǒudiǎnr xián.
이 요리는 소금이 많이 들어가서 조금 짜.

\+ 盐 yán 명 소금

100 □ □ **盐★★** yán

참고 咸 xián 짜다 4급 ··· p.50

명 소금

호응 放盐 소금을 넣다

做菜时，应该少放点儿盐。 빈출
Zuò cài shí, yīnggāi shǎo fàng diǎnr yán.
음식을 만들 때는 소금을 적게 넣어야 한다.

\+ 做菜 zuò cài 음식을 만들다 | 时 shí 명 ~할 때 | 少放 shǎo fàng 적게 넣다

101 □ □ **糖★★** táng

참고 甜 tián 달다 3급

명 설탕

호응 放糖 설탕을 넣다

如果再放点儿糖就更好吃了。 빈출
Rúguǒ zài fàng diǎnr táng jiù gèng hǎochī le.
만일 설탕을 조금 더 넣으면 더욱 맛있겠어.

\+ 如果 rúguǒ 접 만약

102 □ □ **够★** gòu

동 충분하다

这种水果我已经吃够了。
Zhè zhǒng shuǐguǒ wǒ yǐjīng chī gòu le.
이런 과일은 난 이미 충분히 먹었어.(좀 질렸다는 의미)

103 **剩*** □ □ shèng

동 남기다, 남다

호응 剩菜 음식을 남기다

剩了这么多菜，太浪费了。빈출

Shèngle zhème duō cài, tài làngfèi le.

이렇게 많은 음식을 남기다니 너무 낭비야.

+ 浪费 làngfèi 동 낭비하다

104 **留** □ □ liú

동 남다, 남기다

호응 留地址 주소를 남기다

这个面包留着以后再吃吧。

Zhège miànbāo liúzhe yǐhòu zài chī ba.

이 빵은 남겨뒀다가 나중에 먹자.

105 **勺子** □ □ sháozi

명 숟가락, 국자

用勺子喝汤吧。

Yòng sháozi hē tāng ba.

숟가락으로 국을 먹어.

+ 汤 tāng 명 국, 탕

106 **刀** □ □ dāo

명 칼

호응 一把刀 한 자루의 칼

菜刀很危险，小孩子最好不要动。

Càidāo hěn wēixiǎn, xiǎoháizi zuìhǎo bú yào dòng.

식칼은 매우 위험해서, 어린아이는 가능하면 손대지 않는 것이 좋다.

+ 菜刀 càidāo 명 식칼, 부엌칼 | 危险 wēixiǎn 형 위험하다

107 □ □

浪费★★★

làngfèi

반의 节约 jiéyuē 절약하다
4급 ··· p.52

동 낭비하다

호응 浪费时间 시간을 낭비하다 | 浪费钱 돈을 낭비하다

我们要从小养成节约的习惯，不能浪费。 빈출
Wǒmen yào cóng xiǎo yǎngchéng jiéyuē de xíguàn, bù néng làngfèi.
우리는 어릴 때부터 절약하는 습관을 길러 낭비해서는 안 된다.

\+ 养成 yǎngchéng 동 키우다, 기르다 | 节约 jiéyuē 동 절약하다 | 习惯 xíguàn 명 습관

108 □ □

节约★★★

jiéyuē

반의 浪费 làngfèi 낭비하다
4급 ··· p.52

동 절약하다

호응 节约用水 물을 아껴 쓰다 | 节约用纸 종이를 아껴 쓰다

爸爸经常提醒孩子要节约用水。 빈출
Bàba jīngcháng tíxǐng háizi yào jiéyuē yòngshuǐ.
아빠는 자주 아이에게 물을 절약해야 한다고 일깨워준다.

\+ 提醒 tíxǐng 동 일깨우다 | 用水 yòngshuǐ 동 물을 사용하다

109 □ □

塑料袋★

sùliàodài

명 비닐봉지

호응 自带塑料袋 비닐봉지를 직접 휴대하다

小王，顺便把这个塑料袋扔了吧。
Xiǎo Wáng, shùnbiàn bǎ zhège sùliàodài rēng le ba.
샤오왕, 가는 김에 이 비닐봉지를 버려줘.

\+ 顺便 shùnbiàn 부 ~하는 김에 | 扔 rēng 동 버리다

최근 HSK 4급 듣기, 독해 영역에 袋(dài)가 들어간 다양한 단어가 출제되고 있습니다. 袋(dài 주머니 또는 작은 가방), 袋子(dàizi 비닐봉지), 环保袋(huánbǎo dài 에코백)가 출제되므로 함께 외워두세요.

4급

DAY 01 | DAY 02 | DAY 03 | DAY 04 | DAY 05 | DAY 06 | DAY 07 | DAY 08 | DAY 09 | DAY 10 | DAY 11 | DAY 12 | DAY 13 | DAY 14 | DAY 15

110 □ □ **垃圾桶*** lājītǒng

명 쓰레기통

호응 扔(进)垃圾桶 쓰레기통에 버리다

路上怎么一个垃圾桶都看不见啊?
Lùshang zěnme yí ge lājītǒng dōu kàn bu jiàn a?
길거리에 어째서 쓰레기통이 하나도 안 보이지?

111 □ □ **扔**** rēng

동 버리다, 던지다

호응 扔垃圾 쓰레기를 버리다

别到处乱扔垃圾。 빈출
Bié dàochù luàn rēng lājī.
아무 데나 쓰레기를 버리지 마.

+ 到处 dàochù 명 여기저기, 도처 | 乱 luàn 부 함부로 | 垃圾 lājī 명 쓰레기

112 □ □ **餐厅***** cāntīng

동의 饭馆儿 fànguǎnr 식당
참고 服务员 fúwùyuán 종업원 2급

명 식당, 레스토랑

호응 开餐厅 식당을 열다

我经常去那家餐厅吃饭。
Wǒ jīngcháng qù nà jiā cāntīng chīfàn.
나는 자주 그 식당에 가서 밥을 먹는다.

+ 经常 jīngcháng 부 자주

113 □ □ **座位** zuòwèi

명 좌석, 자리

호응 换座位 자리를 바꾸다

您能不能跟我换一下座位?
Nín néng bu néng gēn wǒ huàn yíxià zuòwèi?
저와 자리를 좀 바꿔줄 수 있겠습니까?

+ 换 huàn 동 바꾸다

114 □ □

满★★★

mǎn

형 가득하다

호응 坐满了 만석이다 | 放满了 가득 차게 넣다 | 倒满了 가득 따르다

餐厅里坐满了客人。
Cāntīng li zuòmǎnle kèrén.
식당에는 손님들이 가득 앉았다.

+ 客人 kèrén 명 손님

115 □ □

生意★

shēngyi

유의 买卖 mǎimai 장사

명 장사, 사업, 거래

호응 做生意 장사하다 | 谈成生意 비즈니스를 성사시키다

这家饭馆儿的生意一直很好。
Zhè jiā fànguǎnr de shēngyi yìzhí hěn hǎo.
이 식당의 장사는 줄곧 잘된다.

+ 饭馆儿 fànguǎnr 명 식당 | 一直 yìzhí 부 줄곧, 계속

116 □ □

提供★★

tígōng

동 제공하다

호응 提供方便 편리함을 제공하다 | 提供机会 기회를 제공하다 | 给…提供服务 ~에게 서비스를 제공하다

他们免费提供矿泉水。 빈출
Tāmen miǎnfèi tígōng kuàngquánshuǐ.
그들은 공짜로 생수를 제공한다.

+ 免费 miǎnfèi 형 무료의, 공짜의 | 矿泉水 kuàngquánshuǐ 명 광천수, 생수

117 □ □

邀请★★

yāoqǐng

동 초청하다, 초대하다

호응 答应邀请(=应邀) 요청에 응하다

这次活动邀请了许多著名演员。
Zhè cì huódòng yāoqǐngle xǔduō zhùmíng yǎnyuán.
이번 행사에는 많은 유명 배우들을 초청했다.

+ 活动 huódòng 명 행사 | 许多 xǔduō 형 매우 많다 | 著名 zhùmíng 형 유명하다 | 演员 yǎnyuán 명 배우

118 **热闹**★★
☐
☐
rènao

형 떠들썩하다, 번화하다

这条街很热闹，尤其是周末。
Zhè tiáo jiē hěn rènao, yóuqí shì zhōumò.
이 거리는 특히 주말에 매우 번화하다.

+ 街 jiē 명 길, 거리 | 尤其 yóuqí 부 특히 | 周末 zhōumò 명 주말

119 **聚会**★
☐
☐
jùhuì

명 모임

호응 参加聚会 모임에 참가하다 | 同学聚会 동창 모임

今天晚上有一个聚会，我可能晚点儿回家。
Jīntiān wǎnshang yǒu yí ge jùhuì, wǒ kěnéng wǎn diǎnr huíjiā.
오늘 저녁에 모임이 있어서, 나는 집에 좀 늦게 돌아갈 거야.

120 **约会**★
☐
☐
yuēhuì

동 만날 약속을 하다, 데이트하다

与别人约会，准时非常重要。빈출
Yǔ biéren yuēhuì, zhǔnshí fēicháng zhòngyào.
다른 사람과의 약속에는 시간을 지키는 것이 매우 중요하다.

+ 约会 yuēhuì 명 약속, 데이트 | 准时 zhǔnshí 형 시간을 지키다

명 데이트

他今天看起来特别精神，原来他有约会。
Tā jīntiān kàn qǐlai tèbié jīngshen, yuánlái tā yǒu yuēhuì.
그는 오늘 매우 활기차 보이는데, 알고 보니 데이트가 있었다.

+ 看起来 kàn qǐlai 보아하니 | 精神 jīngshen 형 활기차다 | 原来 yuánlái 부 알고 보니

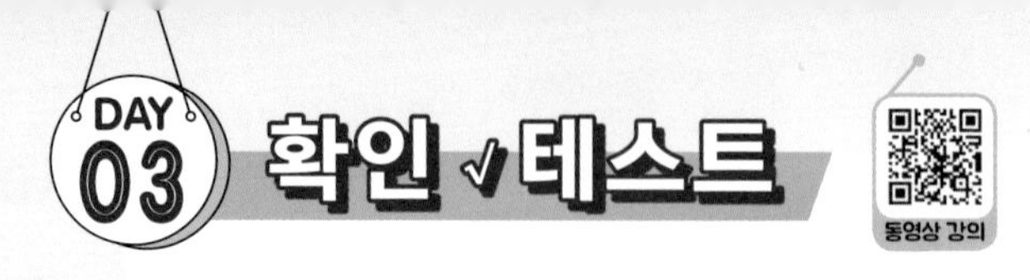

1 빈칸을 채우세요.

❶	rènao	떠들썩하다, 번화하다
尝	❷	맛보다
聚会	❸	모임
提供	tígōng	❹
生意	shēngyi	❺

2 단어의 병음과 뜻을 알맞게 연결하세요.

❶ 葡萄 •	• ㉠ lājītǒng •	• ⓐ 식당
❷ 垃圾桶 •	• ㉡ pútáo •	• ⓑ 포도
❸ 倒 •	• ㉢ cāntīng •	• ⓒ 쓰레기통
❹ 餐厅 •	• ㉣ dào •	• ⓓ 붓다, 따르다

3 빈칸에 들어갈 알맞은 단어를 쓰세요.

❶ ______了这么多菜，太浪费了。
이렇게 많은 음식을 **남기다니** 너무 낭비야.

❷ 这种水果我已经吃______了。
이런 과일은 난 이미 **충분히** 먹었어.

❸ 爸爸经常提醒孩子要__________用水。
아빠는 자주 아이에게 물을 **절약해야** 한다고 일깨워준다.

❹ 餐厅里坐______了客人。
식당에는 손님들이 **가득** 앉았다.

도전! HSK 4급 **듣기** 제1부분

4 녹음을 듣고 제시된 문장이 녹음과 일치하면 √, 일치하지 않으면 X를 표시하세요.

빈출 ❶ 爸爸的生意不错。 (　　　)

❷ 我每天吃巧克力。 (　　　)

❸ 火车站附近几乎没有小吃店。 (　　　)

❹ 你做的西红柿汤特别香。 (　　　)

도전! HSK 4급 **독해** 제1부분

5 빈칸에 들어갈 알맞은 단어를 고르세요.

A 香	B 果汁	C 咸	D 浪费

빈출 ❶ 真(　　　　)啊，我最喜欢吃你做的西红柿鸡蛋汤了。

❷ 左边这瓶有点儿甜，右边这瓶是(　　　　)的。

빈출 ❸ 剩了这么多菜没吃完，(　　　　)了，太可惜了。

❹ 请拿好你的号码牌，(　　　　)好了，我们会给你送过去。

07

쇼핑 잇템, 이건 꼭 사야 해 _쇼핑

HSK 4급에 이 단어가 나온다!

쇼핑은 HSK 4급 빈출 주제입니다. 沙发(shāfā 소파), 牙膏(yágāo 치약), 价格(jiàgé 가격), 质量(zhìliàng 품질), 打折(dǎzhé 할인하다), 免费(miǎnfèi 무료이다), 付款(fùkuǎn 결제하다) 등이 자주 출제됩니다.

살 물건을 정한다

沙发 shāfā 소파
牙膏 yágāo 치약
信封 xìnfēng 편지 봉투
盒子 hézi 상자

꼼꼼히 따진다!

价格 jiàgé 가격
质量 zhìliàng 품질
特点 tèdiǎn 특징
区别 qūbié 차이

결제한다!

付款 fùkuǎn 결제하다
现金 xiànjīn 현금
零钱 língqián 잔돈
取款 qǔkuǎn 출금하다

배송을 요청한다!

留地址 liú dìzhǐ 주소를 남기다
免费送货 miǎnfèi sònghuò 무료 배송

121 逛*
guàng

동 거닐다, 돌아다니다

호응 逛街 쇼핑하다 | 逛商店 상점을 돌아다니다

对不起，我不能陪你去逛街了。
Duìbuqǐ, wǒ bù néng péi nǐ qù guàngjiē le.
미안해, 너와 함께 쇼핑할 수가 없게 됐어.

+ 陪 péi 동 동반하다 | 逛街 guàngjiē 동 아이쇼핑하다

HSK 4급 출제 포인트

逛街(guàngjiē)는 글자 그대로 해석하면 '거리를 거닐다'입니다. '아이쇼핑하다'라는 뜻도 있는데, 듣기 영역에서는 주로 이 뜻으로 출제됩니다.

122 转
zhuàn

동 한가하게 돌아다니다

我们去商店随便转转。
Wǒmen qù shāngdiàn suíbiàn zhuànzhuan.
우리 상점에 가서 편하게 돌아다니며 구경하자.

+ 随便 suíbiàn 부 편하게, 마음대로

123 吸引**
xīyǐn

동 매료시키다, 유치하다, 끌어당기다

호응 吸引游客 여행객을 매료시키다 | 吸引客人 손님을 매료시키다 | 吸引观众 관중을 매료시키다

这里的好商品吸引了很多顾客。
Zhèli de hǎo shāngpǐn xīyǐnle hěn duō gùkè.
이곳의 좋은 상품은 많은 손님을 매료시켰다.

+ 商品 shāngpǐn 명 상품 | 顾客 gùkè 명 고객, 손님

맛있는 단어 TIP 吸引과 호응하는 단어

吸引(xīyǐn)은 [吸引+사람] 형태로 쓰여 '~를 매료시키다, ~를 유치하다'라는 의미를 나타냅니다. 보통 시험에서는 여행객(游客 yóukè), 손님(客人 kèrén)과 함께 등장합니다.

124 发展* fāzhǎn

동 발전하다

호응 科学发展 과학의 발전 | 社会发展 사회 발전

科学技术的发展带来了购物方式的改变。
Kēxué jìshù de fāzhǎn dàiláile gòuwù fāngshì de gǎibiàn.
과학기술의 발전은 쇼핑 방식의 변화를 가져왔다.

+ 科学 kēxué 명 과학 | 技术 jìshù 명 기술 | 购物 gòuwù 동 쇼핑하다 | 方式 fāngshì 명 방식 | 改变 gǎibiàn 명 변화

125 购物** gòuwù

참고 买东西 mǎi dōngxi 물건을 사다

동 물건을 사다, 쇼핑하다

호응 购物中心 쇼핑 센터 | 网上购物 인터넷 쇼핑

在网上购物的人越来越多。 빈출
Zài wǎngshàng gòuwù de rén yuè lái yuè duō.
인터넷에서 물건을 사는 사람이 갈수록 많아진다.

+ 越来越 yuè lái yuè 갈수록

126 顺便** shùnbiàn

부 ~하는 김에

你出去吗？那顺便帮我买点儿饼干。
Nǐ chūqu ma? Nà shùnbiàn bāng wǒ mǎi diǎnr bǐnggān.
너는 외출하니? 그럼 나가는 김에 과자를 좀 사다줘.

+ 饼干 bǐnggān 명 과자

127 广播* guǎngbō

명 (라디오) 방송

听广播说，这家商店6点就关门。
Tīng guǎngbō shuō, zhè jiā shāngdiàn liù diǎn jiù guānmén.
안내 방송에서 말하길, 이 상점은 6시면 문을 닫는대.

HSK 4급 출제 포인트

广播(guǎngbō)는 라디오 방송이라는 뜻 이외에 '장내 방송, 안내 방송'이라는 의미도 있습니다. 듣기 영역에서 广播는 주로 '장내 방송, 안내 방송'이라는 의미로 출제됩니다.

128 区别★★★

□
□

qūbié

명 차이

호응 区别不大 차이가 크지 않다 | 有区别 차이가 있다

这两瓶饮料有什么区别? 빈출
Zhè liǎng píng yǐnliào yǒu shénme qūbié?
이 두 병의 음료는 어떤 차이가 있나요?

+ 瓶 píng 양 병 | 饮料 yǐnliào 명 음료

동 구별하다

他们长得太像了，很难区别。
Tāmen zhǎng de tài xiàng le, hěn nán qūbié.
그들은 너무 닮아서 구별하기 어렵다.

+ 长 zhǎng 동 생기다 | 像 xiàng 동 닮다

HSK 4급에서 区别(qūbié)는 동사 의미보다 명사 의미인 '차이'로 더 많이 출제됩니다. 쓰기 제2부분에서 작문할 때도 '차이'라는 의미로 쓰면 좋습니다.

129 特点★★

□
□

tèdiǎn

명 특징

호응 具有特点 특징을 가지다

网速快是这台电脑的最大特点。
Wǎngsù kuài shì zhè tái diànnǎo de zuì dà tèdiǎn.
인터넷 속도가 빠른 것이 이 컴퓨터의 가장 큰 특징이다.

+ 网速 wǎngsù 인터넷 속도(上网速度의 줄임말) |
台 tái 양 대[기계를 세는 단위]

130 □ □

样子*

yàngzi

명 모양

这种小镜子样子好看又不重，很受欢迎。
Zhè zhǒng xiǎo jìngzi yàngzi hǎokàn yòu bú zhòng, hěn shòu huānyíng.
이런 작은 거울은 모양이 예쁘고 무겁지 않아서 매우 인기 있다.

+ 镜子 jìngzi 명 거울 | 受欢迎 shòu huānyíng 환영받다, 인기 있다

HSK 4급 출제 포인트

看样子(kàn yàngzi)는 '보아하니'라는 의미로, 시험에서는 유의어인 看起来(kàn qǐlai), 看上去(kàn shàngqu)와 함께 출제되므로 꼭 기억하세요. 특히 看起来는 '보기에는 ~하지만 실제로는 ~하다'라는 의미로도 자주 출제되므로 주의하세요.

他看起来很轻松，其实很紧张。
Tā kàn qǐlai hěn qīngsōng, qíshí hěn jǐnzhāng.
그는 보기에는 편안해 보이지만 사실은 매우 긴장했다.

131 □ □

质量*

zhìliàng

명 품질

호응 质量不错 품질이 좋다 | 质量差 품질이 나쁘다 | 提高质量 품질을 높이다

这个东西质量太差了，不买了。
Zhège dōngxi zhìliàng tài chà le, bù mǎi le.
이 물건은 품질이 너무 나빠서 안 살래.

+ 差 chà 형 나쁘다

132 □ □

价格***

jiàgé

명 가격

호응 价格贵 가격이 비싸다 | 价格便宜 가격이 저렴하다 | 比较价格 가격을 비교하다

这件衣服的价格有点儿贵，能不能便宜一点儿? 빈출
Zhè jiàn yīfu de jiàgé yǒudiǎnr guì, néng bu néng piányi yìdiǎnr?
이 옷은 가격이 좀 비싼데, 조금만 더 저렴하게 해주실 수 있을까요?

133 打折***

dǎzhé

참고 便宜 piányi 저렴하다 2급

동 할인하다

호응 打折活动 세일 행사

这双鞋在打8折，所以比较便宜。
Zhè shuāng xié zài dǎ bā zhé, suǒyǐ bǐjiào piányi.
이 신발은 20% 할인 중이라서 비교적 싸다.

+ 双 shuāng 양 쌍, 켤레 | 鞋 xié 명 신발

맛있는 단어 TIP 이합사 打折

打折(dǎzhé)는 이합사로 보통 [打+숫자+折]의 형식으로 할인율을 나타냅니다. 打8折(dǎ bā zhé)는 80%의 가격을 받는 20% 할인, 打6折(dǎ liù zhé)는 60%의 가격을 받는 40% 할인입니다. 그렇다면 15% 할인은 어떻게 표현할까요? 100에서 15를 뺀 85를 사이에 넣어 打85折(dǎ bā wǔ zhé)로 표현하며, 이때 숫자는 하나씩 읽습니다.

134 免费**

miǎnfèi

반의 收费 shōufèi 비용을 받다

동 돈을 받지 않다, 무료이다

호응 免费送货 무료 배송

这儿附近有没有免费停车场?
Zhèr fùjìn yǒu méiyǒu miǎnfèi tíngchēchǎng?
이 근처에 무료 주차장이 있어요?

+ 附近 fùjìn 명 부근, 근처 | 停车场 tíngchēchǎng 명 주차장

135 地址*

dìzhǐ

명 주소

호응 留地址 주소를 남기다 | 网站地址(=网址) 인터넷 주소

您留下地址，我们给您免费送货。빈출
Nín liúxià dìzhǐ, wǒmen gěi nín miǎnfèi sònghuò.
주소를 남겨주시면 저희가 무료로 배송해 드리겠습니다.

+ 免费 miǎnfèi 동 무료이다 | 送货 sònghuò 동 배송하다

136

huǒ

유의 受欢迎
shòu huānyíng
인기 있다
红 hóng 인기 있다

형 인기 있다

这本小说最近在韩国最火。
Zhè běn xiǎoshuō zuìjìn zài Hánguó zuì huǒ.
이 소설은 최근 한국에서 가장 인기 있다.

+ 小说 xiǎoshuō 명 소설

명 불

这场大火使很多人没有了房子。
Zhè cháng dà huǒ shǐ hěn duō rén méiyǒule fángzi.
이번 큰불은 많은 사람들로 하여금 집을 잃게 했다.

+ 场 cháng 양 (자연 현상) 회, 번 | 房子 fángzi 명 집

137

流行★★★

liúxíng

유의 受欢迎
shòu huānyíng
인기 있다
受喜爱
shòu xǐ'ài
사랑을 받다

동 유행하다

호응 流行音乐 유행 음악

这是当时最流行的音乐。
Zhè shì dāngshí zuì liúxíng de yīnyuè.
이것은 당시에 가장 유행했던 음악이다.

+ 当时 dāngshí 명 당시 | 音乐 yīnyuè 명 음악

138

受到★★

shòudào

참고 收 shōu 받다
4급 ··· p.67

동 받다

호응 受到欢迎 환영을 받다 | 受到喜爱 사랑을 받다(인기 있다) | 受到影响 영향을 받다 | 受到重视 중시를 받다

这本书受到了很多人的欢迎。 빈출
Zhè běn shū shòudàole hěn duō rén de huānyíng.
이 책은 많은 사람들에게 환영을 받았다.

+ 欢迎 huānyíng 동 환영하다

HSK 4급 출제 포인트

受(shòu)는 주로 추상적인 것의 영향을 받을 때 사용하며, 收(shōu)는 일반적으로 물건을 직접 손으로 받는 동작을 나타낼 때 사용합니다. 발음이 동일하므로 쓰기 제2부분에서 작문할 때 특히 주의하세요.

139 说明

□ □ shuōmíng

명 설명

호응 说明内容 내용을 설명하다

你读一读使用说明书后再试试吧。
Nǐ dú yi dú shǐyòng shuōmíngshū hòu zài shìshi ba.
사용 설명서를 읽은 후에 다시 해봐.

+ 使用说明书 shǐyòng shuōmíngshū 사용 설명서

동 설명하다

这张图片详细说明去中国旅行必买的东西。
Zhè zhāng túpiàn xiángxì shuōmíng qù Zhōngguó lǚxíng bì mǎi de dōngxi.
이 사진은 중국에 여행가서 반드시 구매해야 할 것들을 상세하게 설명한다.

+ 图片 túpiàn 명 사진, 그림 | 详细 xiángxì 형 상세하다 | 必 bì 부 반드시

140 适合★★★

□ □ shìhé

유의 合适 héshì 적당하다
4급 ··· p.66

동 ~에 적합하다

你还是适合穿白色的，穿白色的帅。
Nǐ háishi shìhé chuān báisè de, chuān báisè de shuài.
넌 아무래도 흰색이 어울려. 흰색을 입은 게 더 잘생겨 보여.

+ 还是 háishi 부 아무래도 | 帅 shuài 형 잘생기다

141 □ □
合适*
héshì

유의 适合 shìhé 적당하다
4급 ··· p.65

형 알맞다, 적당하다

我觉得您穿这条裙子不短，正合适。
Wǒ juéde nín chuān zhè tiáo qúnzi bù duǎn, zhèng héshì.
네가 이 치마를 입으니까 짧지 않고 딱 맞는 것 같아.

+ 条 tiáo 양 가늘고 긴 것을 세는 단위 | 正 zhèng 부 마침, 딱

맛있는 단어  适合와 合适 비교

适合(shìhé)와 合适(héshì)는 둘 다 '적당하다'로 해석할 수 있습니다. 하지만, 适合는 동사로 목적어를 취할 수 있지만, 合适는 형용사로 뒤에 목적어가 올 수 없다는 것을 기억하세요.

这件衣服不合适我。(X)

술어(동사) 목적어
→ 这件衣服不适合我。(O)
Zhè jiàn yīfu bú shìhé wǒ.
이 옷은 나에게 어울리지 않는다.

142 □ □
使用*
shǐyòng

동 사용하다

这个空调使用了很久，该换新的了。
Zhège kōngtiáo shǐyòngle hěn jiǔ, gāi huàn xīn de le.
이 에어컨은 오래 사용해서 새것으로 바꿀 때가 됐다.

+ 空调 kōngtiáo 명 에어컨 | 久 jiǔ 형 오래되다 | 该 gāi 조동 마땅히 ~해야 한다 | 换 huàn 동 바꾸다

143 □ □
保证*
bǎozhèng

동 보장하다, 장담하다
호응 保证质量 품질을 보장하다 | 向…保证 ~에게 약속하다

这种东西必须保证质量。
Zhè zhǒng dōngxi bìxū bǎozhèng zhìliàng.
이런 물건은 반드시 품질이 보장되어야 한다.

+ 必须 bìxū 부 반드시 (~해야 한다) | 质量 zhìliàng 명 품질

144 存★★
cún

동 저금하다, (돈을) 모으다

호응 存钱 돈을 저금하다

为了买新手机，他开始存钱。
Wèile mǎi xīn shǒujī, tā kāishǐ cúnqián.
새 휴대폰을 구매하기 위해, 그는 저금을 하기 시작했다.

+ 手机 shǒujī 명 휴대폰

145 取★★
qǔ

동 가지다, 취하다, 찾다

호응 取钱 돈을 찾다 | 取资料 자료를 찾다 | 取包裹 소포를 찾다

我要取点儿现金。빈출
Wǒ yào qǔ diǎnr xiànjīn.
나는 현금을 좀 찾아야겠어.

+ 现金 xiànjīn 명 현금

146 收★
shōu

참고 受到 shòudào 받다
4급 ··· p.64

동 받다

호응 收到短信 문자를 받다 | 收到礼物 선물을 받다 | 收钱 돈을 받다

购物满500元就会收到一份小礼物。
Gòuwù mǎn wǔbǎi yuán jiù huì shōudào yí fèn xiǎo lǐwù.
쇼핑 금액이 500위안을 넘으면 작은 선물 한 개를 받을 수 있습니다.

+ 购物 gòuwù 동 쇼핑하다 |
满 mǎn 동 일정 한도에 이르다 |
份 fèn 양 세트[한 세트를 이루는 물건을 세는 단위]

147 排队★★
páiduì

동 줄을 서다

호응 排队上车 줄 서서 차에 오르다

很多人在排队付款。
Hěn duō rén zài páiduì fùkuǎn.
많은 사람들이 줄을 서서 결제하고 있다.

+ 付款 fùkuǎn 동 결제하다

148 付款★★
□
□
fùkuǎn

동 결제하다, 돈을 지불하다

호응 手机付款 휴대폰 결제 | 付款方式 결제 방식

我要用信用卡付款。
Wǒ yào yòng xìnyòngkǎ fùkuǎn.
저는 신용카드로 결제하려고 합니다.

+ 信用卡 xìnyòngkǎ 명 신용카드

HSK 4급 출제 포인트

款(kuǎn)은 '대금, 돈'을 의미하며, 돈(钱 qián)을 격식있게 표현할 때 사용합니다. HSK 4급 단어에는 付款만 제시되어 있지만, 실제 시험에는 다른 단어 뒤에 붙어 다양하게 출제되고 있습니다.

- 存款 cúnkuǎn 저금하다 ↔ 取款 qǔkuǎn 인출하다
- 付款 fùkuǎn (대금을) 결제하다 ↔ 收款 shōukuǎn (대금을) 받다

149 现金
□
□
xiànjīn

명 현금

호응 付现金 현금을 지불하다 | 现金不够 현금이 부족하다

您是刷卡还是付现金? 빈출
Nín shì shuākǎ háishi fù xiànjīn?
카드로 결제하시겠어요? 아니면 현금으로 지불하시겠어요?

+ 刷卡 shuākǎ 동 카드로 결제하다 |
付 fù 동 지불하다

150 零钱★★
□
□
língqián

명 잔돈

호응 零钱不够 잔돈이 부족하다 | 找零钱 잔돈을 거슬러 주다

你可以给我换点儿零钱吗?
Nǐ kěyǐ gěi wǒ huàn diǎnr língqián ma?
잔돈으로 바꿔줄 수 있어요?

+ 换 huàn 동 바꾸다

151 **家具**★★
jiājù

명 가구

호응 家具店 가구점 | 送家具 가구를 배송하다

我们店的家具都可以送货到家。
Wǒmen diàn de jiājù dōu kěyǐ sònghuò dàojiā.
우리 가게의 가구는 모두 집까지 배달이 됩니다.

+ 送货到家 sònghuò dàojiā 물건을 집까지 배달하다

152 **沙发**★★★
shāfā

명 소파

호응 搬沙发 소파를 옮기다

这个沙发太重了，我一个人搬不动。빈출
Zhège shāfā tài zhòng le, wǒ yí ge rén bān bu dòng.
이 소파는 너무 무거워서, 저 혼자서는 옮길 수 없어요.

+ 搬不动 bān bu dòng 옮길 수 없다

153 **牙膏**★
yágāo

명 치약

这里有没有儿童牙膏？
Zhèli yǒu méiyǒu értóng yágāo?
여기에 어린이 치약이 있어요?

+ 儿童 értóng 명 아동, 어린이

154 **盒子**★★★
hézi

유의 箱子 xiāngzi 상자

명 작은 상자, 합, 곽

这个盒子怎么打不开？
Zhège hézi zěnme dǎ bu kāi?
이 상자는 왜 열리지 않지?

맛있는 단어 TIP 盒子와 箱子 비교

盒子(hézi)는 보통 작은 선물 박스, 틴케이스를 가리킬 때 사용하고, 箱子(xiāngzi)는 소포 박스처럼 큰 박스를 나타낼 때 사용합니다.

155 □ □ **信封***
xìnfēng

명 편지 봉투

信封里有很多现金。
Xìnfēng li yǒu hěn duō xiànjīn.
편지 봉투 안에는 많은 현금이 있다.

+ 现金 xiànjīn 명 현금

156 □ □ **厚****
hòu

반의 薄 báo 얇다

형 두껍다

这本书太厚了，一共有多少页？ 빈출
Zhè běn shū tài hòu le, yígòng yǒu duōshao yè?
이 책은 너무 두꺼운데, 모두 몇 페이지야?

+ 一共 yígòng 부 모두, 전부 | 页 yè 명양 페이지, 쪽

157 □ □ **轻**
qīng

반의 重 zhòng 무겁다
4급 ··· p.70

형 가볍다

没关系，这个箱子其实很轻。
Méi guānxi, zhège xiāngzi qíshí hěn qīng.
괜찮아, 이 상자는 사실 가벼워.

+ 箱子 xiāngzi 명 상자 | 其实 qíshí 부 사실은

158 □ □ **重****
zhòng

반의 轻 qīng 가볍다
4급 ··· p.70

형 무겁다

这个箱子很重，你一个人抬不起来。 빈출
Zhège xiāngzi hěn zhòng, nǐ yí ge rén tái bu qǐlai.
이 상자는 너무 무거워서, 너 혼자서는 못 들어.

+ 箱子 xiāngzi 명 상자 | 抬 tái 동 들다

159 □ □ **空****
kōng, kòng

반의 满 mǎn 가득하다
4급 ··· p.54

형 비다(kōng)

호응 空箱子 빈 박스

盒子里空空的，放什么好呢？ 빈출
Hézi li kōngkong de, fàng shénme hǎo ne?
상자 안이 텅텅 비었는데, 뭘 넣어야 좋을까?

+ 盒子 hézi 명 상자

명 짬, (비는) 시간(kòng)

호응 没有空 짬이 없다

有空儿，你应该多回家看看爸妈。
Yǒu kòngr, nǐ yīnggāi duō huíjiā kànkan bà mā.
시간이 있으면 너는 집에 가서 아빠, 엄마를 더 만나뵈어야 한다.

160 假

jiǎ, jià

반의 真 zhēn 진짜이다 2급

형 거짓의(jiǎ)

这个品牌的打折消息是真的还是假的？
Zhège pǐnpái de dǎzhé xiāoxi shì zhēn de háishi jiǎ de?
이 브랜드의 세일 소식은 진짜야 가짜야?

\+ 品牌 pǐnpái 명 상표, 브랜드 | 打折 dǎzhé 동 할인하다 | 消息 xiāoxi 명 소식 | 还是 háishi 부 아니면

명 방학, 휴가(jià)

호응 请假 휴가를 청하다 | 假期 휴가 기간

马上就要放暑假了，你打算做什么？
Mǎshàng jiùyào fàng shǔjià le, nǐ dǎsuan zuò shénme?
이제 곧 여름 방학인데, 너는 무엇을 할 계획이야?

\+ 马上 mǎshàng 부 바로, 곧 | 放暑假 fàng shǔjià 여름 방학을 하다 | 打算 dǎsuan 동 ~할 계획이다

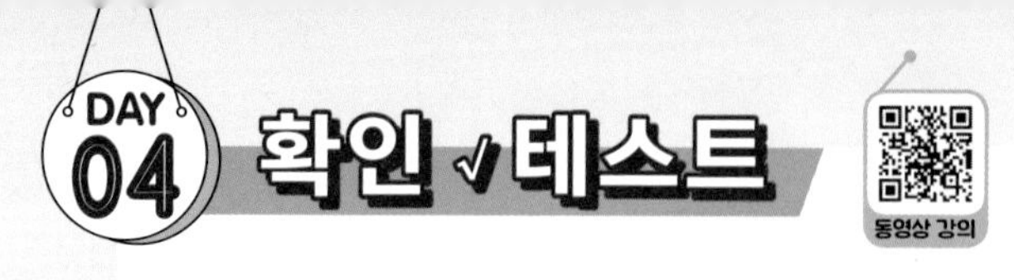

1 빈칸을 채우세요.

信封	xìnfēng	❶
❷	hézi	작은 상자
家具	jiājù	❸
沙发	❹	소파
地址	❺	주소

2 단어의 병음과 뜻을 알맞게 연결하세요.

❶ 零钱 • • ㉠ shìhé • • ⓐ 돈을 지불하다

❷ 付款 • • ㉡ yágāo • • ⓑ 잔돈

❸ 牙膏 • • ㉢ fùkuǎn • • ⓒ 치약

❹ 适合 • • ㉣ língqián • • ⓓ ~에 적합하다

3 빈칸에 들어갈 알맞은 단어를 쓰세요.

❶ 这本书太______了，一共有多少页？
이 책은 너무 **두꺼운데**, 모두 몇 페이지야?

❷ 在网上__________的人越来越多。
인터넷에서 **물건을 사는** 사람이 갈수록 많아진다.

❸ 这种东西必须__________质量。
이런 물건은 반드시 품질이 **보장되어야** 한다.

❹ 这里的好商品__________了很多顾客。
이곳의 좋은 상품은 많은 손님을 **매료시켰다**.

4 빈칸에 들어갈 알맞은 단어를 고르세요.

A 排队　　B 流行　　C 免费　　D 打折

빈출 ❶ 今天陪我去商场吧，听说这些天冬天的衣服都在(　　　　)。

빈출 ❷ 这种包又大又重，很难(　　　　)起来。

❸ 现在很多咖啡厅都提供(　　　　)上网服务，不用花钱。

❹ 这家店的烤鸭特别好吃，每天都有很多人(　　　　)买。

5 제시된 단어를 어순에 맞게 배열하세요.

빈출 ❶ 冰箱　区别　这两个　有什么

____

빈출 ❷ 个　又脏又破　那　红色的盒子

____

❸ 这种　受欢迎　儿童牙膏　十分

____

❹ 的地址　不太详细　信封上　写得

____

무한루프 반복의 일상
_일상생활

HSK 4급에 이 단어가 나온다!

집을 구하거나 이사와 관련된 租(zū 세를 얻다), 抬(tái 들다), 挂(guà 걸다), 收拾(shōushi 정리하다), 整理(zhěnglǐ 정리하다), 擦(cā 닦다) 등이 자주 출제됩니다. 또한 자신을 꾸미는 打扮(dǎban 꾸미다, 치장하다)도 자주 출제되는 단어입니다.

한눈에 파악하는 단어

집을 구한다!

租房 zūfáng
세를 얻다

짐을 옮긴다!

抬不动 tái bu dòng
(물건을) 들 수 없다

抬得动 tái de dòng
(물건을) 들 수 있다

청소를 한다!

乱 luàn 어지럽다
脏 zāng 더럽다
收拾 shōushi 정리하다
整理 zhěnglǐ 정리하다
打扫 dǎsǎo 청소하다
擦 cā 닦다
干净 gānjìng 깨끗하다

고장 난 것은 수리한다!

破 pò 찢어지다
修理 xiūlǐ 수리하다

161 发生*

fāshēng

동 발생하다

호응 发生事情 일이 발생하다 | 发生问题 문제가 발생하다

刚才发生了什么事情?
Gāngcái fāshēngle shénme shìqing?
방금 무슨 일이 일어난 거야?

+ 刚才 gāngcái 명 방금 | 事情 shìqing 명 일

162 租***

zū

동 세를 얻다, 임대하다

호응 租房 세를 얻다 | 房租 임대료

我租的房子离公司太远了，很想搬到公司附近。 빈출
Wǒ zū de fángzi lí gōngsī tài yuǎn le, hěn xiǎng bāndào gōngsī fùjìn.
내가 임대한 집은 회사에서 너무 멀리 떨어져 있어서 회사 근처로 이사 가고 싶다.

+ 搬 bān 동 옮기다, 이사하다 | 附近 fùjìn 명 부근, 근처

HSK 4급 출제 포인트

住(zhù 거주하다), 租(zū 임대하다)는 모두 거주나 생활에 등장하는 단어입니다. 성조도 다르고, 발음도 zh, z로 차이가 나지만, 발음을 제대로 외우지 않으면 듣기 영역에서 오답을 고르기 쉬우니 명확하게 구분하세요.

- 你住的地方 nǐ zhù de dìfang 네가 살고 있는 곳(월세 혹은 자가)
- 你租的地方 nǐ zū de dìfang 네가 세를 얻은 곳(월세)

163 周围**

zhōuwéi

유의 附近 fùjìn 부근, 근처 3급

명 주위, 근처

호응 周围环境 주위 환경

那个房子的周围环境很好。 빈출
Nàge fángzi de zhōuwéi huánjìng hěn hǎo.
그 집의 주위 환경은 매우 좋다.

+ 房子 fángzi 명 집 | 环境 huánjìng 명 환경

164 对面★
□
□
duìmiàn

명 맞은편

大使馆就在我家对面。
Dàshǐguǎn jiù zài wǒ jiā duìmiàn.
대사관은 바로 우리 집 맞은편에 있다.

+ 大使馆 dàshǐguǎn 명 대사관

165 厨房★
□
□
chúfáng

명 부엌, 주방

妈妈正在厨房里做晚饭。
Māma zhèngzài chúfáng li zuò wǎnfàn.
엄마는 지금 주방에서 저녁밥을 하는 중이다.

166 客厅★★
□
□
kètīng

명 거실

这幅画儿挂在客厅里更合适。
Zhè fú huàr guàzài kètīng li gèng héshì.
이 그림은 거실에 거는 것이 더 알맞다.

+ 幅 fú 양 그림을 세는 단위 | 挂 guà 동 걸다 |
合适 héshì 형 적절하다, 알맞다

167 窗户★★
□
□
chuānghu

명 창문

호응 开窗户 창문을 열다 | 关窗户 창문을 닫다

要开空调了，你把窗户关一下。 빈출
Yào kāi kōngtiáo le, nǐ bǎ chuānghu guān yíxià.
에어컨을 켤 테니까, 창문을 좀 닫아.

+ 开 kāi 동 (기기를) 켜다 |
空调 kōngtiáo 명 에어컨 | 关 guān 동 닫다

168 □ □

厕所
cèsuǒ

동의 洗手间 xǐshǒujiān 화장실 3급
卫生间 wèishēngjiān 화장실 4급 ··· p.77

명 화장실

호응 上厕所 화장실에 가다

他咖啡喝得太多，急着上厕所。
Tā kāfēi hē de tài duō, jízhe shàng cèsuǒ.
그는 커피를 너무 많이 마셔서 급하게 화장실에 갔다.

+ 咖啡 kāfēi 명 커피 | 急着… jízhe… 급하게 ~하다 | 上 shàng 동 가다

169 □ □

卫生间***
wèishēngjiān

동의 厕所 cèsuǒ 화장실 4급 ··· p.77
洗手间 xǐshǒujiān 화장실 3급

명 화장실

请问，卫生间在哪儿？
Qǐngwèn, wèishēngjiān zài nǎr?
실례지만 화장실은 어디에 있어요?

170 □ □

到处**
dàochù

부 도처에, 여기저기

这条路到处都是垃圾。빈출
Zhè tiáo lù dàochù dōu shì lājī.
이 길에는 여기저기 다 쓰레기다.

+ 垃圾 lājī 명 쓰레기

171 □ □

乱***
luàn

형 어지럽다

你的头发怎么这么乱了？빈출
Nǐ de tóufa zěnme zhème luàn le?
너의 머리카락은 왜 이렇게 헝클어져 있니?

+ 头发 tóufa 명 머리카락 | 怎么这么 zěnme zhème 왜 이렇게 ~

부 함부로, 제멋대로

毛巾别到处乱扔，好不好？ 빈출

Máojīn bié dàochù luàn rēng, hǎo bu hǎo?

수건을 아무 데나 함부로 던져두지 마, 응?

+ 毛巾 máojīn 명 수건 | 到处 dàochù 부 도처에, 여기저기

172 脏★★★
zāng

반의 干净 gānjìng 깨끗하다 3급

형 더럽다

他的房间又脏又乱。

Tā de fángjiān yòu zāng yòu luàn.

그의 방은 더럽고 또 어지럽다.

+ 房间 fángjiān 명 방 |
又…又… yòu…yòu… ~하기도 하고 ~하기도 하다 |
乱 luàn 형 어지럽다

脏(zāng)은 쓰기 제2부분에서는 더러워진 옷 사진과 함께 작문하는 문제로, 쓰기 제1부분에서는 把자문을 이용해 배열하는 문제로 자주 출제됩니다.

我不小心把我的衣服弄脏了。

Wǒ bù xiǎoxīn bǎ wǒ de yīfu nòngzāng le.

나는 부주의로 내 옷을 더럽혔다.

173 整理★
zhěnglǐ

동의 收拾 shōushi 정리하다 4급 ⋯ p.79

동 정리하다

호응 整理干净 깨끗하게 정리하다

房间到处都是衣服，你应该把房间整理一下。

Fángjiān dàochù dōu shì yīfu, nǐ yīnggāi bǎ fángjiān zhěnglǐ yíxià.

방 여기저기에 다 옷이야. 너는 방을 좀 정리해야겠어.

+ 到处 dàochù 부 도처에, 여기저기 |
应该 yīnggāi 조동 마땅히 ~해야 한다

174 收拾*
□
□
shōushi

[동의] 整理 zhěnglǐ 정리하다
4급 ··· p.78

[동] 정리하다, 정돈하다

[호응] 收拾干净 깨끗하게 정리하다 | 收拾房间 방을 정리하다 | 收拾行李 짐을 정리하다

房间太乱了，你把房间收拾一下。
Fángjiān tài luàn le, nǐ bǎ fángjiān shōushi yíxià.
방이 너무 어지러워. 방을 좀 정리해.

+ 乱 luàn [형] 어지럽다

175 擦***
□
□
cā

[동] 닦다

[호응] 擦干净 깨끗하게 닦다 | 擦汗 땀을 닦다 | 擦盘子 접시를 닦다

同学们把窗户擦干净了。
Tóngxuémen bǎ chuānghu cā gānjìng le.
학생들이 창문을 깨끗이 닦았다.

+ 窗户 chuānghu [명] 창문 | 干净 gānjìng [형] 깨끗하다

176 打扮**
□
□
dǎban

[동] 꾸미다, 단장하다

你今天打扮得很漂亮，有约会吧？ 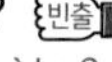
Nǐ jīntiān dǎban de hěn piàoliang, yǒu yuēhuì ba?
너는 오늘 아주 예쁘게 꾸몄네, 데이트 있구나?

+ 约会 yuēhuì [명] 데이트

맛있는 단어  打扮의 의미

打扮(dǎban)은 '화장하다'의 의미가 아니라 머리끝부터 발끝까지 '치장하다'라는 의미를 나타냅니다. 따라서 여성, 남성 모두에게 사용할 수 있습니다.

他打扮得很帅，因为一会儿和女朋友去约会。
Tā dǎban de hěn shuài, yīnwèi yíhuìr hé nǚpéngyou qù yuēhuì.
그는 아주 멋지게 꾸몄다. 조금 이따가 여자 친구와 데이트하러 가기 때문이다.

177 □□ **理发**★★ lǐfà

동 이발하다, 머리를 자르다

호응 理一次发 머리를 한 번 자르다

你头发太长了，该去理发了。 빈출
Nǐ tóufa tài cháng le, gāi qù lǐfà le.
네 머리가 너무 길어. 이발하러 갈 때가 됐어.

+ 头发 tóufa 명 머리카락 | 该 gāi 조동 마땅히 ~해야 한다

HSK 4급에 머리카락을 나타내는 发(fà)는 头发(tóufa), 理发(lǐfà) 뿐만 아니라 다양한 형태로 출제됩니다.

- 理发店 lǐfàdiàn 미용실
- 发型 fàxíng 헤어스타일
- 剪发 jiǎnfà 머리를 자르다
- 染发 rǎnfà 머리를 염색하다

178 □□ **脱**★★ tuō

반의 穿 chuān 입다 2급

동 벗다

호응 脱衣服 옷을 벗다

你把外边穿过的衣服脱下来。 빈출
Nǐ bǎ wàibian chuānguo de yīfu tuō xiàlai.
밖에서 입었던 옷은 벗어.

179 □□ **戴**★ dài

반의 摘 zhāi (장신구를) 떼어내다

동 (장신구를) 착용하다

호응 戴眼镜 안경을 쓰다 | 戴帽子 모자를 쓰다

他平时不怎么戴帽子。
Tā píngshí bù zěnme dài màozi.
그는 평소에 모자를 잘 쓰지 않는다.

+ 平时 píngshí 명 평소 | 不怎么 bù zěnme 그다지 ~하지 않다 | 帽子 màozi 명 모자

맛있는 단어 TIP **옷과 관련된 동작 동사**

나를 꾸미는 데 필요한 옷과 장신구 관련 단어를 어울리는 동사와 함께 외워보세요.

穿 chuān 입다 ↕ 脱 tuō 벗다	+	衣服 yīfu 옷 鞋子 xiézi 신발 袜子 wàzi 양말
戴 dài 착용하다 ↕ 摘 zhāi 떼어내다	+	眼镜 yǎnjìng 안경 帽子 màozi 모자 耳环 ěrhuán 귀걸이
系 jì 메다, 묶다	+	领带 lǐngdài 넥타이 围巾 wéijīn 머플러

180 □ □

眼镜

yǎnjìng

명 안경

我的眼镜到底在哪儿，我找不到了。

Wǒ de yǎnjìng dàodǐ zài nǎr, wǒ zhǎo bu dào le.

내 안경이 도대체 어디에 있는 거야. 못 찾겠어.

+ 到底 dàodǐ 부 도대체

맛있는 단어 TIP **眼镜과 眼睛 비교**

眼镜(yǎnjìng)의 镜(jìng)에는 '금속'을 가리키는 金이 변형된 '钅'가 들어가는데, 안경에 금속테를 많이 사용하기 때문입니다. 반면 눈을 가리키는 眼睛(yǎnjing)의 睛(jing)에는 '눈'을 가리키는 '目'이 들어갑니다. 글자에 '금속'이 있는지 '눈'이 있는지를 꼭 확인하세요.

- 目(눈)+青(qīng 푸르다) → 睛 → 眼睛(눈)
- 金(쇠)+竟(jìng 뜻밖에) → 镜 → 眼镜(안경)

181 □ □

袜子★★★

wàzi

명 양말

호응 一双袜子 한 켤레의 양말 | 袜子破了 양말에 구멍이 났다

脱下的袜子别乱放。 빈출

Tuōxià de wàzi bié luàn fàng.

벗은 양말은 아무 데나 두지 마.

+ 脱 tuō 동 벗다 | 乱 luàn 부 함부로

HSK 4급 출제 포인트

袜子(wàzi)는 듣기, 독해, 쓰기 전 영역에 자주 등장하는 단어입니다. 위가 짧고 아래가 긴 글자는 未(미), 위가 길고 아래가 짧은 글자는 末(말)입니다. 양말은 옷을 나타내는 衤(옷의변)과 末을 결합해서 袜(袜=衤+末)로 쓰면 됩니다. 또한, 쓰기 제2부분에는 구멍 난 양말 사진과 함께 작문하는 문제가 자주 출제됩니다.

我把袜子弄破了。

Wǒ bǎ wàzi nòngpò le.

나는 양말에 구멍을 냈다.

182 □ □

镜子★

jìngzi

명 거울

호응 照镜子 거울을 비추다 | 挂镜子 거울을 걸다 | 一面镜子 하나의 거울

她照着镜子打扮自己。 빈출

Tā zhàozhe jìngzi dǎban zìjǐ.

그녀는 거울을 보고 자신을 단장하고 있다.

+ 照 zhào 동 비추다 | 打扮 dǎban 동 꾸미다, 단장하다

183 □ □

钥匙★★★

yàoshi

명 열쇠

호응 一把钥匙 하나의 열쇠

我把钥匙忘在办公室了，所以现在进不去。
Wǒ bǎ yàoshi wàngzài bàngōngshì le, suǒyǐ xiànzài jìn bu qù.
나는 열쇠를 사무실에 두고 와서 지금 들어갈 수 없어.

+ 办公室 bàngōngshì 명 사무실

쓰기 제2부분에 열쇠 사진이나 가방 속을 들여다보고 있는 사진에 钥匙(yàoshi)가 제시된 문제가 자주 출제됩니다. 따라서 钥匙는 '~에 두고 오다(忘在)' 혹은 '깜빡 잊고 놓고 오다(忘带)', '잃어버리다(丢)'와 함께 외워두면 좋습니다.

我把钥匙忘在家里了。 빈출
Wǒ bǎ yàoshi wàngzài jiā li le.
나는 열쇠를 집에 두고 왔다.

我忘带钥匙了。 빈출
Wǒ wàngdài yàoshi le.
나는 열쇠를 가져오는 것을 깜빡했다.

我好像丢钥匙了，到底放哪儿了？
Wǒ hǎoxiàng diū yàoshi le, dàodǐ fàng nǎr le?
나는 열쇠를 잃어버린 것 같아. 도대체 어디에 뒀지?

184 □ □

干★★★

gàn, gān

반의 湿 shī 젖다

동 일을 하다(gàn)

说到理想，人们就会想到将来干什么。
Shuōdào lǐxiǎng, rénmen jiù huì xiǎngdào jiānglái gàn shénme.
꿈을 이야기하면, 사람들은 나중에 무엇을 할 것인가를 떠올린다.

+ 理想 lǐxiǎng 명 이상, 꿈 | 将来 jiānglái 명 장래, 미래

형 마르다, 말리다(gān)

衣服干了，你把它收起来吧。
Yīfu gān le, nǐ bǎ tā shōu qǐlai ba.
옷이 다 말랐으니 옷을 걷어요.

+ 收 shōu 동 (물건을) 거두어들이다

185 **弄**★★★
□
□
nòng

동 하다

호응 弄脏了 더러워졌다 | 弄坏了 망가트리다 | 弄清楚 명확하게 알다

这个问题你弄懂了吗？ 

Zhège wèntí nǐ nòngdǒng le ma?
이 문제를 넌 이해했니?

+ 懂 dǒng 동 이해하다

맛있는 단어 TIP

弄(nòng)은 그 자체로는 '하다'라는 뜻인데, 뒤에 오는 결과보어에 따라 구체적인 의미를 가질 수 있습니다. 따라서 '어떻게 하다가 ~하게 되다'라는 의미로 기억하면 좋습니다.

- 弄好 nònghǎo 다 처리하다
- 弄丢 nòngdiū 잃어버리다
- 弄坏 nònghuài 고장 내다
- 弄脏 nòngzāng 더럽히다
- 弄清楚 nòng qīngchu 명확하게 알다

186 **破**★★★
□
□
pò

동 파손되다, 찢어지다

호응 打破了 때려서 망가졌다

我只是破了点儿皮，上点儿药就好了。
Wǒ zhǐshì pòle diǎnr pí, shàng diǎnr yào jiù hǎo le.
나는 피부가 약간 벗겨졌을 뿐이에요. 약을 좀 바르면 돼요.

+ 破皮 pò pí 피부가 벗겨지다 | 上药 shàngyào 약을 바르다

187 丢★★
□
□
diū

동 잃다, 잃어버리다

我不小心把手机弄丢了，怎么办？ 빈출
Wǒ bù xiǎoxīn bǎ shǒujī nòngdiū le, zěnme bàn?
저는 부주의로 휴대폰을 잃어버렸어요. 어떡하죠?

188 台★
□
□
tái

양 대[기계·차량·설비 등을 세는 단위]

호응 一台电脑 한 대의 컴퓨터 | 一台洗衣机 한 대의 세탁기

我的电脑太旧了，应该换台新的。
Wǒ de diànnǎo tài jiù le, yīnggāi huàn tái xīn de.
내 컴퓨터는 너무 오래돼서 새것으로 바꿔야 해요.

+ 旧 jiù 형 오래되다 |
换 huàn 동 바꾸다, 교환하다

HSK 4급 출제 포인트

台(tái)는 쓰기 제2부분에 냉장고나 세탁기 사진과 함께 출제됩니다. 또는 같은 사진에 修理(xiūlǐ 수리하다)가 단어로 제시되는 경우도 있는데, 이때에도 양사 台(tái)를 써서 작문하면 좋습니다.

- 一台冰箱 한 대의 냉장고
- 一台洗衣机 한 대의 세탁기
- 一台电脑 한 대의 컴퓨터

189 修理★★
□
□
xiūlǐ

동 수리하다

这台洗衣机坏了，需要修理。 빈출
Zhè tái xǐyījī huài le, xūyào xiūlǐ.
이 세탁기는 고장이 나서 수리가 필요해요.

+ 洗衣机 xǐyījī 명 세탁기 |
坏 huài 동 고장 나다

190 抬*** □ □
tái

동 들다, 들어올리다

호응 抬头 고개를 들다 | 抬沙发 소파를 들다 |
抬得动 들어서 움직일 수 있다 | 抬不动 들어서 움직일 수 없다

你把胳膊再抬高一点儿。 빈출
Nǐ bǎ gēbo zài tái gāo yìdiǎnr.
팔을 좀 더 높이 들어올려요.

+ 胳膊 gēbo 명 팔

191 抱* □ □
bào

동 안다

호응 抱着书 책을 안고 있다 | 抱着小狗 강아지를 안고 있다

你怎么抱着这么多书? 빈출
Nǐ zěnme bàozhe zhème duō shū?
너는 왜 이렇게 많은 책을 안고 있어?

192 举* □ □
jǔ

동 들다

호응 举例子 예를 들다 | 举手 손을 들다

我们一起举杯祝这对新人一切顺利，永远幸福。
Wǒmen yìqǐ jǔ bēi zhù zhè duì xīnrén yíqiè shùnlì, yǒngyuǎn xìngfú.
우리 모두 잔을 들어 이 신혼부부가 모든 것이 순조롭고 영원히 행복하기를 기원합시다.

+ 对 duì 양 짝, 쌍 | 一切 yíqiè 대 일체, 모든 것 |
顺利 shùnlì 형 순조롭다 | 永远 yǒngyuǎn 부 영원히 |
幸福 xìngfú 형 행복하다

193 挂*** □ □
guà

동 걸다

호응 挂地图 지도를 걸다 | 挂镜子 거울을 걸다

这个画儿挂在哪儿好呢? 빈출
Zhège huàr guàzài nǎr hǎo ne?
이 그림은 어디에 거는 것이 좋을까?

HSK 4급 출제 포인트

挂(guà)는 듣기나 쓰기 영역에 자주 출제됩니다. 쓰기 제1부분에는 把자문 형태로 자주 출제되며, 쓰기 제2부분에는 '~을 벽에 걸다(把…挂在墙上)'의 형식으로 자주 출제됩니다.

我已经把这张照片挂在墙上了。
Wǒ yǐjīng bǎ zhè zhāng zhàopiàn guàzài qiáng shang le.
나는 이미 이 사진을 벽에 걸었다.

194 敲★★★

qiāo

동 두드리다

호응 敲门 문을 두드리다 | 敲碎 두드려서 깨트리다

好像有人在敲我家的门。 빈출
Hǎoxiàng yǒu rén zài qiāo wǒ jiā de mén.
누군가가 우리 집 문을 두드리고 있는 것 같아.

+ 好像 hǎoxiàng 부 마치 (~같다)

195 指★

zhǐ

동 가리키다

호응 A指的是B A가 가리키는 것은 B이다

月光族是指把每月赚的钱都花光的人。
Yuèguāngzú shì zhǐ bǎ měi yuè zhuàn de qián dōu huāguāng de rén.
월광족은 매달 버는 돈을 모두 다 써버리는 사람들을 가리킨다.

+ 月光族 yuèguāngzú 명 월광족 | 赚 zhuàn 동 벌다 | 花 huā 동 (돈을) 쓰다 | 光 guāng 형 하나도 남아 있지 않다

듣기 제3부분과 독해 지문에는 신조어나 사회적 현상을 설명하는 문제가 많이 출제됩니다. 이때 어김없이 'A가 가리키는 것은 B이다'라는 뜻의 [A指的是B] 문형이 등장합니다. 이런 문장은 설명 부분에 해당하는 B를 잘 이해하는 것이 정답을 찾는 지름길입니다.

196 躺* tǎng

동 눕다

호응 躺着看书 누운 채로 책을 보다

他一躺下就睡着了。
Tā yì tǎngxià jiù shuìzháo le.
그는 눕자마자 바로 잠들었다.

197 等* děng

참고 等 děng 기다리다 2급

조 등, 따위

有些东西不能用钱买到，比如爱情、时间、健康等。
Yǒuxiē dōngxi bù néng yòng qián mǎidào, bǐrú àiqíng、shíjiān、jiànkāng děng.
어떤 것들은 돈으로 살 수 없는데, 예를 들면 사랑, 시간, 건강 등이 있다.

+ 爱情 àiqíng 명 애정, 사랑

198 部分 bùfen

반의 全部 quánbù 전부 4급 → p.112

명 부분

工作只是生活的一部分。 빈출
Gōngzuò zhǐshì shēnghuó de yí bùfen.
일은 단지 생활의 일부분이다.

+ 只是 zhǐshì 부 단지 | 生活 shēnghuó 명 생활

199 日记 rìjì

명 일기

호응 写日记 일기를 쓰다

写日记是一个好习惯。
Xiě rìjì shì yí ge hǎo xíguàn.
일기를 쓰는 것은 좋은 습관이다.

+ 习惯 xíguàn 명 습관

200 

回忆*

huíyì

명 추억, 기억

호응 美好的回忆 아름다운 추억

这是我一生中最美好的回忆。
Zhè shì wǒ yìshēng zhōng zuì měihǎo de huíyì.
이것은 내 일생에서 가장 아름다운 추억이다.

+ 一生 yìshēng 명 일생 | 美好 měihǎo 형 아름답다, 행복하다

동 추억하다, 회상하다

호응 回忆过去 과거를 회상하다

他的话让我回忆起了我小时候。 빈출
Tā de huà ràng wǒ huíyì qǐle wǒ xiǎo shíhou.
그의 말은 나로 하여금 내 어린 시절을 떠오르게 했다.

1 빈칸을 채우세요.

钥匙	❶	열쇠
袜子	❷	양말
❸	gān	마르다, 말리다
镜子	❹	거울
戴	dài	❺

2 단어의 병음과 뜻을 알맞게 연결하세요.

❶ 脱 • • ㉠ tǎng • • ⓐ 부분

❷ 部分 • • ㉡ dàochù • • ⓑ 벗다

❸ 到处 • • ㉢ tuō • • ⓒ 눕다

❹ 躺 • • ㉣ bùfen • • ⓓ 도처에, 여기저기

3 빈칸에 들어갈 알맞은 단어를 쓰세요.

❶ 他的话让我__________起了我小时候。
그의 말은 나로 하여금 내 어린 시절을 **떠오르게** 했다.

❷ 月光族是_____把每月赚的钱都花光的人。
월광족은 매달 버는 돈을 모두 다 써버리는 사람들을 **가리킨다**.

❸ 你怎么_____着这么多书?
너는 왜 이렇게 많은 책을 **안고** 있어?

❹ 毛巾别到处_____扔，好不好?
수건을 아무 데나 **함부로** 던져두지 마, 응?

도전/HSK 4급 **듣기** 제1부분

4 녹음을 듣고 제시된 문장이 녹음과 일치하면 √, 일치하지 않으면 X를 표시하세요.

❶ 妈妈想在卫生间的墙上挂镜子。 (　　　)

❷ 我又把车钥匙丢了。 (　　　)

❸ 她7点就起床了。 (　　　)

빈출 ❹ 妈妈把房间收拾得很干净。 (　　　)

도전/HSK 4급 **독해** 제1부분

5 빈칸에 들어갈 알맞은 단어를 고르세요.

A 敲　　B 抬　　C 挂　　D 擦

빈출 ❶ 你觉得把镜子(　　　)在这儿怎么样?

빈출 ❷ 有人在(　　　)门，可能孩子回来了。

빈출 ❸ 不好意思，我刚才不小心把桌子弄脏了，还没来得及(　　　)。

빈출 ❹ 这个箱子太重，我一个人搬不动。你帮我(　　　)一下吧。

쓰기 제2부분

꼭 알아야 할 HSK 4급 빈출 단어

1	 打招呼 dǎ zhāohu 인사하다	▪ 他很喜欢跟别人打招呼。 Tā hěn xǐhuan gēn biéren dǎ zhāohu. 그는 다른 사람들과 인사하는 것을 아주 좋아한다. ▪ 我们应该主动跟别人打招呼。 Wǒmen yīnggāi zhǔdòng gēn biéren dǎ zhāohu. 우리는 먼저 다른 사람들에게 인사를 해야 한다.
2	 味道 wèidao 맛	▪ 这个菜是我做的，你尝尝味道怎么样？ Zhège cài shì wǒ zuò de, nǐ chángchang wèidao zěnmeyàng? 이 음식은 내가 만든 거야. 맛이 어떤지 먹어 볼래? ▪ 这个菜的味道好极了。 Zhège cài de wèidao hǎo jí le. 이 음식의 맛은 정말 훌륭하다.
3	 倒 dào 따르다	▪ 请你给爸爸倒杯茶。 Qǐng nǐ gěi bàba dào bēi chá. 아버지에게 차를 한 잔 따라 드리렴. ▪ 杯子里倒满了茶水。 Bēizi li dàomǎnle cháshuǐ. 컵에는 차가 가득 따라져 있다.
4	 区别 qūbié 차이	▪ 这三个西红柿有什么区别？ Zhè sān ge xīhóngshì yǒu shénme qūbié? 이 세 개의 토마토는 어떤 차이가 있나요? ▪ 这三个西红柿区别不大。 Zhè sān ge xīhóngshì qūbié bú dà. 이 세 개의 토마토는 차이가 크지 않다.

쓰기 제1부분

꼭 알아야 할 HSK 4급 빈출 구문

1

我想当一个优秀的… 나는 한 명의 우수한 ~가 되고 싶다
Wǒ xiǎng dāng yí ge yōuxiù de…

我想当一个优秀的律师。(직업)
Wǒ xiǎng dāng yí ge yōuxiù de lǜshī.
나는 우수한 변호사가 되고 싶다.

2

又…又… yòu…yòu… ~하기도 하고 ~하기도 하다

她是一个又聪明又可爱的人。
Tā shì yí ge yòu cōngming yòu kě'ài de rén.
그녀는 똑똑하고 사랑스러운 사람이다.

3

与/和…完全相反/相同 ~와 완전히 상반되다/동일하다
yǔ/hé…wánquán xiāngfǎn/xiāngtóng

他的性格和我完全相同。
Tā de xìnggé hé wǒ wánquán xiāngtóng.
그의 성격은 나와 완전히 동일하다.

4

请你把…扔(进)垃圾桶里。 ~을 쓰레기통에 버려 주세요.
Qǐng nǐ bǎ…rēng(jìn) lājītǒng li.

请你把垃圾扔进垃圾桶里。
Qǐng nǐ bǎ lājī rēngjìn lājītǒng li.
쓰레기를 쓰레기통에 버려 주세요.

5

对…感兴趣 duì…gǎn xìngqù ~에 흥미를 느끼다

我对音乐很感兴趣。
Wǒ duì yīnyuè hěn gǎn xìngqù.
나는 음악에 큰 흥미를 느낀다.

몸신과 취미 부자
_운동과 오락

HSK 4급에 이 단어가 나온다!

운동과 오락 관련 단어로는 羽毛球(yǔmáoqiú 배드민턴), 网球(wǎngqiú 테니스), 表演(biǎoyǎn 공연하다), 演出(yǎnchū 공연하다) 등이 자주 출제됩니다.

한눈에 파악하는 단어

운동	羽毛球 yǔmáoqiú 배드민턴 网球 wǎngqiú 테니스	+	比赛 bǐsài 시합, 경기
오락	京剧 jīngjù 경극 功夫 gōngfu 쿵후	+	表演 biǎoyǎn 공연 演出 yǎnchū 공연
건강	感冒 gǎnmào 감기 咳嗽 késou 기침하다	+	严重 yánzhòng 심각하다 厉害 lìhai 심하다

比赛, 表演/演出 → 精彩 jīngcǎi 훌륭하다, 멋지다

201 □ □ **力气**★★ lìqi

명 힘, 기운, 기력

호응 力气大 힘이 세다 | 没有力气 기력이 없다

忙了一天，现在一点儿力气都没了。 빈출
Mángle yì tiān, xiànzài yìdiǎnr lìqi dōu méi le.
하루 종일 바빠서, 지금은 조금의 힘도 없다.

맛있는 단어 TIP 力气와 力量 비교

力气(lìqi)와 力量(lìliang)은 사전에 모두 '힘'으로 표기되어 헷갈리는 경우가 많습니다. 力气는 기운이나 기력으로, 力量은 역량이나 능력으로 생각하면 헷갈리지 않습니다.

→力量(X)
我没有力气爬了
Wǒ méiyǒu lìqi pá le.
나는 등산할 힘이 없다.

이 예문은 능력보다는 '기력'이라는 의미가 더 적절하겠죠? 따라서 力气를 고르면 됩니다.

202 □ □ **困**★★ kùn

형 졸리다

礼拜天都不能睡个好觉，困死了。
Lǐbàitiān dōu bù néng shuì ge hǎo jiào, kùnsǐ le.
일요일인데도 잠을 잘 잘 수가 없으니 졸려 죽을 것 같아.

+ 礼拜天 lǐbàitiān 명 일요일

203 □ □ **胳膊**★★★ gēbo

명 팔

호응 抬胳膊 팔을 들다

胳膊疼得都抬不起来了。 빈출
Gēbo téng de dōu tái bu qǐlai le.
팔이 아파서 들어올릴 수도 없다.

+ 疼 téng 형 아프다 | 抬 tái 동 들어올리다

204 **肚子** ★★★
dùzi

명 배

호응 拉肚子 설사하다

不知为什么突然肚子疼。
Bù zhī wèishénme tūrán dùzi téng.
왜 그런지 갑자기 배가 아프다.

+突然 tūrán 부 갑자기 | 疼 téng 형 아프다

205 **皮肤** ★
pífū

명 피부

多吃水果对皮肤好。
Duō chī shuǐguǒ duì pífū hǎo.
과일을 많이 먹는 것이 피부에 좋다.

206 **减肥** ★★★
jiǎnféi

동 다이어트하다, 살을 빼다

호응 运动减肥 운동 다이어트 | 节食减肥 식이 조절 다이어트

我在减肥，应该少吃东西。 빈출
Wǒ zài jiǎnféi, yīnggāi shǎo chī dōngxi.
나는 지금 다이어트 중이라 적게 먹어야 해.

207 **抽烟** ★★
chōuyān

동의 吸烟 xīyān 담배를 피다

동 담배를 피다, 흡연하다

호응 禁止抽烟 흡연이 금지되다

抽烟对身体没有好处。 빈출
Chōuyān duì shēntǐ méiyǒu hǎochù.
흡연은 신체에 좋을 것이 없다.

+好处 hǎochù 명 장점, 좋은 점

208 **咳嗽**★★
késou

참고 感冒 gǎnmào 감기 3급

동 기침하다

호응 咳嗽得严重 기침을 심하게 하다

他感冒好像很严重，不停地咳嗽。 빈출
Tā gǎnmào hǎoxiàng hěn yánzhòng, bù tíng de késou.
그는 감기가 심한 것 같아요, 끊임없이 기침해요.

+ 严重 yánzhòng 형 심각하다 | 停 tíng 동 멈추다

209 **厉害**★★★
lìhai

형 (정도가) 심하다, 대단하다

他咳嗽得越来越厉害。
Tā késou de yuè lái yuè lìhai.
그는 기침이 갈수록 심해진다.

+ 咳嗽 késou 동 기침하다 | 越来越 yuè lái yuè 갈수록, 점점

210 **打针**★★
dǎzhēn

동 주사를 놓다, 주사를 맞다

我感冒不严重，打一针就会好的。 빈출
Wǒ gǎnmào bù yánzhòng, dǎ yì zhēn jiù huì hǎo de.
제 감기는 심하지 않아서, 주사 한 대만 맞으면 좋아질 거예요.

+ 严重 yánzhòng 형 심각하다

211 **网球**★
wǎngqiú

명 테니스

호응 打网球 테니스를 치다

他网球打得很好。 빈출
Tā wǎngqiú dǎ de hěn hǎo.
그는 테니스를 매우 잘 친다.

212 **羽毛球**★
yǔmáoqiú

명 배드민턴

호응 打羽毛球 배드민턴을 치다

她最喜欢打羽毛球。
Tā zuì xǐhuan dǎ yǔmáoqiú.
그녀는 배드민턴 치는 것을 가장 좋아한다.

213 □ □ **乒乓球★**
pīngpāngqiú

명 탁구

호응 打乒乓球 탁구를 치다

中国的乒乓球为什么这么厉害？
Zhōngguó de pīngpāngqiú wèishénme zhème lìhai?
중국의 탁구는 왜 이렇게 대단할까?

+ 厉害 lìhai 형 대단하다

214 □ □ **功夫★**
gōngfu

명 중국 무술, 쿵후

호응 功夫表演 쿵후 공연

昨天的功夫表演真精彩。 빈출
Zuótiān de gōngfu biǎoyǎn zhēn jīngcǎi.
어제 쿵후 공연은 매우 훌륭했다.

+ 表演 biǎoyǎn 명 공연 | 精彩 jīngcǎi 형 훌륭하다, 멋지다

명 노력, 시간

호응 下功夫 노력(시간)을 들이다 | 没有功夫 시간이 없다

看来我还得多下点儿功夫。
Kànlai wǒ hái děi duō xià diǎnr gōngfu.
보아하니 내가 좀 더 노력을 기울여야겠군.

+ 下 xià 동 (시간을) 들이다

215 □ □ **动作★★**
dòngzuò

명 동작

호응 动作标准 동작이 정석(표준)이다

这个动作很难做到。
Zhège dòngzuò hěn nán zuòdào.
이 동작은 하기가 힘들다.

216 推*
□
□
tuī

반의 拉 lā 잡아당기다
4급 ··· p.99

동 밀다

호응 推开门 문을 밀어서 열다

后面的人推着前面的人。
Hòumian de rén tuīzhe qiánmian de rén.
뒷사람이 앞사람을 밀어주고 있다.

217 拉*
□
□
lā

반의 推 tuī 밀다
4급 ··· p.99

동 잡아당기다

호응 拉开距离 간격을 늘리다

前面的人拉着后面的人。
Qiánmian de rén lāzhe hòumian de rén.
앞사람이 뒷사람을 잡아당기고 있다.

218 引起***
□
□
yǐnqǐ

참고 吸引 xīyǐn
끌어당기다, 유치하다
4급 ··· p.59

동 야기하다, 불러일으키다

호응 引起注意 주의를 끌다 | 引起关心 관심을 끌다

健康问题应该引起人们的关心。
Jiànkāng wèntí yīnggāi yǐnqǐ rénmen de guānxīn.
건강 문제는 마땅히 사람들의 관심을 이끌어내야 한다.

+ 关心 guānxīn 명 관심

HSK 4급 출제 포인트

吸引(xīyǐn 끌어당기다, 유치하다)과 引起(yǐnqǐ 야기하다)는 비슷해 쓰기 제2부분에서 잘못 쓰기 쉽습니다. 자주 어울려 쓰이는 단어와 함께 확실하게 구분하세요.

- 吸引游客 xīyǐn yóukè 관광객을 유치하다
- 引起误会 yǐnqǐ wùhuì 오해를 야기하다

219 □ □

养成★★

yǎngchéng

동 양성하다, 기르다

호응 养成习惯 습관을 키우다

我们要养成锻炼身体的好习惯。 빈출
Wǒmen yào yǎngchéng duànliàn shēntǐ de hǎo xíguàn.
우리는 신체를 단련하는 좋은 습관을 길러야 한다.

+ 锻炼 duànliàn 동 단련하다 | 习惯 xíguàn 명 습관

220 □ □

实在★★

shízài, shízai

부 확실히, 정말로(shízài)

你的动作实在太标准了。 빈출
Nǐ de dòngzuò shízài tài biāozhǔn le.
당신의 동작은 정말 정석입니다.

+ 动作 dòngzuò 명 동작 |
标准 biāozhǔn 형 표준적이다, 정석이다

형 착실하다, 성실하다(shízai)

他是个很实在的人。
Tā shì ge hěn shízai de rén.
그는 매우 착실한 사람이다.

221 □ □

尤其★★★

yóuqí

유의 特别 tèbié 특히
3급

부 특히

我喜欢运动，尤其是打篮球。
Wǒ xǐhuan yùndòng, yóuqí shì dǎ lánqiú.
나는 운동, 특히 농구를 좋아한다.

+ 运动 yùndòng 명 운동 |
打篮球 dǎ lánqiú 농구를 하다

HSK 4급 출제 포인트

尤其(yóuqí)는 부사로 동사, 형용사의 앞에 씁니다. 보통 시험에서는 [尤其是+강조 대상]으로 전체 중 일부를 강조하는 '특히'라는 의미로 사용됩니다. 따라서 독해 제2부분 배열 문제에서 첫 번째 문장에는 사용할 수 없으므로 주의하세요.

222 **汗**★★

□ □

hàn

참고 毛巾 máojīn 수건
4급 ···› p.101

명 땀

호응 出汗 땀이 나다 | 擦汗 땀을 닦다

你用毛巾擦一下汗吧。 빈출
Nǐ yòng máojīn cā yíxià hàn ba.
수건으로 땀을 좀 닦아.

+ 毛巾 máojīn 명 수건 | 擦 cā 동 닦다

HSK 4급 출제 포인트

듣기 문제에서 운동 후 수건으로 땀을 닦겠다는 내용이 자주 출제됩니다. 쓰기 제2부분에는 운동을 끝낸 사람이 제시된 사진과 함께 汗(hàn 땀), 毛巾(máojīn 수건), 擦(cā 닦다)라는 단어가 출제되는 경우가 많습니다.

223 **毛巾**★★

□ □

máojīn

명 수건

호응 一条毛巾 하나의 수건

你帮我拿条毛巾吧。
Nǐ bāng wǒ ná tiáo máojīn ba.
나에게 수건 하나를 갖다줘.

224 **输**★★

□ □

shū

반의 赢 yíng 이기다
4급 ···› p.102

동 지다, 패배하다

我们虽然输了比赛，却没有输掉信心。
Wǒmen suīrán shūle bǐsài, què méiyǒu shūdiào xìnxīn.
우리는 비록 시합에서는 졌지만, 자신감에서는 지지 않았다.

+ 却 què 부 오히려, 그러나 | 掉 diào ~해 버리다(동사 뒤에서 동작의 결과를 나타냄) | 信心 xìnxīn 명 자신감

225 **赢**★★
□
□
yíng

반의 输 shū 지다, 패배하다
4급 ⋯→ p.101

동 이기다, 승리하다

호응 赢比赛 시합에 이기다 | 输赢 승패

这场比赛谁赢了?
Zhè chǎng bǐsài shéi yíng le?
이번 시합은 누가 이겼어?

+ 场 chǎng 양 회, 번 | 比赛 bǐsài 명 시합, 경기

226 **危险**★★★
□
□
wēixiǎn

반의 安全 ānquán 안전하다
4급 ⋯→ p.102

형 위험하다

一些运动可能是危险的。
Yìxiē yùndòng kěnéng shì wēixiǎn de.
어떤 운동은 위험할 수도 있다.

227 **安全**★★
□
□
ānquán

반의 危险 wēixiǎn 위험하다
4급 ⋯→ p.102

형 안전하다

比赛时要注意安全。
Bǐsài shí yào zhùyì ānquán.
시합을 할 때는 안전에 주의해야 해.

+ 注意 zhùyì 동 주의하다, 조심하다

228 **活动**★★
□
□
huódòng

명 행사, 활동

호응 参加活动 활동에 참가하다 | 打折活动 할인 행사

这次活动有很多人参加。
Zhè cì huódòng yǒu hěn duō rén cānjiā.
이번 행사에는 많은 사람들이 참가했다.

+ 参加 cānjiā 동 참가하다

동 활동하다

别一天都在家里看电视，出去活动活动啊！
Bié yì tiān dōu zài jiāli kàn diànshì, chūqu huódòng huódòng a!
하루 종일 집에서 TV만 보지 말고 나가서 좀 움직여!

229 **散步**★★
□
□
sànbù

동 산책하다, 산보하다

散了一会儿步，心情好一些了。
Sànle yíhuìr bù, xīnqíng hǎo yìxiē le.
잠깐 산책을 했더니, 기분이 좀 좋아졌다.

+ 心情 xīnqíng 명 기분

HSK 4급 출제 포인트

散步(sànbù)는 '동사+명사 목적어'로 이루어진 이합사입니다. 시험에는 散一会儿步(sàn yíhuìr bù 잠깐 산책하다)의 형태로 가장 많이 출제됩니다.

230 **艺术**★
□
□
yìshù

명 예술

호응 一门艺术 하나의 예술

这个艺术节在哪儿举行啊？
Zhège yìshùjié zài nǎr jǔxíng a?
이 예술제는 어디에서 열려?

+ 举行 jǔxíng 동 거행하다

명 기술

表扬与批评是两门不同的艺术。빈출
Biǎoyáng yǔ pīpíng shì liǎng mén bù tóng de yìshù.
칭찬과 비판은 두 가지 다른 기술이다.

+ 表扬 biǎoyáng 명 칭찬 | 批评 pīpíng 명 비판

231 **弹钢琴**★★
□
□
tán gāngqín

피아노를 치다

她弹钢琴弹得特别好。
Tā tán gāngqín tán de tèbié hǎo.
그녀는 피아노를 매우 잘 친다.

232 举行★★

□
□

jǔxíng

유의 举办 jǔbàn
개최하다, 열다
4급 ··· p.104

동 거행하다

호응 举行比赛 시합을 거행하다 | 举行婚礼 결혼식을 거행하다

这所学校正在举行运动会。
Zhè suǒ xuéxiào zhèngzài jǔxíng yùndònghuì.
이 학교는 지금 운동회를 열고 있다.

+ 所 suǒ 양 개[학교나 병원을 세는 단위] |
运动会 yùndònghuì 명 운동회

233 举办★★

□
□

jǔbàn

유의 举行 jǔxíng 거행하다
4급 ··· p.104

동 개최하다, 열다

호응 举办比赛 (장기전) 시합을 거행하다

在韩国成功举办了世界杯。
Zài Hánguó chénggōng jǔbànle shìjièbēi.
한국에서 월드컵을 성공적으로 개최했다.

+ 成功 chénggōng 형 성공적이다 |
世界杯 shìjièbēi 명 월드컵

맛있는 단어 TIP 举行과 举办 비교

举行(jǔxíng)과 举办(jǔbàn)은 모두 '거행하다'라는 의미입니다. 举行은 보통 하루 안에 끝나는 행사를, 举办은 이틀 이상 소요되는 대형 행사에 사용됩니다. 결혼식과 졸업식은 举行을 사용하고, 올림픽이나 전시회는 举办을 사용합니다.

234 表演★★★

□
□

biǎoyǎn

유의 演出 yǎnchū
공연, 공연하다
4급 ··· p.105

명 공연, 연기

호응 表演精彩 공연이 훌륭하다

今天下午儿子在学校有一个表演。
Jīntiān xiàwǔ érzi zài xuéxiào yǒu yí ge biǎoyǎn.
오늘 오후에 아들은 학교에서 공연이 하나 있다.

동 공연하다, 연기하다

호응 表演节目 프로그램을 공연하다

今天我给大家表演了一个节目。 빈출
Jīntiān wǒ gěi dàjiā biǎoyǎnle yí ge jiémù.
나는 오늘 모두에게 프로그램 하나를 공연했다.

+ 节目 jiémù 명 프로그램

235 演出★★★
□
□
yǎnchū

유의 表演 biǎoyǎn
공연, 공연하다
4급 ··· p.104

명 공연

호응 演出精彩 공연이 훌륭하다 | 一场演出 한 번의 공연

这个演出吸引了很多观众。 빈출
Zhège yǎnchū xīyǐnle hěn duō guānzhòng.
이 공연은 많은 관중을 끌어당겼다.

+ 吸引 xīyǐn 동 끌어당기다, 유치하다 |
观众 guānzhòng 명 관중

동 공연하다

他今天演出得非常出色。
Tā jīntiān yǎnchū de fēicháng chūsè.
그는 오늘 매우 훌륭하게 공연했다.

+ 出色 chūsè 형 뛰어나다, 훌륭하다

236 京剧★★★
□
□
jīngjù

명 경극

호응 京剧表演 경극 공연 | 京剧演员 경극 배우 |
唱京剧 경극을 노래하다

李教授对中国京剧很感兴趣。
Lǐ jiàoshòu duì Zhōngguó jīngjù hěn gǎn xìngqù.
이 교수는 중국 경극에 대해서 매우 흥미를 느낀다.

+ 教授 jiàoshòu 명 교수 |
兴趣 xìngqù 명 흥미

237 场★★

□
□

chǎng, cháng

양 회, 번[문예·오락·체육 활동](chǎng)

호응 一场演出 한 번의 공연 | 一场比赛 한 번의 시합

我们第一场比赛输了，希望下一场能赢他们。
Wǒmen dì-yī chǎng bǐsài shū le, xīwàng xià yì chǎng néng yíng tāmen.
우리는 첫 번째 시합에서 졌지만, 다음 경기에서는 그들을 이기기를 바란다.

+ 第一 dì-yī 수 첫 번째 | 输 shū 동 지다 | 赢 yíng 동 이기다

양 (비, 눈 등) 자연 현상에 쓰임(cháng)

호응 一场雨 한 차례의 비 | 一场大雪 한 차례의 큰 눈

我认为这场雨下得很及时。 빈출
Wǒ rènwéi zhè cháng yǔ xià de hěn jíshí.
나는 이번 비가 시기적절하게 내렸다고 생각한다.

+ 及时 jíshí 형 시기적절하다

238 精彩★★★

□
□

jīngcǎi

형 훌륭하다, 멋지다

호응 精彩的表演 훌륭한 공연 | 比赛精彩 시합이 멋지다 | 精彩的人生 멋진 인생

这场表演十分精彩。 빈출
Zhè chǎng biǎoyǎn shífēn jīngcǎi.
이번 공연은 매우 훌륭했다.

+ 表演 biǎoyǎn 명 공연 | 十分 shífēn 부 매우

239 **杂志***
□
□
zázhì

명 잡지

호응 一本杂志 한 권의 잡지

这是一本关于互联网技术的杂志。
Zhè shì yì běn guānyú hùliánwǎng jìshù de zázhì.
이것은 인터넷 기술과 관련된 잡지이다.

+ 关于 guānyú 개 ~에 관하여 | 互联网 hùliánwǎng 명 인터넷 | 技术 jìshù 명 기술

240 **小说***
□
□
xiǎoshuō

명 소설

호응 一本小说 한 권의 소설 | 一部小说 한 권의 소설

这部小说被翻译成了英文。
Zhè bù xiǎoshuō bèi fānyì chéngle Yīngwén.
이 소설은 영문으로 번역되었다.

+ 翻译 fānyì 동 번역하다

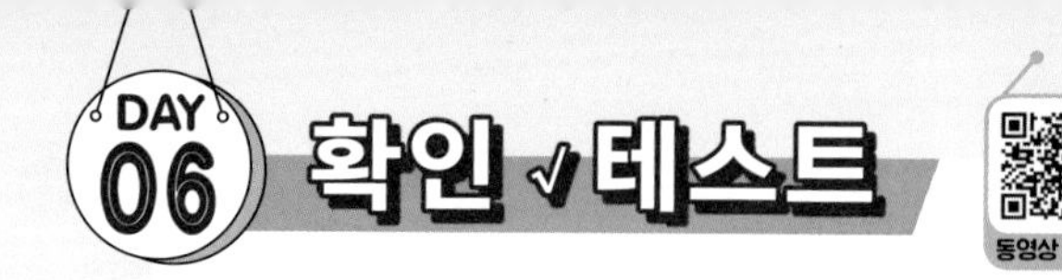

1 빈칸을 채우세요.

❶	yǎnchū	공연, 공연하다
危险	❷	위험하다
弹钢琴	tán gāngqín	❸
❹	jǔbàn	개최하다, 열다
减肥	❺	다이어트하다, 살을 빼다

2 단어의 병음과 뜻을 알맞게 연결하세요.

❶ 功夫 •	• ㉠ sànbù •	• ⓐ 야기하다
❷ 厉害 •	• ㉡ lìhai •	• ⓑ 중국 무술, 쿵후
❸ 引起 •	• ㉢ gōngfu •	• ⓒ (정도가) 심하다
❹ 散步 •	• ㉣ yǐnqǐ •	• ⓓ 산책하다

3 빈칸에 들어갈 알맞은 단어를 쓰세요.

❶ 这场表演十分__________。
이번 공연은 매우 **훌륭했다**.

❷ 这次__________有很多人参加。
이번 **행사**에는 많은 사람들이 참가했다.

❸ 我们要__________锻炼身体的好习惯。
우리는 신체를 단련하는 좋은 습관을 **길러야** 한다.

❹ 我喜欢运动，__________是打篮球。
나는 운동, **특히** 농구를 좋아한다.

도전/ HSK 4급 **듣기** 제1부분

4 녹음을 듣고 제시된 문장이 녹음과 일치하면 √, 일치하지 않으면 X를 표시하세요.

❶ 他肚子疼得有点儿受不了。 (　　　)

❷ 他对打扮很感兴趣。 (　　　)

❸ 儿子今天参加了足球比赛。 (　　　)

❹ 我的咳嗽是由感冒引起的。 (　　　)

도전/ HSK 4급 **독해** 제1부분

5 빈칸에 들어갈 알맞은 단어를 고르세요.

A 举行　　B 胳膊　　C 赢　　D 毛巾

빈출 ❶ 怎么出了这么多汗? 来，我给你(　　　　)，快擦一下吧。

❷ 由于一直下雨，运动会只好推迟(　　　　)。

❸ 我们今天的比赛输了，希望下一场能(　　　　)他们。

빈출 ❹ 你的动作不标准，(　　　　)再抬高一点儿。

네가 내 맘을 알아?
_감정

HSK 4급에 이 단어가 나온다!

감정 관련 주제는 전 영역에서 출제됩니다. 특히, 激动(jīdòng 흥분하다), 开心(kāixīn 즐겁다), 愉快(yúkuài 즐겁다), 烦恼(fánnǎo 고민하다), 伤心(shāngxīn 상심하다), 紧张(jǐnzhāng 긴장하다) 등이 자주 출제됩니다. 동의어, 반의어를 활용한 문제가 많이 출제되므로 동의어와 반의어도 꼭 체크하세요.

긍정

轻松 qīngsōng 가볍다, 수월하다
有趣 yǒuqù(=有意思 yǒu yìsi) 재미있다
原谅 yuánliàng 용서하다
幸福 xìngfú 행복하다
浪漫 làngmàn 낭만적이다
棒 bàng(=行 xíng) 훌륭하다
感谢 gǎnxiè 감사하다
感动 gǎndòng 감동하다
开心 kāixīn(=快乐 kuàilè) 즐겁다
兴奋 xīngfèn(=激动 jīdòng) 흥분하다
羡慕 xiànmù 부러워하다

부정

紧张 jǐnzhāng 긴장하다
无聊 wúliáo 무료하다, 재미없다
抱歉 bàoqiàn 미안하다
烦恼 fánnǎo 고민하다
误会 wùhuì 오해하다
后悔 hòuhuǐ 후회하다
失望 shīwàng 실망하다
怀疑 huáiyí 의심하다
麻烦 máfan 귀찮다, 번거롭다
可惜 kěxī 아쉽다
伤心 shāngxīn 상심하다

241 **心情*** xīnqíng

명 마음, 기분

호응 放松心情 마음을 편하게 하다 | 改变心情 기분을 전환하다

哭可以让人从坏心情中走出来。 빈출

Kū kěyǐ ràng rén cóng huài xīnqíng zhōng zǒu chūlai.

울음은 사람으로 하여금 나쁜 기분에서 헤어나오게 한다.

+ 哭 kū 동 울다 | 坏 huài 형 나쁘다 | 走出来 zǒu chūlai 헤어나오다

242 **感情*** gǎnqíng

명 감정

호응 对…很有感情 ~에 대한 애착이 있다

我对我们家的小狗很有感情。

Wǒ duì wǒmen jiā de xiǎogǒu hěn yǒu gǎnqíng.

나는 우리 집 강아지에 대해서 애정이 깊다.

243 **感觉** gǎnjué

동 ~라고 느끼다

道歉时应该让人感觉到你的歉意。

Dàoqiàn shí yīnggāi ràng rén gǎnjuédào nǐ de qiànyì.

사과할 때는 타인으로 하여금 당신의 미안함이 느껴져야 한다.

+ 道歉 dàoqiàn 동 사과하다 | 歉意 qiànyì 명 미안한 마음

명 느낌, 감각

这种感觉让我很难受。

Zhè zhǒng gǎnjué ràng wǒ hěn nánshòu.

이런 느낌은 날 괴롭게 한다.

+ 难受 nánshòu 형 괴롭다, 힘들다

244 **爱情** àiqíng

명 애정, 사랑

我对爱情故事不感兴趣。

Wǒ duì àiqíng gùshi bù gǎn xìngqù.

나는 사랑 이야기에 흥미가 없다.

+ 故事 gùshi 명 이야기 | 兴趣 xìngqù 명 흥미

맛있는 단어  爱와 爱情

爱(ài)와 爱情(àiqíng)은 모두 '사랑'이지만 爱는 보편적인 '사랑'을 나타내고, 爱情은 보통 '남녀 간의 사랑'을 나타냅니다. 엄마에 대한 사랑을 표현할 때는 爱를 사용하고, 남자 친구나 여자 친구, 남편 또는 아내에게는 爱情을 사용하세요.

245 全部★★

quánbù

반의 部分 bùfen 부분
4급 ··· p.88

명 전부

爱情不是生命的全部。
Àiqíng bú shì shēngmìng de quánbù.
사랑은 삶의 전부가 아니다.

+ 爱情 àiqíng 명 애정, 사랑 | 生命 shēngmìng 명 생명

부 전부의

一天怎么可能全部整理完啊？
Yì tiān zěnme kěnéng quánbù zhěnglǐ wán a?
하루 안에 어떻게 전부 정리를 끝낼 수 있어?

+ 整理 zhěnglǐ 동 정리하다

246 紧张★★★

jǐnzhāng

반의 轻松 qīngsōng (마음이) 홀가분하다
4급 ··· p.113

형 긴장하다

别让紧张的心情影响了自己。 빈출
Bié ràng jǐnzhāng de xīnqíng yǐngxiǎngle zìjǐ.
긴장된 마음이 자신에게 영향을 끼치지 않게 해야 한다.

+ 心情 xīnqíng 명 기분

형 바쁘다, 시간이 부족하다

호응 工作紧张 일이 바쁘다 | 学习紧张 공부가 바쁘다

我最近工作很紧张，一直没有时间休息。
Wǒ zuìjìn gōngzuò hěn jǐnzhāng, yìzhí méiyǒu shíjiān xiūxi.
나는 최근에 일이 바빠서 줄곧 쉴 시간이 없다.

+ 一直 yìzhí 부 줄곧 | 休息 xiūxi 동 쉬다, 휴식하다

247 **轻松**★★
☐ ☐
qīngsōng

반의 紧张 jǐnzhāng 긴장하다
4급 ··· p.112

형 (마음이) 홀가분하다

考试都结束了，现在轻松多了。
Kǎoshì dōu jiéshù le, xiànzài qīngsōng duō le.
시험이 모두 끝나서, 지금 마음이 홀가분하다.

+结束 jiéshù 동 끝나다

형 (일이) 수월하다, 가볍다

他很轻松地就通过了考试。 빈출
Tā hěn qīngsōng de jiù tōngguòle kǎoshì.
그는 쉽게 시험을 통과했다.

+通过 tōngguò 동 통과하다

248 **放松**★★
☐ ☐
fàngsōng

반의 紧张 jǐnzhāng 긴장하다
4급 ··· p.112

동 이완시키다, 긴장을 풀다
호응 放松心情 마음의 긴장을 풀다

别紧张，放松一下。 빈출
Bié jǐnzhāng, fàngsōng yíxià.
긴장하지 마시고 조금 릴렉스 하세요.

249 **有趣**★★★
☐ ☐
yǒuqù

유의 有意思 yǒu yìsi 재미있다

형 재미있다
호응 有趣的故事 재미있는 이야기

世界上有那么多有趣的事情。
Shìjièshang yǒu nàme duō yǒuqù de shìqing.
세상에 그렇게나 많은 재미있는 일들이 있다.

250 **无聊**★★
☐ ☐
wúliáo

반의 有趣 yǒuqù 재미있다
4급 ··· p.113

형 무료하다, 심심하다, 재미없다

当你觉得无聊时，就去读书吧。
Dāng nǐ juéde wúliáo shí, jiù qù dúshū ba.
따분함이 느껴지면 책을 읽어봐.

251 **幸福**★★
□
□
xìngfú

형 행복하다

호응 幸福的家庭 행복한 가정

全家人一起出去散步是一件很幸福的事。
Quán jiārén yìqǐ chūqu sànbù shì yí jiàn hěn xìngfú de shì.
온 가족이 함께 나가서 산책하는 것은 행복한 일이다.

+ 散步 sànbù 동 산책하다

252 **浪漫**★★
□
□
làngmàn

형 낭만적이다

年轻人往往很重视浪漫。
Niánqīngrén wǎngwǎng hěn zhòngshì làngmàn.
젊은이들은 종종 낭만을 매우 중시한다.

+ 往往 wǎngwǎng 부 종종 | 重视 zhòngshì 동 중시하다

253 **行**★★
□
□
xíng

유의 棒 bàng
훌륭하다, 멋지다
4급 ···› p.115
厉害 lìhai 대단하다
4급 ···› p.97

형 좋다, 괜찮다

只要交通方便就行了。 빈출
Zhǐyào jiāotōng fāngbiàn jiù xíng le.
교통만 편리하면 괜찮아.

+只要 zhǐyào 접 단지 ~이기만 하면 | 交通 jiāotōng 명 교통

형 유능하다, 대단하다

再辣点儿？ 你真行！ 我辣得快要哭了。
Zài là diǎnr? Nǐ zhēn xíng! Wǒ là de kuàiyào kū le.
더 맵게? 넌 정말 대단하다! 난 매워서 눈물이 날 것 같아.

+ 辣 là 형 맵다 | 哭 kū 동 울다

HSK 4급 출제 포인트

듣기 영역에 '정말 대단해'라고 칭찬하는 표현이 자주 출제됩니다. 아래 문장을 외워보세요.

- 真棒！ Zhēn bàng!
- 真行！ Zhēn xíng!
- 真不错！ Zhēn búcuò!
- 真厉害！ Zhēn lìhai!
- 真了不起！ Zhēn liǎobuqǐ!

254 **棒**★★

bàng

형 훌륭하다, 멋지다

太棒了，你是怎么成功的呀？
Tài bàng le, nǐ shì zěnme chénggōng de ya?
너무 멋지다. 너는 어떻게 성공한 거야?

+ 成功 chénggōng 동 성공하다

255 **感谢**★★

gǎnxiè

동 감사하다

호응 向…表示感谢 ~에게 감사를 표하다

很感谢大家对我的支持。빈출
Hěn gǎnxiè dàjiā duì wǒ de zhīchí.
저에 대한 여러분들의 지지에 매우 감사드립니다.

+ 支持 zhīchí 동 지지하다

256 **感动**★★

gǎndòng

동 감동하다

我被真正的友谊感动了。빈출
Wǒ bèi zhēnzhèng de yǒuyì gǎndòng le.
나는 진정한 우정에 감동했다.

+ 真正 zhēnzhèng 형 진정한 | 友谊 yǒuyì 명 우의, 우정

257 **吃惊**★★★

chījīng

동 놀라다

호응 让人吃惊 사람을 놀라게 하다

这个消息让大家很吃惊。빈출
Zhège xiāoxi ràng dàjiā hěn chījīng.
이 소식은 모두를 놀라게 했다.

+ 消息 xiāoxi 명 소식

258 **兴奋**★★★

xīngfèn

유의 激动 jīdòng 흥분하다
4급 ···› p.116

형 흥분하다

我兴奋得睡不着觉了。
Wǒ xīngfèn de shuì bu zháo jiào le.
나는 흥분해서 잠을 잘 수가 없어.

259 **激动**★★★

jīdòng

유의 兴奋 xīngfèn 흥분하다
4급 ···› p.116

형 흥분하다, 감동하다

她激动得说不下去。 빈출
Tā jīdòng de shuō bu xiàqu.
그녀는 흥분해서 말을 이어가지 못했다.

맛있는 단어 TIP 兴奋과 激动

兴奋(xīngfèn)과 激动(jīdòng)은 둘 다 '흥분하다'라는 의미지만, 兴奋은 주로 좋은 일로 흥분하는 것을 가리키고, 激动은 좋은 일 혹은 나쁜 일로 흥분하는 것을 가리킵니다.

260 **愉快**★★

yúkuài

동의 开心 kāixīn 즐겁다
4급 ···› p.116

형 유쾌하다, 즐겁다

他愉快地接受了我的要求。
Tā yúkuài de jiēshòule wǒ de yāoqiú.
그는 유쾌하게 나의 요구를 받아들였다.

+ 接受 jiēshòu 동 받아들이다 | 要求 yāoqiú 명 요구

261 **开心**★★

kāixīn

동의 愉快 yúkuài 즐겁다
4급 ···› p.116

형 즐겁다

今天玩儿得很开心。
Jīntiān wánr de hěn kāixīn.
오늘 노는 게 즐거웠다.

4급

DAY 01 | DAY 02 | DAY 03 | DAY 04 | DAY 05 | DAY 06 | DAY 07 | DAY 08 | DAY 09 | DAY 10 | DAY 11 | DAY 12 | DAY 13 | DAY 14 | DAY 15

262 羡慕

xiànmù

참고 吃醋 chīcù 질투하다, 시기하다

동 부러워하다

호응 羡慕别人 다른 사람을 부러워하다

我一点儿也不羡慕他。
Wǒ yìdiǎnr yě bú xiànmù tā.
나는 조금도 그가 부럽지 않다.

263 烦恼***

fánnǎo

형 고민하다

不要为那件事烦恼了，我帮你解决。
Bú yào wèi nà jiàn shì fánnǎo le, wǒ bāng nǐ jiějué.
그 일 때문에 고민하지 마. 내가 해결해줄게.

+ 为 wèi 개 ~때문에(원인) | 解决 jiějué 동 해결하다

명 걱정, 고민

看着日记，她慢慢回忆起了年少时的幸福与烦恼。
Kànzhe rìjì, tā mànmān huíyì qǐle niánshào shí de xìngfú yǔ fánnǎo.
일기를 보며 그녀는 어린 시절의 행복함과 고민들을 천천히 추억했다.

+ 回忆 huíyì 동 추억하다, 회상하다 | 年少 niánshào 형 나이가 젊다 | 幸福 xìngfú 명 행복 | 与 yǔ 접 ~와

264 后悔**

hòuhuǐ

동 후회하다

等出现问题了，后悔就来不及了。 빈출
Děng chūxiàn wèntí le, hòuhuǐ jiù lái bu jí le.
문제가 생기고 나서 후회하면 늦는다.

+ 等 děng 동 (~할 때까지) 기다리다 | 出现 chūxiàn 동 출현하다, 나타나다 | 来不及 lái bu jí 동 시간에 못 맞추다

265 □□

误会★★★

wùhuì

동 오해하다

호응 误会别人 다른 사람을 오해하다

对不起，我误会你了。

Duìbuqǐ, wǒ wùhuì nǐ le.

미안해, 내가 널 오해했어.

명 오해

호응 发生误会 오해가 발생하다

你不了解身体语言的话，可能会引起误会。

Nǐ bù liǎojiě shēntǐ yǔyán de huà, kěnéng huì yǐnqǐ wùhuì.

신체 언어를 모르면 오해를 불러일으킬 수 있다.

+ 了解 liǎojiě 동 이해하다 | 身体语言 shēntǐ yǔyán 신체 언어 | 引起 yǐnqǐ 동 유발하다

266 □□

难受★★★

nánshòu

유의 难过 nánguò 괴롭다 3급

형 (몸이) 괴롭다, 불편하다

호응 肚子难受 배가 아프다 | 疼得难受 아파서 괴롭다

她突然觉得肚子很难受。 빈출

Tā tūrán juéde dùzi hěn nánshòu.

그녀는 갑자기 배가 아픈 것 같았다.

+ 突然 tūrán 부 갑자기 | 肚子 dùzi 명 배

형 (마음이) 슬프다

호응 心情难受 마음이 괴롭다

跟女朋友分手，真让我难受。

Gēn nǚpéngyou fēnshǒu, zhēn ràng wǒ nánshòu.

여자 친구와의 이별은 정말 나를 괴롭게 한다.

+ 分手 fēnshǒu 동 이별하다

267 **受不了**★

shòu bu liǎo

반의 受得了 shòu de liǎo 견딜 수 있다

동 견딜 수 없다, 참을 수 없다

我可受不了你的这种态度。
Wǒ kě shòu bu liǎo nǐ de zhè zhǒng tàidu.
나는 정말 너의 이런 태도를 참을 수 없다.

+ 可 kě 부 정말로 | 态度 tàidu 명 태도

268 **抱歉**★

bàoqiàn

참고 道歉 dàoqiàn 사과하다
4급 ···› p.39

동 미안하다, 죄송합니다

호응 感到抱歉 미안함을 느끼다

真抱歉，我迟到了。 빈출
Zhēn bàoqiàn, wǒ chídào le.
정말 죄송합니다. 제가 지각했네요.

+ 迟到 chídào 동 지각하다

269 **原谅**★

yuánliàng

참고 道歉 dàoqiàn 사과하다
4급 ···› p.39

동 용서하다

호응 原谅别人 다른 사람을 용서하다

他已经跟你道歉了，你应该原谅他。 빈출
Tā yǐjīng gēn nǐ dàoqiàn le, nǐ yīnggāi yuánliàng tā.
그가 너에게 사과를 했다면, 넌 마땅히 그를 용서해야 한다.

+ 道歉 dàoqiàn 동 사과하다

270 **失望**★★

shīwàng

동 실망하다

我相信你，不要让我失望。
Wǒ xiāngxìn nǐ, bú yào ràng wǒ shīwàng.
난 널 믿어. 날 실망시키지 마.

+ 相信 xiāngxìn 동 믿다

271 □ □

讨厌

tǎoyàn

반의 喜欢 xǐhuan 좋아하다 1급

동 싫어하다, 미워하다

你这个人真让人讨厌。
Nǐ zhège rén zhēn ràng rén tǎoyàn.
너란 사람은 참 얄미워.

272 □ □

怀疑**

huáiyí

반의 相信 xiāngxìn 믿다 3급

동 의심하다

호응 怀疑自己 자신을 의심하다 | 让人怀疑 사람들로 하여금 의심하게 하다

不要怀疑自己，要相信自己！ 빈출
Bú yào huáiyí zìjǐ, yào xiāngxìn zìjǐ!
자신을 의심하지 말고, 너 자신을 믿어야 해!

273 □ □

麻烦***

máfan

동 번거롭게 하다

麻烦你去一趟吧。
Máfan nǐ qù yí tàng ba.
번거롭지만, 네가 한 번 갔다와.

명 번거로운 일, 골치 아픈 일

生活中，人总会遇到各种各样的麻烦。
Shēnghuó zhōng, rén zǒng huì yùdào gè zhǒng gè yàng de máfan.
생활 속에서 사람들은 늘 다양한 골치 아픈 일들을 겪게 된다.

+ 各种各样 gè zhǒng gè yàng 각양각색의

형 번거롭다, 귀찮다

这是一件很麻烦的事。
Zhè shì yí jiàn hěn máfan de shì.
이것은 아주 번거로운 일이다.

274 □ □ **害羞** hàixiū

동 수줍어하다

호응 感到害羞 부끄러움을 느끼다

他以前是个很害羞的人。
Tā yǐqián shì ge hěn hàixiū de rén.
그는 이전에는 수줍음이 많은 사람이었다.

HSK 4급 출제 포인트

최근 듣기 문제에서 정답을 그대로 들려주기보다는 단어를 활용한 문제의 출제 비중이 높아지고 있습니다. 害羞(hàixiū)는 消极(xiāojí 소극적이다), 内向(nèixiàng 내향적이다)과 함께 출제되고, 外向(wàixiàng 외향적이다)은 活泼(huópō 활발하다), 积极(jījí 적극적이다)와 함께 출제됩니다.

275 □ □ **可怜** kělián

형 불쌍하다, 가련하다

这个小孩子太可怜了。
Zhège xiǎoháizi tài kělián le.
이 어린아이는 너무 불쌍해.

276 □ □ **可惜**★★ kěxī

유의 遗憾 yíhàn 유감이다, 섭섭하다

형 아쉽다, 안타깝다

我很想参加招聘会，可惜那天我有事。 빈출
Wǒ hěn xiǎng cānjiā zhāopìnhuì, kěxī nà tiān wǒ yǒu shì.
나는 그 채용 박람회에 참가하고 싶었는데, 아쉽게도 그날 일이 있어.

+ 招聘会 zhāopìnhuì 명 채용 박람회

277 ☐ ☐
伤心★★★
shāngxīn

유의 难过 nánguò 괴롭다 3급

형 상심하다, 슬퍼하다

听到考试结果后，她伤心得哭了。
Tīngdào kǎoshì jiéguǒ hòu, tā shāngxīn de kū le.
시험 결과를 듣고 나서, 그녀는 슬퍼서 울었다.

+ 结果 jiéguǒ 명 결과 | 哭 kū 동 울다

278 ☐ ☐
同情
tóngqíng

동 동정하다

同情是对别人经历的情感的尊重和支持。 빈출
Tóngqíng shì duì biéren jīnglì de qínggǎn de zūnzhòng hé zhīchí.
동정은 다른 사람이 겪은 감정에 대한 존중과 지지이다.

+ 情感 qínggǎn 명 감정 | 尊重 zūnzhòng 명 존중 | 支持 zhīchí 동 지지하다

279 ☐ ☐
使★★★
shǐ

참고 让 ràng ~로 하여금 ~하게 하다 2급

동 ~로 하여금 ~하게 하다

他的话使我很生气。
Tā de huà shǐ wǒ hěn shēngqì.
그의 말은 나를 화나게 한다.

+ 生气 shēngqì 동 화내다

HSK 4급 출제 포인트

영어의 사역동사와 같은 使(shǐ), 让(ràng)은 감정을 나타내는 단어를 활용할 때 아주 유용합니다. 앞에서 배운 단어들을 [원인+让/使+대상+결과(高兴, 吃惊, 生气, 紧张…)]에 맞춰 쓰면, 쓰기 제2부분에 등장하는 감정 단어는 만점을 받을 수 있습니다.

这个消息(원인)让我(让+대상)很生气(결과)。
Zhège xiāoxi ràng wǒ hěn shēngqì.
이 소식은 나를 매우 화나게 한다.

280 辛苦★★
☐
☐
xīnkǔ

형 수고롭다, 고생스럽다

大家辛苦了，回家好好儿休息。 빈출
Dàjiā xīnkǔ le, huíjiā hǎohāor xiūxi.
모두들 수고했습니다. 집에 돌아가서 푹 쉬세요.

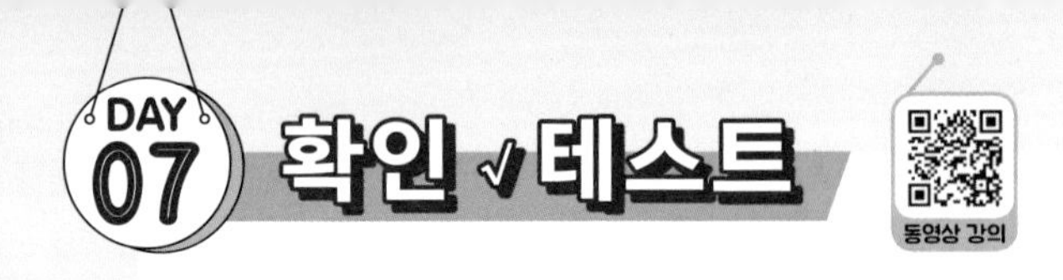

1 빈칸을 채우세요.

可惜	❶	아쉽다, 안타깝다
❷	qīngsōng	홀가분하다, 수월하다
❸	shīwàng	실망하다
烦恼	❹	고민하다
无聊	wúliáo	❺

2 단어의 병음과 뜻을 알맞게 연결하세요.

❶ 有趣 •	• ㉠ kāixīn •	• ⓐ 감동하다
❷ 感动 •	• ㉡ yǒuqù •	• ⓑ 재미있다
❸ 开心 •	• ㉢ yuánliàng •	• ⓒ 용서하다
❹ 原谅 •	• ㉣ gǎndòng •	• ⓓ 즐겁다

3 빈칸에 들어갈 알맞은 단어를 쓰세요.

❶ 你不了解身体语言的话，可能会引起＿＿＿＿＿＿。
신체 언어를 모르면 **오해**를 불러일으킬 수 있다.

❷ ＿＿＿＿＿＿你去一趟吧。
번거롭지만 네가 한 번 갔다와.

❸ 我可＿＿＿＿＿＿你的这种态度。
나는 정말 너의 이런 태도를 **참을 수 없다**.

❹ 不要＿＿＿＿＿＿自己，要相信自己!
자신을 **의심하지** 말고, 너 자신을 믿어야 해!

도전! HSK 4급 **듣기** 제1부분

4 녹음을 듣고 제시된 문장이 녹음과 일치하면 √, 일치하지 않으면 X를 표시하세요.

빈출 ❶ 缺少交流会引起误会。 (　　　)

❷ 她这几天一直很高兴。 (　　　)

❸ 我对这次成绩感到非常满意。 (　　　)

❹ 我已经跟张律师联系好了。 (　　　)

도전! HSK 4급 **독해** 제1부분

5 빈칸에 들어갈 알맞은 단어를 고르세요.

A 感情　　B 激动　　C 抱歉　　D 伤心

❶ 他们俩已经认识20多年了，(　　　　)一直很好。

빈출 ❷ 你怎么哭得这么(　　　　)?

빈출 ❸ (　　　　)，我不小心把你的衣服弄脏了。

빈출 ❹ 你有什么好事? 今天怎么这么(　　　　)?

샐러리맨의 일상
_회사와 업무

HSK 4급에 이 단어가 나온다!

회사와 업무 관련 주제로는 招聘(zhāopìn 채용하다), 应聘(yìngpìn 지원하다), 材料(cáiliào 자료), 打印(dǎyìn 프린트하다), 复印(fùyìn 복사하다), 传真(chuánzhēn 팩스), 总结(zǒngjié 종합하다) 등이 출제됩니다.

한눈에 파악하는 단어

인턴 사원의 업무 수첩

7월 23일 업무

9:10	자료 정리 整理材料 zhěnglǐ cáiliào
10:00	팩스 보내기 发传真 fā chuánzhēn
10:20	자료 한 부 프린트 打印一份材料 dǎyìn yí fèn cáiliào
11:30	자료 복사하기 复印材料 fùyìn cáiliào
13:20	회의 시간 통지하기 通知会议时间 tōngzhī huìyì shíjiān
16:00	종합 보고서 작성 写一份总结 xiě yí fèn zǒngjié
18:30	야근 加班 jiābān

7월 24일 업무

출장 出差 chūchāi

281 **职业*** zhíyè

명 직업

호응 选择职业 직업을 선택하다 | 职业要求 직업적 요구

选择职业时，我们应该对自己有清楚的认识。 빈출
Xuǎnzé zhíyè shí, wǒmen yīnggāi duì zìjǐ yǒu qīngchu de rènshi.
직업을 선택할 때, 우리는 자신에 대한 명확한 인식이 있어야 한다.

+ 职业 zhíyè 명 직업 | 清楚 qīngchu 형 명확하다

282 **招聘***** zhāopìn

동 채용하다, 모집하다

호응 招聘职员 직원을 모집하다

下周有一个招聘会，我想去试试。 빈출
Xià zhōu yǒu yí ge zhāopìnhuì, wǒ xiǎng qù shìshi.
다음 주에 한 채용 박람회가 있는데, 나는 한번 시도해볼 생각이다.

+ 招聘会 zhāopìnhuì 명 채용 박람회

맛있는 단어 TIP 招가 들어간 단어

招(zhāo)는 '이리와' 하고 반갑게 부른다는 의미가 있습니다.

- 打招呼(dǎ zhāohu) : 반가운 인사 → 인사하다, 아는 척하다
- 招聘(zhāopìn) : '우리 회사로 오세요' 하고 부르다 → 채용하다

283 **应聘***** yìngpìn

동 (회사나 면접 등에) 지원하다

호응 应聘公司 회사에 지원하다

他应聘了几个公司，但都没成功。
Tā yìngpìnle jǐ ge gōngsī, dàn dōu méi chénggōng.
그는 몇몇 회사에 지원했지만 모두 성공하지 못했다.

+ 成功 chénggōng 동 성공하다

HSK 4급 출제 포인트

招聘(zhāopìn)과 应聘(yìngpìn)은 모두 구직 활동과 관련된 단어입니다. 듣기 문제에서 聘(pìn)이라는 발음이 들리거나 독해 문제에서 聘이 보이면, 보기에서 工作(gōngzuò)를 찾아보세요. 그게 바로 정답입니다. 아래 구직 관련 표현도 함께 암기하세요.

- 参加招聘会 cānjiā zhāopìnhuì 채용 박람회에 참석하다
- 写简历应聘 xiě jiǎnlì yìngpìn 이력서를 써서 지원하다

284 能力**

nénglì

명 능력

호응 提高能力 능력을 높이다 | 相信能力 능력을 믿다 | 培养能力 능력을 키우다

有能力的人可以把复杂的事情变简单。 빈출
Yǒu nénglì de rén kěyǐ bǎ fùzá de shìqing biàn jiǎndān.
능력이 있는 사람은 복잡한 일을 간단하게 만들 수 있다.

+ 复杂 fùzá 형 복잡하다 | 变 biàn 동 변하다 | 简单 jiǎndān 형 간단하다

285 条件**

tiáojiàn

명 조건

호응 具有条件 조건을 갖추다 | 符合条件 조건에 부합하다

他的条件不符合公司的要求。 빈출
Tā de tiáojiàn bù fúhé gōngsī de yāoqiú.
그의 조건은 회사의 요구에 부합하지 않는다.

+ 符合 fúhé 동 부합하다 | 要求 yāoqiú 명 요구

286 符合**

fúhé

동 부합하다

호응 符合要求 요구에 부합하다 | 符合条件 조건에 부합하다

我的专业不符合这份工作。 빈출
Wǒ de zhuānyè bù fúhé zhè fèn gōngzuò.
나의 전공은 이 업무에 부합하지 않는다.

+ 专业 zhuānyè 명 전공

287 降低**
jiàngdī

동 낮추다, (정도를) 떨어뜨리다

호응 降低要求 요구를 낮추다 | 降低温度 온도를 낮추다

你还是降低对工作的标准吧。 빈출
Nǐ háishi jiàngdī duì gōngzuò de biāozhǔn ba.
너는 아무래도 일에 대한 기준을 낮추는 게 낫겠어.

+ 还是 háishi 부 아무래도 (~하는 것이 낫다) | 标准 biāozhǔn 명 표준, 기준

HSK 4급 출제 포인트

HSK 4급에 줄임말의 출제 비중이 점점 증가하고 있습니다. 이를 대비하는 방법은 열심히 외우거나 혹은 유추하는 연습을 하는 것입니다. 아래 HSK 4급에 잘 나오는 줄임말을 외워보세요.

- 降低温度 jiàngdī wēndù = 降温 온도를 낮추다
- 环境保护 huánjìng bǎohù = 环保 환경 보호(친환경)
- 减轻压力 jiǎnqīng yālì = 减压 스트레스를 낮추다
- 考研究生 kǎo yánjiūshēng = 考研 대학원 시험을 치다

288 比如*
bǐrú

유의 例如 lìrú 예를 들다 4급 ··· p.41

접 예를 들어

找工作时应该考虑的比较多，比如工资、工作环境等。
Zhǎo gōngzuò shí yīnggāi kǎolǜ de bǐjiào duō, bǐrú gōngzī、gōngzuò huánjìng děng.
직장을 구할 때 마땅히 고려해야 할 것이 비교적 많다. 예를 들면, 급여, 업무 환경 등이다.

+ 考虑 kǎolǜ 동 고려하다 | 工资 gōngzī 명 임금, 월급 | 环境 huánjìng 명 환경

289 □ □
祝贺*
zhùhè

동 축하하다

祝贺你顺利找到了工作! 빈출
Zhùhè nǐ shùnlì zhǎodàole gōngzuò!
네가 순조롭게 일자리 찾은 것을 축하해!

+ 顺利 shùnlì 형 순조롭다

290 □ □
正式***
zhèngshì

형 정식적이다

호응 正式上班 정식 출근하다 | 打扮得很正式 격식있게 차려입다

参加面试要穿得很正式。 빈출
Cānjiā miànshì yào chuān de hěn zhèngshì.
면접에 참가할 때는 옷을 정식으로 차려입어야 한다.

+ 参加 cānjiā 동 참가하다 |
面试 miànshì 명 면접

쓰기 제2부분에 옷과 관련된 사진과 正式(zhèngshì)가 제시되어 있으면, 동사 打扮(dǎban 꾸미다)과 穿(chuān 입다)을 활용해서 작문하면 좋습니다.

他今天穿得非常正式。
Tā jīntiān chuān de fēicháng zhèngshì.
그는 오늘 옷을 정식으로 차려입었다.

291 □ □
赚*
zhuàn

동 돈을 벌다

호응 赚钱 돈을 벌다

他虽然赚了很多钱，但并不觉得幸福。
Tā suīrán zhuànle hěn duō qián, dàn bìng bù juéde xìngfú.
그는 비록 많은 돈을 벌었지만, 결코 행복하다고 느끼지 않았다.

292 **收入**★★
shōurù

명 수입

他收入并不多，但生活很幸福。
Tā shōurù bìng bù duō, dàn shēnghuó hěn xìngfú.
그는 수입은 결코 많지 않지만, 생활은 매우 행복하다.

+ 并 bìng 부 결코 | 生活 shēnghuó 명 생활 | 幸福 xìngfú 형 행복하다

293 **工资**★★
gōngzī

유의 薪水 xīnshuǐ 임금, 급여

명 임금, 월급

호응 拿工资 월급을 받다 | 发工资 월급을 받다, 월급을 주다

工资也很重要，但积累经验更重要。
Gōngzī yě hěn zhòngyào, dàn jīlěi jīngyàn gèng zhòngyào.
월급도 중요하지만 경험을 쌓는 것이 더 중요하다.

+ 积累 jīlěi 동 쌓다 | 经验 jīngyàn 명 경험

294 **奖金**★
jiǎngjīn

명 상금, 보너스

호응 发奖金 보너스를 주다

听说年末公司要发奖金。
Tīngshuō niánmò gōngsī yào fā jiǎngjīn.
듣자 하니 연말에 회사에서 보너스를 준대.

+ 听说 tīngshuō 동 듣자 하니 | 年末 niánmò 명 연말

이달의 우수 사원
상금 1,000,000

맛있는 단어 TIP **奖金과 奖杯**

奖金(jiǎngjīn)은 奖(상)으로 주는 金(금전)이니, '상금' 혹은 '보너스'로 암기하세요. 그럼 奖(상)으로 주는 杯(컵)은 무엇일까요? 정답은 奖杯(jiǎngbēi 트로피)입니다.

295 **管理*** guǎnlǐ

동 관리하다

호응 管理时间 시간을 관리하다

领导必须具备较强的管理能力。
Lǐngdǎo bìxū jùbèi jiào qiáng de guǎnlǐ nénglì.
리더는 반드시 비교적 강한 관리 능력을 가져야 한다.

+ 领导 lǐngdǎo 명 리더, 지도자 | 必须 bìxū 부 반드시 ~해야만 한다 | 具备 jùbèi 동 갖추다, 구비하다 | 能力 nénglì 명 능력

296 **规定*** guīdìng

명 규정

호응 按照规定 규정대로, 규정에 따라 | 遵守规定 규정을 준수하다

请按照规定进行。
Qǐng ànzhào guīdìng jìnxíng.
규정에 따라 진행해 주세요.

+ 按照 ànzhào 개 ~에 따라서 | 进行 jìnxíng 동 진행하다

297 **进行*** jìnxíng

동 진행하다

호응 进行讨论 토론을 진행하다

我们进行了很多次讨论。
Wǒmen jìnxíngle hěn duō cì tǎolùn.
우리는 여러 번의 토론을 진행했다.

+ 讨论 tǎolùn 명 토론

298 **专门**** zhuānmén

형 전문적이다

她以前专门教弹钢琴。
Tā yǐqián zhuānmén jiāo tán gāngqín.
그녀는 예전에 전문적으로 피아노 치는 것을 가르쳤다.

+ 教 jiāo 동 가르치다 | 弹钢琴 tán gāngqín 피아노를 치다

부 일부러, 전문적으로

我这次来韩国，是专门来看你的。
Wǒ zhè cì lái Hánguó, shì zhuānmén lái kàn nǐ de.
내가 이번에 한국에 온 것은 특별히 널 보기 위해서야.

299 **广告*** guǎnggào

명 광고

호응 电视广告 TV 광고 | 打广告 광고하다

我们公司的广告收入比较多。
Wǒmen gōngsī de guǎnggào shōurù bǐjiào duō.
우리 회사의 광고 수입이 비교적 많다.

+ 收入 shōurù 명 수입

300 **加班***** jiābān

동 특근하다, 초과 근무하다

他们公司经常加班。
Tāmen gōngsī jīngcháng jiābān.
그들의 회사는 자주 야근한다.

+ 经常 jīngcháng 부 자주

301 **压力***** yālì

명 압력, 스트레스

호응 减轻压力(=减压) 스트레스를 줄이다 | 增加压力 스트레스가 증가하다

他最近工作压力很大。 빈출
Tā zuìjìn gōngzuò yālì hěn dà.
그는 최근에 업무 스트레스가 매우 크다.

302 材料★★★
□
□
cáiliào

유의 资料 zīliào 자료

명 자료, 재료

호응 打印材料 자료를 출력하다 | 复印材料 자료를 복사하다 | 发材料 자료를 배부하다 | 整理材料 자료를 정리하다

你把这些材料整理一下。 빈출
Nǐ bǎ zhèxiē cáiliào zhěnglǐ yíxià.
이 자료들을 좀 정리하세요.

+ 整理 zhěnglǐ 동 정리하다

材料(cáiliào)는 HSK 4급에서 '자료'라는 의미로 출제됩니다. 资料(zīliào)와 동의어이며, 장소로 가장 많이 언급되는 곳은 办公室(bàngōngshì 사무실)입니다.

303 传真★
□
□
chuánzhēn

명 팩스

호응 发传真 팩스를 보내다 | 一份传真 팩스 한 통

小王，传真已经发过去了，请查收一下。
Xiǎo Wáng, chuánzhēn yǐjīng fā guòqu le, qǐng cháshōu yíxià.
샤오왕, 팩스를 이미 발송했으니, 확인 부탁드립니다.

+ 发 fā 동 보내다, 발송하다 | 查收 cháshōu 동 확인하다

304 打印★
□
□
dǎyìn

동 프린트하다, 인쇄하다

호응 打印一份 한 부 출력하다

他打印了一份会议材料。 빈출
Tā dǎyìnle yí fèn huìyì cáiliào.
그는 회의 자료 한 부를 프린트했다.

+ 会议 huìyì 명 회의 | 材料 cáiliào 명 자료

305 **复印★★★**
□
□
fùyìn

동 복사하다

你最好多复印几份会议材料。
Nǐ zuìhǎo duō fùyìn jǐ fèn huìyì cáiliào.
회의 자료를 몇 부 더 복사하는 게 가장 좋아요.

+ 最好 zuìhǎo 부 ~하는 것이 가장 좋다 | 份 fèn 양 부 | 材料 cáiliào 명 자료

HSK 4급 출제 포인트

자주 출제되는 업무 관련 단어는 팩스(传真 chuánzhēn)로 보내기, 프린트하기(打印 dǎyìn), 복사하기(复印 fùyìn)입니다. 여기에 기계를 나타내는 机(jī)를 더하면 사무용 기기가 됩니다.

- 传真机 chuánzhēnjī 팩시밀리
- 打印机 dǎyìnjī 프린트기
- 复印机 fùyìnjī 복사기

306 **份★**
□
□
fèn

양 부, 통[신문, 문건을 세는 단위]

호응 复印一份 한 부 복사하다 | 一份报纸 한 부의 신문

你帮我把这份材料复印一份。 빈출
Nǐ bāng wǒ bǎ zhè fèn cáiliào fùyìn yí fèn.
저를 도와 이 자료를 한 부 복사해 주세요.

+ 帮 bāng 동 돕다 | 材料 cáiliào 명 자료, 재료

307 **出差★★★**
□
□
chūchāi

동 출장을 가다

호응 去…出差 ~로 출장을 가다 | 出三天差 3일의 출장을 가다

下周我要去上海出差。 빈출
Xià zhōu wǒ yào qù Shànghǎi chūchāi.
다음주에 나는 상하이로 출장을 가야 한다.

+ 上海 Shànghǎi 고유 상하이

308 □ □

负责★★

fùzé

동 책임지다, 맡다

호응 由…负责 ~가 책임지다 | 负责工作 일을 책임지다

这次招聘会由谁负责? 빈출
Zhè cì zhāopìnhuì yóu shéi fùzé?
이번 채용 박람회는 누가 책임지나요?

+ 招聘会 zhāopìnhuì 명 채용 박람회 | 由 yóu 개 ~가

309 □ □

由★★

yóu

개 ~가, ~에 의해

호응 由…负责 ~가 책임지다 | 由…决定 ~가 결정하다 | 由…组织 ~에 의해 조직되다

小张经验丰富，这次活动应该由他负责。 빈출
Xiǎo Zhāng jīngyàn fēngfù, zhè cì huódòng yīnggāi yóu tā fùzé.
샤오장은 경험이 풍부해서 이번 활동은 마땅히 그가 맡아야 한다.

+ 经验 jīngyàn 명 경험 | 丰富 fēngfù 형 풍부하다 | 活动 huódòng 명 행사

HSK 4급 출제 포인트

由(yóu)는 다양한 뜻을 가지고 있지만, 시험에서는 행동의 주체를 나타내는 의미로 자주 출제됩니다. '~가' 혹은 '~에 의해'로 많이 번역됩니다.

- 由你负责 yóu nǐ fùzé 네가 책임져
- 由他决定 yóu tā juédìng 그가 결정하다
- 由韩国人组织 yóu Hánguó rén zǔzhī 한국인으로 결성되다

310 □ □

任务★★

rènwu

명 임무

호응 完成任务 임무를 완성하다

你一定要按时完成任务。 빈출
Nǐ yídìng yào ànshí wánchéng rènwu.
너는 반드시 제때에 임무를 완성해야 해.

+ 一定 yídìng 부 반드시 | 按时 ànshí 부 제때에 | 完成 wánchéng 동 완성하다

311 □ □

责任★★
zérèn

명 책임

这并不是你的责任，而是我们共同的责任。

Zhè bìng bú shì nǐ de zérèn, érshì wǒmen gòngtóng de zérèn.
이것은 결코 너의 책임이 아닌 우리의 공동 책임이야.

+ 并 bìng 부 결코 | 共同 gòngtóng 형 공동의, 공통의

312 □ □

缺少★★
quēshǎo

동 부족하다

호응 缺少经验 경험이 부족하다 | 缺少交流 교류가 부족하다 | 缺少自信 자신감이 부족하다

他最大的缺点就是缺少责任感。
Tā zuì dà de quēdiǎn jiù shì quēshǎo zérèngǎn.
그의 최대 결점은 책임감이 부족한 것이다.

+ 缺点 quēdiǎn 명 결점, 단점 | 责任感 zérèngǎn 명 책임감

313 □ □

接受★
jiēshòu

반의 拒绝 jùjué 거절하다
4급 ··· p.168

동 받아들이다

호응 接受意见 의견을 받아들이다

我无法接受这个要求。
Wǒ wúfǎ jiēshòu zhège yāoqiú.
나는 이 요구 사항을 받아들일 수 없다.

+ 无法 wúfǎ 부 ~할 수 없다 | 要求 yāoqiú 명 요구

314 □ □

通知★★★
tōngzhī

동 통지하다

你通知大家一下下午的会议取消了。 빈출
Nǐ tōngzhī dàjiā yíxià xiàwǔ de huìyì qǔxiāo le.
모두에게 오후 회의가 취소되었다고 통지를 좀 해주세요.

+ 会议 huìyì 명 회의 | 取消 qǔxiāo 동 취소하다

315 **联系**★★
liánxì

동 연락하다
호응 跟…联系 ~와 연락하다 | 联系方式 연락 방법

你帮我联系一下张经理。
Nǐ bāng wǒ liánxì yíxià Zhāng jīnglǐ.
당신은 저를 도와 장 사장님께 연락을 한번 해주세요.

+ 经理 jīnglǐ 명 사장님

316 **提前**★★★
tíqián

반의 推迟 tuīchí
미루다, 연기하다
4급 ··· p.184

동 시간을 앞당기다

明天的会议提前到今天下午了。
Míngtiān de huìyì tíqiándào jīntiān xiàwǔ le.
내일 회의가 오늘 오후로 앞당겨졌어.

+ 会议 huìyì 명 회의

317 **顺利**★
shùnlì

형 순조롭다
호응 顺利完成 순조롭게 완성하다 | 一切顺利 모든 것이 순조롭다

你放心好了，一切都很顺利。 빈출
Nǐ fàngxīn hǎo le, yíqiè dōu hěn shùnlì.
너는 안심해, 모든 것이 다 순조로워.

+ 放心 fàngxīn 동 안심하다 |
一切 yíqiè 대 일체, 모든 것

318 **表格**★★
biǎogé

명 표, 양식
호응 填表格 표를 작성하다

请您填写一下这份表格。 빈출
Qǐng nín tiánxiě yíxià zhè fèn biǎogé.
이 표를 좀 작성해 주세요.

+ 填写 tiánxiě 동 작성하다, 기입하다 |
份 fèn 양 부[문서를 세는 단위]

HSK 4급 출제 포인트

填表格(tián biǎogé 표를 작성하다)는 듣기, 독해 영역에 자주 출제되는 단어입니다. 단어 사이에는 항상 '좀 ~하다(一下)', '한 장(一张)' 등의 단어를 삽입하거나 表格를 表로 줄여서 填表(tiánbiǎo)로 출제되는 경우가 많습니다.

麻烦您，填一下这张表格。
Máfan nín, tián yíxià zhè zhāng biǎogé.
실례합니다만, 이 표를 좀 작성해 주세요.

319 □□ **总结*****
zǒngjié

명 종합 보고서

호응 写总结 종합 보고서를 쓰다 | 工作总结 작업 보고서

我得在今天之内写一份总结。 빈출
Wǒ děi zài jīntiān zhī nèi xiě yí fèn zǒngjié.
나는 오늘 안으로 종합 보고서를 써야 한다.

+ 之内 zhī nèi ~안에, ~내에

동 (경험, 교훈 등을) 총정리하다, 종합하다

호응 总结经验 경험을 종합하다 | 总结结果 결과를 종합하다 | 做总结 종합 정리하다

总结过去的经验对自己很有帮助。
Zǒngjié guòqu de jīngyàn duì zìjǐ hěn yǒu bāngzhù.
과거의 경험을 종합하는 것은 자기에게 큰 도움이 된다.

320 □□ **干杯****
gānbēi

동 건배하다

호응 为…干杯 ~을 위해 건배하다

为我们的成功发展干杯！ 빈출
Wèi wǒmen de chénggōng fāzhǎn gānbēi!
우리의 성공적인 발전을 위해 건배해요!

+ 成功 chénggōng 형 성공적이다 | 发展 fāzhǎn 명 발전

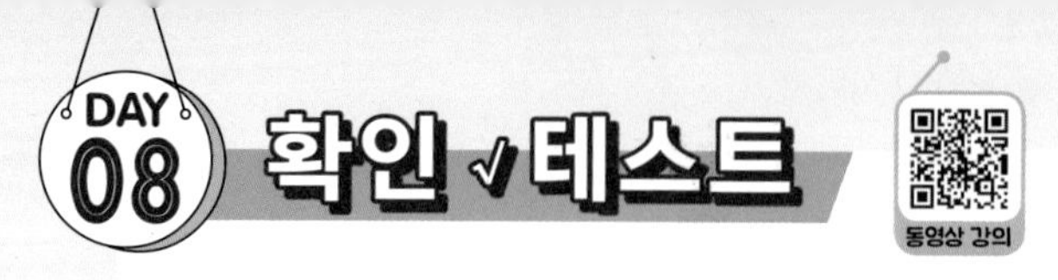

1 빈칸을 채우세요.

应聘	❶	지원하다
材料	cáiliào	❷
提前	tíqián	❸
❹	fùyìn	복사하다
加班	❺	초과 근무하다

2 단어의 병음과 뜻을 알맞게 연결하세요.

❶ 通知 • • ㉠ zhèngshì • • ⓐ 정식적이다

❷ 正式 • • ㉡ tōngzhī • • ⓑ 통지하다

❸ 降低 • • ㉢ zhùhè • • ⓒ 낮추다

❹ 祝贺 • • ㉣ jiàngdī • • ⓓ 축하하다

3 빈칸에 들어갈 알맞은 단어를 쓰세요.

❶ 请您填写一下这份＿＿＿＿＿＿。
이 **표**를 좀 작성해 주세요.

❷ 为我们的成功发展＿＿＿＿＿＿！
우리의 성공적인 발전을 위해 **건배해요**!

❸ 他最大的缺点就是＿＿＿＿＿＿责任感。
그의 최대 결점은 책임감이 **부족한** 것이다.

❹ ＿＿＿＿＿＿过去的经验对自己很有帮助。
과거의 경험을 **종합하는** 것은 자기에게 큰 도움이 된다.

도전/ HSK 4급 **독해** 제1부분

4 빈칸에 들어갈 알맞은 단어를 고르세요.

A 出差　　B 联系　　C 责任　　D 份

빈출 ❶ 这件事完全是我的(　　　　)，我应该向大家道歉。

빈출 ❷ 麻烦你，帮我把这份文件复印一(　　　　)。

❸ 妈妈去上海(　　　　)了，下个周末才能回来。

❹ 我试着(　　　　)过他，但他的电话一直占线。

도전/ HSK 4급 **쓰기** 제1부분

5 제시된 단어를 어순에 맞게 배열하세요.

❶ 完成　　祝贺　　顺利　　任务　　你

____

빈출 ❷ 好几十万　　我的收入　　增加了　　比去年

____

빈출 ❸ 由　　招聘会　　小王　　负责　　今天的

____

빈출 ❹ 你的条件　　招聘　　要求　　不符合我们的

____

17

공부 덕후
_학교와 공부

HSK 4급에 이 단어가 나온다!

학교와 공부 관련 단어로는 预习(yùxí 예습하다), 毕业(bìyè 졸업하다)가 자주 출제됩니다. 또한, 말의 유창함과 관련된 流利(liúlì 유창하다), 标准(biāozhǔn 표준적이다)도 자주 출제되는 단어입니다.

HSK 합격하고 중국으로 유학 가기!

6月

- 기초 다지기
  打基础 dǎ jīchǔ
- 숙제 제출하기
  交作业 jiāo zuòyè
- 예습하기
  预习 yùxí
- 중요 내용 체크
  重点内容 zhòngdiǎn nèiróng
- 복습하기
  复习 fùxí

7月

- 시험 접수
  考试报名 kǎoshì bàomíng
- 여름 방학
  放暑假 fàng shǔjià
- 졸업
  毕业 bìyè
- 유학 신청
  留学申请 liúxué shēnqǐng

321 教育★★
jiàoyù

명 교육

父母很关心孩子的教育。
Fùmǔ hěn guānxīn háizi de jiàoyù.
부모는 아이의 교육에 매우 관심을 가진다.

+ 关心 guānxīn 동 관심을 가지다

동 교육하다

호응 教育孩子 아이를 교육시키다

父母应该学会怎么教育孩子。
Fùmǔ yīnggāi xuéhuì zěnme jiàoyù háizi.
부모는 아이를 어떻게 교육해야 할지 배워야 한다.

+ 学会 xuéhuì 동 배워서 알다, 습득하다

322 教授★
jiàoshòu

명 교수

关教授对学生很严格。 빈출
Guān jiàoshòu duì xuésheng hěn yángé.
관 교수는 학생에게 매우 엄격하다.

+ 关 Guān 고유 관(성씨) | 严格 yángé 형 엄격하다

323 毕业★★★
bìyè

동 졸업하다

호응 大学毕业 대학을 졸업하다

大学毕业后，你打算做什么？ 빈출
Dàxué bìyè hòu, nǐ dǎsuan zuò shénme?
대학을 졸업한 후에 너는 무엇을 할 계획이니?

+ 打算 dǎsuan 동 ~할 계획이다

맛있는 단어 TIP 이합사 毕业

毕业(bìyè)는 '毕(마치다)+业(학업)'으로 이루어진 이합사이기 때문에 뒤에 목적어가 올 수 없습니다. 따라서 '대학을 졸업하다'는 大学毕业(dàxué bìyè)로 쓴다는 것을 주의하세요.

324 ☐☐
硕士*
shuòshì

참고 博士 bóshì 박사
4급 ··· p.144

명 석사

호응 读硕士 석사 공부를 하다

他是个硕士研究生。
Tā shì ge shuòshì yánjiūshēng.
그는 석사 대학원생이다.

+ 研究生 yánjiūshēng 명 대학원생

硕士(shuòshì 석사), 博士(bóshì 박사), 研究生(yánjiūshēng 대학원생)은 학업 관련 주제에서 가장 많이 등장하는 단어입니다. '대학원 시험을 치다'라는 의미의 考研究生(kǎo yánjiūshēng)과 줄임 표현인 考研(kǎo yán)도 자주 출제되므로 반드시 알아두어야 합니다.

325 ☐☐
博士*
bóshì

참고 硕士 shuòshì 석사
4급 ··· p.144

명 박사

她终于获得了博士学位。
Tā zhōngyú huòdéle bóshì xuéwèi.
그녀는 드디어 박사 학위를 받았다.

+ 终于 zhōngyú 부 마침내, 결국 | 获得 huòdé 동 획득하다, 얻다 | 学位 xuéwèi 명 학위

326 ☐☐
报名**
bàomíng

동 신청하다, 접수하다

她错过了考试报名时间，只能下次再考。
Tā cuòguole kǎoshì bàomíng shíjiān, zhǐnéng xià cì zài kǎo.
그녀는 시험 접수 시간을 놓쳐서 다음 번에 칠 수밖에 없다.

+ 错过 cuòguo 동 (시기를) 놓치다 | 只能 zhǐnéng 다만 ~할 수 있을 뿐이다

327 □ □ **申请**★★ shēnqǐng

동 (지원) 신청하다

호응 留学申请 유학 신청 | 申请信用卡 신용카드를 신청하다

他的留学申请被拒绝了。
Tā de liúxué shēnqǐng bèi jùjué le.
그의 유학 신청은 거절당했다.

+拒绝 jùjué 동 거절하다

328 □ □ **词语** cíyǔ

명 단어

这两个词语的用法差不多。
Zhè liǎng ge cíyǔ de yòngfǎ chàbuduō.
이 두 단어의 용법은 비슷하다.

+用法 yòngfǎ 명 용법 | 差不多 chàbuduō 형 비슷하다

329 □ □ **内容**★★ nèiróng

명 내용

호응 丰富内容 내용을 풍부하게 하다 | 内容简单 내용이 간단하다 | 内容复杂 내용이 복잡하다

这本书内容很丰富。 빈출
Zhè běn shū nèiróng hěn fēngfù.
이 책은 내용이 매우 풍부하다.

330 □ □ **重点** zhòngdiǎn

명 중점, 핵심

호응 重点内容 중점적 내용 | 复习重点 핵심 내용을 복습하다

这是数学课的重点内容。
Zhè shì shùxué kè de zhòngdiǎn nèiróng.
이것은 수학 수업의 핵심 내용이야.

+数学课 shùxué kè 수학 수업 | 内容 nèiróng 명 내용

331 语言★★
□
□
yǔyán

명 언어

호응 一门语言 하나의 언어

学习一门语言不是简单的事情，许多人在开始学的时候觉得很困难。
Xuéxí yì mén yǔyán bú shì jiǎndān de shìqing, xǔduō rén zài kāishǐ xué de shíhou juéde hěn kùnnan.
하나의 언어를 배우는 것은 간단한 일이 아니어서, 많은 사람들은 배우기 시작할 때 어려움을 느낀다.

+ 门 mén 양 가지, 개 | 简单 jiǎndān 형 간단하다 | 事情 shìqing 명 일 | 许多 xǔduō 형 매우 많다 | 困难 kùnnan 형 어렵다

332 普通话★★
□
□
pǔtōnghuà

명 보통화, 현대 중국 표준어

小王的普通话发音很标准。빈출
Xiǎo Wáng de pǔtōnghuà fāyīn hěn biāozhǔn.
샤오왕의 보통화 발음이 매우 표준적이다.

+ 发音 fāyīn 명 발음 | 标准 biāozhǔn 형 표준적이다

333 流利★★★
□
□
liúlì

형 유창하다

他汉语说得非常流利。빈출
Tā Hànyǔ shuō de fēicháng liúlì.
그는 중국어를 매우 유창하게 말한다.

334 标准★★★
□
□
biāozhǔn

명 표준, 기준

他会说一口标准汉语。
Tā huì shuō yì kǒu biāozhǔn Hànyǔ.
그는 표준 중국어를 구사할 줄 안다.

+ 口 kǒu 양 마디

형 표준적이다, 정석이다

호응 动作标准 동작이 정석이다 | 说得很标准 정확하게 구사하다

你的动作还不太标准。빈출
Nǐ de dòngzuò hái bú tài biāozhǔn.
당신의 동작은 아직 그다지 정석이 아닙니다.

335 **准确**★★
zhǔnquè

형 정확하다

这个句子翻译得不太准确。빈출
Zhège jùzi fānyì de bú tài zhǔnquè.
이 문장은 번역이 그다지 정확하지 않다.

+ 句子 jùzi 명 문장 | 翻译 fānyì 동 번역하다

HSK 4급 출제 포인트

언어와 관련하여 流利(liúlì 유창하다), 标准(biāozhǔn 표준적이다), 准确(zhǔnquè 정확하다)와 같은 단어가 자주 출제됩니다.

他汉语说得非常流利。(=标准/准确)
Tā Hànyǔ shuō de fēicháng liúlì.
그는 중국어를 매우 유창하게 한다

336 **基础**★★
jīchǔ

명 기초

호응 打基础 기초를 다지다

我一点儿跳舞基础都没有。빈출
Wǒ yìdiǎnr tiàowǔ jīchǔ dōu méiyǒu.
나는 춤에 조금의 기초도 없다.

337 **语法**
yǔfǎ

명 어법

老师把语法讲得很清楚。
Lǎoshī bǎ yǔfǎ jiǎng de hěn qīngchu.
선생님은 어법을 명확하게 설명하신다.

+ 讲 jiǎng 동 설명하다, 강의하다

338 文章★
□
□
wénzhāng

참고 句子 jùzi 문장
3급

명 글, 완결된 문장

호응 一篇文章 한 편의 글 | 写文章 글을 쓰다

这篇文章写得非常精彩。
Zhè piān wénzhāng xiě de fēicháng jīngcǎi.
이 글은 매우 훌륭하게 쓰여졌다.

+ 篇 piān 양 편[완결된 문장을 세는 단위]

339 阅读★★
□
□
yuèdú

동 읽다, 독해하다

호응 网上阅读 인터넷 독서

真正爱看书的人总能找出时间来阅读。
Zhēnzhèng ài kànshū de rén zǒng néng zhǎochū shíjiān lái yuèdú.
정말로 책 보는 것을 좋아하는 사람은 항상 시간을 내서 열독한다.

+ 真正 zhēnzhèng 형 진정한, 참된

340 法律★★★
□
□
fǎlǜ

명 법률

호응 法律专业 법률 전공 | 法律知识 법률 지식

她是个律师，法律知识当然很丰富。
Tā shì ge lǜshī, fǎlǜ zhīshi dāngrán hěn fēngfù.
그녀는 변호사니까, 법률 지식이 당연히 매우 풍부하지.

+ 律师 lǜshī 명 변호사 | 知识 zhīshi 명 지식 | 丰富 fēngfù 형 풍부하다

HSK 4급에서는 대학교 전공으로 法律(fǎlǜ 법률), 직업으로 律师(lǜshī 변호사)가 가장 많이 출제됩니다. 특히, 듣기에서는 전공과 직업을 묻는 문제가, 쓰기 제1부분에는 '현지에서 유명한 변호사(当地有名的律师)'를 배열하는 문제가 자주 출제됩니다.

341 □ □ **合格** hégé

형 합격이다

我的HSK成绩出来了，我终于合格了。
Wǒ de HSK chéngjì chūlai le, wǒ zhōngyú hégé le.
나의 HSK 성적이 나왔는데, 나는 결국 합격했다.

+ 成绩 chéngjì 명 성적 | 终于 zhōngyú 부 마침내, 결국

맛있는 단어 TIP 형용사 合格

合格(hégé)는 형용사로 목적어를 가질 수 없습니다. 따라서 '시험에 합격했다'는 合格了考试(hégéle kǎoshì)가 아닌 考试合格了(kǎoshì hégé le)로 표현하는 것에 주의하세요.

- 合格了考试 hégéle kǎoshì (X)
- 考试合格了 kǎoshì hégé le (O) 시험에 합격했다

342 □ □ **通过*** tōngguò

동 통과하다

祝贺你顺利通过了考试。빈출
Zhùhè nǐ shùnlì tōngguòle kǎoshì.
네가 순조롭게 시험에 통과한 것을 축하해!

+ 祝贺 zhùhè 동 축하하다 | 顺利 shùnlì 형 순조롭다

개 ~을 통하여

通过努力，我终于取得了好成绩。빈출
Tōngguò nǔlì, wǒ zhōngyú qǔdéle hǎo chéngjì.
노력을 통해 나는 마침내 좋은 성적을 얻었다.

+ 努力 nǔlì 명 노력 | 取得 qǔdé 동 얻다 | 成绩 chéngjì 명 성적

343 □□ **专业★★**
zhuānyè

명 전공

他的专业不符合这份工作。빈출
Tā de zhuānyè bù fúhé zhè fèn gōngzuò.
그의 전공은 이 일에 맞지 않다.

+ 符合 fúhé 동 부합하다

형 전문적이다

这些内容太专业了。
Zhèxiē nèiróng tài zhuānyè le.
이 내용은 너무 전문적이다.

344 □□ **答案**
dá'àn

명 답, 정답
호응 正确的答案 올바른 답안

答案到底是什么?
Dá'àn dàodǐ shì shénme?
정답이 도대체 뭐야?

+ 到底 dàodǐ 부 도대체

345 □□ **学期**
xuéqī

명 학기

新学期刚开始不久。
Xīn xuéqī gāng kāishǐ bù jiǔ.
새 학기가 시작된 지 얼마되지 않았다.

+ 刚 gāng 부 막, 방금 | 久 jiǔ 형 오래되다

346 □□ **放暑假**★★ fàng shǔjià

여름 방학을 하다

快要放暑假了，你打算做什么？ 빈출
Kuàiyào fàng shǔjià le, nǐ dǎsuan zuò shénme?
곧 여름 방학을 하는데, 너는 무엇을 할 계획이니?

+ 快要…了 kuàiyào…le 곧 ~할 것이다 | 打算 dǎsuan 동 ~할 계획이다

347 □□ **寒假**★★ hánjià

명 겨울 방학

호응 放寒假 겨울 방학을 하다

寒假我去广东玩了一趟。
Hánjià wǒ qù Guǎngdōng wánle yí tàng.
겨울 방학에 나는 광둥으로 한 번 놀러 갔었다.

+ 广东 Guǎngdōng 고유 광둥, 광동 | 趟 tàng 양 번, 회

348 □□ **预习**★★ yùxí

반의 复习 fùxí 복습하다 3급

동 예습하다

复习比预习更重要。
Fùxí bǐ yùxí gèng zhòngyào.
복습이 예습보다 더 중요하다.

+ 复习 fùxí 동 복습하다

349 □□ **交**★ jiāo

동 제출하다

호응 交作业 숙제를 제출하다 | 交房租 집세를 내다

这个作业明天就要交给老师。
Zhège zuòyè míngtiān jiùyào jiāogěi lǎoshī.
이 숙제는 내일 선생님께 제출해야 해.

동 사귀다

호응 交朋友 친구를 사귀다

积极的性格更容易交到朋友。
Jījí de xìnggé gèng róngyì jiāodào péngyou.
적극적인 성격은 더 쉽게 친구를 사귄다.

+ 积极 jījí 형 적극적이다 | 性格 xìnggé 명 성격 | 容易 róngyì 형 쉽다

350 打扰★★

□ □

dǎrǎo

유의 影响 yǐngxiǎng 영향을 주다 3급

동 방해하다

호응 打扰学习 공부를 방해하다 | 打扰休息 휴식을 방해하다

你别打扰我学习。
Nǐ bié dǎrǎo wǒ xuéxí.
너 내가 공부하는 것을 방해하지 마.

맛있는 단어  **打扰와 影响 비교**

打扰(dǎrǎo)는 '방해하다'라는 부정적인 의미로만 사용되지만, 影响(yǐngxiǎng)은 '좋은 영향을 주다'라는 의미도 가지고 있습니다.

哥哥在学习呢，你别影响(=打扰)他。
Gēge zài xuéxí ne, nǐ bié yǐngxiǎng tā.
형은 공부 중이야. 그를 방해하지 마.

他的一句话影响(→打扰(X))了我的一生。
Tā de yí jù huà yǐngxiǎngle wǒ de yìshēng.
그의 말 한 마디는 나의 일생에 영향을 주었다.

351 复杂★★

fùzá

반의 简单 jiǎndān 간단하다 3급

형 복잡하다

호응 心情复杂 마음이 복잡하다 | 内容复杂 내용이 복잡하다

这本书的内容有点儿复杂。
Zhè běn shū de nèiróng yǒudiǎnr fùzá.
이 책의 내용은 조금 복잡하다.

+ 内容 nèiróng 명 내용

352 继续★★

jìxù

동 계속하다

호응 继续努力 계속 노력하다 | 继续工作 계속 일하다

大家休息好了吧？那么我们继续上课。
Dàjiā xiūxi hǎo le ba? Nàme wǒmen jìxù shàngkè.
모두들 잘 쉬었죠? 그럼 우리 계속해서 수업해요.

353 优秀★★

yōuxiù

유의 出色 chūsè 훌륭하다

형 우수하다

호응 成绩优秀 성적이 우수하다 | 优秀的学生 우수한 학생

他女儿的学习成绩非常优秀。 빈출
Tā nǚ'ér de xuéxí chéngjì fēicháng yōuxiù.
그의 딸은 학업 성적이 매우 우수하다.

+ 成绩 chéngjì 명 성적

354 笨★

bèn

반의 聪明 cōngming 똑똑하다 3급

형 멍청하다, 어리석다

他其实不笨，而是懒。
Tā qíshí bú bèn, érshì lǎn.
그는 사실 멍청한 게 아니라 게으르다.

+ 其实 qíshí 부 사실은 | 懒 lǎn 형 게으르다

355 **填空**★★

tiánkòng

동 괄호를 채우다, 빈칸에 써넣다

这次考试填空题太难了。
Zhè cì kǎoshì tiánkòng tí tài nán le.
이번 시험은 빈칸 채우기 문제가 너무 어려워.

+ 题 tí 명 문제 | 难 nán 형 어렵다

356 **节**★

jié

참고 门 mén 과목, 가지

양 수업의 시수를 세는 단위

我今天有一节数学课。
Wǒ jīntiān yǒu yì jié shùxué kè.
나는 오늘 한 시간의 수학 수업이 있다.

357 **篇**★★★

piān

양 편[완결된 문장을 세는 단위]

호응 一篇文章 한 편의 글

我读了一篇关于中国历史的文章。 빈출
Wǒ dúle yì piān guānyú Zhōngguó lìshǐ de wénzhāng.
나는 한 편의 중국 역사에 관한 글을 읽었다.

+ 关于 guānyú 개 ~에 관하여 | 历史 lìshǐ 명 역사 | 文章 wénzhāng 명 문장, 글

358 **遍**★★

biàn

참고 次 cì 번, 차례 2급
趟 tàng 번, 회 4급 ··· p.183

양 차례, 번[동작의 처음부터 끝까지의 전 과정을 가리킴]

호응 看了一遍 (전체) 한 번 보다 | 复习了一遍 (전체) 복습을 한 번 하다

这些内容我已经复习了三遍。 빈출
Zhèxiē nèiróng wǒ yǐjīng fùxíle sān biàn.
이 내용들을 난 이미 세 번 복습했다.

+ 内容 nèiróng 명 내용 | 复习 fùxí 동 복습하다

359 **页**★★

yè

양 명 쪽, 페이지

这个星期我忙着复习，可能也就看了十几页。
Zhège xīngqī wǒ mángzhe fùxí, kěnéng yě jiù kànle shí jǐ yè.
이번 주는 복습하느라 바빠서 아마도 열몇 페이지만 본 것 같아.

+ 复习 fùxí 동 복습하다 | 可能 kěnéng 부 아마도

360 **橡皮**

xiàngpí

명 지우개

写错的字用橡皮擦掉吧。
Xiěcuò de zì yòng xiàngpí cādiào ba.
잘못 쓴 글자는 지우개로 지워요.

+ 擦 cā 동 지우다 |
掉 diào ~해버리다(동사 뒤에서 동작의 결과를 나타냄)

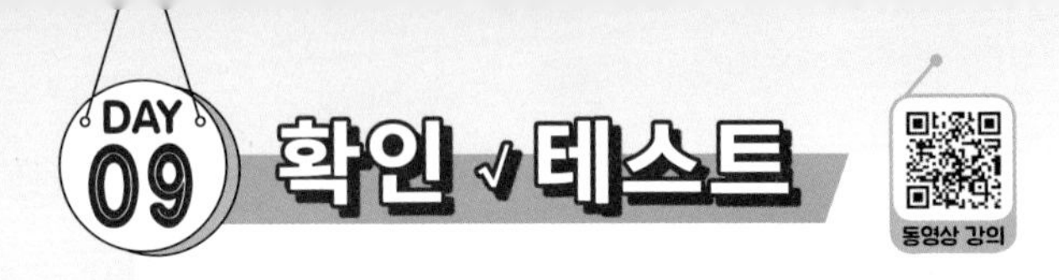

1 빈칸을 채우세요.

普通话	pǔtōnghuà	❶
毕业	❷	졸업하다
❸	bàomíng	신청하다, 접수하다
页	yè	❹
放暑假	❺	여름 방학을 하다

2 단어의 병음과 뜻을 알맞게 연결하세요.

❶ 继续 • • ㉠ jìxù • • ⓐ 신청하다

❷ 基础 • • ㉡ shēnqǐng • • ⓑ 계속하다

❸ 遍 • • ㉢ jīchǔ • • ⓒ 차례, 번

❹ 申请 • • ㉣ biàn • • ⓓ 기초

3 빈칸에 들어갈 알맞은 단어를 쓰세요.

❶ 你的动作还不太__________。
당신의 동작은 아직은 그다지 **정석**이 아닙니다.

❷ 这是数学课的__________内容。
이것은 수학 수업의 **핵심** 내용이야.

❸ 这篇__________写得非常精彩。
이 **글**은 매우 훌륭하게 쓰여졌다.

❹ 她是个律师，__________知识当然很丰富。
그녀는 변호사니까, **법률** 지식이 당연히 매우 풍부하지.

도전! HSK 4급 **듣기** 제1부분

4 녹음을 듣고 제시된 문장이 녹음과 일치하면 √, 일치하지 않으면 X를 표시하세요.

빈출 ❶ 他对汉语有一点基础。 (   )

❷ 弟弟想跟奶奶一起学习。 (   )

❸ 小云打算出国留学。 (   )

❹ 我还剩几个填空题。 (   )

도전! HSK 4급 **독해** 제1부분

5 빈칸에 들어갈 알맞은 단어를 고르세요.

A 遍	B 打扰	C 复杂	D 流利

❶ 事情越(   )，你越要耐心去解决，千万不能着急。

빈출 ❷ 来中国刚一个月，他汉语说得不太(   )。

빈출 ❸ 我复习得差不多了，这几天再把重点内容看一(   )就行了。

❹ 外边怎么这么吵? 严重(   )我学习。

싱크빅의 즐거움
_사고&토론 활동

HSK 4급에 이 단어가 나온다!

상대방의 의견을 구하고 상의나 토론을 통해 의사를 결정하는 과정으로 시험에 많이 출제됩니다. 관련 단어로는 建议(jiànyì 건의하다), 提醒(tíxǐng 일깨우다), 商量(shāngliang 상의하다), 讨论(tǎolùn 토론하다), 考虑(kǎolǜ 고려하다), 判断(pànduàn 판단하다)이 있습니다.

왕꼼꼼하게
详细 xiángxì / 仔细 zǐxì

계획
计划 jìhuà

조사
调查 diàochá

연구
研究 yánjiū

고려
考虑 kǎolǜ

판단
判断 pànduàn

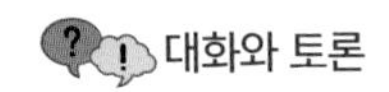

단순한 이야기
谈 tán / 对话 duìhuà

의견 제기
提意见 tí yìjiàn

건의하기
建议 jiànyì

상의하기
商量 shāngliang

상기시키기
提醒 tíxǐng

토론하기
讨论 tǎolùn

반대와 거절
反对 fǎnduì / 拒绝 jùjué

361 □ □ **方面** fāngmiàn

명 방면

호응 在…方面 ~방면에서

在这个方面，他很有经验。
Zài zhège fāngmiàn, tā hěn yǒu jīngyàn.
이 방면에서 그는 매우 경험이 있다.

362 □ □ **经济★★** jīngjì

명 경제

호응 经济发展 경제 발전

大家今天谈谈经济发展带来的环境破坏问题。
Dàjiā jīntiān tántan jīngjì fāzhǎn dàilai de huánjìng pòhuài wèntí.
여러분 오늘은 경제 발전이 가져온 환경 파괴 문제를 이야기해 봅시다.

+ 谈 tán 동 이야기하다 | 发展 fāzhǎn 명 발전 | 环境 huánjìng 명 환경 | 破坏 pòhuài 명 파괴

형 경제적이다

买打折商品其实很不经济。
Mǎi dǎzhé shāngpǐn qíshí hěn bù jīngjì.
할인 제품을 구매하는 것은 사실 아주 경제적이지 못하다.

+ 打折 dǎzhé 동 할인하다 | 其实 qíshí 부 사실은

363 □ □ **技术★★** jìshù

명 기술

호응 科学技术(=科技) 과학 기술

随着网络技术的发展，网络信息搜索变得更重要。 빈출
Suízhe wǎngluò jìshù de fāzhǎn, wǎngluò xìnxī sōusuǒ biàn de gèng zhòngyào.
인터넷 기술이 발전함에 따라 인터넷 정보의 검색이 더욱더 중요하게 되었다.

+ 随着 suízhe 개 ~함에 따라 | 网络 wǎngluò 명 인터넷 | 信息 xìnxī 명 정보 | 搜索 sōusuǒ 동 검색하다 | 变得 biàn de ~하게 되다

364 **谈**★

☐
☐

tán

동 이야기하다, 토론하다

호응 谈话 이야기를 나누다 | 谈生意 비즈니스 건으로 이야기하다 | 谈恋爱 연애하다

我有一件事跟你谈谈。
Wǒ yǒu yí jiàn shì gēn nǐ tántan.
너랑 얘기할 일이 하나 있어.

365 **对话**

☐
☐

duìhuà

명 대화

我们可以通过对话解决问题。
Wǒmen kěyǐ tōngguò duìhuà jiějué wèntí.
우리는 대화를 통해서 문제를 해결할 수 있다.

+ 通过 tōngguò 개 ~을 통하여 | 解决 jiějué 동 해결하다

366 **提**★★

☐
☐

tí

동 제기하다, 말하다

호응 提(出)意见 의견을 제시하다

有意见尽管提吧。
Yǒu yìjiàn jǐnguǎn tí ba.
의견이 있으면 얼마든지 제기하세요.

+ 意见 yìjiàn 명 의견 | 尽管 jǐnguǎn 부 얼마든지, 마음껏

동 들다

她提着很重的塑料袋。
Tā tízhe hěn zhòng de sùliàodài.
그녀는 무거운 비닐봉지를 들고 있다.

+ 塑料袋 sùliàodài 명 비닐봉지

367 值得★★★

□
□

zhídé

동 ~할 가치가 있다, ~할 만하다

호응 值得考虑 고려해 볼 만하다 | 值得研究 연구해 볼 만하다

他的态度值得我们学习。

Tā de tàidu zhídé wǒmen xuéxí.

그의 태도는 우리가 배울 만하다.

+ 态度 tàidu 명 태도

맛있는 단어 TIP **[值得+동사] 형식**

值得(zhídé)는 '~할 만하다'라고 이해하면 활용하기 쉽습니다. 동사가 한 글자일 때는 值得一看(zhídé yí kàn)처럼 [值得一+동사]로 네 글자 형식으로 맞춰 쓰고, 동사가 考虑(kǎolǜ)처럼 두 글자일 경우에는 [值得+동사] 형식으로 쓰면 좋습니다.

这本书真值得一看。

Zhè běn shū zhēn zhídé yí kàn.

이 책은 한번 읽어볼 만하다.

他的建议值得考虑。

Tā de jiànyì zhídé kǎolǜ.

그의 제안은 고려할 만하다.

368 详细★★★

□
□

xiángxì

형 상세하다

호응 详细介绍 상세하게 소개하다 | 详细说明 상세하게 설명하다

这份资料写得很详细，大家一起看一下。

Zhè fèn zīliào xiě de hěn xiángxì, dàjiā yìqǐ kàn yíxià.

이 자료는 매우 상세하게 쓰여져 있으니 함께 보시죠.

+ 份 fèn 양 부 | 资料 zīliào 명 자료

369 □ □

仔细★★★

zǐxì

동의 细心 xìxīn
자세하다, 꼼꼼하다

반의 马虎 mǎhu
덤벙대다, 부주의하다
4급 ···› p.38

粗心 cūxīn
덤벙대다, 부주의하다
4급 ···› p.38

형 자세하다, 꼼꼼하다

호응 仔细观察 자세히 관찰하다

看问题，我们应该仔细，不能太粗心。빈출
Kàn wèntí, wǒmen yīnggāi zǐxì, bù néng tài cūxīn.
문제를 볼 때 우리는 자세히 봐야 한다. 너무 덤벙대서는 안 된다.

+ 应该 yīnggāi 조동 마땅히 ~해야 하다 | 粗心 cūxīn 형 덤벙대다, 부주의하다

맛있는 단어 TIP 仔细와 细心

仔细(zǐxì)와 细心(xìxīn)은 '자세하다, 꼼꼼하다'라는 뜻입니다. 仔细와 细心에서 공통된 글자 细(xì)는 '가늘다'라는 의미를 갖고 있습니다. 극'세'사 같은 섬세함으로 자'세'(仔细)하고 '세'심(细心)하게 단어를 외우세요.

370 □ □

调查★★

diàochá

동 조사하다

你对这次的市场调查结果有什么看法?
Nǐ duì zhè cì de shìchǎng diàochá jiéguǒ yǒu shénme kànfǎ?
당신은 이번 시장 조사 결과에 대해 어떤 의견을 가지고 계신가요?

+ 市场 shìchǎng 명 시장 | 看法 kànfǎ 명 견해

명 조사

호응 调查表示··· 조사에서 나타나기를~ | 进行调查 조사를 진행하다

这次调查是由我负责的。
Zhè cì diàochá shì yóu wǒ fùzé de.
이번 조사는 내가 책임지고 있다.

+ 由 yóu 개 ~가 | 负责 fùzé 동 책임지다

371 □ □
主意★★
zhǔyi

참고 注意 zhùyì 주의하다 3급

명 생각, 아이디어

호응 出主意 아이디어를 내다 | 好主意 좋은 아이디어

大家还有什么好主意尽管提。
Dàjiā hái yǒu shénme hǎo zhǔyi jǐnguǎn tí.
여러분, 좋은 아이디어 있으시면 마음껏 말해주세요.

+尽管 jǐnguǎn 부 마음껏 | 提 tí 동 제기하다, 말하다

맛있는 단어 TIP 主意와 注意 비교

主意(zhǔyi)는 '主(주인)+意(뜻)'이 결합된 형태로 '주인의 생각'이라는 의미에서 '생각, 아이디어'라는 뜻이 나왔습니다. 主의 왼쪽에 氵(물수변)이 들어간 注(zhù)는 '주의하다'라는 뜻입니다. 중요한 아이디어를 알려줄 때 옆에서 물을 뿌리면서 이야기해서 '물을 주의해야 한다'라고 연상하면 좋습니다.

372 □ □
意见★★
yìjiàn

명 의견, 불만

호응 提出意见 의견을 내다 | 接受意见 의견을 받아들이다

请大家随便提提意见。 빈출
Qǐng dàjiā suíbiàn títi yìjiàn.
모두들 편하게 의견을 제시해 주세요.

+随便 suíbiàn 부 아무렇게나, 편하게 | 提 tí 동 제기하다, 말하다

373 □ □
看法★★
kànfǎ

명 견해

对于这件事，您有什么看法?
Duìyú zhè jiàn shì, nín yǒu shénme kànfǎ?
이 일에 대해서 당신은 어떤 견해를 가지고 있습니까?

+对于 duìyú 개 ~에 대해서

374 安排★★

ānpái

동 안배하다

호응 安排计划 계획을 안배하다

会议安排在下午两点、国际饭店7号会议室。
Huìyì ānpái zài xiàwǔ liǎng diǎn、guójì fàndiàn qī hào huìyìshì.
회의는 오후 2시, 국제 호텔 7번 회의실로 배정되었습니다.

+ 国际 guójì 명 국제 | 会议室 huìyìshì 명 회의실

명 안배, 배정, 계획

你这个周末有什么安排?
Nǐ zhège zhōumò yǒu shénme ānpái?
너는 주말에 어떤 계획이 있니?

375 计划★★

jìhuà

유의 打算 dǎsuan ~할 계획이다 3급
安排 ānpái 계획 4급 ⋯→ p.164

명 계획

做事之前要做好计划。
Zuò shì zhī qián yào zuòhǎo jìhuà.
일을 하기 전에는 계획을 잘 세워야 한다.

376 顺序★★

shùnxù

명 순서

호응 按照顺序 순서에 따르다

这些数字并没有按照什么特别的顺序排列。
Zhèxiē shùzì bìng méiyǒu ànzhào shénme tèbié de shùnxù páiliè.
이 숫자들은 결코 어떤 특별한 순서대로 배열되지 않았다.

+ 数字 shùzì 명 숫자 | 按照 ànzhào 개 ~에 따라서 | 排列 páiliè 동 배열하다

377 □□ **排列** ★★★
páiliè

동 배열하다

你把这些材料按照重要的顺序排列一下。 빈출
Nǐ bǎ zhèxiē cáiliào ànzhào zhòngyào de shùnxù páiliè yíxià.
이 자료들을 중요한 순서대로 좀 배열하세요.

+ 材料 cáiliào 명 자료 | 按照 ànzhào 개 ~에 따라서 | 顺序 shùnxù 명 순서

378 □□ **猜** ★
cāi

유의 估计 gūjì 추측하다
4급 ··· p.186

동 추측하다, 알아맞히다

大家实在猜不出答案。 빈출
Dàjiā shízài cāi bu chū dá'àn.
모두가 정말로 답을 추측해낼 수가 없었다.

+ 实在 shízài 부 확실히, 정말로 | 答案 dá'àn 명 답, 정답

379 □□ **提醒** ★★★
tíxǐng

동 일깨우다, 상기시키다

你把这些材料发给大家，顺便提醒大家明天别迟到。 빈출
Nǐ bǎ zhèxiē cáiliào fāgěi dàjiā, shùnbiàn tíxǐng dàjiā míngtiān bié chídào.
이 자료를 모두에게 나눠주고 그 김에 내일 늦지 말라고 얘기해주세요.

+ 材料 cáiliào 명 자료 | 发 fā 동 배부하다 | 顺便 shùnbiàn 부 ~하는 김에 | 迟到 chídào 동 지각하다

380 □□ **商量** ★★
shāngliang

동 상의하다
호응 跟…商量 ~와 상의하다

这件事跟家人商量后才能决定。
Zhè jiàn shì gēn jiārén shāngliang hòu cái néng juédìng.
이 일은 가족과 상의한 후에 결정할 수 있다.

+ 决定 juédìng 동 결정하다

381 **建议★** ☐ ☐
jiànyì

동 건의하다

为了健康，我建议他别抽烟。
Wèile jiànkāng, wǒ jiànyì tā bié chōuyān.
건강을 위해서 나는 그에게 금연을 건의했다.

\+ 抽烟 chōuyān 동 흡연하다

명 건의, 제안

我们不能接受你的建议。
Wǒmen bù néng jiēshòu nǐ de jiànyì.
우리는 당신의 건의를 받아들일 수 없습니다.

\+ 接受 jiēshòu 동 받아들이다

382 **研究★★** ☐ ☐
yánjiū

동 연구하다

这个现象值得研究。
Zhège xiànxiàng zhídé yánjiū.
이 현상은 연구할 가치가 있다.

\+ 现象 xiànxiàng 명 현상 | 值得 zhídé 동 ~할 가치가 있다

383 **讨论★★** ☐ ☐
tǎolùn

동 토론하다

内容还缺少重点，明天我们得继续讨论。 

Nèiróng hái quēshǎo zhòngdiǎn, míngtiān wǒmen děi jìxù tǎolùn.
내용에 아직 핵심적인 내용이 부족해서 내일 우리는 계속 토론해야 합니다.

\+ 缺少 quēshǎo 동 부족하다 | 重点 zhòngdiǎn 명 중점, 핵심 내용 | 继续 jìxù 동 계속하다

명 토론

호응 一场讨论 한 번의 토론 | 参加讨论 토론에 참가하다 | 进行讨论 토론을 진행하다

他们对环境问题进行了一场讨论。빈출
Tāmen duì huánjìng wèntí jìnxíngle yì chǎng tǎolùn.
그들은 환경 문제에 대해 한 번의 토론을 벌였다.

+ 环境 huánjìng 명 환경 | 进行 jìnxíng 동 진행하다

384 证明*
zhèngmíng

동 증명하다

你能举个例子证明吗?
Nǐ néng jǔ ge lìzi zhèngmíng ma?
너는 한 가지 예를 들어 증명할 수 있어?

+ 举 jǔ 동 들다 | 例子 lìzi 명 예

385 判断**
pànduàn

동 판단하다

你要学会自己判断，不应该完全听别人的意见。
Nǐ yào xuéhuì zìjǐ pànduàn, bù yīnggāi wánquán tīng biéren de yìjiàn.
너는 스스로 판단하는 법을 터득해야지, 완전히 다른 사람의 의견을 들어서는 안 된다.

+ 学会 xuéhuì 동 ~하는 법을 배우다 | 自己 zìjǐ 대 스스로 | 完全 wánquán 부 완전히 | 意见 yìjiàn 명 의견

386 反对**
fǎnduì

반의 同意 tóngyì 동의하다 3급
赞成 zànchéng 찬성하다

동 반대하다

호응 反对意见 의견에 반대하다

有一个人提出反对意见。
Yǒu yí ge rén tíchū fǎnduì yìjiàn.
한 사람이 반대 의견을 냈다.

+ 提出 tíchū 동 제기하다 | 意见 yìjiàn 명 의견

387 拒绝★★★

jùjué

반의 接受 jiēshòu 받아들이다
4급 ··· p.137

동 거절하다

호응 拒绝要求 요구를 거절하다

我的要求被他们拒绝了。
Wǒ de yāoqiú bèi tāmen jùjué le.
나의 요구는 그들에게 거절당했다.

388 考虑★★

kǎolǜ

동 고려하다

호응 考虑清楚 분명하게 고려하다 | 考虑对方 상대방을 고려하다

他的建议值得考虑。
Tā de jiànyì zhídé kǎolǜ.
그의 제안은 고려할 만하다.

+ 建议 jiànyì 명 건의, 제안 | 值得 zhídé 동 ~할 가치가 있다

389 首先★★

shǒuxiān

참고 其次 qícì 그다음
4급 ··· p.169
最后 zuìhòu 마지막으로
3급

부 우선, 먼저

首先我们谈谈招聘会的事吧。
Shǒuxiān wǒmen tántan zhāopìnhuì de shì ba.
먼저 우리 채용 박람회에 관해서 얘기해봐요.

+ 谈 tán 동 이야기하다, 토론하다 | 招聘会 zhāopìnhuì 명 채용 박람회

대 첫째(로)[열거에 쓰임]

我想去留学。首先，我想学习汉语。其次，我想积累一下丰富的经验。
Wǒ xiǎng qù liúxué. Shǒuxiān, wǒ xiǎng xuéxí Hànyǔ. Qícì, wǒ xiǎng jīlěi yíxià fēngfù de jīngyàn.
저는 중국 유학을 가고 싶습니다. 첫째로 저는 중국어를 배우고 싶어요. 그다음으로 저는 풍부한 경험을 쌓고 싶어요.

+ 积累 jīlěi 동 쌓다 | 丰富 fēngfù 형 풍부하다 | 经验 jīngyàn 명 경험

390 其次
qícì

대 (그)다음, 두 번째(로)

其次我们谈谈旅游的事吧。
Qícì wǒmen tántan lǚyóu de shì ba.
그다음으로 우리 여행에 관한 일을 이야기해요.

391 另外**
lìngwài

접 이 밖에

另外，如果大家还有意见，就给我发邮件。
Lìngwài, rúguǒ dàjiā hái yǒu yìjiàn, jiù gěi wǒ fā yóujiàn.
이 밖에도 여러분 또 다른 의견이 있으시면 저에게 메일을 보내주세요.

+ 意见 yìjiàn 명 의견 | 发邮件 fā yóujiàn 이메일을 보내다

HSK 4급 출제 포인트

여러 가지 내용을 논리적으로 말할 때 首先(shǒuxiān 우선), 其次(qícì 그다음), 另外(lìngwài 이 밖에)와 같은 표현을 사용합니다. 그중 首先과 另外는 뒤에 나오는 내용이 정답과 직결되는 경우가 많으므로 집중해서 읽어야 합니다.

392 其中
qízhōng

대 그중

其中一个原因就是对自己没有信心。
Qízhōng yí ge yuányīn jiù shì duì zìjǐ méiyǒu xìnxīn.
그중 한 원인은 자기에 대한 자신감이 없다는 것이다.

+ 原因 yuányīn 명 원인, 이유 | 信心 xìnxīn 명 자신감

393 按照***
ànzhào

개 ~에 따라(서)

호응 按照顺序 순서에 따라

这份材料我已经按照您的要求改好了。
Zhè fèn cáiliào wǒ yǐjīng ànzhào nín de yāoqiú gǎihǎo le.
이 자료는 제가 이미 당신의 요구대로 수정을 끝냈습니다.

+ 份 fèn 양 부, 통 | 材料 cáiliào 명 자료 | 要求 yāoqiú 명 요구 | 改 gǎi 동 고치다, 수정하다

394 对于** duìyú

□ □

개 ~에 대하여

호응 对于…来说 ~에 대해서 말하자면 | 对于…问题 ~문제에 대해

对于这件事，每个人的看法都不一样。 빈출
Duìyú zhè jiàn shì, měi ge rén de kànfǎ dōu bù yíyàng.
이 일에 대해서 사람마다 견해가 다르다.

+ 看法 kànfǎ 명 견해

HSK 4급 출제 포인트

对于(duìyú) 혹은 对于…来说(duìyú…lái shuō ~에 대해서 말하자면)를 통해 이야기의 주제를 이끌어냅니다.

对于中国人来说，春节(주제)是一年之中最重要的节日。
Duìyú Zhōngguórén lái shuō, Chūnjié shì yì nián zhī zhōng zuì zhòngyào de jiérì.
중국인에 대해서 말하자면 춘절은 일 년 중에서 가장 중요한 명절이다.

395 随着** suízhe

□ □

개 ~함에 따라서

호응 随着…发展 ~이 발전함에 따라 | 随着…变化 ~이 변화함에 따라

随着年龄的增加，人的记忆力越来越差。
Suízhe niánlíng de zēngjiā, rén de jìyìlì yuè lái yuè chà.
연령이 증가함에 따라 사람의 기억력은 갈수록 나빠진다.

+ 年龄 niánlíng 명 연령, 나이 | 增加 zēngjiā 동 증가하다 | 记忆力 jìyìlì 명 기억력 | 越来越 yuè lái yuè 갈수록 | 差 chà 형 나쁘다

맛있는 단어 

[随着A, 越来越B] 형식

[随着A, 越来越B]는 'A함에 따라서 B 하다'라는 뜻입니다. 어떤 변화(A)에 영향을 받아 다른 변화(B)가 동반되는 것을 나타냅니다.

随着科学的发展，人们的生活越来越方便。
Suízhe kēxué de fāzhǎn, rénmen de shēnghuó yuè lái yuè fāngbiàn.
과학이 발전함에 따라서 사람들의 생활은 갈수록 편리해진다.

396 **无★★★**

wú

유의 没有 méiyǒu 없다 1급

동 없다

호응 无法… ~할 수가 없다 | 跟…无关 ~와 무관하다 | 无人… ~하는 사람이 없다

你的条件不符合要求，无法参加这次活动。 빈출

Nǐ de tiáojiàn bù fúhé yāoqiú, wúfǎ cānjiā zhè cì huódòng.

당신의 조건이 요건에 맞지 않아, 이번 행사에 참가할 수 없습니다.

+ 条件 tiáojiàn 명 조건 | 符合 fúhé 동 부합하다 | 活动 huódòng 명 행사, 활동

HSK 4급 출제 포인트

无(wú)는 '없을무(無)'의 간체자로, 시험에서는 주로 无法(wúfǎ ~할 수가 없다)와 无聊(wúliáo 무료하다)가 출제됩니다. 无法는 不能과 비슷한 용법으로 쓰입니다.

我无法(=不能)原谅他。

Wǒ wúfǎ yuánliàng tā.

나는 그를 용서할 수 없다.

397 **却★**

què

부 오히려, 그러나

大部分人都接受我的意见，小李却不同意。

Dàbùfen rén dōu jiēshòu wǒ de yìjiàn, Xiǎo Lǐ què bù tóngyì.

대부분의 사람들은 내 의견을 받아들였지만, 샤오리는 오히려 동의하지 않았다.

+ 接受 jiēshòu 동 받아들이다 | 同意 tóngyì 동 동의하다

HSK 4급 출제 포인트

却(què 오히려)는 의외나 대비 등을 나타내며, 却 뒤에는 중요한 정보가 나옵니다. 독해 문제를 풀 때 [却+중요 정보] 형식을 기억하세요.

这本书很厚，那本书却很薄。
Zhè běn shū hěn hòu, nà běn shū què hěn báo.
이 책은 두껍지만, 저 책은 오히려 얇다.(얇은 책이 이야기의 포인트)

那本书很薄，这本书却很厚。
Nà běn shū hěn báo, zhè běn shū què hěn hòu.
저 책은 얇은데, 이 책은 오히려 두껍다.(두꺼운 책이 이야기의 포인트)

398 而 ér

접 그러나, 그리고

请你不要完全听别人的意见，而应该自己判断！ 

Qǐng nǐ bú yào wánquán tīng biéren de yìjiàn, ér yīnggāi zìjǐ pànduàn!
완전히 남의 의견을 따르지만 말고 스스로 판단해야 해!

+ 完全 wánquán 부 완전히 | 意见 yìjiàn 명 의견 | 判断 pànduàn 동 판단하다

399 以* yǐ

개 ~로, ~로서(방법, 방식, 자격 등을 나타냄)

我相信你，以你的能力肯定没问题。
Wǒ xiāngxìn nǐ, yǐ nǐ de nénglì kěndìng méi wèntí.
나는 널 믿어. 너의 능력으로는 분명 문제가 없을 거야.

+ 能力 nénglì 명 능력 | 肯定 kěndìng 부 틀림없이 ~일 것이다

맛있는 단어 TIP [以A为B] 형식

以(yǐ)가 가장 많이 출제되는 형태는 [以A为B]로, 'A를 B로 삼다(여기다)'라는 의미를 나타냅니다. 이때 为(wéi)는 2성이며 '~로 삼다'라는 뜻입니다.

学生应该以学习为主。
Xuésheng yīnggāi yǐ xuéxí wéi zhǔ.
학생은 마땅히 공부를 주된 것으로 삼아야 한다.
(= 학생은 마땅히 공부가 위주여야 한다.)

400 ☐ ☐

接着
jiēzhe

부 이어서, 연이어

剩下的内容，下次再接着讲。
Shèngxià de nèiróng, xià cì zài jiēzhe jiǎng.
나머지 내용은 다음에 다시 이어서 설명하겠습니다.

+ 剩 shèng 동 남다, 남기다 | 内容 nèiróng 명 내용

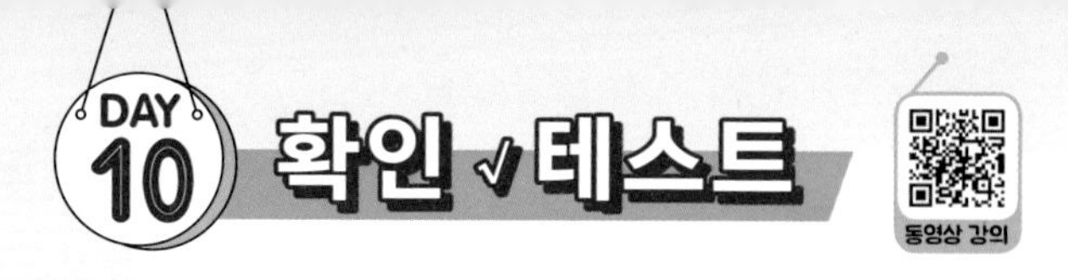

1 빈칸을 채우세요.

另外	lìngwài	❶
❷	wú	없다
提醒	❸	상기시키다
讨论	❹	토론하다
值得	zhídé	❺

2 단어의 병음과 뜻을 알맞게 연결하세요.

❶ 猜 • • ㉠ kǎolǜ • • ⓐ 조사하다

❷ 考虑 • • ㉡ cāi • • ⓑ 추측하다

❸ 反对 • • ㉢ diàochá • • ⓒ 반대하다

❹ 调查 • • ㉣ fǎnduì • • ⓓ 고려하다

3 빈칸에 들어갈 알맞은 단어를 쓰세요.

❶ 你要学会自己__________，不应该完全听别人的意见。
너는 스스로 **판단하는** 법을 터득해야지, 완전히 다른 사람의 의견을 들어서는 안 된다.

❷ 随着网络__________的发展，网络信息搜索变得更重要。
인터넷 **기술**이 발전함에 따라 인터넷 정보의 검색이 더욱더 중요하게 되었다.

❸ 我的要求被他们__________了。
나의 요구는 그들에게 **거절**당했다.

❹ 大部分人都接受我的意见，小李_____不同意。
대부분의 사람들은 내 의견을 받아들였지만, 샤오리는 **오히려** 동의하지 않았다.

도전/ HSK 4급 **듣기** 제1부분

20

4 녹음을 듣고 제시된 문장이 녹음과 일치하면 √, 일치하지 않으면 X를 표시하세요.

빈출 ❶ 调查结果和他们想的差不多一样。 (   )

❷ 他不能参加这次活动。 (   )

❸ 我们应该完全听父母的意见。 (   )

❹ 大家对这个调查结果表示怀疑。 (   )

도전/ HSK 4급 **독해** 제1부분

5 빈칸에 들어갈 알맞은 단어를 고르세요.

A 详细	B 对于	C 商量	D 首先

❶ 不管别人怎么说，(   )你要对自己有信心才行。

❷ (   )刚才提到的问题，我也只是知道大概情况。

빈출 ❸ 内容太简单，不够(   )，缺少重点，明天我们得继续讨论。

빈출 ❹ 你不要一个人决定，一定要跟父母(   )一下。

21

꼭 알아야 할 쓰기 제2부분 HSK 4급 빈출 단어

1

敲
qiāo 두드리다

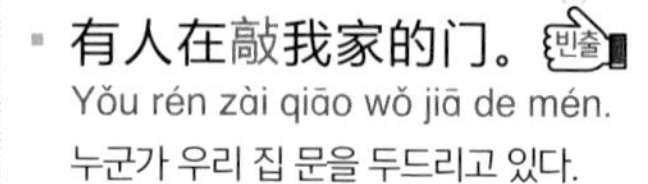

- 有人在敲我家的门。(빈출)
  Yǒu rén zài qiāo wǒ jiā de mén.
  누군가 우리 집 문을 두드리고 있다.
- 我被敲门声吵醒了。(빈출)
  Wǒ bèi qiāoménshēng chǎoxǐng le.
  나는 노크 소리에 시끄러워서 깼다.

+ 吵醒 chǎoxǐng 동 시끄러워서 잠이 깨다

2

修理
xiūlǐ 수리하다

- 这台洗衣机坏了，帮我修理一下。
  Zhè tái xǐyījī huài le, bāng wǒ xiūlǐ yíxià.
  이 세탁기는 고장 났어. 수리하는 것 좀 도와줘.

+ 洗衣机 xǐyījī 명 세탁기

- 我爸爸很会修理东西。
  Wǒ bàba hěn huì xiūlǐ dōngxi.
  우리 아빠는 물건을 상당히 잘 고친다.

3

抬得动/抬不动
tái de dòng/tái bu dòng
들 수 있다/없다

- 这个沙发我一个人抬得动。(빈출)
  Zhège shāfā wǒ yí ge rén tái de dòng.
  이 소파는 나 혼자 들어서 움직일 수 있다.

+ 沙发 shāfā 명 소파

- 这个沙发我一个人抬不动。(빈출)
  Zhège shāfā wǒ yí ge rén tái bu dòng.
  이 소파는 나 혼자 들어서 움직일 수 없다.

4

打扫
dǎsǎo 청소하다

- 我已经把房间打扫干净了。(빈출)
  Wǒ yǐjīng bǎ fángjiān dǎsǎo gānjìng le.
  나는 이미 방을 깨끗이 청소했다.
- 我应该把房间打扫一下。
  Wǒ yīnggāi bǎ fángjiān dǎsǎo yíxià.
  나는 방을 한번 청소해야 한다.

쓰기 제1부분

꼭 알아야 할 HSK 4급 빈출 구문

1

把…挂在墙上了 bǎ…guàzài qiángshang le ~을 벽에 걸었다

我已经把这张照片挂在墙上了。
Wǒ yǐjīng bǎ zhè zhāng zhàopiàn guàzài qiángshang le.
나는 이미 이 그림을 벽에 걸었다.

2

不小心把…弄脏了 bù xiǎoxīn bǎ…nòngzāng le 부주의로 ~을 더럽혔다

我不小心把重要的材料弄脏了。
Wǒ bù xiǎoxīn bǎ zhòngyào de cáiliào nòngzāng le.
나는 부주의로 중요한 자료를 더럽혔다.

+ 材料 cáiliào 명 자료

3

用…付款 yòng…fùkuǎn ~을 써서 계산하다

我可以用现金付款吗?
Wǒ kěyǐ yòng xiànjīn fùkuǎn ma?
제가 현금으로 계산해도 될까요?

+ 现金 xiànjīn 명 현금

4

把…忘在…里 bǎ…wàngzài…li ~을 ~에 두고 오다

我把钥匙忘在家里了。 빈출
Wǒ bǎ yàoshi wàngzài jiāli le.
나는 깜빡하고 열쇠를 집에 두고 왔다.

+ 钥匙 yàoshi 명 열쇠

5

…疼得很难受 …téng de hěn nánshòu ~가 못 참을 정도로 아프다

他牙疼得很难受。
Tā yá téng de hěn nánshòu.
그는 이가 못 참을 정도로 아프다.

위치 정보 확인 중
_여행

HSK 4급에 이 단어가 나온다!

여행 관련 주제에서는 비행기 탑승, 이착륙의 지연, 아름다운 풍경을 감상하는 내용이 자주 출제됩니다. 관련 단어로는 乘坐(chéngzuò 탑승하다), 航班(hángbān 항공편), 推迟(tuīchí 지연되다), 降落(jiàngluò 착륙하다), 景色(jǐngsè 경치)가 있습니다.

한눈에 파악하는 단어

여권, 비자 발급

办签证 bàn qiānzhèng
비자를 발급하다

办护照 bàn hùzhào
여권을 발급하다

공항 가기

赶飞机 gǎn fēijī
비행기 시간에 맞추다

来得及 lái de jí
시간이 충분하다

来不及 lái bu jí
시간이 빠듯하다

비행기 타기

乘坐航班/飞机
chéngzuò hángbān/fēijī
비행기를 탑승하다

登机牌 dēngjīpái 탑승권

推迟起飞/降落
tuīchí qǐfēi/jiàngluò
이륙/착륙이 지연되다

관광하기

参观 cānguān 참관하다

欣赏景色 xīnshǎng jǐngsè
경치를 감상하다

401 旅行★★★
lǚxíng

동의 旅游 lǚyóu 여행하다
2급

동 여행하다
호응 值得旅行 여행갈 만하다

我打算去中国旅行。
Wǒ dǎsuan qù Zhōngguó lǚxíng.
나는 중국으로 여행을 갈 계획이다.

맛있는 단어 TIP 旅行과 旅游

旅行(lǚxíng)과 旅游(lǚyóu)는 목적어를 취할 수 없는 동사(자동사)입니다. '~로 여행을 가다'라는 문장을 쓰기 위해서는 [去+장소+旅行/旅游]로 표현해야 합니다.

- 旅行中国 lǚxíng Zhōngguó（X）
  → 去中国旅行 qù Zhōngguó lǚxíng（O）중국으로 여행을 가다

402 地点
dìdiǎn

명 지점, 장소
호응 到达地点 도착 지점 | 会议地点 회의 장소

那个地点不好找。
Nàge dìdiǎn bù hǎo zhǎo.
그 장소는 찾기 쉽지 않다.

403 参观★★
cānguān

동 참관하다
호응 值得参观 참관할 만하다 | 参观长城 만리장성을 참관하다

我们下午几点去参观海洋馆?
Wǒmen xiàwǔ jǐ diǎn qù cānguān hǎiyángguǎn?
우리는 오후 몇 시에 해양관을 관람하러 가요?

+ 海洋馆 hǎiyángguǎn 명 해양관, 아쿠아리움

404 景色★★★
jǐngsè

동의 风景 fēngjǐng 경치
风光 fēngguāng 경치

명 경치
호응 美丽的景色(=美景) 아름다운 풍경 | 欣赏景色 경치를 감상하다

这里的景色真美!
Zhèli de jǐngsè zhēn měi!
이곳의 경치는 참 아름다워!

DAY 01 DAY 02 DAY 03 DAY 04 DAY 05 DAY 06 DAY 07 DAY 08 DAY 09 DAY 10 DAY 11 DAY 12 DAY 13 DAY 14 DAY 15

405 美丽*
□
□
měilì

형 아름답다

美丽的景色吸引了很多游客。 빈출
Měilì de jǐngsè xīyǐnle hěn duō yóukè.
아름다운 경치가 많은 관광객들을 끌어당겼다.

+ 景色 jǐngsè 명 경치 | 吸引 xīyǐn 동 끌어당기다, 유치하다 | 游客 yóukè 명 관광객

406 签证**
□
□
qiānzhèng

참고 护照 hùzhào 여권 3급

명 비자

호응 办签证 비자를 발급하다

我的签证什么时候能办好？ 빈출
Wǒ de qiānzhèng shénme shíhou néng bànhǎo?
저의 비자가 언제 다 만들어질 수 있어요?

+ 办 bàn 동 하다, 처리하다

맛있는 단어 TIP 护照와 签证

열심히 외워도 마지막에 뜻이 헷갈리는 단어가 있습니다. 바로 '여권'과 '비자'입니다. 사진(照片 zhàopiàn)이 붙어 있는 护照(hùzhào)는 여권, 우리나라에 와도 된다고 사인(签)을 해주는 签证(qiānzhèng)은 비자! 이렇게 구분하면 더 잘 외워집니다.

407 大使馆**
□
□
dàshǐguǎn

명 대사관

我要去大使馆取签证。
Wǒ yào qù dàshǐguǎn qǔ qiānzhèng.
나는 비자를 받으러 대사관에 갈 거야.

+ 取 qǔ 동 찾다 | 签证 qiānzhèng 명 비자

408 首都
□
□
shǒudū

명 수도

飞机将降落在首都机场。
Fēijī jiāng jiàngluò zài Shǒudū jīchǎng.
비행기는 곧 수도공항에 착륙할 것이다.

+ 将 jiāng 부 장차 | 降落 jiàngluò 동 착륙하다

409 国际 guójì

명 국제

호응 国际航班 국제 항공편 | 国际法 국제법

广播里说，国际航班都推迟起飞了。 빈출
Guǎngbō li shuō, guójì hángbān dōu tuīchí qǐfēi le.
방송에서 국제선은 모두 이륙이 연기되었다.

+ 广播 guǎngbō 명 (라디오) 방송 | 航班 hángbān 명 항공편 | 推迟 tuīchí 동 연기하다 | 起飞 qǐfēi 동 이륙하다

410 亚洲 Yàzhōu

고유 아시아

亚洲的哪些国家值得旅游?
Yàzhōu de nǎxiē guójiā zhídé lǚyóu?
아시아의 어느 국가가 여행할 만한가요?

+ 值得 zhídé 동 ~할 만하다 | 旅游 lǚyóu 동 여행하다

411 省* shěng

명 성(현대 중국의 최상급 지방 행정 단위)

成都是四川省的城市之一。
Chéngdū shì Sìchuān Shěng de chéngshì zhī yī.
청두는 쓰촨성의 도시 중 하나이다.

+ 成都 Chéngdū 고유 청두 | 四川 Sìchuān 고유 쓰촨, 사천 | 城市 chéngshì 명 도시

동 아끼다, 절약하다

호응 省钱 돈을 아끼다

在餐厅吃饭既省钱又省事。
Zài cāntīng chīfàn jì shěng qián yòu shěng shì.
식당에서 밥을 먹으면 돈도 절약하고 수고도 덜 수있다.

+ 餐厅 cāntīng 명 식당

412 **民族** ☐☐
mínzú

명 민족

호응 少数民族 소수민족 | 民族音乐 민족 음악 | 民族舞 민족 무용

中国有56个民族，其中汉族人数最多。
Zhōngguó yǒu wǔshíliù ge mínzú, qízhōng Hànzú rénshù zuì duō.
중국은 56개의 민족이 있고, 그중에서 한족의 인구수가 가장 많다.

413 **长城**★★ ☐☐
Chángchéng

고유 만리장성

这个周末我本来打算去爬长城。
Zhège zhōumò wǒ běnlái dǎsuan qù pá Chángchéng.
이번 주말에 나는 원래 만리장성에 갈 계획이었다.

+ 爬 pá 동 (기어)오르다

414 **长江**★ ☐☐
Chángjiāng

고유 장강

长江是中国第一长河。
Chángjiāng shì Zhōngguó dì-yī cháng hé.
장강은 중국에서 가장 긴 강이다.

415 **桥** ☐☐
qiáo

명 다리, 교량

大家往前看，这就是中国有名的长江大桥。
Dàjiā wǎng qián kàn, zhè jiù shì Zhōngguó yǒumíng de Chángjiāng Dàqiáo.
여러분, 앞을 보세요. 이것이 바로 중국의 유명한 장강대교입니다.

416 **座** ☐☐
zuò

양 동, 채[부피가 크거나 고정된 물체를 세는 단위]

호응 一座桥 하나의 다리 | 一座城市 하나의 도시 | 一座山 하나의 산

那座山上的风景特别美，我们照了很多照片。
Nà zuò shānshang de fēngjǐng tèbié měi, wǒmen zhàole hěn duō zhàopiàn.
그 산의 풍경이 매우 아름다워서, 우리는 많은 사진을 찍었다.

+ 风景 fēngjǐng 명 풍경 | 照照片 zhào zhàopiàn 사진을 찍다

417 趟★★
tàng

양 번, 회[왕복을 세는 단위]

호응 跑一趟 한 번 다녀오다 | 好几趟车 여러 회차의 버스

月底我要回一趟老家。
Yuèdǐ wǒ yào huí yí tàng lǎojiā.
월말에 나는 고향에 한 번 다녀오려 한다.

+ 月底 yuèdǐ 명 월말 | 老家 lǎojiā 명 고향

418 出发★
chūfā

반의 到达 dàodá 도착하다

동 출발하다

호응 从…出发 ~에서 출발하다 | 向…出发 ~를 향해 출발하다

你最好提前出发。 빈출
Nǐ zuìhǎo tíqián chūfā.
너는 미리 출발하는 게 제일 좋아.

+ 提前 tíqián 동 (시간을) 앞당기다

HSK 4급 출제 포인트

出发(chūfā)는 목적어를 취할 수 없는 동사(자동사)입니다. 따라서 [从+출발 장소+出发]의 형식으로 작문해야 오류를 피할 수 있습니다. 쓰기 제2부분 문제를 풀 때 꼭 기억하세요.

- 出发家 (X) → 从家里出发 (O) 집에서 출발하다
  cóng jiāli chūfā
- 出发学校 (X) → 从学校出发 (O) 학교에서 출발하다
  cóng xuéxiào chūfā

419 停★
tíng

동 멈추다

호응 停车 주차하다

咱们在这儿停下来休息一下。 빈출
Zánmen zài zhèr tíng xiàlai xiūxi yíxià.
우리 여기에서 멈춰서 좀 쉬자.

420 □ □ 乘坐★★
chéngzuò

동 승차하다, 타다

호응 乘坐航班 항공편을 탑승하다

他乘坐的航班已经起飞了。 빈출
Tā chéngzuò de hángbān yǐjīng qǐfēi le.
그가 탑승한 항공편은 이미 이륙했다.

+ 起飞 qǐfēi 동 이륙하다

421 □ □ 航班★★★
hángbān

명 (배나 비행기의) 운항편, 항공편

他乘坐的航班推迟降落了。 빈출
Tā chéngzuò de hángbān tuīchí jiàngluò le.
그가 탑승한 항공편은 착륙이 연기되었다.

+ 推迟 tuīchí 동 연기하다 | 降落 jiàngluò 동 착륙하다

422 □ □ 登机牌★
dēngjīpái

참고 登机口
탑승구, 탑승 게이트

명 탑승권

我发现我的登机牌不见了。
Wǒ fāxiàn wǒ de dēngjīpái bú jiàn le.
나는 탑승권이 없어진 걸 발견했다.

+ 发现 fāxiàn 동 발견하다

423 □ □ 推迟★★★
tuīchí

반의 提前 tíqián
시간을 앞당기다
4급 ··· p.138

동 시간을 늦추다, 연기하다

호응 推迟起飞 이륙이 연기되다 | 推迟降落 착륙이 연기되다

突然下起了大雨，好几趟航班都不得不推迟起飞。
Tūrán xiàqǐle dà yǔ, hǎo jǐ tàng hángbān dōu bù dé bù tuīchí qǐfēi.
갑자기 큰비가 내려서 여러 편의 항공기가 어쩔 수 없이 이륙을 연기했다.

+ 趟 tàng 양 번, 차[왕복을 나타냄] | 航班 hángbān 명 운항편 | 不得不 bù dé bù 부 어쩔 수 없이

424 **降落**★★
□
□
jiàngluò

반의 起飞 qǐfēi 이륙하다
3급

동 착륙하다

호응 推迟降落 착륙이 연기되다

飞机将在十分钟后降落。 빈출
Fēijī jiāng zài shí fēnzhōng hòu jiàngluò.
비행기는 10분 뒤에 곧 착륙할 것입니다.

HSK 4급 출제 포인트

HSK 4급에 등장하는 비행기는 늘 이륙과 착륙이 지연됩니다. 그래서 **推迟起飞**(tuīchí qǐfēi 이륙이 연기되다), **推迟降落**(tuīchí jiàngluò 착륙이 연기되다)는 듣기와 쓰기 제1, 2부분에 자주 출제됩니다. 보통은 날씨 때문에 출발이 연기되는 경우가 많습니다.

今天的雾特别大，我们的航班推迟起飞/降落了。
Jīntiān de wù tèbié dà, wǒmen de hángbān tuīchí qǐfēi/jiàngluò le.
오늘 안개가 너무 심해서, 우리 항공편의 이륙/착륙이 연기되었다.

+ 雾 wù 명 안개

425 **赶**★★★
□
□
gǎn

동 (교통수단) 시간에 맞추다

호응 赶飞机 비행기 시간에 맞추다 | 赶不上 시간에 못 맞추다 | 赶得上 시간에 맞추다

师傅，我要赶10点的飞机。
Shīfu, wǒ yào gǎn shí diǎn de fēijī.
기사님, 저는 10시 비행기 시간에 맞춰 가야 합니다.

+ 师傅 shīfu 명 기사

동 뒤쫓다, 서두르다

你跑得再快也赶不上他。
Nǐ pǎo de zài kuài yě gǎn bu shàng tā.
네가 아무리 빨라도 그를 따라잡을 수는 없어.

426 来得及★★★

lái de jí

반의 来不及 lái bu jí
시간에 못 맞추다, 늦다
4급 ···› p.186

동 시간에 맞추다, 늦지 않다

现在出发还来得及吗？ 빈출
Xiànzài chūfā hái lái de jí ma?
지금 출발하면 시간이 되겠어?

+ 出发 chūfā 동 출발하다

427 来不及★★★

lái bu jí

반의 来得及 lái de jí
시간에 맞추다, 늦지 않다
4급 ···› p.186

동 시간에 못 맞추다, 늦다

现在出发恐怕来不及了。 빈출
Xiànzài chūfā kǒngpà lái bu jí le.
지금 출발하면 아마 늦을 거야.

+ 出发 chūfā 동 출발하다 | 恐怕 kǒngpà 부 아마

HSK 4급 빈출 어휘인 来不及(lái bu jí 시간에 못 맞추다), 来得及(lái de jí 시간에 맞추다)는 이것저것 따진 후에 내린 판단인 경우가 많습니다. 따라서 估计(gūjì 예측하다)를 사용해 작문해야 합니다.

我估计我现在去应该来不及。
Wǒ gūjì wǒ xiànzài qù yīnggāi lái bu jí.
내가 지금 가면 분명 시간이 부족할 거야.

428 估计★★★

gūjì

참고 猜 cāi 추측하다
4급 ···› p.165

동 예측하다

我估计三十分钟后到那儿。 빈출
Wǒ gūjì sānshí fēnzhōng hòu dào nàr.
나는 30분 후에 거기에 도착할 것으로 예상해.

맛있는 단어 TIP 估计와 猜 비교

估计(gūji)와 猜(cāi)는 '추측하다'라는 의미를 갖고 있습니다. 하지만 估计는 객관적인 상황으로 미루어 판단하거나 예측할 때 써서 '추정하다, 예측하다'라는 의미인 반면, 猜는 주관적인 느낌으로 찍을 때 사용합니다.

我估计30分钟就能到。
Wǒ gūjì sānshí fēnzhōng jiù néng dào.
나는 30분이면 도착할 수 있을 거라 예측한다.
(교통 상황 등을 종합해서 내린 결론)

我猜他手里什么都没有。
Wǒ cāi tā shǒuli shénme dōu méiyǒu.
나는 그의 손에 아무것도 없을 것이라고 추측한다.(느낌상)

429 **高速公路** gāosù gōnglù

명 고속도로

호응 走高速(公路) 고속도로로 가다

走高速公路很快的，我们应该来得及。 빈출
Zǒu gāosù gōnglù hěn kuài de, wǒmen yīnggāi lái de jí.
고속도로로 가면 금방이니까, 우리는 늦지 않을 거야.

430 **交通*** ** jiāotōng

명 교통

호응 交通方便 교통이 편리하다

住哪儿都行，只要交通方便就可以了。 빈출
Zhù nǎr dōu xíng, zhǐyào jiāotōng fāngbiàn jiù kěyǐ le.
어디에 살든 다 괜찮아, 교통만 편리하면 돼.

+ 只要 zhǐyào 접 (단지) ~이기만 하면 | 方便 fāngbiàn 형 편리하다

431 **堵车*** ** dǔchē

동 교통이 꽉 막히다, 차가 막히다

호응 堵车严重 교통 체증이 심하다

这段路经常堵车，我们还是坐地铁吧。 빈출
Zhè duàn lù jīngcháng dǔchē, wǒmen háishi zuò dìtiě ba.
이 구간의 길은 자주 막혀. 우리 지하철을 타는 게 좋겠어.

+ 段 duàn 양 구간

432 **严重**★★★
☐
☐
yánzhòng

형 심각하다

호응 污染严重 오염이 심하다 | 堵车严重 교통 체증이 심하다 | 感冒严重 감기가 심하다

上下班时间堵车特别严重。 빈출
Shàng xià bān shíjiān dǔchē tèbié yánzhòng.
출퇴근 시간에 교통 체증이 매우 심각하다.

+ 堵车 dǔchē 동 차가 막히다

433 **郊区**★★
☐
☐
jiāoqū

명 교외, 변두리

호응 搬到郊区 교외로 이사 가다

这个周末我们去郊区玩儿吧。
Zhège zhōumò wǒmen qù jiāoqū wánr ba.
이번 주말에 우리 교외로 놀러 가자.

434 **加油站**★
☐
☐
jiāyóuzhàn

명 주유소

加油站离这儿很远。
Jiāyóuzhàn lí zhèr hěn yuǎn.
주유소는 여기서 멀어요.

435 **入口**★★
☐
☐
rùkǒu

반의 出口 chūkǒu 출구

명 입구

入口处有卖矿泉水的吗?
Rùkǒu chù yǒu mài kuàngquánshuǐ de ma?
입구에 생수를 파는 사람이 있어?

+ 处 chù 명 곳, 장소 | 矿泉水 kuàngquánshuǐ 명 생수, 광천수

436 **允许**★
☐
☐
yǔnxǔ

반의 禁止 jìnzhǐ 금지하다
4급 ··· p.189

동 허락하다

我们这儿不允许拍照。 빈출
Wǒmen zhèr bù yǔnxǔ pāizhào.
이곳은 촬영이 허용되지 않습니다.

+ 拍照 pāizhào 동 사진을 찍다

437 **禁止*****
☐
☐
jìnzhǐ

반의 允许 yǔnxǔ 허락하다
4급 ⋯ p.188

동 금지하다

호응 禁止拍照 촬영을 금지하다 | 禁止抽烟 흡연을 금지하다 | 禁止使用手机 휴대 전화 사용을 금지하다

这里禁止抽烟。 빈출
Zhèli jìnzhǐ chōuyān.
이곳에서는 흡연을 금지합니다.

+ 抽烟 chōuyān 동 담배를 피다, 흡연하다

HSK 4급 출제 포인트

보기에 允许(yǔnxǔ 허락하다), 禁止(jìnzhǐ 금지하다)가 등장하면 허용이나 금지와 관련된 권고 사항이 등장합니다. 특히, 禁止는 보기에 不允许(bù yǔnxǔ 허용하지 않다)로도 많이 제시됩니다.

438 **熟悉****
☐
☐
shúxī

반의 陌生 mòshēng 낯설다

형 익숙하다, 잘 알다

호응 对⋯很熟悉 ~에 익숙하다 | 熟悉情况 상황에 익숙해지다

我也对这里不太熟悉。 빈출
Wǒ yě duì zhèli bú tài shúxī.
나 역시 여기에 대해서 그다지 익숙하지 않다.

439 **迷路***
☐
☐
mílù

동 길을 잃다

他们在森林中迷了路。
Tāmen zài sēnlín zhōng míle lù.
그들은 숲속에서 길을 잃었다.

+ 森林 sēnlín 명 숲, 산림

440 **方向****
☐
☐
fāngxiàng

명 방향

호응 找方向 방향을 찾다 | 方向错了 방향이 틀렸다

如果方向错了就无法到达目的地。
Rúguǒ fāngxiàng cuòle jiù wúfǎ dàodá mùdìdì.
만약 방향이 틀리면 목적지에 도착할 수 없다.

+ 无法 wúfǎ 부 ~할 수 없다 | 到达 dàodá 동 도착하다 | 目的地 mùdìdì 명 목적지

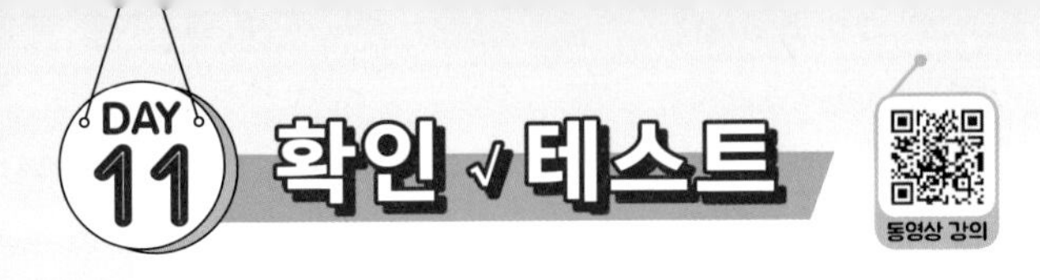

1 빈칸을 채우세요.

❶	yánzhòng	심각하다
景色	jǐngsè	❷
❸	dǔchē	차가 막히다
❹	tuīchí	시간을 늦추다, 연기하다
迷路	❺	길을 잃다

2 단어의 병음과 뜻을 알맞게 연결하세요.

❶ 郊区 •	• ㉠ qiānzhèng •	• ⓐ 착륙하다
❷ 乘坐 •	• ㉡ chéngzuò •	• ⓑ 비자
❸ 降落 •	• ㉢ jiàngluò •	• ⓒ 교외, 변두리
❹ 签证 •	• ㉣ jiāoqū •	• ⓓ 승차하다, 타다

3 빈칸에 들어갈 알맞은 단어를 쓰세요.

❶ 我__________三十分钟后到那儿。
나는 30분 후에 거기에 도착할 것으로 **예상해**.

❷ 我们这儿不__________拍照。
이곳은 촬영이 **허용되지** 않습니다.

❸ 我也对这里不太__________。
나 역시 여기에 대해서 그다지 **익숙하지** 않다.

❹ 师傅，我要______10点的飞机。
기사님, 저는 10시 비행기 **시간에 맞춰** 가야 합니다.

도전! HSK 4급 **독해** 제1부분

4 빈칸에 들어갈 알맞은 단어를 고르세요.

A 来不及　　B 入口　　C 禁止　　D 趟

빈출 ❶ 这张图片是提醒大家在博物馆里(　　　　)拍照。

빈출 ❷ 请您先在(　　　　)处填一份表格。

빈출 ❸ 现在路上堵得很厉害，恐怕(　　　　)了。

빈출 ❹ 非常感谢你及时通知我，否则我今天就要白跑一(　　　　)了。

도전! HSK 4급 **쓰기** 제1부분

5 제시된 단어를 어순에 맞게 배열하세요.

❶ 出租车师傅　　那位　　特别熟悉　　对这儿

____

빈출 ❷ 推迟　　起飞时间被　　了　　航班的

____

빈출 ❸ 出发还　　我们现在　　吗　　来得及

____

빈출 ❹ 堵得　　路上　　堵车　　十分　　严重

____

이것이 인생의 진리
_인생 교훈

HSK 4급에 이 단어가 나온다!

교훈 관련 어휘는 듣기 제3부분과 독해 영역 전반에 자주 출제되므로 인생의 어려움, 해결 방법과 관련된 단어를 아는 것이 큰 도움이 됩니다. 관련 단어로는 困难(kùnnan 어려움), 经验(jīngyàn 경험), 知识(zhīshi 지식), 方法(fāngfǎ 방법), 目的(mùdì 목적), 交流(jiāoliú 교류하다)가 있습니다.

한눈에 파악하는 단어

노력

- 方法 fāngfǎ 방법
- 知识 zhīshi 지식
- 经验 jīngyàn / 经历 jīnglì 경험
- 优点 yōudiǎn 장점 / 缺点 quēdiǎn 단점
- 表扬 biǎoyáng 칭찬 / 批评 pīpíng 비판
- 正确 zhèngquè 맞음 / 错误 cuòwù 틀림
- 共同 gòngtóng 공동의
- 目的 mùdì 목적
- 交流 jiāoliú 교류하다

결과

- 结果 jiéguǒ 결과
- 效果 xiàoguǒ 효과
- 作用 zuòyòng 작용
- 起作用 qǐ zuòyòng 작용을 일으키다
- 成功 chénggōng 성공
- 失败 shībài 실패

441 **得**★★
☐ ☐
dĕi

조동 반드시 ~해야만 한다

关于生活，你得了解这些话。
Guānyú shēnghuó, nǐ dĕi liǎojiě zhèxiē huà.
삶에 관하여 당신은 반드시 이 말을 이해해야 한다.

+ 关于 guānyú 개 ~에 관하여 | 了解 liǎojiě 동 이해하다

맛있는 단어 TIP 要, 应该, 得 비교

중국어에서는 교훈적인 메시지를 전달할 때 주로 '~해야 한다'라는 뜻의 단어 要(yào), 应该(yīnggāi), 得(dĕi)를 씁니다.

要 yào	(자발적으로) ~해야 한다 你要注意这些问题。 Nǐ yào zhùyì zhèxiē wèntí. 너는 이 문제들을 주의해야 해.
应该 yīnggāi	도의적인 의무(should) 你应该回来。 Nǐ yīnggāi huílai. 너는 돌아와야 해.(그게 도리야)
得 dĕi	강제성이 있는 의무(must) 你得回来。 Nǐ dĕi huílai. 너는 돌아와야만 해.(안 오면 큰일나)

442 **社会**★
☐ ☐
shèhuì

명 사회

호응 走进社会 사회에 진출하다

人在社会生活中有自己的责任。
Rén zài shèhuì shēnghuó zhōng yǒu zìjǐ de zérèn.
사람은 사회 생활에서 스스로의 책임을 가지고 있다.

+ 责任 zérèn 명 책임

443 生活★★

□
□

shēnghuó

명 생활

호응 过生活 삶을 살다, 생활하다

我们在生活中总会遇到不少困难。빈출

Wǒmen zài shēnghuó zhōng zǒng huì yùdào bùshǎo kùnnan.

우리는 삶에서 항상 많은 어려움에 직면한다.

+ 在…中 zài…zhōng ~중에서 | 总 zǒng 부 늘, 항상 | 遇到 yùdào 동 (우연히) 만나다 | 困难 kùnnan 명 어려움, 고난

동 생활하다, 살다

我在这儿生活了大约5年，今年才搬走的。

Wǒ zài zhèr shēnghuóle dàyuē wǔ nián, jīnnián cái bānzǒu de.

나는 여기서 대략 5년 정도 살다가 올해 이사 간 거야.

+ 大约 dàyuē 부 대략, 아마도 | 搬 bān 동 옮기다, 이사하다

444 困难★★★

□
□

kùnnan

명 어려움, 고난

호응 遇到困难 어려움을 만나다

遇到困难不要害怕。빈출

Yùdào kùnnan bú yào hàipà.

어려움을 만나면 두려워하지 마라.

+ 遇到 yùdào 동 (우연히) 만나다 | 害怕 hàipà 동 두려워하다

형 어렵다

有些事情做起来非常困难。

Yǒuxiē shìqing zuò qǐlai fēicháng kùnnan.

어떤 일들은 행동으로 옮기기에는 매우 어렵다.

+ 有些 yǒuxiē 대 일부, 어떤 | 做起来 zuò qǐlai ~하자면

445 普遍* □ □
pǔbiàn

형 보편적이다

环境污染是全世界一个很普遍的问题。 빈출
Huánjìng wūrǎn shì quán shìjiè yí ge hěn pǔbiàn de wèntí.
환경 오염은 전 세계의 매우 보편적인 문제이다.

+ 环境 huánjìng 명 환경 | 污染 wūrǎn 명 오염

446 情况*** □ □
qíngkuàng

명 상황
호응 发生情况 상황이 발생하다

生活中，任何情况都可能发生。
Shēnghuó zhōng, rènhé qíngkuàng dōu kěnéng fāshēng.
생활 속에서 어떠한 상황이든 다 발생할 수 있다.

+ 任何 rènhé 대 어떠한 | 发生 fāshēng 동 발생하다

447 重新** □ □
chóngxīn

부 다시, 처음부터
호응 重新输入 재입력하다 | 重新开始 다시 시작하다

成功是失败后重新站起来。
Chénggōng shì shībài hòu chóngxīn zhàn qǐlai.
성공은 실패 후 다시 일어서는 것이다.

+ 成功 chénggōng 명 성공 | 失败 shībài 명 실패 | 站起来 zhàn qǐlai 일어서다

448 优点*** □ □
yōudiǎn

반의 缺点 quēdiǎn 단점
4급 ··· p.196

명 장점
호응 优缺点 장단점 | 具有优点 장점을 가지다

爱一个人就应爱他的全部，包括他的优点和缺点。 빈출
Ài yí ge rén jiù yīng ài tā de quánbù, bāokuò tā de yōudiǎn hé quēdiǎn.
한 사람을 사랑하면, 그의 장점과 단점이 포함된 전부를 사랑해야 한다.

+ 全部 quánbù 명 전부 | 包括 bāokuò 동 포함하다 | 缺点 quēdiǎn 명 단점

449 缺点★★

☐
☐

quēdiǎn

반의 优点 yōudiǎn 장점
4급 ··· p.195

명 단점

诚实既是优点也是缺点。
Chéngshí jì shì yōudiǎn yě shì quēdiǎn.
진실됨은 장점이면서도 단점이다.

+ 诚实 chéngshí 형 진실하다 | 既…也… jì…yě… ~할 뿐만 아니라 ~하다

450 好处★★

☐
☐

hǎochù

반의 坏处 huàichu 단점, 나쁜 점

명 장점, 좋은 점

호응 得到好处 장점을 얻다

抽烟对自己和周围人的健康都没有好处。
Chōuyān duì zìjǐ hé zhōuwéi rén de jiànkāng dōu méiyǒu hǎochù.
흡연은 자신과 주변 사람의 건강에 좋을 것이 없다.

+ 抽烟 chōuyān 동 흡연하다 | 周围 zhōuwéi 명 주위, 주변

451 关键★★★

☐
☐

guānjiàn

명 관건

호응 成功的关键 성공의 관건

坚持才是成功的关键。 빈출
Jiānchí cái shì chénggōng de guānjiàn.
끝까지 고수하는 것이야말로 성공의 관건이다.

+ 坚持 jiānchí 동 고수하다

형 결정적이다

호응 关键问题 핵심적인 문제

在这种事上，人的性格起到关键的作用。
Zài zhè zhǒng shì shang, rén de xìnggé qǐdào guānjiàn de zuòyòng.
이런 일에서는 사람의 성격이 결정적인 작용을 한다.

+ 起到作用 qǐdào zuòyòng 작용을 일으키다

452 **作用**★★
zuòyòng

명 작용
호응 起作用 작용하다

经验在我们的成长过程中会起到很大的作用。
Jīngyàn zài wǒmen de chéngzhǎng guòchéng zhōng huì qǐdào hěn dà de zuòyòng.
경험은 우리의 성장 과정 중에서 큰 작용을 할 것이다.

+ 过程 guòchéng 명 과정 | 在…中 zài…zhōng ~중에서

453 **目的**★★
mùdì

명 목적
호응 达到目的 목적에 도달하다

我们应该清楚自己学习的目的是什么。 빈출
Wǒmen yīnggāi qīngchu zìjǐ xuéxí de mùdì shì shénme.
우리는 마땅히 자신의 학습 목적이 무엇인지를 명확히 알아야 한다.

+ 清楚 qīngchu 동 알다, 이해하다

454 **过程**★★
guòchéng

반의 结果 jiéguǒ 결과
4급 ··· p.198

명 과정
호응 学习过程 학습 과정 | 在…过程中 ~과정 중에서

有时过程比结果更重要。 빈출
Yǒu shí guòchéng bǐ jiéguǒ gèng zhòngyào.
때로는 과정이 결과보다 더 중요하다.

+ 结果 jiéguǒ 명 결과 | 重要 zhòngyào 형 중요하다

455 **原因**
yuányīn

반의 结果 jiéguǒ 결과
4급 ··· p.198

명 원인, 이유
호응 解释原因 원인을 해명하다

每件事情的发生都有它的原因。 빈출
Měi jiàn shìqing de fāshēng dōu yǒu tā de yuányīn.
일의 발생에는 모두 원인이 있다.

+ 发生 fāshēng 동 발생하다

456 结果
□ □
jiéguǒ

명 결과

成功是结果，不是目的。
Chénggōng shì jiéguǒ, bú shì mùdì.
성공은 결과이지 목적이 아니다.

+ 目的 mùdì 명 목적

457 效果★★★
□ □
xiàoguǒ

명 효과

호응 得到效果 효과를 얻다

批评一个人最好先表扬后批评，效果可能会更好。 빈출
Pīpíng yí ge rén zuìhǎo xiān biǎoyáng hòu pīpíng, xiàoguǒ kěnéng huì gèng hǎo.
한 사람을 비판할 때 선 칭찬, 후 비판을 하는 것이 효과가 더욱 좋을 것이다.

+ 批评 pīpíng 동 비판하다 | 最好 zuìhǎo 부 가장 좋은 것은~ | 表扬 biǎoyáng 동 칭찬하다

458 方法★★★
□ □
fāngfǎ

명 방법

호응 讲究方法 방법을 신경 쓰다 | 解决方法 해결 방법

方法总比问题多。 빈출
Fāngfǎ zǒng bǐ wèntí duō.
방법이 늘 문제보다 많다.

459 竞争★★★
□ □
jìngzhēng

명 경쟁

호응 竞争压力 경쟁 스트레스 | 竞争激烈 경쟁이 치열하다

大城市竞争压力很大，但机会也很多。
Dà chéngshì jìngzhēng yālì hěn dà, dàn jīhuì yě hěn duō.
대도시는 경쟁 스트레스가 매우 크지만 기회도 매우 많다.

+ 压力 yālì 명 스트레스, 압력 | 机会 jīhuì 명 기회

HSK 4급 출제 포인트

竞争(jìngzhēng 경쟁)과 竟然(jìngrán 뜻밖에도)은 竞과 竟이 비슷하게 생기고 발음까지 jìng으로 똑같아 헷갈리기 쉽습니다. 두 글자의 차이점은 바로 가운데 부분이 竞은 口, 竟은 日로 구성되어 있다는 점입니다.

- 竞 : 얼마나 큰 경쟁(竞争)을 했길래 입속(口)에 이가 빠졌군요.
- 竟 : 이(日)가 뜻밖에도(竟然) 다시 생겼습니다.

460 经历***
jīnglì

명 경험

호응 丰富的经历 풍부한 경험

每个人都有过失败的经历。빈출
Měi ge rén dōu yǒuguo shībài de jīnglì.
누구나 실패의 경험은 있다.

+ 失败 shībài 명 실패

동 겪다, 경험하다

호응 经历失败 실패를 경험하다

经历了失败后我长大了。빈출
Jīnglìle shībài hòu wǒ zhǎngdà le.
실패를 겪은 후 나는 성장했다.

+ 长大 zhǎngdà 동 성장하다

461 经验*
jīngyàn

명 경험

호응 积累经验 경험을 쌓다 | 丰富的经验 풍부한 경험

丰富的经验让我们获得更多的机会。
Fēngfù de jīngyàn ràng wǒmen huòdé gèng duō de jīhuì.
풍부한 경험은 우리로 하여금 더 많은 기회를 얻게 한다.

+ 丰富 fēngfù 형 풍부하다 | 获得 huòdé 동 얻다 | 更 gèng 부 더욱 | 机会 jīhuì 명 기회

462 积累★★★

jīlěi

동 축적하다, 쌓다

호응 积累经验 경험을 쌓다 | 积累知识 지식을 쌓다

积累丰富的经验是成功的基础。 빈출
Jīlěi fēngfù de jīngyàn shì chénggōng de jīchǔ.
풍부한 경험을 쌓는 것이 성공의 밑바탕이다.

+ 丰富 fēngfù 형 풍부하다 | 经验 jīngyàn 명 경험 | 成功 chénggōng 명 성공 | 基础 jīchǔ 명 기초

463 丰富★★★

fēngfù

형 풍부하다

호응 内容丰富 내용이 풍부하다 | 经验丰富 경험이 풍부하다

我们应该读一些内容丰富的书。
Wǒmen yīnggāi dú yìxiē nèiróng fēngfù de shū.
우리는 내용이 풍부한 책을 읽어야 한다.

+ 内容 nèiróng 명 내용

동 풍부하게 하다

호응 丰富内容 내용을 풍부하게 하다 | 丰富经验 경험을 풍부하게 하다

写文章时，我们应该丰富一下内容。 빈출
Xiě wénzhāng shí, wǒmen yīnggāi fēngfù yíxià nèiróng.
문장을 쓸 때 우리는 내용을 풍부하게 써야 한다.

+ 文章 wénzhāng 명 문장, 글 | 内容 nèiróng 명 내용

丰富(fēngfù)는 무조건 형용사이다? 정답은 NO입니다. [丰富+명사(목적어)] 형식으로 쓰이면 丰富는 '풍부하게 하다'라는 동사의 의미를 가지게 됩니다. 중국어는 어순에 따라 의미가 결정되기 때문에 위치에 따른 품사와 의미의 변화를 묻는 것이 요즘 HSK 출제 경향입니다.

동사 / 목적어
你丰富一下你的作文内容。
Nǐ fēngfù yíxià nǐ de zuòwén nèiróng.
너는 작문 내용을 풍부하게 만들어봐.

464 □□ **表扬**★★★
biǎoyáng

반의 批评 pīpíng 비판하다
4급 ··· p.201

동 칭찬하다

호응 获得表扬 칭찬을 받다

表扬也是一门艺术，那么怎样表扬才会更有效？ 빈출
Biǎoyáng yě shì yì mén yìshù, nàme zěnyàng biǎoyáng cái huì gèng yǒuxiào?
칭찬은 하나의 기술이다. 그렇다면 어떻게 칭찬을 해야 더욱 효과적일까?

+ 门 mén 양 가지 | 艺术 yìshù 명 기술 | 有效 yǒuxiào 형 효과적이다

465 □□ **批评**★★★
pīpíng

반의 表扬 biǎoyáng 칭찬하다
4급 ··· p.201

동 비판하다, 꾸짖다, 나무라다

호응 受到批评 비판을 받다

别人的批评往往能帮助我们认清自己。 빈출
Biéren de pīpíng wǎngwǎng néng bāngzhù wǒmen rènqīng zìjǐ.
다른 사람의 비판은 종종 자신을 명확하게 보는 것을 돕기도 한다.

+ 往往 wǎngwǎng 부 늘, 종종 | 认清 rènqīng 명확하게 보다

466 □□ **尊重**★★
zūnzhòng

동 존중하다

호응 尊重对方 상대방을 존중하다 | 得到尊重 존중받다

父母很尊重孩子的意见。
Fùmǔ hěn zūnzhòng háizi de yìjiàn.
부모님은 아이의 의견을 매우 존중한다.

467 □□ **知识**★★★
zhīshi

명 지식

호응 积累知识 지식을 쌓다 | 知识有限 지식에 한계가 있다

一个人的知识，是一点一点积累起来的。 빈출
Yí ge rén de zhīshi, shì yìdiǎn yìdiǎn jīlěi qǐlai de.
한 사람의 지식은 조금씩 조금씩 쌓이는 것이다.

+ 积累 jīlěi 동 쌓다, 축적하다

468 正确*

□
□

zhèngquè

반의 错 cuò 틀리다
2급

형 옳다, 올바르다

호응 正确的方法 올바른 방법

人生没有正确的答案。
Rénshēng méiyǒu zhèngquè de dá'àn.
인생에는 올바른 답이 없다.

+ 人生 rénshēng 명 인생 | 答案 dá'àn 명 답, 정답

469 错误**

□
□

cuòwù

명 잘못, 실수

호응 发现错误 잘못을 발견하다 | 认识错误 잘못을 인식하다

那是错误的判断。
Nà shì cuòwù de pànduàn.
그것은 잘못된 판단이었다.

+ 判断 pànduàn 명 판단

470 成功**

□
□

chénggōng

반의 失败 shībài 실패하다
4급 ···› p.203

명 성공

호응 获得成功 성공을 얻다

成功不仅有一条路。
Chénggōng bù jǐn yǒu yì tiáo lù.
성공은 오로지 하나의 길만 있는 것은 아니다.

+ 仅 jǐn 부 오로지, 단지 |
条 tiáo 양 가늘고 긴 것을 세는 단위

동 성공하다

坚持才能成功。
Jiānchí cái néng chénggōng.
끝까지 고수해야 비로소 성공할 수 있다.

+ 坚持 jiānchí 동 고수하다

471 失败**

shībài

반의 成功 chénggōng 성공하다
4급 ··· p.202

동 실패하다

失败是成功之母。
Shībài shì chénggōng zhī mǔ.
실패는 성공의 어머니다.

+ 之 zhī 조 ~의

472 梦*

mèng

유의 梦想 mèngxiǎng 꿈

명 꿈

通过努力，我的美梦终于成为现实了。
Tōngguò nǔlì, wǒ de měimèng zhōngyú chéngwéi xiànshí le.
노력을 통해 나의 아름다운 꿈이 마침내 현실이 되었다.

+ 通过 tōngguò 개 ~을 통해서 | 努力 nǔlì 명 노력 | 终于 zhōngyú 부 마침내 | 成为 chéngwéi 동 ~이 되다 | 现实 xiànshí 명 현실

맛있는 단어 TIP 梦과 梦想 비교

梦(mèng)과 梦想(mèngxiǎng)은 모두 '꿈, 이상'을 가리키지만, 우리가 자면서 꾸는 꿈은 梦으로만 표현할 수 있습니다.

473 理想***

lǐxiǎng

동의 梦想 mèngxiǎng 이상, 꿈
满意 mǎnyì 만족스럽다 3급

명 이상

호응 追求理想 이상을 추구하다

小时候，我们往往会有许多理想。
Xiǎo shíhou, wǒmen wǎngwǎng huì yǒu xǔduō lǐxiǎng.
어렸을 때 우리는 종종 수많은 꿈을 가졌을 것이다.

+ 往往 wǎngwǎng 부 늘, 종종 | 许多 xǔduō 형 대단히 많다

형 이상적이다, 만족스럽다

호응 理想的工作 이상적인 일(직업) | 成绩理想 성적이 만족스럽다

即使这次的成绩不理想，也不要放弃。
Jíshǐ zhè cì de chéngjì bù lǐxiǎng, yě bú yào fàngqì.
설령 이번 성적이 만족스럽지 못해도 포기하지 마세요.

+ 即使 jíshǐ 접 설령 ~라 할지라도 | 成绩 chéngjì 명 성적 | 放弃 fàngqì 동 포기하다

4급 DAY 01 DAY 02 DAY 03 DAY 04 DAY 05 DAY 06 DAY 07 DAY 08 DAY 09 DAY 10 DAY 11 DAY 12 DAY 13 DAY 14 DAY 15

474 **获得**★★
☐
☐
huòdé

동 획득하다, 얻다

호응 获得成功 성공을 얻다 | 获得成绩 성적을 얻다

人人都希望获得成功。 빈출
Rénrén dōu xīwàng huòdé chénggōng.
사람들은 모두 성공을 얻기를 바란다.

475 **交流**★★★
☐
☐
jiāoliú

동 교류하다

호응 交流思想 사상을 교류하다 | 交流意见 의견을 교류하다 | 增加交流 교류를 늘리다

人与人之间应该增加交流的机会。 빈출
Rén yǔ rén zhī jiān yīnggāi zēngjiā jiāoliú de jīhuì.
사람과 사람 사이에 교류하는 기회를 늘려야 한다.

+ 增加 zēngjiā 동 증가하다 | 机会 jīhuì 명 기회

476 **共同**★★
☐
☐
gòngtóng

형 공동의

호응 共同语言 공통의 언어 | 共同目标 공통의 목표

我们应该有一个共同目标，有目标才有力量。
Wǒmen yīnggāi yǒu yí ge gòngtóng mùbiāo, yǒu mùbiāo cái yǒu lìliang.
우리는 공동의 목표가 있어야 한다. 목표가 있어야 비로소 힘을 갖게 된다.

+ 目标 mùbiāo 명 목표 | 力量 lìliang 명 역량, 파워

477 **解释**★★★
☐
☐
jiěshì

동 설명하다, 해명하다

호응 解释原因 원인을 설명하다 | 解释清楚 명확하게 설명하다

误会应该及时解释清楚。 빈출
Wùhuì yīnggāi jíshí jiěshì qīngchu.
오해는 마땅히 제때에 명확하게 해명해야 한다.

+ 误会 wùhuì 명 오해 | 及时 jíshí 부 제때에, 바로

478 **真正**

☐
☐

zhēnzhèng

형 진정한

我被他们真正的友谊感动了。
Wǒ bèi tāmen zhēnzhèng de yǒuyì gǎndòng le.
나는 그들의 진정한 우정에 감동했다.

+ 友谊 yǒuyì 명 우의, 우정 | 感动 gǎndòng 동 감동하다

479 **改变**

☐
☐

gǎibiàn

동 바꾸다, 바뀌다

호응 改变自己 자신을 바꾸다 | 改变心情 기분이 달라지다

改变世界，从改变自己开始。 빈출
Gǎibiàn shìjiè, cóng gǎibiàn zìjǐ kāishǐ.
세상을 바꾸는 것은 자신을 바꾸는 것으로부터 시작된다.

480 **只要**★★

☐
☐

zhǐyào

접 단지 ~이기만 하면

호응 只要A，就B A 하기만 하면 바로 B 하다

只要坚持下去，就一定能获得好成绩。 빈출
Zhǐyào jiānchí xiàqu, jiù yídìng néng huòdé hǎo chéngjì.
단지 끝까지 계속 해나가면 반드시 좋은 성적을 얻을 수 있다.

+ 坚持 jiānchí 동 끝까지 해내다 | 一定 yídìng 부 반드시, 틀림없이 | 获得 huòdé 동 획득하다, 얻다 | 成绩 chéngjì 명 성적

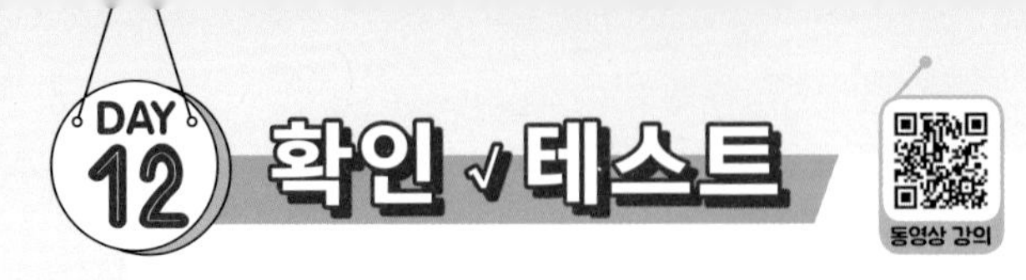

1 빈칸을 채우세요.

表扬	❶	칭찬하다
竞争	jìngzhēng	❷
经历	jīnglì	❸
❹	pīpíng	비판하다, 나무라다
错误	❺	잘못, 실수

2 단어의 병음과 뜻을 알맞게 연결하세요.

❶ 尊重 •	• ㉠ zūnzhòng •	• ⓐ 방법
❷ 知识 •	• ㉡ huòdé •	• ⓑ 획득하다, 얻다
❸ 获得 •	• ㉢ fāngfǎ •	• ⓒ 존중하다
❹ 方法 •	• ㉣ zhīshi •	• ⓓ 지식

3 빈칸에 들어갈 알맞은 단어를 쓰세요.

❶ 误会应该及时__________清楚。
오해는 마땅히 제때에 명확하게 **해명해야** 한다.

❷ __________不仅有一条路。
성공은 오로지 하나의 길만 있는 것은 아니다.

❸ 人与人之间应该增加__________的机会。
사람과 사람 사이에 **교류하는** 기회를 늘려야 한다.

❹ 我们应该有一个__________目标，有目标才有力量。
우리는 **공동**의 목표가 있어야 한다. 목표가 있어야 비로소 힘을 갖게 된다.

도전! HSK 4급 **독해** 제1부분

4 빈칸에 들어갈 알맞은 단어를 고르세요.

A 积累　　B 获得　　C 正确　　D 困难

빈출 ❶ 我觉得光学习书本知识是不够的，还要多(　　　　)社会经验。

❷ 我们应该养成(　　　　)认识金钱的习惯。

빈출 ❸ 按照现在的速度，在规定时间内完成计划，好像有点儿(　　　　)。

빈출 ❹ 没想到她第一次表演就(　　　　)了这么大的成功。

도전! HSK 4급 **쓰기** 제1부분

5 제시된 단어를 어순에 맞게 배열하세요.

빈출 ❶ 放弃　你的　别　梦想　千万

____

❷ 别人的　不应该　笑话　我们　缺点

____

빈출 ❸ 有原因的　发生　都是　任何事情的

____

❹ 共同　经历了　很多事　我们

____

세상을 움직이는 힘

_자연과학과 통신

HSK 4급에 이 단어가 나온다!

자연과학과 관련된 단어로는 气候(qìhòu 기후), 空气(kōngqì 공기), 森林(sēnlín 산림), 污染(wūrǎn 오염되다)이 출제됩니다. 통신 관련 단어로는 互联网(hùliánwǎng 인터넷), 信息(xìnxī 정보), 密码(mìmǎ 비밀번호)가 자주 출제됩니다.

한눈에 파악하는 단어

지구

육지

植物 zhíwù 식물

一棵树 yì kē shù 한 그루의 나무

森林 sēnlín 숲, 산림

一只老虎 yì zhī lǎohǔ 한 마리의 호랑이

바다

海洋 hǎiyáng 해양

하늘

云 yún 구름

空气 kōngqì 공기

气候 qìhòu 기후

暖和 nuǎnhuo 따뜻하다

凉快 liángkuai 시원하다

환경

污染严重 wūrǎn yánzhòng 오염이 심각하다

保护环境 bǎohù huánjìng 환경을 보호하다

环境保护 huánjìng bǎohù (=环保 huánbǎo) 환경 보호

481 **科学**★★

□ □

kēxué

명 과학

호응 科学的发展 과학의 발전

随着科学的发展，人们的生活越来越方便了。 빈출

Suízhe kēxué de fāzhǎn, rénmen de shēnghuó yuè lái yuè fāngbiàn le.

과학이 발전함에 따라 사람들의 생활은 갈수록 편리해진다.

+ 随着 suízhe 개 ~함에 따라 | 发展 fāzhǎn 명 발전 | 越来越 yuè lái yuè 갈수록 | 方便 fāngbiàn 형 편리하다

형 과학적이다

호응 方法科学 방법이 과학적이다

他的这种方法有点儿不科学。

Tā de zhè zhǒng fāngfǎ yǒudiǎnr bù kēxué.

그의 이런 방법은 약간 비과학적이다.

+ 方法 fāngfǎ 명 방법

482 **自然**★★

□ □

zìrán, zìran

명 자연(zìrán)

호응 自然环境 자연 환경 | 保护自然 자연을 보호하다

我们要好好儿保护自然环境。 빈출

Wǒmen yào hǎohāor bǎohù zìrán huánjìng.

우리는 자연 환경을 잘 보호해야 한다.

+ 保护 bǎohù 동 보호하다 | 环境 huánjìng 명 환경

형 자연스럽다(zìran)

他现在特别紧张，说话有点儿不自然。

Tā xiànzài tèbié jǐnzhāng, shuōhuà yǒudiǎnr bú zìran.

그는 현재 매우 긴장해서 말하는 것이 약간 부자연스럽다.

+ 紧张 jǐnzhāng 형 긴장하다

483 **生命**

shēngmìng

명 생명

阳光对生命的影响很大。 빈출

Yángguāng duì shēngmìng de yǐngxiǎng hěn dà.

햇빛이 생명에 미친 영향은 매우 크다.

+ 阳光 yángguāng 명 햇빛 | 影响 yǐngxiǎng 명 영향

484 **保护**★★

bǎohù

동 보호하다

호응 保护环境 환경을 보호하다 | 环境保护(=环保) 환경 보호

少用一次性用品也是保护环境的一种方法。

Shǎo yòng yí cì xìng yòngpǐn yě shì bǎohù huánjìng de yì zhǒng fāngfǎ.

일회용품 사용을 줄이는 것 또한 환경 보호의 한 방법이다.

+ 一次性用品 yí cì xìng yòngpǐn 일회용품 | 种 zhǒng 양 종류 | 方法 fāngfǎ 명 방법

485 **地球**★★

dìqiú

명 지구

保护地球是每个人的责任。 빈출

Bǎohù dìqiú shì měi ge rén de zérèn.

지구를 보호하는 것은 모든 사람의 책임이다.

+ 责任 zérèn 명 책임

486 **海洋**★

hǎiyáng

명 바다, 해양

现在海洋污染很严重。

Xiànzài hǎiyáng wūrǎn hěn yánzhòng.

현재 바다 오염이 매우 심각하다.

+ 污染 wūrǎn 명 오염 | 严重 yánzhòng 형 심각하다

487 **深**★★
□
□
shēn

형 깊다

호응 水深 물이 깊다 | 印象深 인상이 깊다

别游到那边，那边是深水区！ 빈출
Bié yóudào nàbian, nàbian shì shēnshuǐ qū!
그쪽으로 헤엄치지 마세요. 그쪽은 물이 깊은 지역이에요!

488 **森林**★★
□
□
sēnlín

명 산림, 숲

호응 森林公园 산림공원

森林里生活着一只老虎。
Sēnlín li shēnghuózhe yì zhī lǎohǔ.
숲속에 호랑이 한 마리가 살고 있다.

+ 生活 shēnghuó 동 살다, 생활하다 | 只 zhī 양 마리 | 老虎 lǎohǔ 명 호랑이

489 **植物**★
□
□
zhíwù

명 식물

这种植物多见见太阳，长得快，叶子的颜色也会越来越绿。
Zhè zhǒng zhíwù duō jiànjian tàiyáng, zhǎng de kuài, yèzi de yánsè yě huì yuè lái yuè lǜ.
이 식물은 햇빛을 많이 쬐어주면 더 빨리 자라고 잎의 색도 더욱더 푸르러진다.

+ 长 zhǎng 동 자라다 | 叶子 yèzi 명 나뭇잎 | 越来越 yuè lái yuè 더욱더 ~하다 | 绿 lǜ 형 녹색의

490 **棵**★★★
□
□
kē

양 그루

호응 一棵树 한 그루의 나무

公园里有一棵大树。 빈출
Gōngyuán li yǒu yì kē dà shù.
공원 안에 큰 나무가 한 그루 있다.

491 □ □

叶子★★

yèzi

명 잎

树上的叶子都掉光了。 빈출

Shùshang de yèzi dōu diàoguāng le.

나뭇잎이 모두 떨어졌다.

+ 树 shù 명 나무 | 掉 diào 동 떨어지다 | 光 guāng 형 아무것도 없다

HSK 4급 출제 포인트

世界上没有完全相同的叶子(Shìjièshang méiyǒu wánquán xiāngtóng de yèzi 세상에 완전히 똑같은 잎은 없다)라는 이 문장은 HSK 4급 전 영역에 출제되는 문장입니다. 비유적인 표현으로 '세상에 같은 것이 하나도 없다' 즉, '제각각의 특징을 가지고 있다'라는 뜻입니다. 듣기와 독해 제2, 3부분의 정답으로는 各有各的特点(gè yǒu gè de tèdiǎn 각자의 특징이 있다)이, 독해 제1부분의 정답으로는 完全, 相同, 叶子를 채우는 문제가 출제됩니다.

492 □ □

掉★

diào

동 떨어지다

树上的叶子也开始掉了。 빈출

Shùshang de yèzi yě kāishǐ diào le.

나뭇잎도 떨어지기 시작했다.

맛있는 단어 

결과보어로 쓰이는 掉

掉(diào)는 동사 뒤에서 결과보어로 쓰여 분리나 손실을 나타냅니다.

- 吃掉 다 먹어 치우다
- 喝掉 다 마셔 버리다
- 扔掉 모두 버리다

493 **老虎**★
lǎohǔ

명 호랑이

호응 一只老虎 한 마리의 호랑이

老虎是森林之王。 빈출
Lǎohǔ shì sēnlín zhī wáng.
호랑이는 산림의 왕이다.

+ 森林 sēnlín 명 산림, 숲 | 王 wáng 명 왕

HSK 4급 출제 포인트

老虎(lǎohǔ 호랑이)는 HSK 1급 단어인 猫(māo 고양이), 狗(gǒu 개)와 함께 자주 출제되는 단어입니다. 쓰기 제2부분에 동물 사진과 양사 只(zhī)가 제시된 문제가 자주 출제되므로 반드시 양사와 함께 외워야 합니다.

这只老虎我一点儿也不怕。
Zhè zhè lǎohǔ wǒ yìdiǎnr yě bú pà.
이 호랑이가 나는 조금도 무섭지 않다.

494 **气候**★★
qìhòu

명 기후

호응 气候变化 기후 변화 | 气候湿润 기후가 습윤하다 | 气候干燥 기후가 건조하다

我还没适应好北方的气候。
Wǒ hái méi shìyìnghǎo běifāng de qìhòu.
나는 아직 북방의 기후에 적응하지 못했다.

+ 适应 shìyìng 동 적응하다

495 **凉快**★★
liángkuai

반의 暖和 nuǎnhuo 따뜻하다
4급 ··· p.214

형 시원하다

下了一场雨，天气凉快多了。 빈출
Xiàle yì cháng yǔ, tiānqì liángkuai duō le.
비가 한차례 오고 나니까 날씨가 많이 시원해졌다.

+ 场 cháng 양 (비, 눈 등) 자연현상에 쓰임

496 □ □ **暖和**

nuǎnhuo

반의 凉快 liángkuai
시원하다
4급 ··· p.213

형 따뜻하다

春天到了，天气暖和起来了。
Chūntiān dào le, tiānqì nuǎnhuo qǐlai le.
봄이 오니까 날씨가 따뜻해지기 시작했다.

+ 起来 qǐlai 동사나 형용사 뒤에 쓰여 동작이 시작되어 계속됨을 나타냄

맛있는 단어 

계절과 날씨

계절과 날씨를 연관시켜서 공부하면 좋습니다.

春天 chūntiān 봄 暖和 nuǎnhuo 따뜻하다	夏天 xiàtiān 여름 热 rè 덥다
秋天 qiūtiān 가을 凉快 liángkuai 서늘하다	冬天 dōngtiān 겨울 冷 lěng 춥다

497 □ □ **空气**★

kōngqì

명 공기

호응 空气干燥 공기가 건조하다 | 空气湿润 공기가 습윤하다 | 空气污染 공기가 오염되다

空气污染很严重。 빈출
Kōngqì wūrǎn hěn yánzhòng.
공기 오염이 심각하다.

+ 污染 wūrǎn 명 오염 | 严重 yánzhòng 형 심각하다

498 □ □ **阳光**

yángguāng

명 햇빛

今天的阳光真好，咱们出去散散步。
Jīntiān de yángguāng zhēn hǎo, zánmen chūqu sànsànbù.
오늘 햇살이 너무 좋아. 우리 나가서 산책을 좀 하자.

+ 散步 sànbù 동 산책하다

499 光★★
□
□
guāng

유의 只 zhǐ 단지
3급

명 빛

月亮其实并不发光。
Yuèliang qíshí bìng bù fā guāng.
달은 사실 결코 빛을 내지 않는다.

+ 月亮 yuèliang 명 달 | 其实 qíshí 부 사실은 | 并 bìng 부 결코

형 아무것도 없다

호응 吃光 다 먹다 | 卖光 다 팔았다

钱都花光了。
Qián dōu huāguāng le.
돈을 모두 다 썼어.

+ 花 huā 동 (돈을) 쓰다

부 단지, 오로지

光说不做没有用。 

Guāng shuō bú zuò méiyǒu yòng.
단지 말만 하고 행동하지 않으면 소용이 없어.

맛있는 단어 TIP 光盘의 뜻

납작한 접시에 빛을 더하면 무엇일까요? 바로 빛나는 접시, CD입니다.

- 盘子(pánzi 납작한 접시) + 光(guāng 빛)
  → 光盘(guāngpán CD)

500 **照**★
zhào

동 비추다

호응 照镜子 거울을 비추다

阳光照不到海底。
Yángguāng zhào bu dào hǎidǐ.
햇빛은 바다 밑까지 비추지 못한다.

+ 阳光 yángguāng 명 햇빛 | 海底 hǎidǐ 명 해저

동 (사진이나 영화를) 찍다

你能帮我照张相吗? 빈출
Nǐ néng bāng wǒ zhào zhāng xiàng ma?
사진 좀 찍어줄 수 있니?

+ 照相 zhàoxiàng 동 사진을 찍다

501 **温度**★★
wēndù

명 온도

호응 温度高 온도가 높다 | 温度低 온도가 낮다 |
降低温度(=降温) 온도가 내려가다

今天的天气不像是冬天，温度很高。
Jīntiān de tiānqì bú xiàng shì dōngtiān, wēndù hěn gāo.
오늘 날씨는 겨울 같지 않고, 온도가 매우 높다.

+ 像 xiàng 부 마치 ~와 같다

502 **低**★★
dī

반의 高 gāo 높다
2급

형 낮다

호응 温度低 온도가 낮다 | 要求低 요구 수준이 낮다

温度太低了，把空调关了吧。 빈출
Wēndù tài dī le, bǎ kōngtiáo guān le ba.
온도가 너무 낮아. 에어컨을 꺼.

+ 空调 kōngtiáo 명 에어컨 | 关 guān 동 끄다

503 云
□ □
yún

참고 下雨 xiàyǔ 비가 오다 1급

명 구름

天气多云并且有风。
Tiānqì duō yún bìngqiě yǒu fēng.
날씨는 구름이 많고 게다가 바람이 분다.

+ 并且 bìngqiě 접 게다가, 그리고

504 适应★★
□ □
shìyìng

동 적응하다

호응 适应天气 날씨에 적응하다 | 适应环境 환경에 적응하다

有些动物通过改变皮肤颜色来适应周围的环境。 빈출
Yǒuxiē dòngwù tōngguò gǎibiàn pífū yánsè lái shìyìng zhōuwéi de huánjìng.
어떤 동물들은 피부색 변화를 통해 주위 환경에 적응한다.

+ 改变 gǎibiàn 동 변하다 | 皮肤 pífū 명 피부 | 颜色 yánsè 명 색 | 周围 zhōuwéi 명 주위

505 正常★★
□ □
zhèngcháng

형 정상적이다

호응 正常体温 정상 체온 | 正常气温 정상 기온 | 气候正常 기후가 정상적이다

最近气候不太正常。
Zuìjìn qìhòu bú tài zhèngcháng.
최근에 기후가 그다지 정상적이지 않다.

+ 气候 qìhòu 명 기후

506 污染★★★
□ □
wūrǎn

명 오염

호응 污染严重 오염이 심각하다 | 引起污染 오염을 야기하다

这件事引起了空气污染。
Zhè jiàn shì yǐnqǐle kōngqì wūrǎn.
이 일은 공기 오염을 야기했다.

+ 引起 yǐnqǐ 동 야기하다, 불러일으키다 | 空气 kōngqì 명 공기

507 □ □

邮局*

yóujú

명 우체국

这儿附近有没有邮局？我要寄封信。

Zhèr fùjìn yǒu méiyǒu yóujú? Wǒ yào jì fēng xìn.

이 근처에 우체국이 있나요 없나요? 저는 편지 한 통을 부치려고요.

+ 附近 fùjìn 명 부근, 근처 | 寄 jì 동 (우편으로) 부치다 | 封 fēng 양 통[편지 세는 양사] | 信 xìn 명 편지

508 □ □

寄**

jì

동 (우편으로) 부치다

호응 邮寄 우편으로 보내다 | 寄一封信 한 통의 편지를 보내다 | 寄包裹 소포를 부치다

寄信的人越来越少。

Jì xìn de rén yuè lái yuè shǎo.

편지를 부치는 사람은 갈수록 줄어든다.

+ 信 xìn 명 편지 | 越来越 yuè lái yuè 갈수록

맛있는 단어  **寄와 发 비교**

寄(jì)와 发(fā)는 모두 '부치다, 발송하다'라는 의미를 가지고 있습니다. 다만, 寄는 보통 우편을 통해서 보내는 것을 가리키고, 发는 전자기기를 이용해서 발송하는 것을 가리킵니다. 따라서 편지와 소포는 寄, 문자 메시지와 이메일, 팩스는 发를 써야 겠죠?

寄 jì + 信 xìn 편지 / 包裹 bāoguǒ 소포

发 fā + 短信 duǎnxìn 문자 메시지 / 电子邮件 diànzǐ yóujiàn 이메일 / 传真 chuánzhēn 팩스

509 **占线**★★

zhànxiàn

동 통화 중이다

他的电话一直占线。 빈출

Tā de diànhuà yìzhí zhànxiàn.

그의 전화는 계속 통화 중이다.

+ 一直 yìzhí 부 줄곧

占线(zhànxiàn)은 한 글자씩 의미를 살펴보면, 占(차지하다)+线(선, 라인)으로 구성되어 있습니다. 누군가가 먼저 전화선을 차지하고 있어서 통화할 수 없으므로 '통화 중'임을 나타냅니다. 占线은 보통 电话(diànhuà 전화)와 함께 출제됩니다.

510 **出现**★

chūxiàn

동 출현하다, 나타나다

互联网的出现给我们的生活带来了很多方便。 빈출

Hùliánwǎng de chūxiàn gěi wǒmen de shēnghuó dàilaile hěn duō fāngbiàn.

인터넷의 출현은 우리 삶에 많은 편리함을 가져다주었다.

+ 互联网 hùliánwǎng 명 인터넷 | 生活 shēnghuó 명 생활 | 方便 fāngbiàn 형 편리하다

511 **互联网**★★

hùliánwǎng

명 인터넷

我们的生活已经离不开互联网了。 빈출

Wǒmen de shēnghuó yǐjīng lí bu kāi hùliánwǎng le.

우리의 생활은 이미 인터넷을 떠날 수 없다.

+ 离不开 lí bu kāi 떠날 수 없다

512 **与**★

yǔ

접 ~와, ~과

호응 人与人之间 사람과 사람 사이

互联网拉近了人与人之间的距离。 빈출

Hùliánwǎng lājìnle rén yǔ rén zhī jiān de jùlí.

인터넷은 사람과 사람 사이의 거리를 좁혀 주었다.

+ 拉近 lājìn 동 가까이 끌어당기다 | 之间 zhī jiān ~사이 | 距离 jùlí 명 거리

개 ~와, ~과

호응 与…相反 ~와 상반되다

研究结果与我们估计的完全相反。

Yánjiū jiéguǒ yǔ wǒmen gūjì de wánquán xiāngfǎn.

연구 결과는 우리가 예상한 바와 완전히 상반된다.

513 **网站**

wǎngzhàn

명 웹사이트

호응 网站地址(=网址) 인터넷 주소

这个活动可以在学校网站上报名。

Zhège huódòng kěyǐ zài xuéxiào wǎngzhànshang bàomíng.

이 행사는 학교 홈페이지에서 접수할 수 있다.

+ 活动 huódòng 명 행사 | 报名 bàomíng 동 접수하다

514 **消息**★★

xiāoxi

명 소식, 정보

호응 一条消息 하나의 소식

韩国队赢的消息让大家很兴奋。

Hánguó duì yíng de xiāoxi ràng dàjiā hěn xīngfèn.

한국 팀이 이겼다는 소식은 모두를 흥분하게 만들었다.

+ 韩国队 Hánguó duì 한국 팀 | 赢 yíng 동 이기다 | 兴奋 xīngfèn 동 흥분하다

515 信息★★
□
□
xìnxī

명 정보

호응 一条信息 하나의 정보 | 提供信息 정보를 제공하다

这个网站上信息很丰富。
Zhège wǎngzhànshang xìnxī hěn fēngfù.
이 웹사이트에는 정보가 매우 풍부하다.

+ 网站 wǎngzhàn 명 웹사이트 | 丰富 fēngfù 형 풍부하다

맛있는 단어  **信息와 消息의 비교**

信息(xìnxī 정보)와 消息(xiāoxi 소식)를 헷갈려하는 사람이 많습니다. '소식'과 '정보' 중 어느 것이 더 신뢰가 가나요? 信(믿을 신)이 들어간 좀 더 믿음직한 것이 '정보(信息 xìnxī)'입니다.

→ 信息(X)
那个消息让我开心。
Nàge xiāoxi ràng wǒ kāixīn.
그 소식은 나를 기쁘게 했다.

→ 消息(X)
我上网找到了我需要的信息。
Wǒ shàngwǎng zhǎodàole wǒ xūyào de xìnxī.
나는 인터넷에서 내게 필요한 정보를 찾았다.

516 短信★★
□
□
duǎnxìn

명 문자 메시지

호응 发短信 문자 메시지를 보내다 | 收到短信 문자 메시지를 받다 | 一条短信 한 통의 문자 메시지

我刚才给你发了一条短信，你收到了吗？
Wǒ gāngcái gěi nǐ fāle yì tiáo duǎnxìn, nǐ shōudào le ma?
내가 조금 전에 네게 한 통의 문자 메시지를 보냈는데, 받았니?

+ 刚才 gāngcái 명 방금 | 发 fā 동 발송하다 | 收 shōu 동 받다

517 密码★★★
mìmǎ

명 비밀번호

호응 密码错了 비밀번호가 틀렸다 | 改密码 비밀번호를 바꾸다

你的密码太简单了，你还是换个新的吧。
Nǐ de mìmǎ tài jiǎndān le, nǐ háishi huàn ge xīn de ba.
너의 비밀번호는 너무 간단해. 아무래도 새것으로 바꾸는 게 좋겠어.

+ 简单 jiǎndān 형 간단하다 | 换 huàn 동 바꾸다

518 号码★★
hàomǎ

명 번호

您的手机号码是多少？
Nín de shǒujī hàomǎ shì duōshao?
당신의 휴대폰 번호는 무엇입니까?

HSK 4급 출제 포인트

号码(hàomǎ)는 '전화번호'라는 뜻으로 자주 출제되고 있지만, 가끔은 옷의 '사이즈'로도 출제되고 있습니다. 옷의 사이즈를 55, 66 혹은 95, 100처럼 번호로 표현하기 때문에 '사이즈'라는 뜻도 있습니다. 이제 号码에 '번호'라는 뜻 이외에 '사이즈'라는 의미도 있다는 것을 꼭 기억하세요.

我昨天买的那件衬衫号码不合适，能不能换？

Wǒ zuótiān mǎi de nà jiàn chènshān hàomǎ bù héshì, néng bu néng huàn?
내가 어제 산 그 셔츠는 사이즈가 맞지 않아요. 교환할 수 있을까요?

519 响★★
xiǎng

동 소리가 나다

호응 手机响声 휴대폰이 울리는 소리

电话响了，你快去接吧。
Diànhuà xiǎng le, nǐ kuài qù jiē ba.
전화가 울려. 빨리 가서 받아.

+ 接 jiē 동 받다

520 **醒★★**
□
□
xǐng

동 (잠에서) 깨다, 정신이 들다

호응 睡醒 자다가 깨다 | 吵醒 시끄러워서 깨다

我被手机的响声吵醒了。 빈출
Wǒ bèi shǒujī de xiǎngshēng chǎoxǐng le.
나는 휴대폰이 울리는 소리에 시끄러워서 깼다.

+ 响声 xiǎngshēng 울리는 소리 | 吵 chǎo 형 시끄럽다

响(xiǎng 울리다), 醒(xǐng 깨다)은 최근 자주 출제되는 단어입니다. 手机(shǒujī 휴대폰), 闹钟(nàozhōng 알람), 吵(chǎo 시끄럽다), 醒(xǐng 깨다)과 함께 작문해 보세요.

我被闹钟的响声吵醒了。 빈출
Wǒ bèi nàozhōng de xiǎngshēng chǎoxǐng le.
나는 알람이 울리는 소리에 시끄러워서 깼다.

手机的响声把我吵醒了。 
Shǒujī de xiǎngshēng bǎ wǒ chǎoxǐng le.
휴대폰이 울리는 소리가 나를 깨웠다.

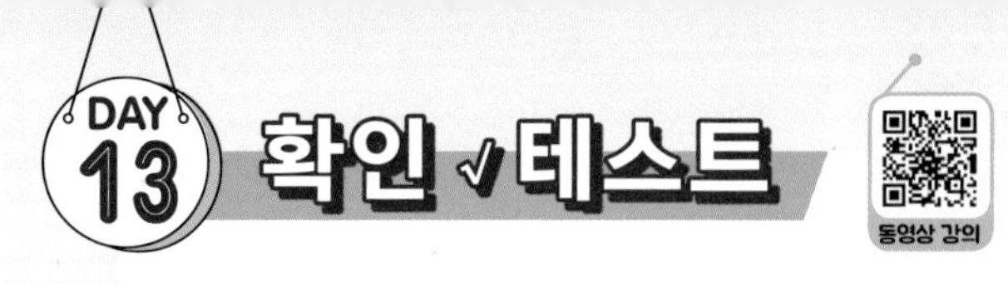

1 빈칸을 채우세요.

❶	kē	그루
寄	jì	❷
❸	lǎohǔ	호랑이
❹	yǔ	~와, ~과
照	zhào	❺

2 단어의 병음과 뜻을 알맞게 연결하세요.

❶ 网站 •	• ㉠ hàomǎ •	• ⓐ 잎
❷ 适应 •	• ㉡ yèzi •	• ⓑ 적응하다
❸ 号码 •	• ㉢ shìyìng •	• ⓒ 번호
❹ 叶子 •	• ㉣ wǎngzhàn •	• ⓓ 웹사이트

3 빈칸에 들어갈 알맞은 단어를 쓰세요.

❶ 我被手机的响声吵______了。
나는 휴대폰이 울리는 소리에 시끄러워서 **깼다**.

❷ 他的电话一直__________。
그의 전화는 계속 **통화 중이다**.

❸ 你的__________太简单了，你还是换个新的吧。
너의 **비밀번호**는 너무 간단해. 아무래도 새것으로 바꾸는 게 좋겠어.

❹ 这件事引起了空气__________。
이 일은 공기 **오염**을 야기했다.

도전! HSK 4급 **듣기** 제1부분

4 녹음을 듣고 제시된 문장이 녹음과 일치하면 √, 일치하지 않으면 X를 표시하세요.

❶ 地球的面积越来越小了。 (　　　)

빈출 ❷ 互联网改变了我们的生活。 (　　　)

빈출 ❸ 我被钢琴声感动了。 (　　　)

❹ 限制使用塑料袋是为了减少污染。 (　　　)

도전! HSK 4급 **독해** 제1부분

5 빈칸에 들어갈 알맞은 단어를 고르세요.

A 森林　　B 空气　　C 科学　　D 云

❶ 今天阳光真好，天上一点儿(　　　　)也没有。

빈출 ❷ (　　　　)的发展给我们的生活带来了更多的方便。

빈출 ❸ 地球上(　　　　)面积是多少?

❹ 早上的(　　　　)特别好，我们一起去散步吧。

정답을 말하는 시간의 한 '수'
_시간과 수량

HSK 4급에 이 단어가 나온다!

사건이 발생한 시간과 관련하여 刚(gāng 막, 방금), 仍然(réngrán 여전히), 大约(dàyuē 대략), 大概(dàgài 대략), 按时(ànshí 제때에), 准时(zhǔnshí 정각에)가 자주 출제됩니다.

1. 일반적인 시간

과거	현재	미래
以前 yǐqián 이전 过去 guòqù 과거 后来 hòulái 나중에 ~했었다	现在 xiànzài 현재	将来 jiānglái 장차 ~할 것이다

2. 사건의 발생

완료			임박
已经…了 yǐjīng…le 이미, 벌써 ~했다	刚…了 gāng…le 방금, 막 ~했다	VS	快要…了 kuàiyào…le 이제 곧 ~할 것이다

521 刚*

gāng

부 막, 방금

刚到一个新环境，使自己快一点儿适应。
Gāng dào yí ge xīn huánjìng, shǐ zìjǐ kuài yìdiǎnr shìyìng.
막 새로운 환경에 왔으면, 자신을 빨리 적응시켜야 한다.

+ 环境 huánjìng 명 환경 | 适应 shìyìng 동 적응하다

HSK 4급 출제 포인트

듣기 문제에서 가끔 시제를 이용한 함정 문제가 출제됩니다. 녹음에서는 已经出发了(yǐjīng chūfā le 이미 출발했다)가 들리고, 보기에 马上就要出发了(mǎshàng jiùyào chūfā le 곧 출발할 것이다)가 제시되어 있으면, 出发(chūfā 출발)라는 단어만 보고 오답을 고르기 쉽습니다. 하지만 이미 출발한 것이므로 곧 출발한다는 내용은 오답이 됩니다. 아래 시제 관련 단어를 정리해 두세요.

이미 일어난 일	已经 yǐjīng 이미, 벌써
↓	
막 발생한 일	刚 gāng 이제 막, 방금
↓	
이제 곧 일어날 일	快要…了 kuàiyào…le 马上就要…了 mǎshàng jiùyào…le 이제 곧 ~할 것이다

522 正好**

zhènghǎo

형 딱 좋다

温度正好，不太热又不太冷。
Wēndù zhènghǎo, bú tài rè yòu bú tài lěng.
온도가 딱 좋다. 너무 뜨겁지도 너무 차갑지도 않다.

+ 温度 wēndù 명 온도

부 때마침, 마침

我们俩的性格正好相反。 빈출

Wǒmen liǎ de xìnggé zhènghǎo xiāngfǎn.

우리 둘의 성격은 마침 정반대이다.

+ 性格 xìnggé 명 성격 | 相反 xiāngfǎn 형 상반되다

523 将来* jiānglái

명 장래

将来的事慢慢儿想吧。

Jiānglái de shì mànmānr xiǎng ba.

장래의 일은 천천히 생각해.

后来(hòulái)와 将来(jiānglái)는 의미가 비슷해 보이지만 동의어가 아닙니다. 后来는 과거 시제로 '나중에 ~했었다'의 의미이며, 将来는 미래 시제로 '나중에 ~할 것이다'라는 의미입니다.

我本来打算去美国留学，
Wǒ běnlái dǎsuan qù Měiguó liúxué,
나는 원래 미국으로 유학을 가려다,

后来对中国很感兴趣。
hòulái duì Zhōngguó hěn gǎn xìngqù.
나중에 중국에 흥미를 느꼈어. (과거의 어느 시점)

我决定将来在中国发展！
Wǒ juédìng jiānglái zài Zhōngguó fāzhǎn!
난 나중에 중국에서 활동할 거야. (앞으로의 미래)

524 平时* píngshí

명 평소

这段时间机场的乘客比平时几乎多了两倍。

Zhè duàn shíjiān jīchǎng de chéngkè bǐ píngshí jīhū duōle liǎng bèi.

최근 한동안 공항의 승객이 평소보다 거의 2배가 늘었다.

+ 段 duàn 양 시간이나 거리의 구간을 세는 단위 | 乘客 chéngkè 명 승객 | 倍 bèi 양 배, 곱절

525 偶尔*

ǒu'ěr

부 가끔

我们公司月底偶尔会加班。
Wǒmen gōngsī yuèdǐ ǒu'ěr huì jiābān.
우리 회사는 월말에 가끔 특근을 하기도 한다.

+ 月底 yuèdǐ 명 월말 | 加班 jiābān 동 특근하다

526 同时

tóngshí

부 동시에

他们同时举起了手。
Tāmen tóngshí jǔqǐle shǒu.
그들은 동시에 손을 들었다.

+ 举手 jǔshǒu 동 손을 들다, 거수하다

명 동시

他在学习英语的同时，还学习汉语。
Tā zài xuéxí Yīngyǔ de tóngshí, hái xuéxí Hànyǔ.
그는 영어를 공부하고 있는 동시에 중국어를 공부하고 있다.

527 暂时**

zànshí

명 잠시

所有的困难都是暂时的，要有信心。빈출
Suǒyǒu de kùnnan dōu shì zànshí de, yào yǒu xìnxīn.
모든 어려움은 모두 잠깐이므로 자신감을 가져야 한다.

+ 所有 suǒyǒu 형 모든, 일체의 | 困难 kùnnan 명 어려움 | 信心 xìnxīn 명 자신감

528 当时

dāngshí

명 당시

这是当时最流行的音乐。
Zhè shì dāngshí zuì liúxíng de yīnyuè.
이것은 당시에 가장 유행하던 음악이다.

+ 流行 liúxíng 형 유행하다 | 音乐 yīnyuè 명 음악

529 仍然★★★

réngrán

부 여전히

虽然这只是一场误会，但我仍然很生气。
Suīrán zhè zhǐshì yì chǎng wùhuì, dàn wǒ réngrán hěn shēngqì.
비록 이것은 단지 한 차례 오해였지만, 나는 여전히 매우 화가 난다.

+ 虽然 suīrán 접 비록 ~이지만 | 只是 zhǐshì 부 단지 | 场 chǎng 양 차례 | 误会 wùhuì 명 오해 | 生气 shēngqì 동 화내다

530 从来★★★

cónglái

부 지금까지, 여태껏, 줄곧

호응 从来没有… 여태까지 ~한 적이 없다 |
从来不… 여지껏 ~하지 않다

我从来没抽过烟。
Wǒ cónglái méi chōuguo yān.
나는 지금까지 담배를 펴본 적이 없다.

+ 抽烟 chōuyān 동 담배를 피다

부사 从来(cónglái) 뒤에는 긍정과 부정의 형태가 모두 올 수 있습니다. 하지만, HSK 4급에서는 从来 뒤에 부정부사 不(bù)나 没有(méiyǒu)가 항상 같이 출현합니다. 따라서 [从来不+동사], [从来没有+동사+过]의 고정 격식으로 암기하면, 독해 제1부분 빈칸 채우기 문제와 쓰기 제1부분 어순 배열 문제를 쉽게 풀 수 있습니다.

我从来不吃辣的。
Wǒ cónglái bù chī là de.
나는 여지껏 매운 것은 안 먹는다.

我从来没有去过中国。
Wǒ cónglái méiyǒu qùguo Zhōngguó.
나는 여지껏 중국을 가본 적이 없다.

531 左右*

zuǒyòu

명 정도, 쯤

前方500米左右有一个停车场。
Qiánfāng wǔbǎi mǐ zuǒyòu yǒu yí ge tíngchēchǎng.
전방 500미터쯤에는 주차장이 하나 있다.

+ 前方 qiánfāng 명 전방, 앞쪽 | 米 mǐ 양 미터(m) | 停车场 tíngchēchǎng 명 주차장

동 좌우하다

一个选择能左右人的一生。
Yí ge xuǎnzé néng zuǒyòu rén de yìshēng.
하나의 선택이 사람의 일생을 좌우할 수 있다.

+ 选择 xuǎnzé 명 선택 | 一生 yìshēng 명 일생, 평생

명 좌우(방향)

他分不清左右。
Tā fēn bu qīng zuǒyòu.
그는 좌우를 명확하게 구분하지 못한다.

+ 分不清 fēn bu qīng 명확하게 구분하지 못하다

532 大约**

dàyuē

유의 大概 dàgài 대략
4급 ··· p.231

부 대략, 아마도

他大约是40岁。
Tā dàyuē shì sìshí suì.
그는 대략 40세이다.

533 大概**

dàgài

유의 大约 dàyuē 대략
4급 ··· p.231

부 대략, 아마도

机场离这儿大概有10公里。 빈출
Jīchǎng lí zhèr dàgài yǒu shí gōnglǐ.
공항은 여기로부터 대략 10km 정도에 이릅니다.

+ 公里 gōnglǐ 양 킬로미터(km)

형 대강의

这是这本小说的大概内容。
Zhè shì zhè běn xiǎoshuō de dàgài nèiróng.
이것은 이 소설의 대략적인 내용이다.

+ 小说 xiǎoshuō 명 소설 | 内容 nèiróng 명 내용

맛있는 단어 TIP 大概와 大约 비교

大概(dàgài)와 大约(dàyuē)는 뒤에 숫자와 관련된 단어가 놓여 모두 '대략, 아마도'라는 의미를 나타냅니다. 하지만, 명사를 수식하는 형용사로 '대강의, 대략적인'의 뜻은 大概만 가능합니다.

534 按时***

□ □

ànshí

유의 及时 jíshí 제때에
4급 ··· p.233

부 제때에

호응 按时交作业 제때에 숙제를 제출하다 | 按时吃药 제때에 약을 먹다

这次会议一定要按时到。
Zhè cì huìyì yídìng yào ànshí dào.
이번 회의는 반드시 제때에 도착해야 한다.

+ 会议 huìyì 명 회의 | 一定 yídìng 부 반드시

535 准时*

□ □

zhǔnshí

반의 迟到 chídào 지각하다
3급

부 정각에, 정시에

他们公司准时下班，太让人羡慕了。
Tāmen gōngsī zhǔnshí xiàbān, tài ràng rén xiànmù le.
그들 회사는 정시에 퇴근해. 너무 부러워.

+ 羡慕 xiànmù 동 부러워하다

형 시간을 잘 지키다

虽然她迟到了，但她平时很准时。
Suīrán tā chídào le, dàn tā píngshí hěn zhǔnshí.
비록 그녀는 지각했지만, 평소에는 시간을 매우 잘 지킨다.

+ 迟到 chídào 동 지각하다 | 平时 píngshí 명 평소

맛있는 단어 TIP 提前과 准时 비교

提前(tíqián)은 정해진 시간보다 앞선 것을 말하고, **准时**(zhǔnshí)는 시간에 딱 맞는 것을 가리킵니다. 따라서 **提前到**는 시간보다 미리 도착했음을, **准时到**는 늦지 않게 시간에 딱 맞게 도착했음을 나타냅니다.

536 □ □

及时★★★

jíshí

유의 准时 zhǔnshí 정각에
4급 ··· p.232

부 제때에

호응 及时下雨 제때에 비가 내리다 | 及时了解 제때에 알다

遇到问题最好及时解决。 빈출
Yùdào wèntí zuìhǎo jíshí jiějué.
문제를 만나면 제때에 해결하는 것이 가장 좋다.

+ 遇到 yùdào 동 (우연히) 만나다 | 解决 jiějué 동 해결하다

형 시기적절하다

这场雨下得很及时。 빈출
Zhè cháng yǔ xià de hěn jíshí.
이번 비는 시기적절하게 내렸다.

+ 场 cháng 양 자연 현상에 쓰임

맛있는 단어  按时, 及时, 准时 비교

비슷한 의미의 **按时**(ànshí), **及时**(jíshí), **准时**(zhǔnshí)를 구분하는 것은 생각보다 간단합니다. 요구와 명령에 따른 시간을 나타낼 때는 **按时**, 육감적으로 적절한 타이밍일 때는 **及时**, 상호 간의 약속이나 지각하지 않는 경우에는 **准时**를 사용합니다. 아래 예문을 외워서 **按时, 及时, 准时**를 쉽게 구분하세요.

> 기자는 인터뷰 약속을 잡은 곳에 准时(zhǔnshí)에 도착해야 합니다. 그리고 及时(jíshí)한 타이밍을 포착해 사진을 찍고, 마감 시간에 늦지 않게 按时(ànshí)에 원고를 송고하는 것이 생명인 직업입니다.

537 **永远**

yǒngyuǎn

부 영원히

今天的事儿我永远都忘不了。
Jīntiān de shìr wǒ yǒngyuǎn dōu wàng bu liǎo.
나는 오늘 일을 영원히 잊을 수 없을 것이다.

538 **世纪***

shìjì

명 세기

90后是指20世纪90年代出生的人。
Jiǔ líng hòu shì zhǐ èrshí shìjì jiǔshí niándài chūshēng de rén.
'지우링 허우'는 1990년대에 출생한 사람을 가리킨다.

+ 90后 jiǔ líng hòu 90년대생 | 指 zhǐ 동 가리키다 | 年代 niándài 명 연대 | 出生 chūshēng 동 출생하다

HSK 4급 출제 포인트

世纪(shìjì)는 100년을 가리킵니다. 쉽지만 시험에서 틀리기 쉬우므로 잘 익혀두세요.

- 一个世纪 yí ge shìjì 1세기 = 一百年 yìbǎi nián 100년
- 半个世纪 bàn ge shìjì 반세기 = 五十年 wǔshí nián 50년

539 **礼拜天***

lǐbàitiān

동의 星期天 xīngqītiān 일요일
周日 zhōurì 일요일

명 일요일

礼拜天怎么会有会议呢？
Lǐbàitiān zěnme huì yǒu huìyì ne?
일요일에 어떻게 회의가 있을 수 있어?

+ 会议 huìyì 명 회의

일요일을 나타내는 표현은 星期天(xīngqītiān), 礼拜天(lǐbàitiān), 周日(zhōurì)가 있습니다. 시험에는 星期天보다는 礼拜天, 周日의 출제 빈도가 절대적으로 높으므로 꼭 함께 암기하세요.

540 **底**★★ dǐ

명 바닥, 밑

호응 月底 월말 | 年底 연말 | 床底 침대 밑

我出国的时间推迟了，大概得10月底才能走。
Wǒ chūguó de shíjiān tuīchí le, dàgài děi shí yuèdǐ cái néng zǒu.
나는 출국 시간이 연기돼서 대략 10월 말은 되어야 떠나.

+ 出国 chūguó 동 출국하다 | 推迟 tuīchí 동 연기하다 | 大概 dàgài 부 대략, 아마도

맛있는 단어 TIP 底와 低 비교

底(dǐ)는 명사로서 '바닥, 밑'이라는 뜻이지만, 低(dī)는 형용사로서 '낮다'라는 뜻입니다. 底는 달력의 바닥에 있는 '~말'을 나타내기도 해서 月底(yuèdǐ 월말), 年底(niándǐ 연말) 등으로 쓰고 시험에 자주 출제됩니다. '온도가 낮다'는 温度很低(wēndù hěn dī)로 써야 한다는 것을 주의하세요.

底 dǐ	低 dī
海底 hǎidǐ 해저 月底 yuèdǐ 월말 年底 niándǐ 연말	温度很低 wēndù hěn dī 온도가 매우 낮다 标准很低 biāozhǔn hěn dī 기준이 매우 낮다

541 **内** nèi

명 안, 안쪽

호응 三天(之)内 3일 안 | 三个小时之内 3시간 안

这个工作你要在三天之内完成。빈출
Zhège gōngzuò nǐ yào zài sān tiān zhī nèi wánchéng.
이 일은 네가 3일 안에 완성해야 한다.

+ 完成 wánchéng 동 완성하다

542 □□ **否则**★★
fǒuzé

유의 要不然 yào bu rán
그렇지 않으면

집 그렇지 않으면

快点儿走，否则要迟到了。
Kuàidiǎnr zǒu, fǒuzé yào chídào le.
빨리 가자, 그렇지 않으면 지각하겠어.

543 □□ **一切**★★
yíqiè

대 일체, 모든 것

我喜欢她的一切。
Wǒ xǐhuan tā de yíqiè.
나는 그녀의 모든 것이 좋아.

544 □□ **所有**★★
suǒyǒu

형 모든

所有的努力都白费了。
Suǒyǒu de nǔlì dōu báifèi le.
모든 노력이 헛수고가 되었다.

+ 努力 nǔlì 명 노력 | 白费 báifèi 동 헛되이 되다, 허비하다

맛있는 단어  **一切와 所有 비교**

一切(yíqiè 일체, 모든 것)는 부사가 아니라 대명사입니다. 따라서 주어가 될 수 있고, 위의 예문처럼 관형어의 수식을 받을 수도 있습니다. 一切는 주어, 목적어, 수식어 모든 자리에 올 수 있습니다. 하지만 所有(suǒyǒu 모든)는 명사 수식만 가능합니다.

주어 → 所有(X)
一切都好了。
Yíqiè dōu hǎo le.
모든 것이 다 좋아졌다.

목적어 → 所有(X)
我明白了一切。
Wǒ míngbaile yíqiè.
나는 모든 것을 깨달았다.

관형어 관형어
一切的一切/所有的所有
yíqiè de yíqiè / suǒyǒu de suǒyǒu
모든 것의 모든 것

545 **许多**
☐
☐
xǔduō

형 매우 많다

许多演员参加了这次活动。
Xǔduō yǒnyuán cānjiāle zhè cì huódòng.
매우 많은 배우들이 이번 행사에 참가했다.

+ 演员 yǎnyuán 명 배우 | 参加 cānjiā 동 참가하다 | 活动 huódòng 명 활동, 행사

546 **数字***
☐
☐
shùzì

명 숫자

新闻报道中使用的数字必须是准确的。
Xīnwén bàodào zhōng shǐyòng de shùzì bìxū shì zhǔnquè de.
뉴스 보도에 사용하는 숫자는 반드시 정확해야 한다.

+ 报道 bàodào 명 보도 | 使用 shǐyòng 동 사용하다 | 准确 zhǔnquè 형 정확하다

547 **数量****
☐
☐
shùliàng

명 수량

호응 增加数量 수량이 증가하다 | 减少数量 수량이 감소하다

听说，吃黑豆能增加头发数量。
Tīngshuō, chī hēidòu néng zēngjiā tóufa shùliàng.
듣자 하니, 검은콩을 먹으면 머리카락 수가 증가할 수 있다고 한다.

+ 黑豆 hēidòu 명 검은콩 | 增加 zēngjiā 동 증가하다 | 头发 tóufa 명 머리카락

548 **倍****
☐
☐
bèi

양 배

留学生的人数比去年增加了一倍。 빈출
Liúxuéshēng de rénshù bǐ qùnián zēngjiāle yí bèi.
유학생의 인원수가 작년보다 배가 늘었다.

+ 人数 rénshù 명 인원수 | 增加 zēngjiā 동 증가하다

549 百分之*

bǎi fēn zhī

퍼센트(%)

地球的百分之七十是海洋。
Dìqiú de bǎi fēn zhī qīshí shì hǎiyáng.
지구의 70%는 바다이다.

+ 地球 dìqiú 명 지구 | 海洋 hǎiyáng 명 바다, 해양

550 速度

sùdù

명 속도

호응 增加速度 속도가 증가하다

他开车的速度太快，真让人受不了。
Tā kāichē de sùdù tài kuài, zhēn ràng rén shòu bu liǎo.
그는 운전하는 속도가 너무 빨라서 견디기 힘들다.

+ 开车 kāichē 동 운전하다 |
受不了 shòu bu liǎo 동 견딜 수 없다

551 距离***

jùlí

명 거리

호응 拉近距离 거리를 좁히다 | 拉开距离 거리를 벌리다

高速公路拉近了城市之间的距离。빈출
Gāosù gōnglù lājìnle chéngshì zhī jiān de jùlí.
고속도로는 도시 사이의 거리를 좁혀 주었다.

+ 高速公路 gāosù gōnglù 명 고속도로 |
拉近 lājìn 동 거리를 좁히다 | 之间 zhī jiān ~사이의

동 ~의 거리가 떨어지다

咱俩现在距离目的地多远?
Zán liǎ xiànzài jùlí mùdìdì duō yuǎn?
우리 둘은 지금 목적지로부터 얼마나 멀리 떨어져 있죠?

+ 咱 zán 대 우리 | 俩 liǎ 두 사람 |
目的地 mùdìdì 명 목적지

552 公里* gōnglǐ

양 킬로미터(km)

从北京到上海有多少公里?
Cóng Běijīng dào Shànghǎi yǒu duōshao gōnglǐ?
베이징에서 상하이까지는 몇 킬로미터나 돼?

553 秒** miǎo

양 초

跑一百米我至少需要17秒。 빈출
Pǎo yìbǎi mǐ wǒ zhìshǎo xūyào shíqī miǎo.
100미터를 뛰려면 나는 적어도 17초가 필요하다.

+ 米 mǐ 양 미터(m) | 至少 zhìshǎo 부 적어도, 최소한

554 毛* máo

양 마오[중국의 화폐 단위, 1元의 1/10, 角와 같음]

现在还缺少三毛钱。
Xiànzài hái quēshǎo sān máo qián.
지금 아직 3마오가 부족하다.

+ 缺少 quēshǎo 동 부족하다

명 털

这只小狗的毛特别长。
Zhè zhī xiǎogǒu de máo tèbié cháng.
이 강아지의 털은 매우 길다.

555 超过** chāoguò

동 초과하다, 넘다

호응 超过数量 수량을 초과하다 | 超过别人 다른 사람을 넘어서다 | 超过自己 자신을 넘어서다

他的体重超过了90公斤。 빈출
Tā de tǐzhòng chāoguòle jiǔshí gōngjīn.
그의 체중은 90kg을 넘었다.

+ 体重 tǐzhòng 명 체중 | 公斤 gōngjīn 양 킬로그램(kg)

556 □□ **增加**★★

zēngjiā

반의 减少 jiǎnshǎo 감소하다
4급 ··· p.240

동 증가하다

这次旅游让我增加了不少知识。
Zhè cì lǚyóu ràng wǒ zēngjiāle bùshǎo zhīshi.
이번 여행은 나로 하여금 적지 않은 지식을 증가시켰다.

+ 知识 zhīshi 명 지식

557 □□ **减少**★★

jiǎnshǎo

반의 增加 zēngjiā 증가하다
4급 ··· p.240

동 감소하다

这样做可以减少很多麻烦。 빈출
Zhèyàng zuò kěyǐ jiǎnshǎo hěn duō máfan.
이렇게 하면 많은 번거로움을 줄일 수 있다.

+ 麻烦 máfan 명 번거로움

558 □□ **差不多**★★

chàbuduō

유의 几乎 jīhū 거의
3급

부 거의

我们班的同学差不多都来了。
Wǒmen bān de tóngxué chàbuduō dōu lái le.
우리 반 학생들은 거의 다 왔다.

형 비슷하다, 그런대로 괜찮다

호응 跟…差不多 ~와 비슷하다

这两个词的意思差不多。 빈출
Zhè liǎng ge cí de yìsi chàbuduō.
이 두 단어의 뜻은 비슷하다.

+ 词 cí 명 단어 | 意思 yìsi 명 뜻, 의미

559 □□ **至少**★

zhìshǎo

부 적어도

学好功夫至少需要5年。 빈출
Xuéhǎo gōngfu zhìshǎo xūyào wǔ nián.
쿵후를 잘 배우려면 적어도 5년이 필요하다.

+ 功夫 gōngfu 명 쿵후(무술) |
需要 xūyào 동 필요하다

560 **稍微*****

shāowēi

부 약간, 조금

你稍微等我一下，我看到个熟人，过去打声招呼。
Nǐ shāowēi děng wǒ yíxià, wǒ kàndào ge shúrén, guòqu dǎ shēng zhāohu.
나를 조금만 기다려줘. 내가 아는 사람을 봐서, 가서 인사를 좀 하고 올게.

+ 熟人 shúrén 명 아는 사람, 지인 | 打招呼 dǎ zhāohu 동 인사하다

HSK 4급 출제 포인트

稍微(shāowēi)는 쓰기 제1부분에서 수량, 동량, 정도를 나타내는 단어들과 함께 출제됩니다.

① [稍微+有点儿(有些)+형용사] : 약간 좀 ~하다

我稍微有点儿紧张。
Wǒ shāowēi yǒudiǎnr jǐnzhāng.
나는 약간 좀 긴장돼.

② [稍微+형용사+一点儿(一些)] : 약간 좀 더 ~하다

这条裤子稍微厚一些。
Zhè tiáo kùzi shāowēi hòu yìxiē.
이 바지가 약간 좀 더 두꺼워.

③ [稍微+동사+一下(一会儿)] : 잠깐 좀 ~하다

你稍微等一下。
Nǐ shāowēi děng yíxià.
너는 잠깐만 좀 기다려.

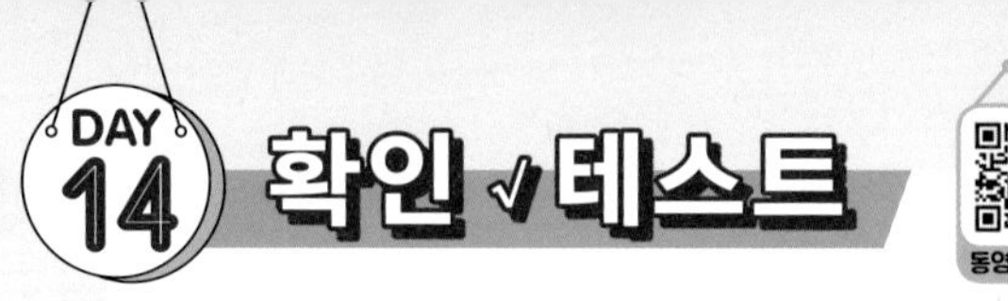

1 빈칸을 채우세요.

❶	gōnglǐ	킬로미터(km)
一切	❷	모든 것, 일체
及时	jíshí	❸
所有	❹	모든
否则	fǒuzé	❺

2 단어의 병음과 뜻을 알맞게 연결하세요.

❶ 减少 • • ㉠ chàbuduō • • ⓐ 거의

❷ 秒 • • ㉡ miǎo • • ⓑ 적어도

❸ 至少 • • ㉢ jiǎnshǎo • • ⓒ 초

❹ 差不多 • • ㉣ zhìshǎo • • ⓓ 감소하다

3 빈칸에 들어갈 알맞은 단어를 쓰세요.

❶ 你__________等我一下，我看到个熟人，过去打声招呼。
나를 **조금만** 기다려줘. 내가 아는 사람을 봐서, 가서 인사를 좀 하고 올게.

❷ 他的体重__________了90公斤。
그의 체중은 90kg을 **넘었다**.

❸ 这样做可以__________很多麻烦。
이렇게 하면 많은 번거로움을 **줄일** 수 있다.

❹ 新闻报道中使用的__________必须是准确的。
뉴스 보도에 사용하는 **숫자**는 반드시 정확해야 한다.

도전! HSK 4급 **듣기** 제1부분

28

4 녹음을 듣고 제시된 문장이 녹음과 일치하면 √, 일치하지 않으면 X를 표시하세요.

❶ 小李一直很准时。 (　　　)

❷ 我的工作总结已经写完了。 (　　　)

❸ 地铁已经到了。 (　　　)

빈출 ❹ 我从来没有后悔过来这儿工作。 (　　　)

5 빈칸에 들어갈 알맞은 단어를 고르세요.

A 大概　　B 从来　　C 距离　　D 否则

빈출 ❶ 我的航班(　　　　)8:30降落，你记得到机场接我。

빈출 ❷ 这件事我一直放在心里，(　　　　)没和任何人提起过。

빈출 ❸ 你得快点儿，(　　　　)我们就会迟到的。

❹ 我们今天的同学聚会(　　　　)上次聚会至少有一年了。

끝날 때까지 끝난 것이 아니다
_부사와 접속사

HSK 4급에 이 단어가 나온다!

헷갈리지만 시험에 자주 나오는 부사 完全(wánquán 완전히), 直接(zhíjiē 바로)와 의문문에서만 사용하는 到底(dàodǐ 도대체), 究竟(jiūjìng 도대체), 难道(nándào 설마)를 꼭 마스터하세요. 시험 직전에 보면 더욱 유용합니다.

정답과 오답을 잘 만드는 접속사와 부사

因为/由于 yīnwèi/yóuyú 왜냐하면~	'왜'라는 질문이 대다수인 시험에서는 정답을 바로 고를 수 있습니다.
尽管A, 但是/可是/不过/然而B jǐnguǎn A, dànshì/kěshì/búguò/rán'ér B 비록 A 하지만 그러나 B 하다	B가 중요 정보이므로 B 부분에 집중하세요!
最好 zuìhǎo 가장 좋기로는~	最(zuì 가장), 更(gèng 더욱)과 자주 어울립니다.
竟然/没想到 jìngrán/méi xiǎngdào 뜻밖에도(+중요 내용)	궁금증 유발을 통해 썰을 풀기 시작합니다.
原来/本来… yuánlái/běnlái… 원래는 ~하려고 했는데	원래는 ~하려고 했는데 결국 안 했다
好像… hǎoxiàng… 마치 ~인 것 같다	마치 ~인 것 같지만 ~이 아니다

561 □ □ **十分*** shífēn

부 매우

面试时我十分紧张。
Miànshì shí wǒ shífēn jǐnzhāng.
면접 볼 때 나는 매우 긴장했다.

+ 面试 miànshì 동 면접을 보다 | 紧张 jǐnzhāng 형 긴장하다

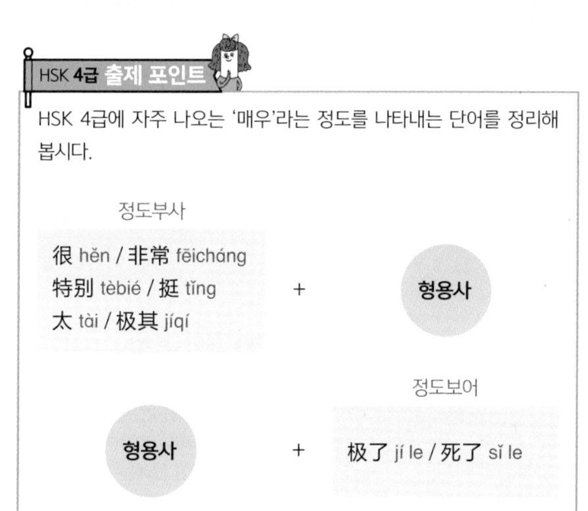

562 □ □ **挺***** tǐng

부 매우

호응 挺…的 매우 ~하다

这里互联网速度挺快的。
Zhèli hùliánwǎng sùdù tǐng kuài de.
이곳의 인터넷 속도는 매우 빠르다.

+ 互联网 hùliánwǎng 명 인터넷 | 速度 sùdù 명 속도

挺(tǐng 매우)은 단독으로 사용하기보다는 주로 [挺+형용사+的] 형식으로 사용됩니다. 독해 제1부분 보기에 挺이 제시되어 있고, 빈칸 뒤에 的가 있으면 정답은 바로 挺입니다.

我觉得这个菜的味道挺不错的。
Wǒ juéde zhège cài de wèidao tǐng búcuò de.
나는 이 음식의 맛이 꽤 괜찮다고 생각한다.

563 □ □

各*
gè

부 각각

他们都各有优缺点。
Tāmen dōu gè yǒu yōuquēdiǎn.
그들은 각각 장단점을 가지고 있다.

+ 优缺点 yōuquēdiǎn 장단점

대 각

欢迎各位来到美丽的海南岛。
Huānyíng gè wèi láidào měilì de Hǎinándǎo.
아름다운 하이난다오에 오신 여러분을 환영합니다.

+ 美丽 měilì 형 아름답다 | 海南岛 Hǎinándǎo 고유 하이난다오, 해남도

564 □ □

最好***
zuìhǎo

부 제일 좋기는

做决定之前最好仔细考虑一下。 빈출
Zuò juédìng zhī qián zuìhǎo zǐxì kǎolǜ yíxià.
결정하기 전에는 자세히 고려해보는 것이 가장 좋다.

+ 决定 juédìng 명 결정 | 之前 zhī qián ~하기 전 | 仔细 zǐxì 형 자세하다 | 考虑 kǎolǜ 동 고려하다

565 □ □

千万***
qiānwàn

부 절대로, 반드시

호응 千万不要… 절대로 ~하지 마세요 | 千万要… 반드시 ~해야 합니다

千万不要放弃，要坚持。 빈출
Qiānwàn bú yào fàngqì, yào jiānchí.
절대로 포기하지 말고, 끝까지 버텨야 해.

+ 放弃 fàngqì 동 포기하다 | 坚持 jiānchí 동 고수하다, 버티다

HSK 4급 출제 포인트

千万(qiānwàn)은 뒤에 긍정과 부정 모두 사용할 수 있습니다. HSK 4급에서는 [千万不要+동사], [千万别+동사+了]의 형식으로 '제발 ~하지 마세요'라는 의미로 자주 출제됩니다. 부디 제발 잊지 마세요! (千万别忘记! Qiānwàn bié wàngjì!)

566 **本来**★
□
□
běnlái

부 원래, 본래

我本来打算当律师，后来改变主意了。빈출
Wǒ běnlái dǎsuan dāng lǜshī, hòulái gǎibiàn zhǔyi le.
나는 원래 변호사가 될 계획이었지만 나중에는 생각이 바뀌었다.

+ 当 dāng 동 ~이 되다 | 律师 lǜshī 명 변호사 | 后来 hòulái 명 나중에 | 改变 gǎibiàn 동 바꾸다 | 主意 zhǔyi 명 생각

567 **原来**★★★
□
□
yuánlái

부 원래, 알고 보니

原来是这样啊！
Yuánlái shì zhèyàng a!
알고 보니 이런 거였구나!

형 원래의

他们不得不改变原来的计划。빈출
Tāmen bù dé bù gǎibiàn yuánlái de jìhuà.
그들은 어쩔 수 없이 원래의 계획을 바꿨다.

+ 不得不 bù dé bù 부 어쩔 수 없이, 하는 수 없이 | 改变 gǎibiàn 동 바꾸다 | 计划 jìhuà 명 계획

HSK 4급 출제 포인트

原来(yuánlái)와 本来(běnlái)는 어떤 일을 하려고 계획하다가 실현되지 못함을 나타냅니다. 듣기, 독해 영역에서 오답을 고르기 쉬운 유형이므로 주의해야 합니다.

她本来/原来打算去中国。
Tā běnlái/yuánlái dǎsuan qù Zhōngguó.
그녀는 원래 중국에 갈 계획이었다.
→ 결국 어떠한 이유로 중국에 가지 못했음

我本来/原来打算放弃。
Wǒ běnlái/yuánlái dǎsuan fàngqì.
나는 원래 포기할 생각이었다.
→ 그러나 포기하지 않고 끝까지 버텼음

568 □ □ **肯定★★★**

kěndìng

유의 一定 yídìng
틀림없이 ~일 것이다
3급

부 틀림없이

她肯定已经知道了。
Tā kěndìng yǐjīng zhīdào le.
그녀는 틀림없이 이미 알고 있을 거야.

명 긍정적인 평가

学生都希望得到老师的肯定。 빈출
Xuésheng dōu xīwàng dédào lǎoshī de kěndìng.
학생들은 모두 선생님의 인정을 받길 원한다.

569 □ □ **也许★★**

yěxǔ

유의 可能 kěnéng 아마도
2급
说不定 shuō bu dìng
아마도

부 아마도, 어쩌면

这也许是解决问题的办法。
Zhè yěxǔ shì jiějué wèntí de bànfǎ.
이것이 어쩌면 문제를 해결하는 방법일 것이다.

+ 解决 jiějué 동 해결하다 | 办法 bànfǎ 명 방법

570 □ □ **恐怕★★**

kǒngpà

유의 也许 yěxǔ 아마도
4급 ··· p.248
说不定 shuō bu dìng
아마도

부 아마도

天阴了，恐怕要下雨了。 빈출
Tiān yīn le, kǒngpà yào xiàyǔ le.
날이 흐려졌어. 아마도 비가 올 것 같아.

+ 阴 yīn 형 흐리다

571 □ □ **不得不★★**

bùdébù

유의 只好 zhǐhǎo
어쩔 수 없이
4급 ··· p.249

부 어쩔 수 없이

他不得不请假回家了。
Tā bùdébù qǐngjià huíjiā le.
그는 어쩔 수 없이 휴가를 내고 집으로 돌아갔다.

+ 请假 qǐngjià 동 휴가를 신청하다

572 **只好*** □ □
zhǐhǎo

유의 不得不 bùdébù
어쩔 수 없이
4급 ···› p.248

부 어쩔 수 없이

为了健康，他只好少抽烟。
Wèile jiànkāng, tā zhǐhǎo shǎo chōuyān.
건강을 위해서 그는 어쩔 수 없이 담배를 적게 핀다.

+ 为了 wèile 개 ~을 위하여 | 只好 zhǐhǎo 부 어쩔 수 없이

573 **往往**** □ □
wǎngwǎng

부 종종 ~하곤 한다(일반적인 현상)

积极的人往往从失败中看到成功的机会。
Jījí de rén wǎngwǎng cóng shībài zhōng kàndào chénggōng de jīhuì.
긍정적인 사람들은 종종 실패에서 성공의 기회를 본다.

+ 积极 jījí 형 긍정적이다 | 失败 shībài 명 실패 | 成功 chénggōng 명 성공 | 机会 jīhuì 명 기회

574 **直接***** □ □
zhíjiē

부 바로

下课后直接回家吧。 빈출
Xiàkè hòu zhíjiē huíjiā ba.
수업을 마치고 바로 집으로 돌아가자.

형 직접적이다

我跟这件事没有直接关系。
Wǒ gēn zhè jiàn shì méiyǒu zhíjiē guānxi.
나는 이 일과 직접적인 관계가 없다.

+ 关系 guānxi 명 관계

575 **竟然*** □ □
jìngrán

유의 没想到
méi xiǎngdào
뜻밖에도

부 뜻밖에도

他平时足球踢得挺不错的，这次竟然输了。
Tā píngshí zúqiú tī de tǐng búcuò de, zhè cì jìngrán shū le.
그는 평상시에 축구를 잘했었는데, 이번에는 뜻밖에도 패배했다.

+ 平时 píngshí 명 평소 | 挺 tǐng 부 꽤, 매우 | 输 shū 동 지다

576 **好像**★★
☐
☐
hǎoxiàng

부 마치 (~같다)[느낌이나 추측을 나타냄]

灯好像坏了，帮我修一下。 빈출
Dēng hǎoxiàng huài le, bāng wǒ xiū yíxià.
등이 고장 난 것 같아. 좀 고쳐줘.

+灯 dēng 명 등 | 修 xiū 동 고치다, 수리하다

577 **到底**★★★
☐
☐
dàodǐ

유의 究竟 jiūjìng 도대체
4급 ··· p.250

부 도대체

这到底是怎么回事儿？ 빈출
Zhè dàodǐ shì zěnme huí shìr?
이것은 도대체 어찌 된 일인가?

578 **究竟**★
☐
☐
jiūjìng

유의 到底 dàodǐ 도대체
4급 ··· p.250

부 도대체

他究竟发生了什么事情？ 빈출
Tā jiūjìng fāshēngle shénme shìqing?
그는 도대체 무슨 일이 일어난 거야?

+发生 fāshēng 동 발생하다

[到底/究竟+의문문]은 '도대체 ~?'라는 의미로, 독해 제1부분 빈칸 채우기 문제에 자주 출제됩니다. 제시어로 到底나 究竟이 보이면 물음표(?)가 있는 문장을 먼저 공략하세요. 아래 문장을 보면 什么라는 의문사가 있고 마지막에 물음표가 있어 의문문임을 쉽게 알 수 있습니다. 따라서 정답은 到底가 됩니다.

→ 千万(X)
她到底什么时候来？
Tā dàodǐ shénme shíhou lái?
그녀는 도대체 언제 오는 거야?

579 难道★★
□
□
nándào

부 설마 (~란 말인가?)

호응 难道…吗? 설마 ~란 말인가?

难道我做错了吗? 빈출
Nándào wǒ zuòcuò le ma?
설마 내가 잘못했단 말인가?

HSK 4급 출제 포인트

难道(nándào)는 [难道…吗?]의 형식으로 쓰여 '설마 ~란 말인가?'라는 의미를 나타냅니다. 독해 제1부분에 难道가 보기로 제시된 경우 吗를 찾으면 정답을 쉽게 고를 수 있습니다. 또한, 해석할 때 [难道…吗?] 안에 들어간 단어의 반대말을 생각하면 이해하기 쉽습니다.

难道我做错了吗?
Nándào wǒ zuòcuò le ma?
설마 내가 잘못했단 말인가? → 반대말이 对이므로 '내가 옳다'는 의미

580 确实★
□
□
quèshí

부 확실히, 정말로

大城市的工作机会确实多。
Dà chéngshì de gōngzuò jīhuì quèshí duō.
대도시에 일할 기회는 정말 많다.

+ 机会 jīhuì 명 기회

581 甚至★★
□
□
shènzhì

부 심지어

最近很忙，甚至吃饭的时间都没有。
Zuìjìn hěn máng, shènzhì chīfàn de shíjiān dōu méiyǒu.
최근에 매우 바빠서, 심지어 밥 먹을 시간도 없다.

582 是否
□
□
shìfǒu

부 ~인지 아닌지

这个答案是否正确?
Zhège dá'àn shìfǒu zhèngquè?
이 답안은 옳은 것입니까 아닙니까?

+ 答案 dá'àn 명 답안 | 正确 zhèngquè 형 옳다

583 **完全★★**
□
□
wánquán

부 완전히

호응 完全相反 완전히 상반되다 | 完全一样 완전히 똑같다

这件事完全是公司的责任，应该向顾客道歉。
Zhè jiàn shì wánquán shì gōngsī de zérèn, yīnggāi xiàng gùkè dàoqiàn.
이 일은 완전히 회사의 책임이니 마땅히 고객에게 사과해야 한다.

+ 责任 zérèn 명 책임 | 向…道歉 xiàng…dàoqiàn ~에게 사과하다 | 顾客 gùkè 명 고객

형 완전하다

牛奶是完全营养品。
Niúnǎi shì wánquán yíngyǎngpǐn.
우유는 완전한 영양 식품이다.

+ 营养品 yíngyǎngpǐn 명 영양품

584 **随便★★**
□
□
suíbiàn

부 마음대로, 멋대로

不要随便判断别人。빈출
Bú yào suíbiàn pànduàn biéren.
마음대로 다른 사람을 판단하지 마.

+ 判断 pànduàn 동 판단하다

동 마음대로 하다

你想吃什么就点什么，随你的便。
Nǐ xiǎng chī shénme jiù diǎn shénme, suí nǐ de biàn.
네가 먹고 싶은 거 마음대로 주문해.

585 **由于★★**
□
□
yóuyú

접 ~때문에

由于天气原因，活动推迟了。빈출
Yóuyú tiānqì yuányīn, huódòng tuīchí le.
날씨 때문에 행사가 연기됐다.

+ 原因 yuányīn 명 원인 | 活动 huódòng 명 활동, 행사 | 推迟 tuīchí 동 미루다, 연기하다

586 □ □ **因此***
yīncǐ

유의 所以 suǒyǐ 그래서
因而 yīn'ér 따라서

접 따라서, 그래서

放假了，因此学生们回家去了。
Fàngjià le, yīncǐ xuéshengmen huíjiā qù le.
방학을 해서 학생들이 집으로 돌아갔다.

+ 放假 fàngjià 동 방학을 하다

587 □ □ **于是**
yúshì

접 그래서

大家都说这部电影很好看，于是我也去看了。
Dàjiā dōu shuō zhè bù diànyǐng hěn hǎokàn, yúshì wǒ yě qù kàn le.
모두 이 영화가 재밌다고 말해서, 나도 보러 갔다.

588 □ □ **尽管*****
jǐnguǎn

동의 虽然 suīrán
비록 ~이지만
2급

접 비록 ~이지만
호응 尽管A，但是(可是/然而/不过)B 비록 A 하지만, 그러나 B 하다

他们尽管输了比赛，却没有输掉信心。
Tāmen jǐnguǎn shūle bǐsài, què méiyǒu shūdiào xìnxīn.
그들은 비록 시합에서는 졌지만, 자신감에서는 도리어 지지 않았다.

+ 输 shū 동 지다 | 却 què 부 도리어, 오히려 | 信心 xìnxīn 명 자신감

HSK 4급 출제 포인트

'비록 A 하지만 그러나 B 하다'의 접속사는 알고 있는 경우가 많습니다. 하지만 시험에서는 조금 더 난이도가 있는 단어를 테스트합니다. 따라서 알고 있는 단어 조합이 아닌 새롭게 배운 표현을 집중해서 공부하는 것이 관건입니다.

비록 A 하지만	그러나 B 하다
虽然 suīrán 尽管 jǐnguǎn	但是 dànshì 可是 kěshì 然而 rán'ér 不过 búguò 却 què

589 不过*

búguò

유의 但是 dànshì 그러나
可是 kěshì 그러나
4급 ⋯ p.254
然而 rán'ér 그러나
4급 ⋯ p.254

접 그러나, 하지만

我同意，不过有一个条件。
Wǒ tóngyì, búguò yǒu yí ge tiáojiàn.
동의할게, 하지만 한 가지 조건이 있어.

+ 同意 tóngyì 동 동의하다 | 条件 tiáojiàn 명 조건

590 可是*

kěshì

유의 但是 dànshì 그러나
不过 búguò 그러나
4급 ⋯ p.254
然而 rán'ér 그러나
4급 ⋯ p.254

접 그러나

这确实是个好机会，可是他还没准备好。
Zhè quèshí shì ge hǎo jīhuì, kěshì tā hái méi zhǔnbèi hǎo.
이것은 확실히 좋은 기회이다. 하지만 그는 아직 준비가 안 됐다.

+ 确实 quèshí 부 정말로 | 机会 jīhuì 명 기회 | 准备 zhǔnbèi 동 준비하다

591 然而***

rán'ér

유의 但是 dànshì 그러나
不过 búguò 그러나
4급 ⋯ p.254
可是 kěshì 그러나
4급 ⋯ p.254

접 그러나

虽然这次失败了，然而他并没有放弃。
Suīrán zhè cì shībài le, rán'ér tā bìng méiyǒu fàngqì.
비록 이번에는 실패했지만, 그러나 그는 결코 포기하지 않았다.

+ 失败 shībài 동 실패하다 | 并 bìng 부 결코 | 放弃 fàngqì 동 포기하다

592 既然**

jìrán

접 기왕 ~라면(인과 관계)

호응 既然A，就B 기왕 A이면 그러면 B 하다

既然帮我，就帮到底吧。
Jìrán bāng wǒ, jiù bāng dàodǐ ba.
기왕 날 도와주는 거면 끝까지 도와줘.

+ 帮到底 bāng dàodǐ 끝까지 돕다

593
要是★★
yàoshi

동의 如果 rúguǒ 만일 ~라면 3급

접 만일 ~라면

호응 要是A，就B 만약 A 한다면 B이다

要是下雨，我就不去爬山。
Yàoshi xiàyǔ, wǒ jiù bú qù páshān.
만일 비가 오면, 나는 등산 가지 않을 거야.

+ 爬山 páshān 동 등산하다

594
即使★★
jíshǐ

유의 哪怕 nǎpà 설령 ~일지라도
就算 jiùsuàn 설령 ~일지라도

접 설령 ~일지라도

호응 即使A，也B 설령 A 할지라도 B 하다

即使失败了，也没关系。
Jíshǐ shībàile, yě méi guānxi.
설령 실패한다 하더라도 상관없어.

+ 失败 shībài 동 실패하다

595
不仅★★★
bùjǐn

동의 不但 búdàn ~일 뿐만 아니라 3급
不光 bùguāng ~일 뿐만 아니라

접 ~일 뿐만 아니라

호응 不仅(不但)A，而且(并且)B A 할 뿐만 아니라 게다가 B 하다

他不仅很聪明，而且很幽默。
Tā bùjǐn hěn cōngming, érqiě hěn yōumò.
그는 똑똑할 뿐만 아니라, 게다가 매우 유머러스하다.

+ 幽默 yōumò 형 유머러스하다

596
并且★
bìngqiě

유의 而且 érqiě 게다가

접 게다가, 그리고

我弟弟不但聪明，并且很懂礼貌。
Wǒ dìdi búdàn cōngming, bìngqiě hěn dǒng lǐmào.
내 남동생은 똑똑할 뿐만 아니라 게다가 예의가 바르다.

+ 懂礼貌 dǒng lǐmào 예의범절을 알다

597 □ □ **不管★★**
bùguǎn

유의 无论 wúlùn
~에 관계없이
4급 ··· p.256

접 ~에 관계없이

호응 不管A，都(还/也)B A와 상관없이 모두 B 하다

不管别人怎么说，我都没关系。
Bùguǎn biéren zěnme shuō, wǒ dōu méi guānxi.
다른 사람이 어떻게 말하든 간에 나는 모두 상관없다.

598 □ □ **无论**
wúlùn

접 ~에 관계없이, ~을 막론하고

호응 无论…都(还/也) ~에 관계없이

无论做什么工作，他都非常认真。 빈출
Wúlùn zuò shénme gōngzuò, tā dōu fēicháng rènzhēn.
무슨 일을 하든 간에 그는 모두 매우 열심이다.

+ 认真 rènzhēn 형 열심히 하다

不管(bùguǎn), 无论(wúlùn)은 뒤에는 반드시 의문문을 써야만 문장이 성립됩니다. HSK 4급에서 가장 자주 출제되는 문형은 [不管/无论A还是B, 都/还/也]입니다. 독해 제2부분 순서 배열 문제에서 无论이나 不管이 보이면, [无论/不管 → 还是 → 都/还/也] 순으로 배열 하세요.

①无论是成功②还是失败，我③都要试一试。
Wúlùn shì chénggōng háishi shībài, wǒ dōu yào shì yi shì.
성공하든 실패하든 나는 한번 시도해볼 거야.

599 □ □ **连**
lián

개 ~조차도

호응 连A都B A조차도 B 하다

他忙得连周末都不能休息。
Tā máng de lián zhōumò dōu bù néng xiūxi.
그는 바빠서 주말조차도 쉴 수 없다.

+ 周末 zhōumò 명 주말

동 연결하다

奇怪，这个网站怎么连不上啊？ 빈출
Qíguài, zhège wǎngzhàn zěnme lián bu shàng a?
이상하네, 이 사이트가 왜 연결이 안 되지?

+ 奇怪 qíguài 형 이상하다 | 网站 wǎngzhàn 명 웹사이트

HSK 4급 출제 포인트

连(lián)은 都(dōu)나 也(yě)와 주로 함께 짝을 이뤄 [连A都/也B] 형식으로 'A조차도 B 하다'라는 의미를 나타냅니다. 따라서 连을 보면 자연스럽게 都나 也를 찾아서 한 덩어리로 인식할 수 있어야 합니다.

连基本的礼貌都没有。
Lián jīběn de lǐmào dōu méiyǒu.
기본적인 예의조차도 없다.

600 □ □
呀
ya

조 어기조사 啊(a)가 앞 음절의 모음(a, e, i, o, ü)의 영향으로 변화된 음 표기 글자

这又是什么呀?
Zhè yòu shì shénme ya?
이건 또 뭐야?

+ 又 yòu 부 또

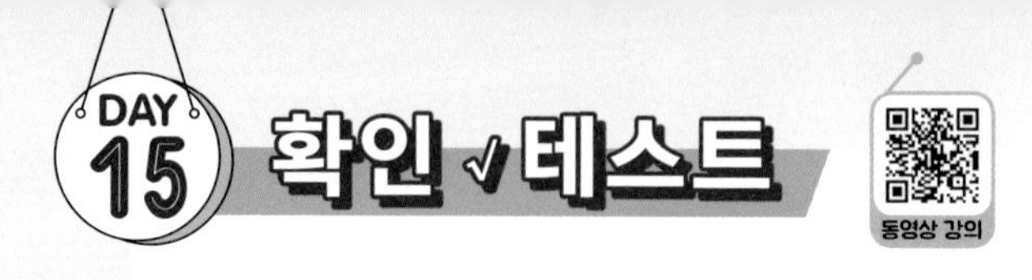

1 빈칸을 채우세요.

既然	❶	기왕 ~라면(인과 관계)
尽管	jǐnguǎn	❷
❸	búguò	그러나, 하지만
甚至	❹	심지어
因此	yīncǐ	❺

2 단어의 병음과 뜻을 알맞게 연결하세요.

❶ 千万 •   • ㉠ qiānwàn •   • ⓐ 아마도

❷ 好像 •   • ㉡ nándào •   • ⓑ 설마 (~란 말인가?)

❸ 恐怕 •   • ㉢ hǎoxiàng •   • ⓒ 마치 (~같다)

❹ 难道 •   • ㉣ kǒngpà •   • ⓓ 절대로, 반드시

3 빈칸에 들어갈 알맞은 단어를 쓰세요.

❶ 他__________很聪明，而且很幽默。
그는 똑똑할 **뿐만 아니라**, 게다가 매우 유머러스하다.

❷ 这件事__________是公司的责任，应该向顾客道歉。
이 일은 **완전히** 회사의 책임이니 마땅히 고객에게 사과해야 한다.

❸ 这里互联网速度______快的。
이곳의 인터넷 속도는 **매우** 빠르다.

❹ 不要__________判断别人。
마음대로 다른 사람을 판단하지 마.

도전/ HSK 4급 **독해** 제1부분

4 빈칸에 들어갈 알맞은 단어를 고르세요.

A 由于　　B 原来　　C 直接　　D 到底

빈출 ❶ 她(　　　　)在干什么呢? 怎么这么慢?

❷ 看完书后，请按时间顺序把它放回(　　　　)的地方。

❸ (　　　　)天气原因，我们的比赛推迟到这个星期六了。

빈출 ❹ 你有李律师的电话号码，就(　　　　)跟他联系吧。

도전/ HSK 4급 **독해** 제2부분

5 제시된 단어를 어순에 맞게 배열하세요.

❶ A 它不仅能按照人的要求做一些简单的动作
B 那只小猴子很聪明
C 还会使用一些简单的工具 ____________

❷ A 也应该找到信心，坚持下去
B 即使在最困难的时候
C 一个人不应该轻言放弃 ____________

❸ A 虽然毕业以后我们有10多年没见面了
B 但我还是一眼就认出了他
C 因为他的样子几乎没什么变化 ____________

쓰기 제2부분

꼭 알아야 할 HSK 4급 빈출 단어

1	 毛巾 máojīn 수건	▪ 你用毛巾擦一下汗吧。 Nǐ yòng máojīn cā yíxià hàn ba. 수건으로 땀을 한번 닦으세요. + 擦 cā 동 닦다 | 汗 hàn 명 땀 ▪ 给你毛巾，快擦一下汗吧。 Gěi nǐ máojīn, kuài cā yíxià hàn ba. 수건 줄게, 얼른 땀 닦아.
2	 商量 shāngliang 상의하다	▪ 他们正在商量一个问题。 Tāmen zhèngzài shāngliang yí ge wèntí. 그들은 마침 하나의 문제를 상의하고 있는 중이다. ▪ 你先和她商量一下再做决定吧。 Nǐ xiān hé tā shāngliang yíxià zài zuò juédìng ba. 너는 먼저 그녀와 상의한 후에 결정을 내려. + 决定 juédìng 명 결정
3	 航班 hángbān 운항편, 항공편	▪ 他乘坐的航班推迟起飞了。 Tā chéngzuò de hángbān tuīchí qǐfēi le. 그가 탑승한 항공편은 이륙이 연기되었다. ▪ 我乘坐的航班推迟降落了。 Wǒ chéngzuò de hángbān tuīchí jiàngluò le. 내가 탑승한 항공편은 착륙이 연기되었다.
4	 手机 shǒujī 휴대폰	▪ 我被手机的响声吵醒了。 Wǒ bèi shǒujī de xiǎngshēng chǎoxǐng le. 나는 휴대폰이 울리는 소리에 시끄러워서 깼다. ▪ 这里禁止使用手机，请关机。 Zhèli jìnzhǐ shǐyòng shǒujī, qǐng guānjī. 여기는 휴대폰 사용이 금지되어 있으니 휴대폰을 꺼주세요.

꼭 알아야 할

쓰기 제1부분

HSK 4급 빈출 구문

31

1

那条消息让我… Nà tiáo xiāoxi ràng wǒ … 그 소식은 나에게 ~하게 하다

那条消息真让我受不了。
Nà tiáo xiāoxi zhēn ràng wǒ shòu bu liǎo.
그 소식은 정말 나를 견딜 수 없게 했다.

+ 受不了 shòu bu liǎo 동 견딜 수 없다

2

表演(比赛/演出)精彩 공연(시합/공연)이 훌륭하다
biǎoyǎn(bǐsài/yǎnchū) jīngcǎi

昨天的那场表演实在太精彩了。
Zuótiān de nà chǎng biǎoyǎn shízài tài jīngcǎi le.
어제 그 공연은 정말 대단했어.

+ 场 chǎng 양 번, 회 | 实在 shízài 부 정말로

3

…值得… …zhídé… ~할 만하다

这本书真值得一看。
Zhè běn shū zhēn zhídé yí kàn.
이 책은 한번 읽어볼 만하다.

4

对…没有好处 duì…méiyǒu hǎochù ~에 좋은 점이 없다

抽烟对身体没有好处。
Chōuyān duì shēntǐ méiyǒu hǎochù.
흡연은 몸에 좋은 점이 없다.

5

说得地道(流利/标准) shuō de dìdao(liúlì/biāozhǔn) 현지인처럼 말하다

他汉语说得很地道。
Tā Hànyǔ shuō de hěn dìdao.
그는 중국어를 현지인처럼 말한다.

듣기 제1부분 녹음과 일치하면 √, 일치하지 않으면 X를 표시하세요.

1 ★ 散步能让人感到放松。 (　　)

2 ★ 会议按原计划进行。 (　　)

듣기 제2부분 녹음을 듣고 알맞은 답을 고르세요.

3 A 加班多　　B 离家远
C 想读博士　　D 想多陪孩子

4 A 累了　　B 发烧了
C 口渴了　　D 眼睛难受

5 A 律师　　B 服务员
C 导游　　D 老师

듣기 제3부분 녹음을 듣고 알맞은 답을 고르세요.

6 A 步行　　B 乘船
C 坐地铁　　D 坐出租车

7 A 搬不动　　B 擦干净了
C 先别着急买　　D 带的钱不够

독해 제1부분 빈칸에 들어갈 알맞은 단어를 고르세요.

A 稍微　　B 礼貌　　C 降落　　D 往往　　E 趟

8 在图书馆里大声打电话是很不(　　　　)的。

9 这个国家去年增加了许多(　　　　)航班，来旅游的人也变得更多。

10 我们(　　　　)在一件事情上花的时间和金钱越多，就越不肯放弃。

11 飞机将于30分钟后(　　　　)在首都国际机场。

12 我看到一个熟人，我过去打声招呼，你(　　　　)等我一下。

독해 제2부분 어순에 맞게 배열하세요.

13 A 5点请大家准时在门口集合
B 我们在海洋馆玩儿的时间是两个小时，现在是3点
C 接下来我们要去参观的地方是海洋馆

____

14 A 相反，会使问题变得更复杂
B 现在和当时的情况不同，如果还是使用以前的办法
C 不但不能解决任何问题

____

독해 제3부분 지문을 읽고 질문에 알맞은 답을 고르세요.

15 历史就像一面镜子，其中有许多值得我们学习的经验和方法。可以这么说，读史使人聪明。

★ 这段话主要想告诉我们：

A 要积累经验　　B 聪明人的特点
C 人应该诚实　　D 要多读历史

[16-17]

随着互联网的发展，知识的获得也变得越来越容易了。但网上的信息太多，也很难判断信息的正确性。在这种情况下，判断真假就变得尤其重要了。只有你有了判断对错的能力后，你才能从复杂多变的环境中获得真正对你有用的信息。

16 ★ 根据上文，网上的信息有什么特点？

A 及时　　B 仔细
C 容易找到　　D 不完全正确

17 ★ 与获得知识相比，更重要的是：

A 适应环境　　B 学会利用
C 判断信息真假　　D 积累更多的知识

쓰기 제1부분 제시된 단어를 어순에 맞게 배열하세요.

18 手机的响声　林小姐　被　了　吵醒

19 旅行能　心情　愉快　使人

20 你的　获得　怎样才　能　原谅呢

21 联系　有老师的　方式　网站上

22 挂在　请　把　镜子下边　这条毛巾

쓰기 제2부분 사진을 보고 제시된 단어를 활용하여 작문하세요.

23 

拍

24 

来得及

정답 및 해석 찾아보기

DAY 01 확인 테스트 p.24

1 ❶ shòuhuòyuán ❷ 집주인
❸ 来自 ❹ 젊은이, 총각
❺ shīfu

2 ❶ ⓛ – ⓒ ❷ ㉠ – ⓑ
❸ ㉢ – ⓓ ❹ ㉣ – ⓐ

3 ❶ 陪 ❷ 顾客
❸ 售货员 ❹ 律师

4 ❶ 我一会儿陪孙女去海洋馆，因为我孙女一直希望看到一场精彩的动物表演。

★ 我一会儿要去接孙子。(X)

나는 잠시 후 손녀를 데리고 아쿠아리움에 간다. 손녀가 줄곧 멋진 동물 공연을 보고 싶어 했기 때문이다.

★ 나는 잠시 후에 손자를 데리러가야 한다. (X)

❷ 他性格活泼，见到朋友，先跟他们说"你好！"。朋友们都喜欢他的这种性格。

★ 他喜欢跟别人打招呼。(√)

그는 성격이 활발해서 친구를 만나면 먼저 그들에게 '안녕'이라고 말한다. 친구들은 모두 그의 이런 성격을 좋아한다.

★ 그는 다른 사람과 인사하는 것을 좋아한다. (√)

❸《富爸爸穷爸爸》是一本很有趣的书，它教会了我正确认识金钱。

★《富爸爸穷爸爸》是一本有意思的书。(√)

『부자 아빠, 가난한 아빠』는 한 권의 재미있는 책으로, 내가 돈을 올바르게 인식하도록 가르쳐 줬다.

★ 『부자 아빠, 가난한 아빠』는 한 권의 재미있는 책이다. (√)

❹ 他妈妈可真厉害！我昨天看了她表演的京剧，实在是太精彩了！下次有机会，你也看看吧。

★ 他母亲是当地的一位律师。(X)

그의 엄마는 정말 대단해! 나는 어제 그녀가 공연하는 경극을 봤는데, 정말 멋졌어! 다음에 기회되면, 너도 꼭 봐봐.

★ 그의 엄마는 현지 변호사다. (X)

+ 海洋馆 hǎiyángguǎn 명 아쿠아리움

5 ❶ 이 (B 배우)가 찍은 영화는 모두 훌륭하다.

❷ 그녀는 어릴 때 주사 맞는 것을 두려워했지만, 커서 뜻밖에도 간호사가 (D 되었다).

❸ 그는 중국에서 가장 (A 저명한) 화가 중 한 명으로, 말을 그리는 것으로 유명한데, 설마 너 모르니?

❹ 베이징의 고궁은 나에게 좋은 (C 인상)을 남겼다.

+ 出名 chūmíng 동 이름이 나다 형 유명하다 | 故宫 Gùgōng 고유 고궁

DAY 02 확인 테스트 p.42

1 ❶ jiāo'ào ❷ 활달하다, 활발하다
❸ 道歉 ❹ lěngjìng
❺ 진실하다

2 ❶ ㉣ – ⓐ ❷ ㉠ – ⓓ
❸ ⓛ – ⓒ ❹ ㉢ – ⓑ

3 ❶ 相反 ❷ 幽默
❸ 自信 ❹ 耐心

4 ❶ 那个幽默的导游让这次旅游变得十分有趣。我们应该感谢他。

★ 那位律师很幽默。(X)

그 유머러스한 가이드는 이번 여행을 더욱 재미있게 만들었다. 우리는 그에게 감사해야 한다.

★ 그 변호사는 매우 유머러스하다. (X)

❷ 同学们劝他好几次了，可他还是选择放弃这次机会，这让我们都感到很可惜。

★ 他不会放弃这次机会。(X)

학우들은 그에게 몇 번이나 타일렀지만, 그는 여전히 이번 기회를 포기하기로 했다. 이것은 우리를 매우 아쉽게 했다.

★ 그는 이번 기회를 놓치지 않을 것이다. (X)

❸ 你千万要记住！不管做什么事情，都应该认真、仔细，不能太马虎。

★ 做事应该认真。(√)

너는 반드시 기억해! 어떤 일을 하든지 열심히 하고 꼼꼼해야 하며, 너무 덤벙대서는 안 돼.

★ 일은 열심히 해야 한다. (√)

❹ 他们俩平时意见不同，常常吵架，但这次不一样。没想到他俩的意见一样。

★ 他俩对这件事的意见完全相同。(√)

그들 둘은 평소에 의견이 달라 자주 말다툼을 했는데, 이번에는 달랐다. 뜻밖에도 그들 둘의 의견이 일치했다.

★ 그 둘은 이 일에 대해 의견이 완전히 일치한다. (√)

+ 有趣 yǒuqù 형 재미있다 | 意见 yìjiàn 명 의견 | 没想到 méi xiǎngdào 뜻밖에도

5 ❶ 나는 내일 시험에 상당히 (A **자신이 있다**).

❷ 부모님은 줄곧 나의 선택을 (B **지지해**) 주셨다.

❸ 나는 원래 (D **포기하**)려고 했지만, 선생님의 말이 나로 하여금 생각을 바꾸게 했다.

❹ 넌 정말 너무 (C **덤벙대**). 세상에 여권조차도 가져오는 걸 깜빡하다니!

+ 选择 xuǎnzé 명 선택 | 竟然 jìngrán 부 뜻밖에도

DAY 03 확인 테스트

p.56

1 ❶ 热闹 ❷ cháng ❸ jùhuì ❹ 제공하다 ❺ 장사, 사업, 거래

2 ❶ ㉡ – ⓑ ❷ ㉠ – ⓒ ❸ ㉣ – ⓓ ❹ ㉢ – ⓐ

3 ❶ 剩 ❷ 够 ❸ 节约 ❹ 满

4 ❶ 为了做好这笔生意，爸爸这几年做了不少努力，结果生意越做越大，赚了不少钱。

★ 爸爸的生意不错。(√)

이 비즈니스를 잘 해내기 위해 아버지는 최근 몇 년간 많은 노력을 해오셨다. 그 결과, 사업 규모가 점점 커져 적지 않은 돈을 벌었다.

★ 아버지의 사업이 잘 된다. (√)

❷ 大夫说巧克力太甜，吃多了对牙不好。所以我只是偶尔吃一块儿。

★ 我每天吃巧克力。(X)

의사 선생님이 초콜릿은 너무 달아서 많이 먹으면 이에 안 좋다고 말씀하셨다. 그래서 나는 가끔 하나씩 먹는다.

★ 나는 매일 초콜릿을 먹는다. (X)

❸ 火车站周围有不少小吃店，吃东西比较方便。现在不用买这么多。

★ 火车站附近几乎没有小吃店。(X)

기차역 주변에는 적지 않은 분식집이 있어서 음식을 먹기에 비교적 편리해. 지금 이렇게 많이 살 필요가 없어.

★ 기차역 근처에는 분식집이 거의 없다. (X)

❹ 这个汤有点儿咸，盐放多了吧！你应该吃得淡一点儿，记得下次少放点儿盐。

★ 你做的西红柿汤特别香。(X)

이 국은 좀 짜. 소금을 많이 넣었지? 넌 싱겁게 먹어야 해. 다음 번에는 소금을 조금만 넣어.

★ 네가 만든 토마토 국은 특히 맛있다. (X)

5 ❶ 정말 (A **맛있다**). 나는 네가 만든 토마토 계란국 먹는 걸 제일 좋아해.

❷ 왼쪽 병의 것은 좀 달고, 오른쪽 병의 것은 (C **짜요**).

❸ 이렇게 많은 음식을 다 먹지 않고 남겼네. (D **낭비하면**) 너무 아까워.

❹ 번호표를 잘 가지고 계세요. (B **주스**)가 다 되면 저희가 가져다드리겠습니다.

DAY 04 확인 테스트

p.72

1 ❶ 편지 봉투 ❷ 盒子
❸ 가구 ❹ shāfā
❺ dìzhǐ

2 ❶ ㉣ – ⓑ ❷ ㉢ – ⓐ
❸ ㉡ – ⓒ ❹ ㉠ – ⓓ

3 ❶ 厚 ❷ 购物
❸ 保证 ❹ 吸引

4 ❶ 오늘 나랑 상점에 가자. 듣자 하니, 요 며칠 겨울옷이 모두 (D **세일**) 중이래.

❷ 이런 종류의 가방은 크고 무거워서 (B **유행하기가**) 힘들다.

❸ 지금 많은 카페에서 모두 (C **무료**) 인터넷 서비스를 제공하고 있어서 돈을 쓸 필요가 없다.

❹ 이 가게의 오리구이는 매우 맛있어서, 매일 많은 사람들이 (A **줄을 서서**) 산다.

5 ❶ 这两个冰箱有什么区别？
이 두 개의 냉장고는 어떤 차이가 있나요?

❷ 那个红色的盒子又脏又破。
그 빨간색의 작은 상자는 지저분하고 망가졌다.

❸ 这种儿童牙膏十分受欢迎。
이 어린이 치약은 매우 인기 있다.

❹ 信封上的地址写得不太详细。
편지 봉투에 주소가 그다지 상세하게 적혀 있지 않다.

DAY 05 확인 테스트

p.90

1 ❶ yàoshi ❷ wàzi
❸ 干 ❹ jìngzi
❺ (장신구를) 착용하다

2 ❶ ⓒ – ⓑ ❷ ⓓ – ⓐ
❸ ⓑ – ⓓ ❹ ⓐ – ⓒ

3 ❶ 回忆 ❷ 指
❸ 抱 ❹ 乱

4 ❶ 妈妈要求在客厅的墙上挂一面大镜子，但我觉得这样做不太合适。

★ 妈妈想在卫生间的墙上挂镜子。(X)

엄마는 거실 벽에 큰 거울 하나를 걸 것을 요구했다. 하지만 나는 이렇게 하는 것이 적합하지 않다고 느꼈다.

★ 엄마는 화장실 벽에 거울을 걸려고 한다. (X)

❷ 我这个人太马虎了，又把车钥匙忘在办公室了。我一定要改掉这种坏习惯！

★ 我又把车钥匙丢了。(X)

난 정말 덤벙대. 또 차 열쇠를 사무실에 두고 왔어. 나는 이 나쁜 습관을 꼭 고쳐야만 해.

★ 나는 자동차 열쇠를 또 잃어버렸다. (X)

❸ 手机早上7点就响了，可是她一直躺到8点半才起床，真让人头疼。

★ 她7点就起床了。(X)

휴대폰이 아침 7시에 울렸지만, 그녀는 8시 반까지 누워있다가 일어났다. 정말 골치가 아프다.

★ 그녀는 7시에 바로 일어났다. (X)

❹ 你的房间到处都是脱下的衣服，妈妈已经帮你收拾好了。怎么样？整齐干净多了吧？

★ 妈妈把房间收拾得很干净。(√)

네 방은 사방이 벗어놓은 옷이어서, 엄마가 벌써 다 치웠어. 어때? 훨씬 깔끔하지?

★ 엄마는 방을 깔끔하게 치웠다. (√)

5 ❶ 너는 거울을 여기에 (C 걸면) 어떨 것 같아?

❷ 누군가 문을 (A 두드리고) 있어요. 아마도 아이가 돌아왔나 봐요.

❸ 죄송합니다. 제가 방금 실수로 테이블을 더럽히고는 (D 닦을) 겨를이 없었어요.

❹ 이 상자는 너무 무거워서 나 혼자서는 못 들어. 네가 (B 드는) 것 좀 도와줘.

DAY 06 확인 테스트

p.108

1 ❶ 演出 ❷ wēixiǎn
❸ 피아노를 치다 ❹ 举办
❺ jiǎnféi

2 ❶ ⓒ – ⓑ ❷ ⓑ – ⓒ
❸ ⓓ – ⓐ ❹ ⓐ – ⓓ

3 ❶ 精彩 ❷ 活动
❸ 养成 ❹ 尤其

4 ❶ 你在吃什么呢？那是前天买的面包！你把它倒进垃圾桶里吧，别吃坏了肚子。

★ 他肚子疼得有点儿受不了。(X)

너는 뭘 먹니? 그거 그저께 산 빵이야. 그거 쓰레기통에 버려! 먹고 배탈 나지 말고.

★ 그는 배가 아파서 견딜 수 없다. (X)

❷ 这个周末我有一个重要的约会，得找本杂志，看看上面介绍的流行衣服，得学习一下穿衣打扮。

★ 他对打扮很感兴趣。(√)

이번 주말에 나는 중요한 데이트가 있다. 잡지를 구해 거기에 소개하고 있는 유행하는 옷들을 보고 치장하는 법을 배워야 한다.

★ 그는 치장하는 데 관심이 있다. (√)

❸ 真抱歉！我儿子突然发烧，我得送他去医院打针，看样子下午我不能去踢球了。

★ 儿子今天参加了足球比赛。(X)

정말 죄송해요. 제 아들이 갑자기 열이 나서 저는 아들을 병원에 데려가 주사를 맞혀야 해요. 보아하니 오후에 저는 축구하러 못 갈 것 같습니다.

★ 아들은 오늘 축구 시합에 나갔다. (X)

❹ 从昨天开始，我一直咳嗽个不停。今天去医院看病时，医生说："你感冒了。"

★ 我的咳嗽是由感冒引起的。(√)

어제부터 나는 계속 기침이 끊이질 않는다. 오늘 병원에서 진찰 받을 때 의사 선생님께서 '감기에 걸리셨네요.'라고 말했다.

★ 내 기침은 감기 때문이다. (√)

5 ❶ 왜 이렇게 땀을 많이 흘려? 자, 내가 너에게 (D **수건**)을 줄 테니 얼른 닦아.

❷ 줄곧 비가 내려서 운동회는 어쩔 수 없이 (A **개최**)를 연기했다.

❸ 우리는 오늘 경기에서 졌지만, 다음 번 경기에서는 그들을 (C **이길**) 수 있기를 바란다.

❹ 너의 동작은 부정확해. (B **팔**)을 조금만 더 높이 들어.

DAY 07 확인 테스트

p.124

1 ❶ kěxī ❷ 轻松
❸ 失望 ❹ fánnǎo
❺ 무료하다, 심심하다, 재미없다

2 ❶ ㉡ – ⓑ ❷ ㉣ – ⓐ
❸ ㉠ – ⓓ ❹ ㉢ – ⓒ

3 ❶ 误会 ❷ 麻烦
❸ 受不了 ❹ 怀疑

4 ❶ 人与人之间如果缺少交流可能就会引起误会。主动与周围的人交流，可以交到更多的朋友，丰富我们的生活。

★ 缺少交流会引起误会。(√)

사람과 사람 사이에 교류가 부족하면 오해가 생길 수 있다. 자발적으로 주변 사람들과 교류하면, 더 많은 친구를 사귈 수 있어 우리의 삶을 풍요롭게 한다.

★ 교류가 부족하면 오해가 생길 수 있다. (√)

❷ 这几天，她感情方面出了些问题，所以她心情一直不好，我不知道该怎么办才好。

★ 她这几天一直很高兴。(X)

요 며칠 그녀는 감정상에 문제가 생겨서 기분이 계속 좋지 않아. 내가 어떻게 해야 좋을지 모르겠어.

★ 그녀는 요 며칠 계속 매우 기쁘다. (X)

❸ 为了这次考试，我做了不少的努力。结果发现我和第一名只差一分，真是太可惜了。

★ 我对这次成绩感到非常满意。(X)

이번 시험을 위해 나는 많은 노력을 했다. 결과적으로 나는 일등과 고작 1점 차이밖에 나지 않았다. 정말 아쉽다.

★ 나는 이번 성적에 대해 매우 만족한다. (X)

❹ 小李，我刚才去张律师的办公室找他，但他不在。麻烦你把这封信交给他，好吗？

★ 我已经跟张律师联系好了。(X)

샤오리, 내가 방금 장 변호사님 사무실에 찾아갔는데, 장 변호사님이 안 계셨어요. 번거롭겠지만, 이 편지를 그에게 좀 전해주시겠어요?

★ 나는 이미 장 변호사님과 연락을 했다. (X)

5 ❶ 그들 둘은 이미 알고 지낸 지 20여 년이 되었지만, (A **감정**)은 줄곧 좋다.

❷ 너는 왜 이렇게 (D **상심해서**) 우니?

❸ (C **미안해**), 내가 실수로 너의 옷을 더럽혔어.

❹ 너는 무슨 좋은 일 있어? 오늘 왜 이렇게 (B **흥분했어**)?

DAY 08 확인 테스트

p.140

1 ❶ yìngpìn ❷ 자료, 재료
❸ 시간을 앞당기다 ❹ 复印
❺ jiābān

2 ❶ ㉡ – ⓑ ❷ ㉠ – ⓐ
❸ ㉣ – ⓒ ❹ ㉢ – ⓓ

3 ❶ 表格 ❷ 干杯
❸ 缺少 ❹ 总结

4 ❶ 이 일은 완전히 저의 (C **책임**)이니, 제가 마땅히 여러분께 사과드려야 합니다.

❷ 실례지만, 이 서류를 한 (D **부**) 복사해 주세요.

❸ 엄마는 상하이로 (A **출장을 가서**) 다음 주말에야 돌아오신다.

❹ 나는 그와 (B **연락**)을 시도해봤지만, 그의 전화는 계속 통화 중이다.

5 ❶ 祝贺你顺利完成任务。
순조롭게 임무를 완성한 것을 축하합니다.

❷ 我的收入比去年增加了好几十万。
나의 수입은 작년에 비해 몇 십만이 증가했다.

❸ 今天的招聘会由小王负责。
오늘 채용 박람회는 샤오왕이 책임진다.

❹ 你的条件不符合我们的招聘要求。
당신의 조건은 저희 채용 조건에 부합하지 않습니다.

DAY 09 확인 테스트

p.156

1 ❶ 보통화, 현대 중국 표준어
❷ bìyè ❸ 报名
❹ 쪽, 페이지 ❺ fàng shǔjià

2 ❶ ㉠ – ⓑ ❷ ㉢ – ⓓ
❸ ㉣ – ⓒ ❹ ㉡ – ⓐ

3 ❶ 标准 ❷ 重点
❸ 文章 ❹ 法律

4 ❶ 他之前有点汉语基础，所以现在学起来很轻松，特别是口语，说得像中国人一样流利，真让人吃惊。

★ 他对汉语有一点基础。(√)

그는 이전에 약간의 중국어 기초가 있어서 지금 배우기 시작하니 상당히 쉽다. 특히, 회화는 중국인처럼 유창해서 놀랍다.

★ 그는 중국어에 기초가 조금 있다. (√)

❷ 哥哥在学习呢，我们最好不要打扰他。奶奶陪你玩一会儿。

★ 弟弟想跟奶奶一起学习。（X）

형이 공부하고 있으니 우리는 방해하지 않는 게 좋겠어. 할머니가 너랑 잠깐 놀아줄게.

★ 남동생은 할머니와 함께 공부하고 싶어 한다. (X)

❸ 小云想成为一名国际律师，为了实现自己的理想，她已经申请了奖学金，打算出国读博士。

★ 小云打算出国留学。（√）

샤오윈은 국제 변호사가 되길 원한다. 자신의 꿈을 이루기 위해서, 그녀는 이미 장학금을 신청했고, 외국으로 나가 박사 과정을 공부할 계획이다.

★ 샤오윈은 해외 유학을 가려고 한다. (√)

❹ 老师，这些填空题我都做完了。请看一下我做得对不对。

★ 我还剩几个填空题。（X）

선생님, 이 빈칸 채우기 문제들을 다 풀었어요. 제가 푼 게 맞는지 한번 봐주세요.

★ 나는 아직 빈칸 채우기 몇 문제가 남았다. (X)

5 ❶ 일이 (C **복잡해**)질수록 너는 인내심 있게 해결해야 해. 절대로 조급해하지 마.

❷ 중국에 온 지 막 한 달이 지나서 그는 중국어를 그다지 (D **유창하게**) 하지 못한다.

❸ 나는 복습을 거의 다 했어. 요 며칠은 핵심 내용을 다시 한 (A **번**) 보면 돼.

❹ 밖이 왜 이렇게 시끄러워? 내 공부에 심각하게 (B **방해돼**).

DAY 10 확인 테스트

p.174

1 ❶ 이 밖에 ❷ 无
❸ tíxǐng ❹ tǎolùn
❺ ~할 가치가 있다, ~할 만하다

2 ❶ ㉡ – ⓑ ❷ ㉠ – ⓓ
❸ ㉣ – ⓒ ❹ ㉢ – ⓐ

3 ❶ 判断 ❷ 技术
❸ 拒绝 ❹ 却

4 ❶ 调查结果和他们想的几乎完全相反，他们不得不改变原来的计划。

★ 调查结果和他们想的差不多一样。（X）

조사 결과는 그들이 생각한 것과는 완전히 상반되어서, 그들은 어쩔 수 없이 원래의 계획을 변경했다.

★ 조사 결과는 그들이 생각한 것과 거의 같다. (X)

❷ 对不起，你的条件不符合我们的要求，无法参加这次讨论活动。

★ 他不能参加这次活动。（√）

죄송합니다. 당신의 조건이 우리의 요구에 부합하지 않아 이번 토론 활동에 참가할 수 없습니다.

★ 그는 이번 활동에 참가할 수 없다. (√)

❸ 你要学会自己判断，而不能完全听父母的意见。

★ 我们应该完全听父母的意见。（X）

너는 스스로 판단하는 법을 터득해야지 완전히 부모의 의견을 들어서는 안 된다.

★ 우리는 완전히 부모의 의견을 들어야 한다. (X)

❹ 你的这份计划书写得不错，就按照这个计划去做市场调查吧。下个月我要看调查结果。

★ 大家对这个调查结果表示怀疑。(X)

당신의 이 계획서는 훌륭하게 작성했으니, 이 계획대로 시장 조사를 하세요. 다음 달에 제가 조사 결과를 보겠습니다.

★ 모두 이 조사 결과에 대해 의심했다. (X)

5 ❶ 다른 사람들이 어떻게 말하든 (D **우선**) 너는 자신에게 자신감을 가져야만 한다.

❷ 방금 언급한 문제에 (B **대해**) 저도 단지 대략적인 상황만 알고 있습니다.

❸ 내용이 너무 간단하고 (A **상세하지**) 않아서 핵심이 부족하네요. 내일 우리는 계속해서 토론해야겠습니다.

❹ 너는 혼자 결정하지 말고, 반드시 부모님과 (C **상의해야**) 해.

DAY 11 확인 테스트

p.190

1 ❶ 严重 ❷ 경치
❸ 堵车 ❹ 推迟
❺ mílù

2 ❶ ㉣ – ⓒ ❷ ㉡ – ⓓ
❸ ㉢ – ⓐ ❹ ㉠ – ⓑ

3 ❶ 估计 ❷ 允许
❸ 熟悉 ❹ 赶

4 ❶ 이 그림은 사람들에게 박물관에서는 사진 촬영이 (C **금지됨**)을 상기시켜준다.

❷ 먼저 (B **입구**)에서 표를 한 장 작성해 주세요.

❸ 지금 길에 차가 심하게 막혀요. 아마도 (A **시간이 빠듯할**) 것 같아요.

❹ 제때에 제게 알려주셔서 감사합니다. 그렇지 않으면, 저는 오늘 한 (D **번**) 헛걸음할 뻔했어요.

5 ❶ 那位出租车师傅对这儿特别熟悉。
그 택시 기사는 이곳에 매우 익숙하다.

❷ 航班的起飞时间被推迟了。
항공편의 이륙 시간이 연기되었다.

❸ 我们现在出发还来得及吗?
우리가 지금 출발해도 시간이 충분할까요?

❹ 路上堵车堵得十分严重。
길에 차가 심하게 막힌다.

DAY 12 확인 테스트

p.206

1 ❶ biǎoyáng ❷ 경쟁
❸ 경험, 겪다, 경험하다
❹ 批评 ❺ cuòwù

2 ❶ ㉠ – ⓒ ❷ ㉣ – ⓓ
❸ ㉡ – ⓑ ❹ ㉢ – ⓐ

3 ❶ 解释 ❷ 成功
❸ 交流 ❹ 共同

4 ❶ 나는 책 속의 지식을 배우는 것만으로는 부족하고, 더 많은 사회 경험을 (A **쌓아야**) 한다고 생각한다.

❷ 우리는 마땅히 돈을 (C **올바르게**) 인식하는 습관을 길러야 한다.

❸ 지금의 속도 대로라면 규정된 시간 안에 계획을 완성하는 것은 조금 (D **어려울**) 것 같습니다.

❹ 그녀는 첫 공연에서 이렇게 큰 성공을 (B **얻을**) 줄 생각지도 못했다.

5 ❶ 千万别放弃你的梦想。
절대로 당신의 꿈을 포기하지 마세요.

❷ 我们不应该笑话别人的缺点。
우리는 다른 사람의 결점을 비웃어서는 안 된다.

❸ 任何事情的发生都是有原因的。
어떠한 일이 발생하는 데에는 모두 원인이 있다.

❹ 我们共同经历了很多事。
우리는 함께 많은 일을 겪었다.

DAY 13 확인 테스트

p.224

1 ❶ 棵 ❷ (우편으로) 부치다
❸ 老虎 ❹ 与
❺ 비추다, (사진이나 영화를) 찍다

2 ❶ ㉣ – ⓓ ❷ ㉢ – ⓑ
❸ ㉠ – ⓒ ❹ ㉡ – ⓐ

3 ❶ 醒 ❷ 占线
❸ 密码 ❹ 污染

4 ❶ 因为现在的交通变得更方便了，所以出行也变得更容易了，就好像地球也变得更小了。

★ 地球的面积越来越小了。(X)

지금의 교통이 더욱 편리해져서 타지로 여행을 떠나는 것도 더 쉬워졌다. 지구가 마치 더 작아진 것 같다.

★ 지구의 면적이 점점 작아진다. (X)

❷ 互联网的发展大大改变了我们的生活。

★ 互联网改变了我们的生活。(√)

인터넷의 발전은 우리의 생활을 크게 변화시켰다.

★ 인터넷은 우리의 생활을 변화시켰다. (√)

❸ 吵死了，楼上又开始弹钢琴了。我只睡了一会儿就醒了，真让我受不了了！

★ 我被钢琴声感动了。(X)

시끄러워 죽겠어. 위층에서 또 피아노를 치네. 나는 조금밖에 못 자고 또 깼어. 정말 견딜 수가 없어!

★ 나는 피아노 소리에 감동했다. (X)

❹ 现在越来越多的商店开始禁止使用塑料袋，是为了减少费用。

★ 限制使用塑料袋是为了减少污染。(X)

현재 점점 더 많은 상점들이 비닐봉지 사용을 금지하기 시작했다. 이것은 비용을 줄이기 위해서다.

★ 비닐봉지의 사용을 제한하는 것은 오염을 줄이기 위해서다. (X)

5 ❶ 오늘 햇살이 정말 좋다. 하늘에 (D **구름**)이 하나도 없어.

❷ (C **과학**)의 발전은 우리 생활에 더 많은 편리함을 가져왔다.

❸ 지구의 (A **산림**) 면적은 얼마죠?

❹ 아침 (B **공기**)가 매우 좋아. 우리 함께 산책을 가자.

DAY 14 확인 테스트

p.242

1 ❶ 公里 ❷ yíqiè
❸ 제때에, 시기적절하다
❹ suǒyǒu ❺ 그렇지 않으면

2 ❶ ⓒ – ⓓ ❷ ⓛ – ⓒ
❸ ⓔ – ⓑ ❹ ⓖ – ⓐ

3 ❶ 稍微 ❷ 超过
❸ 减少 ❹ 数字

4 ❶ 奇怪，小李这个人从来不迟到。今天怎么到现在还没来?

★ 小李一直很准时。(√)

이상하네. 샤오리 얘는 여지껏 늦는 법이 없었는데, 오늘은 왜 지금까지 안 오는 거지?

★ 샤오리는 줄곧 시간을 잘 지켰다. (√)

❷ 我的工作总结还没写完，有个地方还要稍微改一下。看来今天得加班了，你们先回家吧。

★ 我的工作总结已经写完了。(X)

저는 업무 종합 보고서를 아직 다 못 썼어요. 일부는 좀 더 수정을 해야 해요. 보아하니 오늘 야근해야 할 것 같으니, 먼저 들어가세요.

★ 나는 업무 종합 보고서를 이미 다 작성했다. (X)

❸ 前方到站是江南，下车的乘客请您准备下车。

★ 地铁已经到了。(X)

이번 역은 강남입니다. 하차하실 승객분은 하차 준비해 주시기 바랍니다.

★ 지하철은 이미 도착했다. (X)

❹ 我一直生活在北方。刚来这儿，我对什么都感到陌生，很不适应。

★ 我从来没有后悔过来这儿工作。(X)

나는 계속 북방에서만 살았다. 여기에 막 왔을 때는 모든 것이 낯설었고 매우 적응이 안 됐다.

★ 나는 지금까지 이곳에 와서 일하는 것을 후회해본 적이 없다. (X)

5 ❶ 내 항공편은 (A **대략**) 8시 반에 착륙하니까, 너는 공항으로 픽업하러 오는 거 기억하고 있어.

❷ 이 일을 나는 줄곧 마음에 두고 (B **여태까지**) 어떤 사람에게도 언급한 적이 없다.

❸ 좀 서둘러. (D **그렇지 않으면**) 우리는 늦을 거야.

❹ 우리의 오늘 동창회는 저번 모임과의 (C **거리가**) 적어도 1년은 됐어.

DAY 15 확인 테스트

p.258

1 ❶ jìrán ❷ 비록 ~이지만
❸ 不过 ❹ shènzhì
❺ 따라서, 그래서

2 ❶ ⓖ – ⓓ ❷ ⓒ – ⓒ
❸ ⓔ – ⓐ ❹ ⓛ – ⓑ

3 ❶ 不仅 ❷ 完全
❸ 挺 ❹ 随便

4 ❶ 그녀는 (D **도대체**) 뭘 하고 있는 거야? 왜 이렇게 느려?

❷ 책을 다 보고 난 후, 시간 순서에 따라 (B **원래**) 장소에 놓아주세요.

❸ 날씨 (A **때문에**) 우리 시합은 이번 주 토요일로 연기되었다.

❹ 이 변호사의 전화번호가 있으면 (C **바로**) 그와 연락해보세요.

5 ❶ B 그 아기 원숭이는 매우 똑똑하다.

A 아기 원숭이는 사람의 요구에 따라 몇몇 간단한 동작을 할 수 있을 뿐만 아니라

C 게다가 몇몇 간단한 도구도 사용할 줄 안다.

❷ C 사람은 쉽게 포기를 말해서는 안 된다.

B 설령 가장 힘들 때에도

A 또한 자신감을 가지고 끝까지 해야 한다.

❸ A 비록 대학 졸업 후 우리는 10여 년을 못 만났다.

B 하지만 나는 여전히 그를 한눈에 알아보았다.

C 왜냐하면 그의 모습이 거의 변화가 없었기 때문이다.

p.262

1 研究发现，工作一天后减轻压力的最好方法就是走一走，带着轻松愉快的心情散步或者慢跑，能让人感觉到放松。

★ 散步能让人感到放松。(√)

연구에서 발견하길, 하루 동안 일한 후 스트레스를 줄이는 가장 좋은 방법은 바로 걷는 것이라고 한다. 유쾌한 마음으로 산책이나 조깅을 하면 편안함을 느끼게 된다.

★ 산책은 사람에게 편안함을 느끼게 한다. (√)

2 我本来打算周三去四川开会，公司昨天通知说会议推迟到二十一号了，所以我得晚几天出发了，到四川后再跟您联系吧。

★ 会议按原计划进行。(X)

저는 원래 수요일에 쓰촨에서 회의를 하려고 했는데, 어제 회사에서 회의가 21일로 연기되었다고 알려줬습니다. 그래서 저는 며칠 늦게 출발하게 되었습니다. 쓰촨에 도착하면 다시 연락드리겠습니다.

★ 회의는 원래 계획대로 진행된다. (X)

3 男：你怎么又想换工作了，这儿的收入不是不错的吗？

女：可是经常得加班，我几乎没时间陪孩子，这个真让我受不了。

问：女的为什么想换工作？

A 加班多
B 离家远
C 想读博士
D 想多陪孩子

남: 넌 왜 또 직장을 바꾸려고 해? 여기 수입이 괜찮지 않았어?

여: 그런데 자주 야근을 해야 해서 내가 아이들과 함께할 시간이 거의 없어. 이건 정말 날 못 견디게 해.

질문: 여자는 왜 직장을 바꾸고 싶어 하는가?

A 야근이 많아서
B 집과 멀어서
C 박사 공부를 하고 싶어서
D 아이와 함께하고 싶어서

4 女：儿子你真是太懒了，不起床就要迟到了。

男：眼睛有点儿疼，让我再躺一会儿吧。

问：男的怎么了？

A 累了　B 发烧了
C 口渴了　D 眼睛难受

여: 아들아, 넌 정말 게으르구나. 안 일어나면 지각이야.

남: 눈이 좀 아파요. 좀 더 누워 있게 해주세요.

질문: 남자는 왜 그러는가?

A 피곤해서　B 열이 나서
C 목말라서　**D 눈이 아파서**

5 男：张小姐，我们大概什么时候出发？

女：大家先回宾馆稍微休息一下，我们下午一点楼下集合。

问：女的可能是：

A 律师　B 服务员
C 导游　D 老师

남: 장씨 아가씨, 우리는 대략 몇 시쯤 출발해요?

여: 여러분은 우선 호텔로 돌아가서 잠깐 쉬세요. 우리는 오후 1시에 1층에서 집합하겠습니다.

질문: 여자는 아마도?

A 변호사　B 종업원
C 가이드　D 선생님

6 女：现在几点了？时间紧张吗？

男：会议室离这儿不远，我们走着去吧。

女：走着去肯定来不及了，只剩十分钟了。

男：那我们只能打车去，那应该还来得及。

问：他们准备怎么去？

A 步行　B 乘船
C 坐地铁　D 坐出租车

여: 지금 몇 시야? 시간이 너무 빠듯한가?

남: 회의실은 여기에서 멀지 않으니까, 우리 걸어서 가자.

여: 걸어서 가면 분명 시간이 빠듯할 거야. 겨우 10분밖에 안 남았어.

남: 그럼 우리는 택시를 타고 갈 수 밖에 없네. 그럼 아마 시간이 충분할 거야.

질문: 그들은 어떻게 갈 예정인가?

A 걸어서　B 배를 타고
C 지하철을 타고　**D 택시를 타고**

7 男：我是第一次来到这么大的家具城，我太兴奋了！

女：冷静一点儿！你看，这个黑色的沙发怎么样？

男：我觉得这沙发挺不错的，质量好，颜色也不错。

女：别着急，我们再看几家后决定也不迟。

问：女的是什么意思？

A 搬不动
B 擦干净了
C 先别着急买
D 带的钱不够

남: 나는 이렇게 큰 가구몰을 처음 와봐서 너무 흥분돼!

여: 진정해! 여기 좀 봐, 이 검은색 소파는 어때?

남: 이 소파는 꽤 괜찮은 것 같아. 품질이 좋고, 색깔도 좋아.

여: 서두르지 마. 우리 몇 집 더 보고 나서 결정해도 늦지 않아.

질문: 여자의 말은 무슨 의미인가?

A 옮길 수 없다
B 깨끗이 닦았다
C 우선 조급하게 사지 마라
D 가져온 돈이 부족하다

8 도서관에서 큰 소리로 전화 통화하는 것은 매우 (**B 예의**) 없는 행동이다.

9 이 국가는 작년에 항공편을 여러 (**E 회차**) 늘려서 여행을 오는 사람도 많아졌다.

10 우리는 (**D 종종**) 한 가지 일에 쓴 시간과 돈이 많을수록 더욱더 포기하지 않으려고 한다.

11 비행기는 30분 뒤에 수도 국제 공항에 (**C 착륙합니다**).

12 제가 아는 사람 한 분을 봐서 가서 인사를 좀 하고 올게요. 저를 (**A 조금만**) 기다려주세요.

13 C 이어서 우리가 참관하려고 하는 곳은 아쿠아리움입니다.

B 우리가 아쿠아리움에서 참관할 시간은 2시간입니다. 지금은 3시입니다.

A 5시에 모두 시간을 엄수해서 입구에 집합하세요.

14 B 지금은 당시의 상황과 달라서, 만약 여전히 이전의 방법을 사용한다면

C 어떠한 문제도 해결하지 못할 뿐 아니라

A 반대로 문제를 더욱 복잡하게 만들 수 있다.

15 역사는 하나의 거울과도 같다. 그중에는 우리가 배울 만한 경험과 방법들이 많다. 역사책을 읽는 것은 사람을 똑똑하게 만들어 준다고 할 수 있다.

★ 이 단락이 주로 우리에게 알려주고자 하는 것은?

A 경험을 쌓아야 한다
B 똑똑한 사람의 특징
C 사람은 진실해야 한다
D 역사책을 많이 읽어야 한다

[16-17]

인터넷이 발전함에 따라, 지식을 얻는 것이 더욱더 쉬워졌다. 하지만 인터넷상의 정보가 너무 많아, 정보의 정확성을 판단하기가 어렵다. 이러한 상황에서 진위를 판단하는 것이 더욱 중요해졌다. 당신이 옳고 그름을 판단하는 능력을 갖춰야만, 복잡다변한 환경 속에서 정말로 당신에게 유용한 정보를 얻을 수 있을 것이다.

16 ★ 본문에 따르면, 인터넷상의 정보는 어떤 특징이 있는가?

A 시기적절하다
B 자세하다
C 쉽게 찾을 수 있다
D 완전히 옳은 것은 아니다

17 ★ 지식을 얻는 것과 비교해 더 중요한 것은?

A 환경에 적응하기
B 이용법 터득하기
C 정보의 진위를 판단하기
D 더 많은 지식을 쌓기

18 林小姐被手机的响声吵醒了。

린씨 아가씨는 휴대 전화가 울리는 소리에 시끄러워서 깼다.

19 旅行能使人心情愉快。

여행은 사람의 기분을 유쾌하게 만들 수 있다.

20 怎样才能获得你的原谅呢?

어떻게 해야 너의 용서를 받을 수 있을까?

21 网站上有老师的联系方式。

인터넷에 선생님의 연락처가 있다.

22 请把这条毛巾挂在镜子下边。

이 수건을 거울 아래에 걸어주세요.

23 [모범답안]

我想把美丽的景色拍下来。

나는 이 아름다운 풍경을 찍고 싶다.

24 [모범답안]

我估计现在去也来得及。

내가 예상하기에 지금 가도 시간에 맞게 도착할 수 있어.

찾아보기

A

B

□ 表格 biǎogé p.138 명 표, 양식

□ 表示 biǎoshì p.31 동 나타내다, 표시하다

□ 表演 biǎoyǎn p.104 명 공연, 연기 동 공연하다, 연기하다

□ 表扬 biǎoyáng p.201 동 칭찬하다

□ 饼干 bǐnggān p.45 명 과자, 비스킷

□ 并且 bìngqiě p.255 접 게다가, 그리고

□ 博士 bóshì p.144 명 박사

□ 不得不 bùdébù p.248 부 어쩔 수 없이

□ 不管 bùguǎn p.256 접 ~에 관계없이

□ 不过 búguò p.254 접 그러나, 하지만

□ 不仅 bùjǐn p.255 접 ~일 뿐만 아니라

□ 部分 bùfen p.88 명 부분

C

□ 擦 cā p.79 동 닦다

□ 猜 cāi p.165 동 추측하다, 알아맞히다

□ 材料 cáiliào p.134 명 자료, 재료

□ 参观 cānguān p.179 동 참관하다

□ 餐厅 cāntīng p.53 명 식당, 레스토랑

□ 厕所 cèsuǒ p.77 명 화장실

□ 差不多 chàbuduō p.240 부 거의 형 비슷하다, 그런대로 괜찮다

□ 长城 Chángchéng p.182 고유 만리장성

□ 长江 Chángjiāng p.182 고유 장강

□ 尝 cháng p.48 동 맛보다

□ 场 chǎng p.106 양 회, 번[문예 · 오락 · 체육 활동]

D

□	打扰	dărăo	p.152	동 방해하다
□	打印	dăyìn	p.134	동 프린트하다, 인쇄하다
□	打招呼	dă zhāohu	p.23	동 인사하다
□	打折	dăzhé	p.63	동 할인하다
□	打针	dăzhēn	p.97	동 주사를 놓다, 주사를 맞다
□	大概	dàgài	p.231	부 대략, 아마도 형 대강의
□	大使馆	dàshĭguăn	p.180	명 대사관
□	大约	dàyuē	p.231	부 대략, 아마도
□	大夫	dàifu	p.20	명 의사
□	戴	dài	p.80	동 (장신구를) 착용하다
□	当	dāng	p.16	동 ~이 되다, 담당하다, 맡다
□	当时	dāngshí	p.229	명 당시
□	刀	dāo	p.51	명 칼
□	导游	dăoyóu	p.21	명 관광 가이드
□	到处	dàochù	p.77	부 도처에, 여기저기
□	到底	dàodĭ	p.250	부 도대체
□	倒	dào	p.47	동 (물이나 술을) 붓다, 따르다 부 오히려 동 거꾸로 되다, 반대로 되다
□	道歉	dàoqiàn	p.39	동 사과하다
□	得意	déyì	p.37	동 우쭐대다, 득의양양하다
□	得	dĕi	p.193	조동 반드시 ~해야만 한다
□	登机牌	dēngjīpái	p.184	명 탑승권
□	等	dĕng	p.88	조 등, 따위
□	低	dī	p.216	형 낮다
□	底	dĭ	p.235	명 바닥, 밑
□	地点	dìdiăn	p.179	명 지점, 장소

□	方法	fāngfǎ	p.198	명 방법
□	方面	fāngmiàn	p.159	명 방면
□	方向	fāngxiàng	p.189	명 방향
□	房东	fángdōng	p.16	명 집주인
□	放弃	fàngqì	p.39	동 포기하다
□	放暑假	fàng shǔjià	p.151	여름 방학을 하다
□	放松	fàngsōng	p.113	동 이완시키다, 긴장을 풀다
□	份	fèn	p.135	양 부, 통[신문, 문건을 세는 단위]
□	丰富	fēngfù	p.200	형 풍부하다 동 풍부하게 하다
□	否则	fǒuzé	p.236	접 그렇지 않으면
□	符合	fúhé	p.128	동 부합하다
□	父亲	fùqīn	p.12	명 부친, 아버지
□	付款	fùkuǎn	p.68	동 결제하다, 돈을 지불하다
□	负责	fùzé	p.136	동 책임지다, 맡다
□	复印	fùyìn	p.135	동 복사하다
□	复杂	fùzá	p.153	형 복잡하다
□	富	fù	p.22	형 부유하다

G

□	改变	gǎibiàn	p.205	동 바꾸다, 바뀌다
□	干杯	gānbēi	p.139	동 건배하다
□	赶	gǎn	p.185	동 (교통수단) 시간에 맞추다 동 뒤쫓다, 서두르다
□	敢	gǎn	p.34	동 과감하게 ~하다
□	感动	gǎndòng	p.115	동 감동하다

□	逛	guàng	p.59	동 거닐다, 돌아다니다
□	规定	guīdìng	p.132	명 규정
□	国籍	guójí	p.12	명 국적
□	国际	guójì	p.181	명 국제
□	果汁	guǒzhī	p.47	명 과일 주스, 과즙
□	过程	guòchéng	p.197	명 과정

H

□	海洋	hǎiyáng	p.210	명 바다, 해양
□	害羞	hàixiū	p.121	동 수줍어하다
□	寒假	hánjià	p.151	명 겨울 방학
□	汗	hàn	p.101	명 땀
□	航班	hángbān	p.184	명 (배나 비행기의) 운항편, 항공편
□	好处	hǎochù	p.196	명 장점, 좋은 점
□	好像	hǎoxiàng	p.250	부 마치 (~같다)[느낌이나 추측을 나타냄]
□	号码	hàomǎ	p.222	명 번호
□	合格	hégé	p.149	형 합격이다
□	合适	héshì	p.66	형 알맞다, 적당하다
□	盒子	hézi	p.69	명 작은 상자, 합, 곽
□	后悔	hòuhuǐ	p.117	동 후회하다
□	厚	hòu	p.70	형 두껍다
□	互联网	hùliánwǎng	p.219	명 인터넷
□	互相	hùxiāng	p.23	부 서로
□	护士	hùshi	p.21	명 간호사
□	怀疑	huáiyí	p.120	동 의심하다

J

□	坚持	jiānchí	p.38	동 끝까지 고수하다, 버텨 나가다, 계속하다
□	减肥	jiǎnféi	p.96	동 다이어트하다, 살을 빼다
□	减少	jiǎnshǎo	p.240	동 감소하다
□	建议	jiànyì	p.166	동 건의하다 명 건의, 제안
□	将来	jiānglái	p.228	명 장래
□	奖金	jiǎngjīn	p.131	명 상금, 보너스
□	降低	jiàngdī	p.129	동 낮추다, (정도를) 떨어뜨리다
□	降落	jiàngluò	p.185	동 착륙하다
□	交	jiāo	p.151	동 제출하다 동 사귀다
□	交流	jiāoliú	p.204	동 교류하다
□	交通	jiāotōng	p.187	명 교통
□	郊区	jiāoqū	p.188	명 교외, 변두리
□	骄傲	jiāo'ào	p.37	형 자만하다, 자랑스럽다
□	饺子	jiǎozi	p.45	명 (반달 형태) 교자 만두
□	教授	jiàoshòu	p.143	명 교수
□	教育	jiàoyù	p.143	명 교육 동 교육하다
□	接受	jiēshòu	p.137	동 받아들이다
□	接着	jiēzhe	p.173	부 이어서, 연이어
□	节	jié	p.154	양 수업의 시수를 세는 단위
□	节约	jiéyuē	p.52	동 절약하다
□	结果	jiéguǒ	p.198	명 결과
□	解释	jiěshì	p.204	동 설명하다, 해명하다
□	尽管	jǐnguǎn	p.253	접 비록 ~이지만
□	紧张	jǐnzhāng	p.112	형 긴장하다 형 바쁘다, 시간이 부족하다
□	进行	jìnxíng	p.132	동 진행하다
□	禁止	jìnzhǐ	p.189	동 금지하다

□	棵	kē	p.211	양 그루
□	咳嗽	késou	p.97	동 기침하다
□	可怜	kělián	p.121	형 불쌍하다, 가련하다
□	可是	kěshì	p.254	접 그러나
□	可惜	kěxī	p.121	형 아쉽다, 안타깝다
□	客厅	kètīng	p.76	명 거실
□	肯定	kěndìng	p.248	부 틀림없이 명 긍정적인 평가
□	空	kōng	p.70	형 비다
		kòng	p.71	명 짬, (비는) 시간
□	空气	kōngqì	p.214	명 공기
□	恐怕	kǒngpà	p.248	부 아마도
□	苦	kǔ	p.49	형 (맛이) 쓰다
□	矿泉水	kuàngquánshuǐ	p.47	명 광천수, 생수
□	困	kùn	p.95	형 졸리다
□	困难	kùnnan	p.194	명 어려움, 고난 형 어렵다

L

□	垃圾桶	lājītǒng	p.53	명 쓰레기통
□	拉	lā	p.99	동 잡아당기다
□	辣	là	p.49	형 맵다
□	来不及	lái bu jí	p.186	동 시간에 못 맞추다, 늦다
□	来得及	lái de jí	p.186	동 시간에 맞추다, 늦지 않다
□	来自	láizì	p.12	동 ~에서 오다
□	懒	lǎn	p.37	형 게으르다
□	浪费	làngfèi	p.52	동 낭비하다

M

□ 麻烦	máfan	p.120	동 번거롭게 하다 명 번거로운 일, 골치 아픈 일 형 번거롭다, 귀찮다
□ 马虎	mǎhu	p.38	형 대강하다, 덤벙대다
□ 满	mǎn	p.54	형 가득하다
□ 毛	máo	p.239	양 마오[중국의 화폐 단위] 명 털
□ 毛巾	máojīn	p.101	명 수건
□ 美丽	měilì	p.180	형 아름답다
□ 梦	mèng	p.203	명 꿈
□ 迷路	mílù	p.189	동 길을 잃다
□ 密码	mìmǎ	p.222	명 비밀번호
□ 免费	miǎnfèi	p.63	동 돈을 받지 않다, 무료이다
□ 秒	miǎo	p.239	양 초
□ 民族	mínzú	p.182	명 민족
□ 母亲	mǔqīn	p.12	명 모친, 어머니
□ 目的	mùdì	p.197	명 목적

N

□ 耐心	nàixīn	p.35	형 인내심이 있다 명 인내심
□ 难道	nándào	p.251	부 설마 (~란 말인가?)
□ 难受	nánshòu	p.118	형 (몸이) 괴롭다, 불편하다 형 (마음이) 슬프다
□ 内	nèi	p.235	명 안, 안쪽
□ 内容	nèiróng	p.145	명 내용
□ 能力	nénglì	p.128	명 능력
□ 年龄	niánlíng	p.11	명 나이

Q

□	其次	qícì	p.169	대 (그)다음, 두 번째(로)
□	其中	qízhōng	p.169	대 그중
□	气候	qìhòu	p.213	명 기후
□	千万	qiānwàn	p.246	부 절대로, 반드시
□	签证	qiānzhèng	p.180	명 비자
□	敲	qiāo	p.87	동 두드리다
□	桥	qiáo	p.182	명 다리, 교량
□	巧克力	qiǎokèlì	p.46	명 초콜릿
□	亲戚	qīnqi	p.14	명 친척
□	轻	qīng	p.70	형 가볍다
□	轻松	qīngsōng	p.113	형 (마음이) 홀가분하다 형 (일이) 수월하다, 가볍다
□	情况	qíngkuàng	p.195	명 상황
□	穷	qióng	p.22	형 가난하다
□	区别	qūbié	p.61	명 차이 동 구별하다
□	取	qǔ	p.67	동 가지다, 취하다, 찾다
□	全部	quánbù	p.112	명 전부 부 전부의
□	缺点	quēdiǎn	p.196	명 단점
□	缺少	quēshǎo	p.137	동 부족하다
□	却	què	p.171	부 오히려, 그러나
□	确实	quèshí	p.251	부 확실히, 정말로

R

S

□ 省	shěng	p.181	명 성(현대 중국의 최상급 지방 행정 단위) 동 아끼다, 절약하다
□ 剩	shèng	p.51	동 남기다, 남다
□ 失败	shībài	p.203	동 실패하다
□ 失望	shīwàng	p.119	동 실망하다
□ 师傅	shīfu	p.15	명 기사님, 선생님[기능자에 대한 존칭]
□ 十分	shífēn	p.245	부 매우
□ 实际	shíjì	p.35	형 실제적이다
□ 实在	shízài	p.100	부 확실히, 정말로
	shízai	p.100	형 착실하다, 성실하다
□ 使	shǐ	p.122	동 ~로 하여금 ~하게 하다
□ 使用	shǐyòng	p.66	동 사용하다
□ 世纪	shìjì	p.234	명 세기
□ 是否	shìfǒu	p.251	부 ~인지 아닌지
□ 适合	shìhé	p.65	동 ~에 적합하다
□ 适应	shìyìng	p.217	동 적응하다
□ 收	shōu	p.67	동 받다
□ 收入	shōurù	p.131	명 수입
□ 收拾	shōushi	p.79	동 정리하다, 정돈하다
□ 首都	shǒudū	p.180	명 수도
□ 首先	shǒuxiān	p.168	부 우선, 먼저 대 첫째(로)[열거에 쓰임]
□ 受不了	shòu bu liǎo	p.119	동 견딜 수 없다, 참을 수 없다
□ 受到	shòudào	p.64	동 받다
□ 售货员	shòuhuòyuán	p.16	명 판매원
□ 输	shū	p.101	동 지다, 패배하다
□ 熟悉	shúxī	p.189	형 익숙하다, 잘 알다

T

□	躺	tǎng	p.88	동 눕다
□	趟	tàng	p.183	양 번, 회[왕복을 세는 단위]
□	讨论	tǎolùn	p.166	동 토론하다 명 토론
□	讨厌	tǎoyàn	p.120	동 싫어하다, 미워하다
□	特点	tèdiǎn	p.61	명 특징
□	提	tí	p.160	동 제기하다, 말하다 동 들다
□	提供	tígōng	p.54	동 제공하다
□	提前	tíqián	p.138	동 시간을 앞당기다
□	提醒	tíxǐng	p.165	동 일깨우다, 상기시키다
□	填空	tiánkòng	p.154	동 괄호를 채우다, 빈칸에 써넣다
□	条件	tiáojiàn	p.128	명 조건
□	停	tíng	p.183	동 멈추다
□	挺	tǐng	p.245	부 매우
□	通过	tōngguò	p.149	동 통과하다 개 ~을 통하여
□	通知	tōngzhī	p.137	동 통지하다
□	同情	tóngqíng	p.122	동 동정하다
□	同时	tóngshí	p.229	부 동시에 명 동시
□	推	tuī	p.99	동 밀다
□	推迟	tuīchí	p.184	동 시간을 늦추다, 연기하다
□	脱	tuō	p.80	동 벗다

W

□	袜子	wàzi	p.82	명 양말
□	完全	wánquán	p.252	부 완전히 형 완전하다
□	网球	wǎngqiú	p.97	명 테니스

X

□	消息	xiāoxi	p.220	명 소식, 정보
□	小吃	xiǎochī	p.45	명 간단한 음식, 분식
□	小伙子	xiǎohuǒzi	p.15	명 젊은이, 총각
□	小说	xiǎoshuō	p.107	명 소설
□	笑话	xiàohua	p.31	명 재미있는 이야기, 우스운 이야기 동 비웃다
□	效果	xiàoguǒ	p.198	명 효과
□	心情	xīnqíng	p.111	명 마음, 기분
□	辛苦	xīnkǔ	p.123	형 수고롭다, 고생스럽다
□	信封	xìnfēng	p.70	명 편지 봉투
□	信息	xìnxī	p.221	명 정보
□	信心	xìnxīn	p.34	명 자신감, 믿음
□	兴奋	xīngfèn	p.116	형 흥분하다
□	行	xíng	p.114	형 좋다, 괜찮다 형 유능하다, 대단하다
□	醒	xǐng	p.223	동 (잠에서) 깨다, 정신이 들다
□	幸福	xìngfú	p.114	형 행복하다
□	性别	xìngbié	p.12	명 성별
□	性格	xìnggé	p.27	명 성격
□	修理	xiūlǐ	p.85	동 수리하다
□	许多	xǔduō	p.237	형 매우 많다
□	学期	xuéqī	p.150	명 학기

Y

□	压力	yālì	p.133	명 압력, 스트레스
□	牙膏	yágāo	p.69	명 치약

□	印象	yìnxiàng	p.22	명 인상
□	赢	yíng	p.102	동 이기다, 승리하다
□	应聘	yìngpìn	p.127	동 (회사나 면접 등에) 지원하다
□	永远	yǒngyuǎn	p.234	부 영원히
□	勇敢	yǒnggǎn	p.34	형 용감하다
□	优点	yōudiǎn	p.195	명 장점
□	优秀	yōuxiù	p.153	형 우수하다
□	幽默	yōumò	p.30	형 유머러스하다 명 유머
□	尤其	yóuqí	p.100	부 특히
□	由	yóu	p.136	개 ~가, ~에 의해
□	由于	yóuyú	p.252	접 ~때문에
□	邮局	yóujú	p.218	명 우체국
□	友好	yǒuhǎo	p.31	형 우호적이다, 다정하다
□	友谊	yǒuyì	p.32	명 우의, 우정
□	有趣	yǒuqù	p.113	형 재미있다
□	于是	yúshì	p.253	접 그래서
□	愉快	yúkuài	p.116	형 유쾌하다, 즐겁다
□	与	yǔ	p.220	접 ~와, ~과 개 ~와, ~과
□	羽毛球	yǔmáoqiú	p.97	명 배드민턴
□	语法	yǔfǎ	p.147	명 어법
□	语言	yǔyán	p.146	명 언어
□	预习	yùxí	p.151	동 예습하다
□	原来	yuánlái	p.247	부 원래, 알고 보니 형 원래의
□	原谅	yuánliàng	p.119	동 용서하다
□	原因	yuányīn	p.197	명 원인, 이유
□	约会	yuēhuì	p.55	동 만날 약속을 하다, 데이트하다 명 데이트

□ 值得	zhídé	p.161	동 ~할 가치가 있다, ~할 만하다
□ 职业	zhíyè	p.127	명 직업
□ 植物	zhíwù	p.211	명 식물
□ 只好	zhǐhǎo	p.249	부 어쩔 수 없이
□ 只要	zhǐyào	p.205	접 단지 ~이기만 하면
□ 指	zhǐ	p.87	동 가리키다
□ 至少	zhìshǎo	p.240	부 적어도
□ 质量	zhìliàng	p.62	명 품질
□ 重	zhòng	p.70	형 무겁다
□ 重点	zhòngdiǎn	p.145	명 중점, 핵심
□ 重视	zhòngshì	p.32	동 중시하다
□ 周围	zhōuwéi	p.75	명 주위, 근처
□ 主意	zhǔyi	p.163	명 생각, 아이디어
□ 祝贺	zhùhè	p.130	동 축하하다
□ 著名	zhùmíng	p.17	형 유명하다, 저명하다
□ 专门	zhuānmén	p.132	형 전문적이다 부 일부러, 전문적으로
□ 专业	zhuānyè	p.150	명 전공 형 전문적이다
□ 转	zhuàn	p.59	동 한가하게 돌아다니다
□ 赚	zhuàn	p.130	동 돈을 벌다
□ 准确	zhǔnquè	p.147	형 정확하다
□ 准时	zhǔnshí	p.232	부 정각에 형 시간을 잘 지키다
□ 仔细	zǐxì	p.162	형 자세하다, 꼼꼼하다
□ 自然	zìrán	p.209	명 자연
	zìran	p.209	형 자연스럽다
□ 自信	zìxìn	p.33	형 자신 있다 명 자신감
□ 总结	zǒngjié	p.139	명 종합 보고서

	단어	병음	페이지	뜻
				동 (경험, 교훈 등을) 총정리하다, 종합하다
□	租	zū	p.75	동 세를 얻다, 임대하다
□	最好	zuìhǎo	p.246	부 제일 좋기는
□	尊重	zūnzhòng	p.201	동 존중하다
□	左右	zuǒyòu	p.231	명 정도, 쯤 동 좌우하다 명 좌우(방향)
□	作家	zuòjiā	p.19	명 작가
□	作用	zuòyòng	p.197	명 작용
□	作者	zuòzhě	p.19	명 지은이, 작자
□	座	zuò	p.182	양 동, 채[부피가 크거나 고정된 물체를 세는 단위]
□	座位	zuòwèi	p.53	명 좌석, 자리

맛있는 books
www.booksJRC.com

HSK 4급 합격을 위한 600단어 15일 완성!

맛있는 중국어 HSK 4급 단어장

★ 주제별 분류로 **연상 학습**이 가능한 **단어장**

★ HSK **출제 포인트**와 **기출 예문**이 한눈에!

★ **단어 암기**부터 HSK **실전 문제 적용**까지 한 권에!

★ **발음**이 **정확**한 원어민 성우의 **녹음 QR코드** 수록

★ HSK의 핵심을 꿰뚫는 **동영상 강의** 무료 제공

외국어 전문 출판 브랜드
맛있는 books
www.booksJRC.com

MP3 파일 다운로드

맛있는북스